"十三五"国家重点出版物出版规划项目

智慧物流：现代物流与供应链管理丛书

冷链物流管理

第 2 版

主　编　汪利虹　冷凯君

副主编　段李杰　潘　林

参　编　初叶萍　毕　娅　周　程

　　　　杨申燕　施　文

机械工业出版社

本书内容全面，由浅入深，覆盖了冷链物流管理的主要理论和方法。本书共十章，分别是冷链物流概述、冷链物流系统分析与规划、冷链运输、冷库管理、生鲜食品冷链加工与包装、冷链物流配送、冷链物流信息管理、冷链物流成本控制与节能、冷链物流标准与法规和冷链物流典型案例及分析。

本书图文并茂，简明易懂，既可作为高等院校和职业院校物流管理、物流工程以及相关专业的教材，也可作为冷链物流管理从业人员的参考用书。

图书在版编目（CIP）数据

冷链物流管理/汪利虹，冷凯君主编 . —2 版 . —北京：机械工业出版社，2023. 9（2025. 2 重印）

（智慧物流：现代物流与供应链管理丛书）

"十三五"国家重点出版物出版规划项目

ISBN 978-7-111-73863-3

Ⅰ. ①冷… Ⅱ. ①汪…②冷… Ⅲ. ①冷冻食品-物流管理

Ⅳ. ①F252. 8

中国国家版本馆 CIP 数据核字（2023）第 174493 号

机械工业出版社（北京市百万庄大街22号　邮政编码100037）

策划编辑：常爱艳　　　　　　责任编辑：常爱艳　韩效杰
责任校对：张慧敏　王　延　　封面设计：鞠　杨
责任印制：刘　媛
唐山三艺印务有限公司印刷
2025 年 2 月第 2 版第 3 次印刷
184mm×260mm · 19. 75 印张 · 488 千字
标准书号：ISBN 978-7-111-73863-3
定价：59. 80 元

电话服务　　　　　　　　　网络服务
客服电话：010-88361066　　机 工 官 网：www.cmpbook.com
　　　　　010-88379833　　机 工 官 博：weibo.com/cmp1952
　　　　　010-68326294　　金 书 网：www.golden-book.com
封底无防伪标均为盗版　机工教育服务网：www.cmpedu.com

前　言

党的二十大报告提出，教育、科技、人才是全面建设社会主义现代化国家的基础性、战略性支撑。教育是国之大计、党之大计；要落实立德树人根本任务，培养德智体美劳全面发展的社会主义建设者和接班人。报告明确提出要加强教材建设和管理，教材建设首次出现在党代会的报告之中。

进入 21 世纪以来，随着居民消费水平和安全意识不断提升，人们对生鲜食材提出了更高的要求，全程冷链运输成为新常态。在"智能+"和电商经济的双重推动下，我国肉类、水果、蔬菜、水产品、乳品、速冻食品以及医药等冷链产品市场的需求快速增长，冷链物流助推物流行业发展，冷链产业成为健全城乡双向流通体系、推动乡村振兴和共同富裕的重要抓手，受到国家和各界人士的极大关注。尤其是近年来，在现代化信息化技术（如互联网、大数据、物联网和人工智能等）的推动下，我国冷链物流技术迅速发展，特别是以生鲜农产品为代表的冷链物流发展环境和条件不断改善，农产品冷链物流得到较快发展。自 2010 年 6 月 18 日发展改革委发布《农产品冷链物流发展规划》以来，我国食品冷链物流需求总量增幅超过了 300%。2022 年冷链物流市场规模突破 4916 亿元，预计 2023 年我国冷链物流市场需求总量将突破 3.56 亿 t。2021 年 11 月 26 日国务院办公厅印发的《"十四五"冷链物流发展规划》对冷链物流建设进行了顶层设计，必将推动冷链物流的进一步快速发展。

随着冷链市场不断扩大，冷链物流企业不断涌现，并呈现出网络化、标准化、规模化的发展态势。冷链物流管理是农产品、食品和医药产品流通过程中的一项基础管理工作，对确保农产品、食品和医药产品安全、降低其运作成本、提高冷链附加值等具有至关重要的作用。同时，冷链物流管理对提高冷链物流效率、降低冷链物流成本有着重要作用。因此，冷链物流管理越来越受到企业的重视。

本书编写团队以多年冷链物流管理教学、科研以及企业实践咨询经验为基础，充分吸收国内外同类教材的长处，致力于为物流管理与工程类专业本科生提供具有专业特色的冷链物流管理教材。本书内容全面，由浅入深，覆盖了冷链物流管理的主要理论和方法。编写团队在近年来与中国物流学会的密切合作中，吸收了大量冷链物流管理经验，因此为每一章均设计了引例、教学案例与关键术语等应用模块，方便进行启发式教学与案例教学。

为顺应我国冷链物流快速发展，结合《十四五冷链物流发展规划》、系列冷链标准及党的二十大精神，对本书第 1 版教材进行改版，进一步规范了相关定义和提法，并调整了章节顺序和内容：第一章加入了党的二十大报告和《十四五冷链物流发展规划》的相关内容；

第二章改为冷链物流系统分析与规划，增加了冷链物流系统规划的内容；原第三章改为第九章冷链物流标准与法规，加入最新的国内冷链标准和法规；第四章增加了冷库及相关仓储设备的内容；第五章主要对冷链保鲜包装进行了修改；原第六章调整为第三章，增加了冷藏集装箱运输和冷链多式联运的内容；原第七章调整为第六章，增加了冷链物流宅配的内容；原第九章调整为第七章，增加BDS技术在冷链物流运输系统中的应用的内容；最后增加了第十章冷链物流典型案例及分析。

本书由汪利虹和冷凯君主编。其中，第一章由初叶萍、汪利虹、潘林编写，第二章由毕娅和潘林编写，第三章由汪利虹编写，第四章由冷凯君编写，第五章由汪利虹编写，第六章由周程编写，第七章由杨申燕和段李杰编写，第八章由施文和潘林编写，第九章由冷凯君、汪利虹和段李杰编写，第十章由段李杰编写。汪利虹和冷凯君负责本书的策划和框架设计，并完成了统稿、修订及审校工作。

在本书的编写过程中，教育部物流管理与工程类专业教指委副主任委员、华中科技大学刘志学教授和原华中科技大学马士华教授在百忙中从大纲的制定到终稿都提出了大量宝贵意见。另外，本书的编写还吸收了国内多位物流与供应链管理领域专家学者的宝贵建议。同时，本书的编写也得到了机械工业出版社的大力帮助。在此一并表示感谢。

由于作者水平有限，再加上随着"智能+"时代的到来和电商经济的快速发展，人们对它们的认识和研究都还在继续深入，因此本书的阐述难免出现错误，真心希望读者提出批评意见，以便在今后的修订中改正。

编 者
2023年11月于武汉

目　录

第一章

冷链物流概述

学习目标

通过本章的学习，理解物流与冷链物流的含义；了解冷链物流的特点、分类与基本运作模式；掌握我国冷链物流的发展现状与趋势。

引　例

京东生鲜：创新业务模式 发力冷链物流

2017年开年不几日，京东生鲜便宣布与京深海鲜达成战略合作，以此为开端提供"活鲜"配送服务，实现北京、天津地区"211"送达，其周边城市则最慢实现次日达。在满是痛点与瓶颈的生鲜冷链物流领域，2016年才正式布局冷链物流的京东生鲜时隔一年便提出如此高难度的服务承诺，不得不说有巨大的魄力。当然，借此也可以看出冷链物流的重要性及京东的高度重视。在这片物流领域的新蓝海，京东生鲜的冷链物流体系有何优势？其业务模式又有何不同呢？

2016年1月，京东生鲜事业部（以下简称京东生鲜）正式成立。京东生鲜坚持以让"消费者吃得更好一点"为宗旨，致力于让产品更加优质、服务更加出众、体验更加完善。

生鲜冷链物流除了要具备普通电商物流的各种条件外，更重要的是如何始终在规定的温度环境下把生鲜产品安全、及时、准确地送到消费者手里，让消费者放心。这就对生鲜冷链物流有了更高的要求。例如，不同的生鲜产品要求不同的源头预冷环境、存储环境、运输环境，以及"最后一公里"配送环境，这样的全程冷链如何保证？由此产生的大量成本如何有效控制？除此之外，针对大量不同的非标产品，怎样做到物流作业标准化以提高效率？符合生鲜电商所需的冷库在社会上难以寻找，运输过程与"最后一公里"配送脱冷等各种痛点如何解决？我国生鲜冷链物流起步较晚，标准相对缺失，各种痛点制约之下，发展亟待破局。针对生鲜冷链物流的这些痛点，京东物流也正试图开出自己的"药方"。

首先，把控选品源头。京东生鲜通过与优质品牌商合作，选取高品质生鲜产品，同时自已设计包装，将生鲜产品包装标准化，再运输至全国各区域的 RDC 仓；对于季节性、产地性的优质生鲜产品，则通过协同仓的模式，即在产地打包，通过航空陆运资源，实现一地发全国。

其次，流程标准化。电商生鲜最重要的是让产品具有统一的标准，这样才方便在电商平台上进行销售。而精品化更是生鲜电商未来发展的核心。2017 年，京东生鲜制定了数百份标准，如商家引入标准、商品入库验收标准、商品存储的温湿度标准、商品保质期标准等，以此确保每一件商品的品质。同时，在 RDC 仓的收货区，京东生鲜还专门设立了生鲜产品快检实验室，建立了农药残留快检、食品安全快检、畜肉及水产品的快检流程及标准，从而确保食品安全，让消费者吃得放心。

再次，自建冷链物流网络。借助京东自营的冷链配送体系，通过标准化的配送流程，京东生鲜可以实现生鲜产品在产地运输、干线运输、仓储、终端配送四大环节的全程冷链无缝衔接。目前，京东除拥有专属冷链运输车、创新第四代配送箱外，自有冷库也均是按照高标准建设的，如仓库有多个温控区域，可以满足不同生鲜产品对温度的要求。针对最难实现标准化的仓配环节，京东生鲜更创新了京东产地协同仓的运营模式，减少流通环节，实现生鲜服务体系的标准化，进一步提升消费者的"新鲜"体验。在冷链监控方面，京东生鲜打造了生鲜产品温湿度监控平台，从商品入库、存储，到送到客户手中，每一个流转环节，通过 GPRS 功能实现全程实时温湿度监控，确保商品在仓储、运输和配送环节的温度可控、时效可控、品质可控。

最后，严控库存管理。依托京东大数据平台，分析并提前预估销量，从而有序地进行预售和备货，尽可能避免生鲜产品积压，保障每一位消费者买到的都是新鲜的产品。详细来说，京东生鲜在库存管理上有两大明显优势：其一，库存共享逻辑，通过零库存协同、RDC/FDC 等创新设计，将生鲜产品库存最大化应用到各个用户场景，在降低库存持有成本的同时确保不断货；其二，库存鲜度管理，通过严苛选品、出入库保质期管理、种植养殖基地直发等举措，确保商品更加新鲜。

随着我国生鲜电商市场规模不断扩展，在广阔的发展空间和前景下，京东生鲜将会继续发力冷链物流，除了自建大量标准化冷库外，还将在配送模式上不断创新、升级，以全程冷链更好地保障生鲜产品的品质，不断提升客户体验。

第一节　冷链物流的概念

一、冷链与冷链物流的含义

习近平总书记在中国共产党第二十次全国代表大会上的报告中明确指出要"加快发展物联网，建设高效顺畅的流通体系，降低物流成本"。冷链物流是物流体系的重要组成部分，是我国物流行业未来发展的重点细分领域。仅在 2023 年 1~5 月，国家层面发布的冷链物流相关政策就超过 16 项，发文单位涉及国务院、国家发展改革委、农业农村部和交通运输部等多个重要单位或部门。

随着我国经济的不断发展，人民生活水平逐步提高，人们对商品的消费从以往的只注重商品数量逐步过渡到关注商品的质量，进而关注生产商品的整个产业链是否环保等方面。由于冷链物流在提高产品质量和品质、降低损耗等方面具有优越性，冷链物流受到人们前所未有的关注和重视。2009 年，国家颁布了《物流业调整和振兴规划》；2010 年 6 月，国家发展和改革委员会正式公布了《农产品冷链物流发展规划》，作为国家层面的第一个专业物流规划，标志着我国农产品冷链物流站在一个新的起点上，进入到一个新的发展阶段。2021 年 11 月 26 日，国务院发布的《"十四五"冷链物流发展规划》中指出："推动冷链物流高质量发展，是减少农产品产后损失和食品流通浪费，扩大高品质市场供给，更好满足人民日益增长美好生活需要的重要手段；是支撑农业规模化产业化发展，促进农业转型和农民增收，助力乡村振兴的重要基础；是满足城乡居民个性化、品质化、差异化消费需求，推动消费升级和培育新增长点，深入实施扩大内需战略和促进形成强大国内市场的重要途径；是健全'从农田到餐桌、从枝头到舌尖'的生鲜农产品质量安全体系，提高医药产品物流全过程品质管控能力，支撑实施食品安全战略和建设健康中国的重要保障。"

（一）冷链的含义

冷链也称为冷藏链，最开始源于食品保鲜。食品发生变质的主要原因是微生物的活动及生物酶产生的生化反应。食品中残留的微生物在适当的温度和水分存在时就会发生一系列的生化反应，导致食品变质。为保证食品质量，延长食品保质期，最基本的办法就是抑制微生物和酶的活动，也就是要降低温度和减少水分，使微生物和酶的活力减弱。减少食品损耗的关键是温度，由温度变化引起的食品品质的下降具有累积性和不可逆性，因此必须对食品温度进行控制。伴随着学术界对冷链研究的深入，人们基于不同的研究角度，提出了视角不同的定义，其中美国、欧盟和日本这些冷链物流先进的国家和地区提出的冷链概念比较完善。美国食品药品管理局（US Food and Drug Administration，FDA）对冷链的定义为"贯穿从农田到餐桌的连续过程中维持适宜的温度，以抑制细菌的生长"。在美国，物流行业发展领先于世界水平，美国的农产品冷链物流业发展历史悠久，畜禽肉冷链流通率为 100%，果蔬冷链流通率达 95% 以上，其对冷链的定义体现了供应链的思想。欧盟把冷链定义为"从原材料的供应，经过生产、加工或屠宰，直到最终消费为止的一系列有温度控制的过程，冷链是用来描述冷藏和冷冻食品的生产、配送、储存和零售这一系列相互关联的操作的术语"。该定义强调的是冷链的具体操作，由实践推动了欧盟各国对冷链标准化的统一和接口管理。日本《明镜国语辞典》指出，冷链是"通过采用冷冻、冷藏和低温储藏等技术，使鲜活食品、原料保持新鲜状态由生产者流通至消费者的系统"。日本对冷链的定义强调的是系统性和技术性，日本重视技术研究及应用，其冷链技术在全世界处于领先水平。因此，日本的冷链系统发展完善，在包括采收、采后预冷、整理、储藏、冷冻、运输和信息技术等方面普遍具备了较高水平，形成了规范配套的流通体系。冷链的构成如图 1-1 所示。

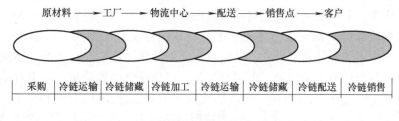

原材料 ——→ 工厂 ——→ 物流中心 ——→ 配送 ——→ 销售点 ——→ 客户

| 采购 | 冷链运输 | 冷链储藏 | 冷链加工 | 冷链运输 | 冷链储藏 | 冷链配送 | 冷链销售 |

图 1-1　冷链的构成

我国冷链行业起步较晚，1954年才开始冷链的初期建设，对冷链的研究分散在不同的经济领域，如禽畜产品、水产品、果蔬、速冻食品和冷饮加工等领域，因而冷链的定义也来自产业界，侧重于经济领域的实践总结。孙金萍（1997）提出，冷链是指"采用一定的技术手段，使易腐货物从采收加工、包装、储存、运输及销售的整个过程中都不间断地处于一定的适宜条件下，尽量降低货物质量的下降速度，最大限度地保持货物最佳质量的一整套综合设施和手段"。吕峰（2001）提出，冷链是"使食品在整个生产和流通范围内保持均衡低温以获得最佳品质的一种系统设施"。张英奎（2001）等也提出了冷链的定义，但他的定义只是针对食品冷链。王之泰（2010）提出"冷链是对特定物品在生产制造、流通、物流、应用和消费过程中使用的链式低温保障系统"。

最早的《物流术语》（GB/T 18354—2001）定义冷链为"保持新鲜食品及冷冻食品等的品质，使其在从生产到消费的过程中，始终处于低温状态的配有专门设备的物流网络"。2006年修订的国家标准《物流术语》（GB/T 18354—2006）定义冷链为"根据物品特性，为保持新鲜食品及冷冻食品等的品质，使其在从生产到消费的过程中，始终处于低温状态的配有专门设备的物流网络"。该标准同时对物流网络也做出了明确的定义，"物流网络是物流过程中相互关联的组织、设施和信息的集合"。《农产品冷链物流发展规划》（2010）将农产品冷链物流定义为"使肉、禽、水产、蔬菜、水果、蛋等生鲜农产品从产地采收（或屠宰、捕捞）后，在产品加工、储藏、运输、分销、零售等环节始终处于适宜的低温控制环境下，最大限度地保证产品品质和质量安全、减少损耗、防止污染的特殊供应链系统"。2021年发布的国家标准《物流术语》（GB/T 18354—2021）定义冷链为"根据物品特性，从生产到消费的过程中使物品始终处于保持其品质所需温度环境的物流技术与组织系统"。

我国不同时期出现的冷链定义反映了我国对冷链理解的三个层次。初始阶段可以称为"操作层"。根据人类认识事物的规律，对新鲜事物的接受和理解往往先停留在对事物的感观认识上。在初期将冷链定义为设施，反映了当时对冷链的认识还只是停留在基本的实物认知层面。将冷链定义为物流网络，则不仅包含了实物层的设施，还包括了信息和管理职能中的组织。此阶段由于处于认识的中间位置，本书称之为"管理层"。现在，越来越多的学者在定义冷链时，将冷链定义为一种特殊的供应链。供应链的思想是一种管理的思想，这反映了经过一定时间的发展，我国对冷链的认识上升到"战略层"。供应链管理的思想强调整个链条上企业间的协调和集成化管理。随着时间的推移，我国对冷链的认识从感性的实物层上升到理性的管理层，不同层次研究的重点不尽相同，认识的宽度也得到扩展。

（二）冷链物流的含义

国内外的学者对冷链物流进行了许多研究。1996年，Den Ouden Zuurbier等学者首次提出了食品低温供应链的概念，并认为食品低温供应链管理是农产品和食品生产、销售等组织为了降低物流成本、提高质量、提高食品安全性和物流服务水平而实施的一种一体化运作模式。付建华和魏国辰（2008）认为冷链物流是在我国专业分工加快，需求专业化的市场细分背景环境下产生出的一种新型行业。冷链物流是对冷藏冷冻食品在生产、储藏、运输、销售，到消费前的各个环节中始终处于低温环境下，以保证食品的质量，减少食品损耗这一食品冷链体系的泛指。在《"十四五"冷链物流发展规划》（2021）中冷链物流是"利用温控、保鲜等技术工艺和冷库、冷藏车、冷藏箱等设施设备，确保冷链产品在初加工、储存、运输、流通加工、销售、配送等全过程始终处于规定温度环境下的专业物流"。2021年发布的国家标准《冷链物流分类与基本要求》（GB/T 28577—2021）中定义冷链物流（Cold Chain Logistics）是"根据物品特性，从生产到消费的过程中使物品始终处于保持其品质所需温度环境的实体流动过程"。根据国内外文献研究及实践分析，我们认为冷链物流是一项系统工程，其构成如图1-2所示。

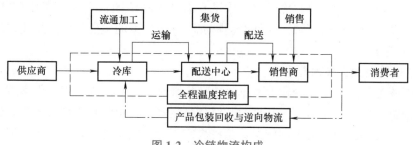

图1-2　冷链物流构成

◇【同步案例1-1】

蒙牛乳业冷链物流的应用

乳制品冷链物流是指产地源奶及加工制品在储藏、运输、加工、分销和零售的整个过程中，采用冷冻工艺和制冷技术，使乳制品始终处于适宜的低温条件的物流活动。近些年来，我国的乳制品产业增长迅速，为冷链物流的发展带来了千载难逢的机会。乳制品须一直处在所要求的低温环境中才不会腐败变质，高质量的冷链物流对促进乳业的发展具有重要意义。我国做得比较成功的乳业公司有蒙牛、伊利、三元和光明等，它们的冷链物流运作各有所长，其中蒙牛的低温市场增长显著。蒙牛是怎样做到的呢？

1. 创建虚拟的冷链物流

蒙牛乳业创建了覆盖全国范围的虚拟冷链物流。有了全面的虚拟冷链物流网络，采用虚拟的网络连接，蒙牛乳业大力投入品牌、管理、技术和配方，很快建立起完善的冷链物流体系。

2. 加大投入硬件设施

蒙牛乳业在零售终端都投放冰柜，以确保其低温乳制品的品质。从北京销往各地的低温产品全部通过汽运从北京销出，尽管成本高，但是花的时间短，因为蒙牛乳业要求其产品必须在2~3天到达销售终端，如果超过生产日期3天，销售终端可以拒绝进货，这样有力地保证了乳制品质量，蒙牛便尽可能扩大规模以减少物流费用。

3. 建立科学合理的冷链物流运作体系

蒙牛建立了科学合理的冷链物流运作体系，它有稳定的合作伙伴关系，如有的大型超市通过蒙牛冷链物流运输工具直接将产品送达销售终端的冷柜，防止鲜奶变质。伴随着它们之间的不断合作，合作关系越来越稳固。蒙牛不断积累相关经验，逐渐重组生产加工企业的冷链资源、社会资源和自身资源，使冷链物流管理和运作体系日趋完善。

冷链物流涉及温度记录与跟踪、温度设备控制、商品验收、运作系统程序建立等领域。在冷链物流中，质量必须是权重最大、被考虑最多的因素，而高质量必须要标准化与跟踪作为保障。在运输过程中，采用实时跟踪技术监控确保运输环节符合作业标准，以保障运输产品的高质量。而针对我国现状，昂贵的实时跟踪技术监控短时间内难以全面实现，可以选择使用类似于民航飞机上黑匣子的技术，实时记录冷藏车的位置和状态，只要在签收货物时查看记录，有关冷藏车的停发时刻、温度变化等数据就会一目了然。

二、冷链物流的特点

作为物流的重要组成部分，冷链物流除了具有一般物流的特点外，还具有自身的特色，如对冷藏技术和时间的严格要求，这是冷链物流与其他物流的主要区别。除此之外，冷链物流还具有以下特点：

（一）建设投资大，技术复杂

由于冷链物流的运行需要冷藏冷冻车、冷柜集装箱、冷藏冷冻仓库、零售端冷柜等一系列设备来保证物品储运所需温度，并且为了对物品运输进行跟踪和监控，还需要建立比较畅通的信息系统，建设投入的资本比较大，这些决定了冷链物流的投资比一般物流要大很多。

（二）要求冷链各环节具有更高的组织协调性

冷链物流服务的对象大多是易腐产品，易腐产品的生命周期通常都比较短，在运送过程中通常有时间窗（Time Windows）的限制。超过了这一时间窗，产品品质将面临很大威胁，产品被销售的可能性降低，还会对公司的形象造成损害，使企业的运营风险增加。这就要求企业必须保证每个作业环节的连贯性，使整个物流过程保持高度的协调。

（三）要求更加关注运作成本的控制

在冷链物流服务的过程中，每个地方、每个时间的温度不一样，为保证易腐产品的合适储运温度，机械设备的能耗也不一样。一般来说，冷库建设和冷藏车的购置投资是一般库房和干货车辆的 3~5 倍；与普通货物运输相比，冷链运输和仓储成本是一般普通货品的 2~3 倍。而冷链所包含的制冷技术、保温技术、产品质量变化机理和温度控制及监测技术是支撑冷链的技术基础，所需的建设资金也比常温物流要高得多，整个运营过程中，也需要更多的能源消耗。企业必须把这些因素纳入成本的合理控制之中。

（四）冷链物流市场经营规模小，网络分散

由于冷链物流配送对时效性要求高，冷链建设一般具有满足区域性需求的特点，网络相对比较分散。此外，冷链物流的成本一般要高于常温物流，因此市场需求往往受到经济发展水平的影响，经济发展水平高的地区，冷链物流需求相对旺盛，而经济发展水平低的地区，市场经营规模较小。

三、冷链物流的分类

冷链物流可以根据不同的标准进行分类，本书在国家标准《冷链物流分类与基本要求》（GB/T 28577—2021）的基础上，结合相关实践，将冷链物流常见的分类归纳如下。

（一）按货物品类分类

冷链物流按货物品类可分为四类：一是食品类冷链物流，包括果蔬类、肉类、水产类、禽蛋类、乳类、粮食类及其加工制品等；二是医药、医疗类冷链物流，包括药品、医疗器械、生物样本等；三是花卉、植物类冷链物流，包括花卉、植物及其鲜切产品等；四是其他冷链物流，包括化学品、精密仪器、电子产品、艺术品等。

（二）按温度带分类

冷链物流按温度带可分为冷藏（C）和冷冻（F）两大类，每一大类还可进行细分，具

体分类见表1-1。

表 1-1 冷链物流温度带分类

分类	类别细分	温度带
冷藏（C）	C_1	$10℃ < C_1 \leq 25℃$
	C_2	$0℃ < C_2 \leq 10℃$
冷冻（F）	F_1	$-18℃ < F_1 \leq 0℃$
	F_2	$-30℃ < F_2 \leq -18℃$
	F_3	$-55℃ < F_3 \leq -30℃$
	F_4	$F_4 \leq -55℃$

注：1. 表中 C 是 Cold 的英文首字母，代表冷藏的英文缩写。
    2. 表中 F 是 Frozen 的英文首字母，代表冷冻的英文缩写。

第二节 冷链物流的主要研究内容与基本运作模式

一、冷链物流的主要研究内容

冷链物流的兴起和发展促成了人们对冷链物流的研究与关注，对冷链物流业来讲，"十二五"时期是我国冷链物流业进行产业升级的关键时期。根据国务院颁布的《物流业调整和振兴规划》的要求，国家发展和改革委员会正式发布了《农产品冷链物流发展规划》，冷链物流正处于方兴未艾的发展时机，代表着一种新兴的物流业态。冷链物流是一种特殊的物流形式，涉及多个产业，运作的复杂性很高，需要专门的系统研究。冷链物流活动本身的特殊性和其对多种学科的综合性促成了冷链物流的产生和发展。

冷链物流主要研究如何依据物品的质量属性，利用物流网络、物流设施和物流技术，使冷藏冷冻品从生产、储藏、运输、销售，到消费前的各个环节始终处于低温环境下，以保证产品质量，减少物品损耗。其研究内容可以概括为以下几个层面。

1）经济学层面。例如，冷链物流园区建设与宏观经济、区域经济的关系，冷链物流企业运作的经济性分析，冷链物流运营，采用第三方物流、第四方物流以及物流集团化的经济性等。

2）管理学层面。例如，冷链物流网络的建立与冷链物流系统的建设，冷链物流的采购、运输仓储、流通加工、包装、配送、信息系统等作业环节一体化管理，冷链物流系统的组织管理、企业物流系统的绩效评价等。

3）技术层面。例如，冷藏冷冻品特性、食品保鲜及加工工艺、冷库布局与规划、冷链节能工艺与技术、冷链营运管理、冷藏运输技术、信息技术和智化技术等。

当前，冷链物流管理研究的前沿问题主要有供应链集成设计问题，供应链管理问题，第三方、第四方物流企业运作问题，多式联运及一贯式运输问题，配送网络优化问题，信息技术、环境问题和绿色物流等。

二、冷链物流的基本运作模式

由于各地自然条件不同，各地区的经济发展、基础建设程度也不同，冷链物流发展模式也不相同。下面就几种基本的冷链物流运作模式进行对比分析。

（一）以大型生产或加工企业为主导的冷链物流模式

在该模式中，大型冷链产品生产或加工企业是核心企业，根据自身的资源通过自建、联合建社区专卖店或直接进入超市，控制销售终端，组织冷链物流。图1-3是以大型加工企业为主导的农产品冷链物流模式。例如，双汇、蒙牛等根据自身的资源通过自建或联合建社区专卖店，控制销售终端，组织生鲜农产品物流。这种模式物流环节少，信息反馈及时，市场灵敏度高，可加快物流速度，有助于提高冷链产品的附加价值。目前，我国的一些大型农副产品的加工企业已经开始建立自己的物流供应链系统。

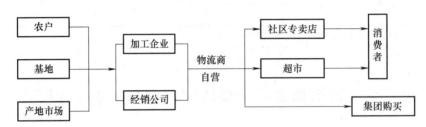

图1-3　以大型加工企业为主导的农产品冷链物流模式

（二）以大型批发市场运营商为主导的冷链物流模式

例如，在农产品领域，大型农产品批发市场运营商通过与农产品经销公司、专业合作社联合，形成农产品生产、收购、加工、储存保鲜、配送及提供市场信息等一体化的物流模式，如图1-4所示。在这种模式中，农产品批发市场运营商接受用户需求的拉力和基于利润需求的推力，建立综合化和一体化的物流服务体系，并作为供应链的链主企业驱动各参与主体实施物流供应链管理，建立起利益共享、风险共担的运行机制。

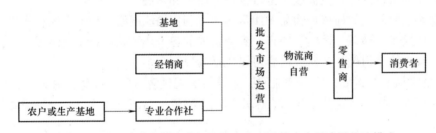

图1-4　以大型农产品批发市场运营商为主导的农产品冷链物流模式

（三）以连锁店为主导的冷链物流模式

伴随着现代化生活节奏的加快、生活消费水平的提高，以及对冷链产品安全关注程度的提升，消费者越来越多地在连锁店购买各类生鲜产品，如图1-5所示。连锁店向生鲜农产品冷链物流上游延伸，通过投资兴建基地或与生产品经销公司、加工企业联合，与大规模稳定货源和基地的产品生产商建立长期合作关系，并通过自建配送中心或采用第三方物流，向门店提供产品。这种模式有助于实现产品质量、加工和管理的标准化，能有效控制和减少店铺的存货和损耗，有利于连锁店品牌的发展，是今后较长时期内生鲜产品、农产品冷链物流的主流模式。

（四）农产品冷链物流的农超对接联盟模式

所谓农超对接，就是把超市和生产者之间的一些低效环节省略，即超市不经过批发商、

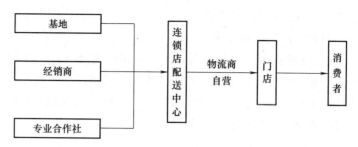

图 1-5　以连锁店为主导的农产品冷链物流模式

经纪人、批发市场等中间环节，直接从农民、农业专业合作社和种植龙头企业等生产者处采购农产品，如图 1-6 所示。2008 年，商务部和农业部开始推行农超对接这种新型的运作模式，目的就是为了保障消费者的食品安全，增加消费者和生产者的利益。在农超对接模式中，超市销售的农产品价格比传统以批发市场为核心的流通模式更为便宜，价格大概低 10%~15%。从 2010 年中国连锁经营协会对农超对接的调查中发现，加入农超对接的超市的农产品采购价格比传统收购商高 2.75%，而终端销售价格却比传统流通的同类商品平均低 11.57%。

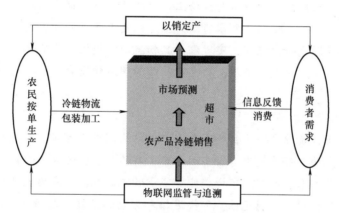

图 1-6　农产品冷链物流的农超对接联盟模式

在冷链物流的农超对接联盟模式中，通常可以根据当地具体的情况来确定联盟的主体。联盟主体有以下几种可供选择：

1）超市+合作社。这种对接模式中超市起到核心作用，分散的农产品可通过超市直接销售到消费者手里，减少了一些不必要的中间环节，整个交易成本得到有效控制，同时农产品的质量也得到很好的保证。

2）超市+专业合作联社。这种模式相对于第一种更为先进。由于我国很多地区的合作社还处于规模小、资金少和管理水平低下的阶段，把这些合作社联合起来，集中他们的资源，成立专业合作联社，能使冷链物流的农超对接更为顺畅。

3）超市+批发市场+合作社。采取这种模式的一般为中小型超市，超市还不能建立自身的基地和配送中心，只能和合作社所在地的批发市场建立合作关系，采购所需的农产品，减少了中间成本。

4）联合直采。大型超市和供销合作社之间形成合作关系，共同选择合适的生产基地和农业专业合作社，供销合作社利用自身的管控优势，对农产品的生产和运输质量进行监督和管理，而大型超市只对农产品的销售负责。

5）超市直营。在这种模式中，专业购销合作社在超市里设立农产品的销售柜台，对农产品进行直销。专业购销合作社可以依靠自身的实力选择认可的生产基地生产存在市场潜力的农产品，根据市场需求的变化进行农产品的采摘，由农民直接送到专业购销合作社的配货中心，配货中心再及时有效地配送到超市的直营柜台。

◇【同步案例1-2】

广西生鲜农产品冷链物流运作模式研究

（一）广西生鲜农产品现有的冷链物流模式

1. 以批发市场为主导的生鲜农产品冷链物流模式

批发市场模式主要是以批发商批发为主，其生鲜农产品的来源有两种途径：一种是农户直接把农产品运输到批发市场进行销售；另一种是批发商作为中介去生产地收购，再集中到批发市场进行批量批发。批发市场的形成有些是在自发形成的基础上，政府进行主导经营，还有些是企业投资，政府协助。在批发市场上进行的交易一般都是比较大型的交易，涉及的物流主体也相对较多，但主要以大型零售商为主。批发市场这种物流模式有利于构建合理方便的销售渠道，尽量避免分散经营，实现农产品物流的规模化，降低物流成本。广西目前主要以小批发市场为主，规模效应不足，缺乏专业的管理运作能力，但也有一些比较成功、典型的案例。

2. 连锁超市模式

连锁超市模式中，货源主要来自超市与农户签订长期供货合同，或超市自己到批发市场采购。在物流环节方面，有的超市有自有运输车，有的是外包给专业的物流公司，它们有稳定、互动互助的合作关系。连锁超市模式能够减少物流环节，提高物流环节中各个节点之间相互协调的能力，保证货源的稳定性，加快运输和分销的速度，缩短在这些环节上的时间，保证高效和快捷的物流服务。

（二）广西生鲜农产品冷链物流发展新模式构建

1. 建立第三方冷链物流企业的运输型冷链模式

广西的农产品主要都是通过批发市场流向全国各地，这已经成为广西生鲜农产品流通的主导方式。广西作为东盟水果集散的中转站，也是"南菜北运"的生产基地之一，承担着农产品外运的重要任务。因此，广西应与时俱进，响应国家发展冷链物流的需要，努力发展一批第三方冷链物流企业。

2. 构建以龙头企业为核心的生鲜农产品销售型冷链物流模式

广西涉农的龙头企业比较少，主要有南宁肉联厂、广西春江食品有限公司、广西亮亮集团、桂林力源粮油食品公司、海吉星大地、广西皇氏甲天下乳业公司和广西黑五类食品集团有限责任公司等。此外，广西目前的冷链物流企业远离农产品产地，经营范围容易受到限制，导致在销售环节不能保证冷链农产品的品质，对冷链物流造成不良的影响，因此，要发展涉农的冷链物流龙头企业。

第三节 冷链物流的发展现状及展望

一、国外冷链物流发展总览

冷链的起源要追溯到 19 世纪上半叶冷冻机的发明。随着电冰箱的出现，各种保鲜和冷冻农产品开始进入市场，进入消费者的家庭。冷链作为一个概念最早是由美国人艾伯特·巴尔里尔（Albert Barrier）和英国人 O. A. 莱迪齐（O. A. Ruddich）于 1894 年先后提出来的。到了 20 世纪 30 年代，欧洲和美国的农产品冷链已经初步建立。20 世纪 40 年代，欧洲的农产品冷链在第二次世界大战中被摧毁，但战后又很快被重建。如今，发达国家易腐食品的物流冷藏率已经达到 100%。

美国是最早提出物流管理的国家之一，该国拥有一个庞大、通畅、复合、高效的农产品冷链物流体系。美国农产品的生产以高度专业化、区域化和规模化著称，其产地市场集中，在农产品冷链运营模式上，以大规模直销和配送为主，平均 78.5% 的农产品是从产地经物流配送中心直接到零售商，批发商销量仅占 20% 左右。以蔬菜产业为例，美国的蔬菜物流是世界上最先进、最具有代表性的农产品冷链物流，蔬菜从田间采摘到进入终端消费者冰箱始终处于所需的低温条件下，田间采后预冷→冷库→冷藏车运输→批发站冷库→超市冷柜→消费者冰箱，整个物流链的损失只有 1%~2%，实现了产前、产中和产后全程全方位社会化服务，较好地解决了蔬菜均衡供应的问题，并且物流环节的损耗率极低，已经形成了完整的冷链物流体系。

第二次世界大战结束后经济的高速增长，促进了日本在冷链物流方面的巨大发展。日本在大中城市、港口、主要公路枢纽都对物流设施进行了规划设计，在全国范围内开展了包括高速公路网、新干线铁路运输网、沿海港湾设施、航空枢纽港、流通聚集地在内的各种基础设施建设，形成了较完整的冷链物流网络体系。在农产品冷链物流运作模式上，日本建立了以农业合作组织为主、以中心批发市场为核心的农产品冷链物流体系，有效地保障了城市的生鲜农产品供应。农产品生产总量的 80%~90% 经由批发市场送达最终消费者。日本还在全国生鲜农产品主产地建设了高密度、专业化的冷库，在农产品保鲜、冷藏、运输、仓储和加工等环节采用了先进的冷藏、冷冻技术及设备，减少农产品在储运过程中的损耗，在果蔬的分级、挑选、加工、包装和销售等环节中都采用了冷链的保鲜技术，已形成了"从农田到餐桌"的一整套完备的农产品冷链物流服务体系。日本还运用信息技术建立了电子虚拟的果蔬冷链物流供应链管理系统，对农产品的产、储、运、销全过程进行动态监控，同时实现了物流信息在全国范围内的实时传递。

综上所述，发达国家的冷链物流起步较早，目前已发展得比较成熟。其主要的经验为：

1）建立"从农田到餐桌"的整套体系，实现全过程的食品安全控制与管理。

2）鼓励多种冷链物流模式并存共赢，大型批发市场和超市集团等龙头企业在促进农产品冷链物流发展中发挥了至关重要的作用。

3）采用先进的冷链物流技术设施，如产地加工企业采用真空预冷技术和冰温预冷技术，降低农产品的呼吸强度，延长了保鲜期，采用自动化冷库技术和气调储藏技术，使鲜活农产品的储藏保鲜期比普通冷藏延长 1~2 倍等。

4）建立一系列法律法规和物流标准，确保了冷链物流的农产品质量与安全。

5）制定一系列优惠、扶持政策，加大对冷链物流企业的支持。

二、我国冷链物流发展现状⊖

我国的冷链物流最早产生于 20 世纪 50 年代的肉食品外贸出口。近年来，我国肉类、水果、蔬菜、水产品、乳品、速冻食品以及医药等冷链产品市场需求快速增长，营商环境持续改善，推动冷链物流较快发展，行业规模显著扩大，发展质量不断提升，创新步伐明显加快，市场主体不断壮大，基础作用日益凸显。

1）行业规模显著扩大。近年来，我国冷链物流市场规模快速增长，国家骨干冷链物流基地、产地销地冷链设施建设稳步推进，冷链装备水平显著提升。2020 年，冷链物流市场规模超过 3800 亿元，冷库库容近 1.8 亿 m^3，冷藏车保有量约 28.7 万辆，分别是"十二五"期末的 2.4 倍、2 倍和 2.6 倍左右。

2）发展质量不断提升。初步形成产地与销地衔接、运输与仓配一体、物流与产业融合的冷链物流服务体系。冷链物流设施服务功能不断拓展，全链条温控、全流程追溯能力持续提升。冷链甩挂运输、多式联运加快发展。冷链物流口岸通关效率大幅提高，国际冷链物流组织能力显著增强。

3）创新步伐明显加快。数字化、标准化、绿色化冷链物流设施装备研发应用加快推进，新型保鲜制冷、节能环保等技术加速应用。冷链物流追溯监管平台功能持续完善。冷链快递、冷链共同配送、"生鲜电商+冷链宅配""中央厨房+食材冷链配送"等新业态、新模式日益普及，冷链物流跨界融合、集成创新能力显著提升。

4）市场主体不断壮大。冷链物流企业加速成长，网络化发展趋势明显，行业发展生态不断完善。市场集中度日益提高，冷链仓储、运输、配送、装备制造等领域形成一批龙头企业，不断延伸采购、分销、信息等供应链服务功能，资源整合能力和市场竞争力显著提升。

5）基础作用日益凸显。冷链物流衔接生产消费、服务社会民生、保障消费安全能力不断增强，在调节农产品跨季节供需、稳定市场供应、平抑价格波动、减少流通损耗中发挥了重要作用。特别是在抗击新冠疫情的过程中，冷链物流为保障疫苗等医药产品运输、储存、配送全过程安全做出了重要贡献。

但同时，我国冷链物流发展不平衡、不充分的问题突出，跨季节、跨区域调节农产品供需的能力不足，农产品产后损失和食品流通浪费较多，与发达国家相比还有较大差距。

1）政策环境方面。缺少统筹规划，东中西部、南北方和城乡间冷链物流基础设施分布不均，存在结构性失衡矛盾；冷链物流企业用地难、融资难、车辆通行难问题较为突出；冷链物流监管制度不全，有效监管不足，全链条监管体系有待完善。

2）行业链条方面。产地预冷、冷藏和配套分拣加工等设施建设滞后；冷链运输设施设备和作业专业化水平有待提升，新能源冷藏车发展相对滞后；大中城市冷链物流体系不健全，传统农产品批发市场冷链设施短板突出。

3）运行体系方面。缺少集约化、规模化运作的冷链物流枢纽设施，存量资源整合和综

⊖ 摘自：《"十四五"冷链物流发展规划》。

合利用率不高，行业运行网络化、组织化程度不够，覆盖全国的骨干冷链物流网络尚未形成，与"通道+枢纽+网络"的现代物流运行体系融合不足。

4）发展基础方面。冷链物流企业专业化、规模化、网络化发展程度不高，国际竞争力不强；信息化、自动化技术应用不够广泛；冷链物流标准体系有待完善，强制性标准少，推荐性标准多，标准间衔接不够紧密，部分领域标准缺失，标准统筹协调和实施力度有待加强；冷链专业人才培养不足，制约行业发展。

三、我国冷链物流发展趋势

2021年国家发展改革委员会同有关部门研究编制，并由国务院办公厅印发实施的《"十四五"冷链物流发展规划》（以下简称《规划》）对未来5年我国冷链物流的发展绘制了整体蓝图。《规划》提出的总目标是：到2025年，初步形成衔接产地销地、覆盖城市乡村、联通国内国际的冷链物流网络，基本建成符合我国国情和产业结构特点、适应经济社会发展需要的冷链物流体系，调节农产品跨季节供需、支撑冷链产品跨区域流通的能力和效率显著提高，对国民经济和社会发展的支撑保障作用显著增强。另外，《规划》还对我国现代冷链物流体系进行了总体布局：①打造"三级节点、两大系统、一体化网络"融合联动的"321"冷链物流运行体系；②构建起连接各城市群与农产品主产区的"四横四纵"国家冷链物流骨干通道；③聚焦"6+1"重点品类，健全冷链物流服务体系；④完善冷链物流监管体系；⑤强化冷链物流支撑体系。具体举措包括以下几个方面：①夯实农产品产地冷链物流基础；②提高冷链运输服务质量；③完善销地冷链物流网络；④优化肉类、果蔬、水产品、乳品、速冻食品、医药产品等冷链物流服务；⑤推进冷链物流全流程创新；⑥强化冷链物流全方位支撑；⑦加强冷链物流全链条监管；⑧构建保障措施。[一]

《"十四五"冷链物流发展规划》的正式发布将冷链物流建设上升到国家层面，必将引发全国各区域围绕国家整体规划，确定地方发展方向及实施路径，从而引发对冷链物流发展的系列政策支持，定然会进一步促进冷链物流大发展。

同时，技术驱动冷链物流进一步升级。互联网时代的科技创新日新月异，5G、大数据、云计算、区块链、人工智能等新技术正在深刻地改变着冷链物流行业，科技创新的力量正在推动冷链物流摆脱传统的运行方式，向智能化、科技化、自动化方向转型升级，智慧化、无人化催生"新基建"热潮方兴未艾，冷链物流全链条进一步实现科技赋能，将强力推动行业驶入高质量发展快车道。随着科技的不断进步，新技术将为冷链物流赋予更高价值。[二]

➲ 关键术语

冷链（Cold Chain）
冷链物流（Cold Chain Logistics）

[一] 摘自：《"十四五"冷链物流发展规划》，内容有删减。
[二] 摘自：《中国冷链物流发展报告（2022）》，内容有删减。

⊙ **练习与思考**

一、思考题

1. 冷链物流适用于哪些范围?

2. 冷链物流的特点有哪些?

3. 冷链物流与常温物流的区别有哪些?

4. 冷链物流主要的运作模式有几种?

5. 简述冷链物流国内外发展现状。

6. 冷链物流的主要研究内容是什么?

二、课外阅读

1. 前瞻经济学人,【干货】冷链物流产业链全景梳理及区域热力地图, https://www.qianzhan.com/analyst/detail/220/210412-aa971f5f.html。

2. 中关村绿色冷链物流产业联盟, 2021《全国冷链物流企业分布图》正式发布, www.lenglianwuliu.org.cn/news/details.html?newsId=4617。

3.《国务院办公厅关于印发"十四五"冷链物流发展规划的通知》(国办发〔2021〕46号)。

▷▷ **综合案例**

冷链短期爆发,长期受困

2022年以来,国家和各地方政府接连发布了数十个关于冷链物流的利好政策。但在这之前,众多资本与企业已在我国冷链物流领域默默耕耘了近10年,直至近年,冷链产业终于"热"起来了。然而,"热"起来的冷链物流背后,成本高、资金弱、企业分散规模小等现状和"断链"问题,仍在长期困扰我国冷链。

"断链"冲击,1年2亿人的口粮没了。

冷链的主要作用本来就是解决食物长期保存的问题,防止浪费,但冷链产品品种繁杂、标准化低、对温度的要求各有不同,而且终端的需求又千差万别。这决定了冷链物流从系统设计、仓储到配送的复杂程度极高。另外,在冷链运行中,如果因为供应链管理效果不好,或者物流活动的组织方式不好,造成产品的超期储存、多次转驳,就会产生一定的损耗。这与制冷技术关系不大。比如,因为供应链的计划步骤、组织管理存在问题,造成保质期内没有把东西销售出去,或者物流方案有问题,在规定的期限内没能将产品及时交付给下家,都会产生损耗。目前,我国冷链物流大部分是生鲜食品类,由于农产品流通环节多,规模化、组织化程度偏低,因此物流成本较高。我国生鲜农产品物流成本占总成本的30%~40%,损耗率高达10%~15%;而在欧美国家,这一数据只有不到5%。据估算,我国每年因冷链"断链"造成约1200万t水果、1.3亿t蔬菜的浪费,经济损失超千亿元。在冷链行业中,制约冷链和生鲜供应链发展最大的挑战就是损耗与成本问题。

为什么会有如此高的损耗率?运输中哪个环节最容易出现问题?

专家们认为:第一,主要是冷链产业链在我们国家是不完整的,预冷环节比较薄弱。农产品从田间地头收割之后,运进冷库的这一段间隔时间很长,恰恰农产品变质的主要时间点是在这里。第二，冷链的硬投入布局不合理。高标冷库不够，冻库过剩。现在，老百姓的饮食要求提高了，对冷冻肉的需求大大降低，讲究吃冷鲜肉。我们关于"鲜"的冷库还是很缺乏，总体数量上就不足，从网状结构上看库不形成网也是没有用的。第三，跟冷链缺人有关系。当有一定设施基础时，就需要人来管理。如果管理到位，一定程度上能缓解高损耗率的问题；而如果管理不到位，产品放个半小时、一小时，就变质了。第四，从消费习惯上看，我国沿海地区的人们习惯吃活生鲜，这些生鲜可能没有经过冷库，造成的浪费就非常大。一些发达国家，比如美国的渔船上面本身配有中央厨房，生鲜被捕捞上来后可以直接进行去内脏、分类等工作，而我们目前还不能做到。

无龙头、缺资金、难融资。

要解决上述问题只能从技术和规模化上做文章，但技术进步的速度、成本考量、资金实力、行业企业散小的现状决定了"断链"将是长期困扰冷链的问题之一。

目前我国的冷链物流作业以人工为主，自动化、智能化分拣、搬运、装卸等设施设备的应用不足，制约了整体效率的提升。而且冷藏车等配套设施数量少、技术水平不高，特别是新能源冷藏车发展滞后。对比国际上，我国冷藏车数量仅占货运汽车总量的0.3%左右，而主要发达国家这个占比高达0.8%~3%。

在技术上，目前，世界上最先进的制冷技术，或者冷链物流技术都已在我国应用，就冷链技术而言，行业内都能达到比较先进的水平。问题在于这些技术及相关设备在我国应用时，投入产出是不是合适。相对于一些高端设施设备，我们的人工成本还处在比较低廉的阶段。企业从成本控制的角度权衡，可能会选择成本较低的半人工作业方式。

另外，跟冷库的规模还不够大有关系。规模足够大的冷库，采用集约化、自动化的作业方式才更经济、更合理。但现阶段，国内开展冷链业务的经营方多是规模小的企业，往往是自己采购、自己储存管理、自己销售，这个阶段采用自动化设备既不经济，又不便利。

这背后的主要原因，一是冷链龙头企业偏少，缺乏带动作用；二是冷链重资产，运营资金紧张，盈利难。一方面，相较于美国、日本等国家，国内冷链物流产业起步晚，冷链大型企业较少，多为中小型企业。据相关数据显示，我国现存续的冷链企业中，中小型企业数量占比高达99.28%。以我国物流网最大的交通物流龙头企业中外运为例，它是物流龙头企业，但是其涉足冷链也只有一两年时间。现在中国冷链企业还处于区域化和碎片化状态，这种模式导致冷链供应链交付成本过高，而行业整合会降低其成本和损耗。在科技应用方面，科技和智能化设备成本会逐渐提高，资本驱动会加大企业对科技方面的投入去改善目前的高成本和低效率的问题。另一方面，技术和规模化都需要资金，缺钱是冷链物流企业面临的共同问题，特别是行业中的中小企业。据中物联冷链委不完全统计，2021年共发生33起投融资事件，从融资轮次分布上来看，B轮及之前的企业占比达54.54%。主要融资成功的企业以社区生鲜团购、预制品、冷链信息化和数字化等业务为主。融资资金多用于全国仓配网络的拓展完善和智能运营平台升级、优化供应链、搭建人工智能冷链供应链管理平台、完善产品质量安全追溯平台等，但是冷链链条上最基础的冷链基础设施建设和进口贸易企业的融资却几乎不见身影。

基础设施薄弱，政策须落地。

目前我国的冷链硬件设施依然缺乏，设备分布不均，冷链基础设施主要集中在沿海地带和一线发达城市，然而，承担了全国大部分生鲜农产品批发交易的中西部地区却冷链资源匮乏，发展相对滞后。

为了发展好这个民生工程，今年以来，国家密集出台冷链行业相关规划及实施意见。除国家层面，河北省、山东省、湖北省、安徽省等地也陆续印发冷链物流相关规划。从政策方向性来看，主要集中在农产品领域，并侧重于产地冷链设施建设；从布局上来看，国家明确提出加强在农产品骨干冷链物流基地、区域性农产品产地仓储冷链物流设施、乡镇田头仓储冷链物流设施、村级仓储保鲜设施四个层面的建设工作。

（案例来源：钛媒体，https：//www.tmtpost.com/6197386.html，杨秀娟，内容有删减。）

问题：

1. 冷链物流断链的主要原因是什么？

2. 我国冷链物流发展面临的主要问题是什么？

3. 查阅相关资料进一步了解我国冷链物流企业的发展现状。

第二章

冷链物流系统分析与规划

学习目标

通过本章的学习，掌握冷链物流系统的含义及要素组成；掌握冷链物流的四种运作模式；了解冷链物流系统的主要特征；掌握冷链物流系统的基本功能；了解冷链物流系统的辅助功能；掌握冷链物流系统规划的思路和原则。

引 例

夏晖集团（HAVI Group，以下简称夏晖）于1974年成立于美国芝加哥，是应麦当劳的原材料需求而产生的公司，与麦当劳的合作超过30年之久，是世界上冷链物流及控温式配送中心的龙头企业，在供应链管理和冷链物流方面拥有领先的地位。基于与麦当劳数十年的友好合作，夏晖形成了完整的供应链管理能力。

夏晖在44个国家拥有7600名员工，在美国、欧洲、中国及东南亚地区为8000多家麦当劳餐厅提供高质量的供应链管理服务，其中也包括多温层食品物流服务。在过去几年里，夏晖更将业务扩展到一流的连锁咖啡店、现购自运式卖场、酒类和高级食品商店及其他快餐连锁系统。夏晖的主要客户还有必胜客、星巴克和海底捞等，并且在2008年承接了第29届北京奥运会所有食品存储和配送的业务。

夏晖拥有世界领先的多温度食品分发物流中心，配备专业的三温度（冷冻、冷藏、常温）运输车辆。中心内设有冷藏库、冷冻库及干货库，各个库区都有极其严格的温度、湿度要求，从而保证产品的品质。

为了满足麦当劳冷链物流的要求，夏晖主要为麦当劳提供一站式综合冷链物流服务，包括运输、仓储、信息处理、存货控制、产品质量安全控制等，并且根据麦当劳的店面网络建立了分拨中心和配送中心。这种为冷链物流需求方提供高效完善的冷链方案，全程监控冷链物流，整合冷链产品供应链的企业就是第三方冷链物流企业。

麦当劳利用夏晖设立的物流中心，为其各个餐厅完成订货、储存、运输及分拨等一系列工作，并通过它的协调与连接，使每一个供应商与每一家餐厅达到畅通与和谐，为麦当劳餐厅的食品供应提供最佳保证。设立至今，麦当劳的近60家供应商的商品都是通过夏晖建立的物流体系分发到各个门店。

（案例来源：万联网，http：//info. 10000link. com/newsdetail. aspx?doc＝2014080690025，内容有删减。）

第一节　冷链物流系统的含义与特征

一、冷链物流系统的含义

系统理论指出，组成系统需要具备三个要素：①由许多要素组成；②要素之间相互作用、相互制约；③是具有某种功能的整体。

冷链物流符合系统的基本要求：①由许多要素组成，如主体要素、客体要素和设施设备要素；②主体要素、客体要素及设施设备要素之间相互影响、相互关联、相互制约；③具有冷链运输、仓储等多种功能。

因此，冷链物流符合系统的所有特征和要素，是一个复杂的大系统。

二、冷链物流系统的特征

冷链物流系统和一般物流系统相比具有特殊性。由于冷链物流有保证易腐品品质的目的，有保持低温环境的核心要求，因此它比一般物流系统的要求更高、更复杂。冷链物流系统的特性主要包括：安全首要性、时间敏感性、高成本性、信息多样性、技术复杂性、空间分散性和环境严格性。

1. 冷链物流系统的安全首要性

作为社会经济系统的一个子系统，一般物流系统在提供物流服务时的首要目标是经济效益，即尽量提高物流效率、降低物流成本。通常的物流活动是在物流服务水平和物流成本之间寻求平衡点，以此为基准来提供物流服务。然而，冷链物流系统的对象一般都具有鲜活性、易腐性和保质性等特点，其质量会直接影响到人的身体健康，甚至是生命安全，因此冷链物流系统的安全就显得尤为重要。冷链物流系统的运行不能一味追求经济效益，必须首先考虑冷链对象的质量，然后再在物流服务水平、成本之间寻求平衡，以提供最佳的物流服务。冷链中的产品在物流过程中的安全，是冷链物流系统运营的底线。除此之外，冷链物流系统还要运用先进的技术来保持产品的品质，以满足消费者的需求。

近年来，我国食品安全事故时有发生，其中很多问题和我国冷链物流系统的不成熟、不完善直接相关。冷链物流应该是一条完整的、连续的链条，冷链对象的安全问题需要冷链上各主体企业之间的协同配合。

2. 冷链物流系统的时间敏感性

冷链物流系统的时间敏感性是指要严格控制物流的速度与时间，缩短物流周期。因为不论采用何种储存方法，冷链对象使用价值的体现都与时间相关，也就是商品的保质期。超过了这个时间限制，都不能保证商品的品质。不同商品在同一保存条件下，保质期并不相同；即使相同的商品，在不同保存条件下保质期也不同。在商品的冷链仓储管理中，一个主要的工作就是做好库龄分析，经常检查在库商品是否超过了保质期，坚持先进先出原则，减少由于商品过期而造成的浪费，并避免过期商品进入流通渠道。

冷链物流系统的构成要素十分复杂，系统要素随着系统的运行在外部环境的影响下不断变化，加大了难度；另外，为了保障商品安全，让商品在物流过程中保持相应的质量与品质，减少损耗，也要尽量缩短商品在物流过程中的时间，提高商品物流的效率。这就要求冷链物流系统具有较强的敏捷性。冷链对象与其他物品相比，从商品的生产、加工、流通到销售的整个供应链过程中，其质量绝大多数都是逐步损耗的，并且损耗速度较一般商品快。当商品质量的损耗达到一定的程度就不能使用了，会造成商品的报废、成本难以回收甚至负增值。尤其对于生鲜食品来说，物流时间的长短直接决定了食品的口味和品质，同样质量的冷链商品，可能因为到货时间的早晚，价格相差很多。这也是为什么很多南方的优质水果要通过空运的方式运到北方城市进行销售。商品在保质期内实现其价值，要考虑商品零售点和消费者需求特点，尽可能地增加货架期，减少加工时间。作为必不可少的冷链物流环节，就要求最大限度地缩短物流提前期，增强商品销售的柔性。

3. 冷链物流系统的高成本性

冷链物流系统的运营需要具备专业制冷设施设备的物流网络的支持。从设施设备方面来说，冷链物流系统与常温物流系统的最大区别在于冷链物流需要有冷藏车、保温车、冷冻仓库及其他配套设施和相关技术的投入。冷链物流系统设施设备的购置成本远高于一般物流系统。冷藏车、保温车与普通厢式货车的价格相去甚远，冷冻仓库与普通仓库的造价差距很大。这些设施设备不仅购置成本高，而且能耗高，推高了冷链物流系统的投资和运营成本。冷链物流过程中对于商品的质量安全也有不同于其他商品的特殊要求，这同样需要在硬件、软件等配套保障措施方面进行大量投入。冷链对象的各种生物属性，对冷链物流过程中的储存、运输和保鲜等环节有很高的技术要求，需要特定的设施。大部分冷链商品具有易腐的特性，因此在冷链物流过程中需要采取各种措施以达到保鲜的目的，这些都需要专门的知识和设备。为了满足高水平的服务要求，冷链物流在相应的技术设备、商品的质量检测及管理控制等方面的投入非常巨大。当前市场环境下，商品多批次、少批量、需求点众多的需求特征限制了冷链物流的运行半径，加上部分冷链商品不能混装运输，加大了冷链物流的难度和运作成本。

4. 冷链物流系统的信息多样性

食品安全直接关系到人的身体健康，一旦食品质量出现问题，对消费者和社会的影响都是巨大的，因而食品从生产到最终的消费都应当处于信息追踪系统的监管之下，实现可溯源。冷链物流的可溯源是商品可溯源的基础和保障，而冷链物流可溯源的实质是冷链物流信息的可追溯。在冷链物流过程中，从原材料的生产、加工，到运输、储存、配送的过程中会产生大量的分散信息。这些信息具有信息量大、来源多样化、更新更快的特点，直接反映了在整个冷链物流过程中的相关信息，和消费者的生命健康关系紧密。对这些信息进行及时收集、记录、分析，并提供给消费者，是非常必要的。

5. 冷链物流系统的技术复杂性

相比于一般物流系统而言，人们对冷链物流系统的运作水平提出了很高的要求。冷链物流系统需要冷链技术的支撑，除了一般的现代物流技术，还包括制冷技术、保温技术、制冷保鲜技术和生物技术等。制冷技术和保温技术是冷链物流系统能够提供规定的环境温度的重要保障。低温保鲜技术是现今国际采用最广泛的保鲜技术，常见的低温保鲜技术有速冻保鲜技术、真空冷冻干燥保鲜技术和真空预冷保鲜技术。例如，对于食品冷链而言，食品发生变质的主要元凶就是微生物的活动和酶发生的生化反应，但发生这些反应需要适当的温度和水分。随着温度的降低和水分的减少，细菌的活动程度和酶的活性就会降低，变化会变缓，对食品的危害也就减少。如果将温度和湿度控制在较低的范围内，食品就不易腐蚀变质，保质期延长。这就是低温冷藏技术的原理。与脱水、腌制、发酵和制罐等防腐技术相比，低温冷藏能使食品原有的风味、色泽、营养保持得更好，食用的安全性更高。除此之外，减少微生物的活动和降低酶的活性，也是防止食品发生变质的主要途径，这就需要生物技术的支持。

6. 冷链物流系统的空间分散性

冷链物流系统的空间特性主要体现在供给与需求之间的空间差。供给与需求之间的空间差是由社会分工和地理条件决定的。冷链物流系统通过其运输等功能要素改变了冷链对象的空间位置，创造了空间价值。

举例来说，农副产品是冷链的一个重要对象。在我国，珠江三角洲有"水果之乡"之称，尤以荔枝、柑橘、香蕉和菠萝品质最佳，数量最多。每年采收季节，大量南方的水果通过各种运输方式向北方地区不断输入；而东部沿海的大量鱼、虾、蟹等水产品也不断地流入中西部等内陆地区。正是这种空间差异为食品冷链物流创造了利润。

7. 冷链物流系统的环境严格性

冷链物流系统对环境有严格的要求。根据冷链物流的实际操作经验，除去小部分特殊商品，绝大多数的商品尤其是生鲜食品要求储存在$-20 \sim 20℃$的环境下，并且要保持储存环境内的空气干燥，从而抑制微生物的活动和酶的活性，保证商品质量，延长商品保质期。同时，在存储时，有许多冷链商品还有许多特殊的储存要求，如不同品种的水果不能混装以免催熟，气味较浓的商品不能混装以免发生串味，鲜活产品与冻货不能混装等。此外，冷链商品对存放环境清洁性的要求比其他商品高。

冷链主要是通过制冷保鲜技术来保持冷链商品的品质。不同的商品对温度和湿度的要求不一样，因此，针对不同的冷链商品要创造合适的冷链物流环境，才能达到最优的效果。

⊙ 知识窗

冷链物流的适用范围包括：初级农产品，如蔬菜、水果，肉、禽、蛋、水产品，及花卉产品；加工食品，如速冻食品，禽、肉、水产等包装熟食，冰激凌和奶制品，巧克力，快餐原料等；特殊商品，如药品。因此，它比一般常温物流系统的要求更高、更复杂，建设投资也要大很多，是一个庞大的系统工程。由于易腐食品的时效性要求冷链各环节具有更高的组织协调性，所以，食品冷链的运作始终是和能耗成本相关联的，有效控制运作成本与食品冷链的发展密切相关。

第二节　冷链物流的系统分析

本书介绍的冷链物流系统是以系统论为理论分析的基础，应用物流理论将冷链物流系统分解为要素、结构和功能，并依此对其进行分析。一般认为，冷链物流系统的要素主要包括主体要素、客体要素和设施设备要素。不同要素构成了冷链系统不同的结构，要素与结构共同决定了系统不同的功能（基本功能和辅助功能）。

一、冷链物流系统的要素分析

要素分析是系统研究的基础。按照不同的分类标准，冷链物流系统的构成要素有多种。依据生产力三要素理论，系统可以分为劳动者、劳动对象和劳动工具三个基本要素，因此，我们将食品冷链系统分为主体、客体和设施设备三大类进行分析。冷链物流系统的主体要素一般包括原材料供应商、加工制造商、批发与零售商、冷链物流企业、消费者及冷链物流系统的监管部门等主要主体。客体要素根据食品温度要求的不同可以分为四类：冷却商品、冻结商品、冰鲜商品和超低温商品。设施设备要素主要包括冷链运输设备和储存设施等。

（一）主体要素

冷链物流系统的主体要素是指冷链物流系统运作的主体。

1. 原材料供应商

原材料供应商是冷链物流系统的源头，主要作用是提供商品的原材料。原材料地理位置分散、数量弹性大，企业规模有时可能极小，有时又有可能极大。原材料在供应过程中以自然形态为主，一般保持其原有状态，清洗、分级、包装和预加工等处理措施较少采用，即使有也只是为了方便运输、减少损耗而进行的初级包装。对于冷链的原材料供应商而言，企业化的组织形式易于制定标准化的生产流程和操作标准，规模化的生产方式有利于保证冷冻冷藏技术的应用，信息收集的规范化也容易实现商品的追踪溯源。以上这些有利条件均能保证商品品质的一致性。原材料供应商数量众多，差异化程度大。无论是大型企业，还是个体经营者，要成为冷链物流运作主体，都应该具备相应的冷冻冷藏设施设备，对商品进行相应的冷冻冷藏处理。但是由于冷链物流的门槛高，在数量巨大的原材料供应商中，能够成为冷链物流主体的供应商并不多。

2. 加工制造商

很多商品需要加工制造才能使用。在相应的温度和湿度环境中进行加工制造可以保持商品的品质。冷链商品的加工制造是冷链上非常重要的一环。冷链商品在加工制造过程中，其质量安全可能受到影响的因素是多方面的，包括加工与储藏过程中温度控制不当、冷却过程操作不当等。在全社会对冷链越来越关注的情况下，应在冷链中的加工制造企业中推广质量管理策略，并结合全面质量管理理论和加工的特点，通过对整个商品的冷链加工过程进行监测，使冷链商品一直处在规定的温度范围内，增强商品的安全性。由于缺乏成规模的第三方冷链物流企业，为保证冷链商品质量，多数冷链加工制造商自营物流业务。加工制造商的正向物流业务主要包括供应物流、生产物流和销售物流。在冷链系统中，供应物流和销售物流是和其他企业相关联的，多数大型食品加工制造商处于核心位置，供应物流和销售物流业务多数也是自营的。例如，双汇集团的冷链物流业务做得比第三方冷链物流企业还要大。

3. 批发与零售商

批发商连接制造商与零售商，其物流的特点是少品种、大批量、物流简单；零售商连接批发商与最终消费者，其物流的特点是多品种、小批量、物流复杂。随着经济的发展，越来越多的连锁零售商直接与制造商交易，而一些批发商也直接与最终消费者交易，批发与零售业务之间的界限越来越模糊。所以，在对冷链物流系统的主体要素研究中可以不对批发商和零售商进行严格区分，而是将它们作为一个主体来研究。冷链批发零售商是冷链物流过程中的重要一环，是连接加工制造商和消费者的桥梁和纽带。

以食品冷链为例，超市和农贸市场是两种典型的批发零售商形式。在我国多数的城市乡镇中，超市已经成为广大消费者购买食品的主要场所，在人们生活中占据越来越重要的位置。与其他食品销售渠道，尤其是与农贸市场相比，超市是食品销售环节中较为安全的渠道。超市环境干净整洁，有空调、冷藏保鲜柜等大型设施，这些是农贸市场难以做到的。不过也有一部分超市，由于对食品配送过程的温度控制方面并没有明确的要求，致使供应商为了节省成本，在生鲜食品的送货过程中用棉被加冰块的方式代替冷藏车，造成了食品品质的下降，以及有害细菌的滋生，影响了食品安全。例如，在超市销售的很多冰激凌都是变形的，它们都是在运输途中融化后，到了超市再冻上的，这种做法严重影响了冰激凌的口味。而一些实力较弱的超市，没有冷链物流的支持，生鲜食品的补给不及时，会出现部分食品缺货或者不新鲜的食品仍在出售的情况。由于我国的特殊国情，农贸市场在中小城市及不发达地区依然是消费者购买食品的主要场所。而冷链物流的"最后一公里"问题在农贸市场的食品销售环节最为明显。大部分农贸市场加工手段简陋，进货渠道混乱，卫生条件差，并且很多市场都是露天的。而且农贸市场的物流设施、设备落后，尤其是冷库、冷柜等温控设备缺乏，生鲜食品的质量无法得到保证，造成了很大浪费。另外，农贸市场的众多销售商贩经营规模小，信息化程度低，以致食品缺乏可追溯性。尽管农贸市场在食品销售方面存在的问题很多，但是它依然是现阶段我国生鲜食品销售渠道的重要补充，通过将多种流通渠道连接在一起形成网络，贯通了城乡之间、地区之间，应采取相应措施对其加以规范和治理。大型连锁零售商一般情况下自营食品冷链物流，农贸市场的物流以供应商提供物流服务为主。

4. 冷链物流企业

冷链物流企业作为专业化的第三方物流公司，理论上可以承担冷链上的所有物流活动。冷链物流企业应该通过运用先进的低温冷藏技术和提供专业的冷链物流服务，保证从原材料供应商、加工商、批发零售商一直到最终消费者整个物流流程中，冷链商品始终处于适宜的温度和湿度环境，从而保证冷链商品的品质。由于不同的冷链商品对温度、湿度和储存期都有严格且不同的要求，因此，这就给冷链物流企业带来更多、更严格的要求。例如，要在经营过程中投入更多的资金；要承担更大的经营风险和经营成本；要对服务质量要求更严格等。这使得多数第三方物流企业都不敢贸然进入冷链物流行业，也是造成我国冷链物流业发展缓慢的要因。我国很多冷链物流企业都是从传统的冷库经营企业发展而来的，其经营理念与管理体制还没有真正完成从单纯仓储型向配送服务型的转变。另外，其冷冻冷藏设施设备陈旧，制冷设备效率低，部分企业冷藏车管理不严格，致使货厢达不到冷藏运输温度的要求，导致冷链商品变质，这些都严重影响了冷链物流的质量，降低了客户对冷链物流企业的信任度。随着冷链物流市场的进一步规范，会有越来越多的企业选择将自己的冷链物流业务外包，冷链市场需求的增加必将促进冷链物流企业的快速发展。

5. 消费者

消费者处于冷链物流系统的末端，是冷链商品最终的接受者。消费者结构、个性偏好的变化，会对冷链物流系统的运作产生决定性的影响。人们生活节奏的加快及对冷链安全的关注推动了冷链物流业的发展。冷链物流系统上的其他主体，要时刻关注消费者的消费倾向，了解消费者的消费习惯，随时根据消费者需求的变化调整自己的营运策略。

6. 冷链物流系统的监管部门

现在，冷链物流已经不仅仅是一种企业和市场行为，更是关系人们身体健康和安全的大事，加强对冷链物流系统的质量监管是全社会共同的责任，这就需要冷链企业、政府及相关职能部门共同努力。政府部门要强化对冷链物流的全程质量管理，不能只对某个节点的温度和卫生等进行监控，要建立对整个冷链物流系统的跟踪监控体系，促进冷链物流运作水平的提高。另外，还需要加大对冷链物流在安全、运输、储存和卫生检疫等方面的执法力度，坚决查处违规企业，杜绝安全隐患。

（二）客体要素

冷链物流系统的客体要素，即冷链物流的服务对象，是需要在一定低温环境下保持的冷链商品。冷链商品是冷链物流系统处理的对象，多数属于一次性消费品，卫生要求高，市场需求弹性小。根据对温度要求的不同，冷链物流系统的客体要素可以分为四类：冷却商品、冻结商品、冰鲜商品和超低温商品。

1）冷却商品：温度要求为 0~7℃。

2）冻结商品：温度要求为−18℃以下的温度区间。

3）冰鲜商品：温度要求为 0℃至各自冻结点。

4）超低温商品：温度要求在−30℃以下，主要为某些水产品，如金枪鱼等。

（三）设施设备要素

同其他物流活动一样，冷链物流系统功能的实现也需要多种硬件资源的支撑。但食品的特殊性决定了食品冷链物流所需的资源有不同于其他物流活动之处。从设施设备和功能的角度来考虑，食品冷链物流的每个功能都需要很多的物流资源，如运输设备、储存设施、装卸搬运设备、包装设备和物流信息设备等。

1. 冷库

冷库是用于冷冻和冷藏的建筑物，它是通过人工制冷的方法，使库内保持一定的低温。为了减少外界热量的传入，冷库的地坪、墙壁和屋顶都需要敷设一定厚度的防潮隔气层和隔热层。在冷库工程管理中，应根据冷库的特性实行科学管理，以保证安全生产，达到延长冷库使用寿命、降低生产成本、节约维修费用、提高企业经济效益的目的。图 2-1 为常见冷库的结构示意图。冷库的分类方法很多，按结构形式可以分为土建冷库和组合冷库（活动冷库）；按使用性质可以分为生产性冷库、分配性冷库和零售性冷库；按冷库冷藏容量可以分为大型冷库（10000t 以上）、中型冷库（1000~10000t）和小型冷库（1000t 以下）等。

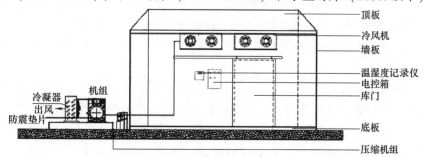

图 2-1　常见冷库的结构示意图

2. 冷藏车

冷藏车主要用于冷链货物的运输。冷藏车厢体可根据用户的需要选用铝合金、玻璃钢板、彩钢板制作，厢门可设计为后双开门或侧开门。冷藏车与一般厢式货车的差别在于冷藏车安装了制冷机组，并且采用优质保温材料制作密封车厢。制冷机组分为独立式和非独立式。非独立式制冷机组利用汽车发动机的动力工作，能使相匹配货厢内最低温度达到 $-18℃$。独立式制冷机组必须加装独立的蓄电池和柴油发动机。与非独立式制冷机组相比，它的制冷性能要好得多，能使相匹配货厢内最低温度达到 $-28℃$，而且不会因为汽车本身的故障而影响冷藏效果，但在生产造价上成本也要高些。

二、冷链物流系统的结构分析

冷链物流系统的结构由不同数量与规模的物流要素，即物流主体、物流客体和物流设施设备构成。冷链物流系统的主体在空间上的布局很大程度上影响着物流的路线、方向和流程，而冷链物流系统的结构模式又直接影响着物流运作的成效。合理的冷链物流系统结构，既要求物流设施设备的设置有利于物流快速、高效运作，又要求物流主体、物流客体和物流设施设备互相适应，符合资源优化配置的原则。

冷链物流系统的主体要素包括原材料供应商、加工制造商、批发与零售商、消费者、冷链物流企业及冷链物流系统的监管部门。考虑到冷链物流系统的监管部门不具体从事物流业务，因此在研究结构时没有将监管部门考虑进来。而最终消费者一般不具备冷藏运输设备，所以将消费者放在冷链物流系统外。冷链物流企业在理论上可以从事从原材料供应商到消费者的所有物流活动。我们将典型的冷链物流系统结构按主体类型、主体数量与规模，以及物流企业的作用分为三大类型。

（一）主体类型不同的结构

冷链物流系统结构研究四个主体：原材料供应商、加工制造商、批发与零售商和冷链物流企业。按冷链物流系统主体构成进行分类，其结构可以分为复杂型和直销型。

1. 复杂型结构

复杂型冷链物流系统结构的主要特点是：中间环节多，冷链物流运作的主体多，规模大小不一。随着市场消费需求的多样化，生产需要的原材料越来越多，加工工艺也更加复杂。原材料可能来自各地的多个供应商，生产的供应物流变得非常复杂。同时消费地和销售点的分散使得冷链物流的运输、配送环节的运作难度加大，整个冷链物流系统的网络结构相对直销型庞大得多。例如，麦当劳的冷链物流结构就属于这种类型。汉堡的原材料有汉堡酱、鸡肉、牛肉、面包、生菜等，来自各地的供应商通过冷链物流系统将原材料送到生产企业进行加工，加工好的食品在第一时间运送到各地的销售点，或者将原材料送到销售点进行现场加工。

2. 直销型结构

直销型冷链物流系统结构的主要特点是：物流活动的主体少，一般适用于只需简单处理就可以进行销售的商品。这样冷链物流活动便跨越了供应链上的生产商，甚至配送中心等节点，直接将原材料供应商和零售点联系起来。例如，农村种植的蔬菜在收获后，经简单清洗、预冷等处理，用汽车并辅之以简单保鲜措施，迅速运到城市的农贸市场或超市进行销售。靠近城镇地区的蔬菜、水果供应多采用这种冷链物流结构。

（二）主体数量与规模不同的结构

按主体数量与规模不同进行分类，冷链物流系统的结构可分为对称型、收敛型和发散型三种。

1. 对称型结构

对称型结构是指上游供应商与下游客户的数量与规模基本呈现对等的状态。随着新兴零售业态的出现与崛起，传统销售渠道已经逐渐被大型连锁超市所取代，而且这种趋势越来越明显。同时，由于部分生产企业的规模不断扩大，某些商品趋向于由少数几个大型企业集中供应，这样便形成了对称型冷链物流的基本结构。此类结构的特点是：冷链物流系统所连接的生产和销售两端都是由少数几个大型企业构成的，由于供应商的减少和销售端销量的稳定使得冷链物流系统的运作效率更高，对冷链物流系统的高要求增加了物流服务质量的一致性，使冷链商品的品质更加可靠。例如，我国的鲜奶业冷链物流就属于这种类型。伊利、蒙牛、光明及家乐福、沃尔玛等几个大型连锁超市就是对称型食品冷链物流的主体企业。

2. 收敛型结构

收敛型结构是指上游供应商数量多而规模小，下游客户的数量少而规模大，呈现收敛状态。收敛型结构一般适用于生产地和消费地相距较远，消费需求差异较大的情况。冷链物流系统的前端，供应商多且分布广泛，而下游中间商和销售商相对较少。由于冷链商品的易腐性，生产商不可能直接面对终端消费者，需要通过批发商、零售商和冷链物流企业等中间商所提供的服务。例如，在海产品的冷链物流过程中，一般是批发商到沿海地区收购海产品，或者渔民自己向城市进行集运，并最终送到各个饭店和海鲜连锁店进行销售。整个冷链物流结构呈现收敛状态。

3. 发散型结构

发散型结构与收敛型结构刚好相反，是指上游供应商数量少而规模大，下游客户的数量多而规模小，呈现发散状态。发散型结构一般适用于原材料的供应存在地方特色和地域限制，而商品的消费却分布在各地的情况。我国幅员辽阔，各地的自然条件、社会经济条件和技术条件都各不相同，致使很多商品生产在地理分布上呈现出明显的地域差异。例如，号称我国"三大果园"的辽南丘陵、山东丘陵和珠江三角洲三大水果生产基地的水果品种各有不同，山东寿光是我国重要的蔬菜生产基地，河南、四川是我国重要的肉制品生产基地等。因此与收敛型结构正好相反，发散型结构里供应商数目较少，下游中间商、分销商较多，生产地区和消费地区距离较远。这种结构的冷链系统一般在生产基地设立代理商、零售网点，建立销售渠道，借助当地的配送中心，再通过冷链物流远距离输送到各地，最后到达销售网点或消费者手中。整个冷链物流系统呈现由生产基地向消费地辐射的结构。

（三）物流企业作用不同的结构

1. 冷链物流业务自营型结构

冷链物流业务自营型结构是指冷链上所有的物流业务都是由供应商、加工制造商或批发零售商自己来负责规划与运作的。这种类型的结构没有第三方物流企业参与。

2. 冷链物流企业参与型结构

冷链物流企业参与型结构的一个明显特征是冷链物流的社会化程度较高，系统内的物流活动绝大部分是由专业的第三方冷链物流企业来完成的。我国冷链物流市场规模虽然日趋扩大，但是由于缺乏专业的冷链物流企业，物流活动的市场化程度很低，严重制约了我国冷链物流的发展。很多生产企业和零售商逐渐倾向于将冷链物流业务外包给第三方物流企业，这也是我国冷链物流未来发展的必然趋势。第三方冷链物流企业通过连接加工制造企业和零售商，代替这些企业为客户提供冷链物流服务，这些企业则可以将更多的精力放在生产和销售上来，而冷链物流企业则可以发挥专业优势，引进先进的冷链物流设备和技术，提供更为可靠的冷链物流方案。由于同时为多个企业服务，第三方冷链企业还可以通过共同配送等方式实现规模效益。越来越多的专业化冷链物流企业的出现，将有利于形成一体化的冷链物流运作体系，从而更好地保障食品安全，提高冷链物流的运作效率。冷链物流企业参与型结构的冷链物流系统具有其他结构无法比拟的巨大优势和发展前景，必将成为冷链物流系统的重要选择。

三、冷链物流系统的功能分析

冷链商品从生产到最后进入消费者手中，经历了加工制造、冷冻储藏、运输配送和冷冻销售等环节，每一个环节都存在影响商品品质的因素，只有每个环节都有足够的品质保证，才能保证冷链商品的真正品质。按照功能在冷链物流系统中的作用，将冷链物流系统的功能分为基本功能和辅助功能。冷链物流系统的基本功能主要包括冷链运输、冷链仓储、冷链配送和冷链物流信息处理。冷链物流系统的辅助功能包括冷链包装、冷链装卸搬运和冷链流通加工。

（一）冷链物流系统的基本功能

冷链物流系统的基本功能主要包括冷链运输、冷链仓储、冷链配送和冷链物流信息处理。

1. 冷链运输

冷链运输是冷链物流的一个重要环节。其成本很高，且包含了较复杂的移动制冷技术和保温箱制造技术，因此冷链运输管理包含了更多的风险和不确定性。

冷链运输承担着将冷链商品从发货方发送到收货方的职能。由于受地理分布和气候条件等影响，商品的原料产地、加工基地与消费市场常有空间距离，为了满足各地消费需求，必须进行商品的运输。冷链商品在运输之前应进行预冷，并且在运输过程中应对运输设备内的温度进行控制，保持设备内各处温度一致，避免温度的过度波动。冷链运输是冷链物流系统中成本较高的环节，因此也是控制物流成本最为关键的环节之一。在整个运输环节，无论是对于温度的控制还是对于路线的选择都会使得物流成本发生很大的变化。与普通运输相比，还有一个影响冷链运输效果的特殊因素，即对诸如车辆损坏、温控仪器故障等突发事件的应对能力。冷链运输途中，运输设备厢体内部温度应保持在规定温度下，装卸时短期升温温度不应高于规定温度，并在装卸后尽快降低至规定温度。在运输全过程中应按规定控制和记录运输设备厢体内部温度。装卸时的温度测量，宜针对运输商品的同一相对位置，或者针对同一样品，并且在冷藏环境条件下进行。

2. 冷链仓储

仓储是创造时间效用的主要物流活动。冷链仓储承担着冷链的储存和保管职能。冷链中的仓储包括冷却储藏和冻结储藏，以及果蔬等食品的气调储存，以保证在储存和加工过程中的低温保鲜环境。此环节主要涉及各类冷库、加工间、冷藏柜、冻结柜及冰箱等。但是，某些冷链物流商品的保质期很短，对物流时间要求非常高，这种情况下可以用冷藏车直接连接生产与消费。仓储过程中要注意商品之间的相互作用和影响，要注意不同商品之间是否会发生化学反应，不能将商品随意混装。对于有特殊气味的冷链商品，如水产品、生物活体等，如果混装就会造成串味，损失原有的价值。

3. 冷链配送

冷链配送主要依托冷链配送中心，解决冷链物流中"最后一公里"的问题。冷链配送相对于普通物流配送来说比较特殊，它的整个过程对时间控制、温度保持等条件的要求都非常严格。故冷链配送需要考虑全面，全程必须配备各种专门的冷藏运输工具。冷链配送主要有以下几个特点：①配送成本较高；②时效性要求较高；③配送设备有特殊要求，投入成本较高。冷链配送中心作为连接供应商和客户的纽带，在整个冷链配送系统中占有战略性地位。合理的冷链配送中心选址，不仅能降低物流成本，加快货物流通速度，保证生鲜食品的质量，还能在很大程度上增加物流企业的收益。

4. 冷链物流信息处理

在冷链物流活动中，物流信息在物流系统各层次各环节之间流动，冷链物流信息是物流系统的神经中枢和指挥中心，承担着实现各子系统间的高度衔接和配合的职能，是提高物流系统运行效率的基础。冷链物流信息包括物流设备的信息和物流管理的信息。冷链物流设备的信息主要是指在冷链物流中，条码、RFID（无线射频技术）、GPS（全球卫星定位系统）、GIS（地理信息系统）和温湿度红外遥感控制等信息技术及自动化设备的应用而产生的信息。冷链物流管理信息是指在冷链物流中，MIS（管理信息系统）、DSS（决策支持系统）等信息系统中用到的信息。由于在冷链物流实际运作过程中，时间是关键因素，而且冷链储运对象对温度及湿度的要求较高，因此获取这些信息对于减少运营风险、优化绩效来说就显得至关重要。冷链物流系统运作过程中，各要素及功能并不是相互独立、自成一体的，而是相互影响、相互依赖和相互制约的，甚至在冷链物流活动中还会出现要素之间和功能之间互相嵌套运营的情况，特别是冷链物流信息。它就如同系统的神经网络一般贯穿于整个冷链物流活动的始终，保证各子环节之间的信息高速往来与沟通，促使各环节达到高度协调、高效运作，以构建完整高效的冷链物流系统。

冷链物流系统中的主要信息包括原材料产地、食品的在途状态、质量检测信息、需求信息、温度监控信息、保质期、包装要求和订单信息等。其中，储存环境的实时温度是冷链物流活动中最为重要的信息，是保证商品质量的关键指标。在冷链物流活动的各个环节中，需要对商品所在环境的温度变化情况进行实时监测，利用信息管理系统对异常的温度变化及时做出调整，减少商品温度的波动。冷链物流信息在各主体间及时传递，有助于物流资源的合理调度，提高物流活动的作业效率，实现各主体的协同运作。尤其是在冷链物流中，信息的作用更是不可代替。冷链的自身特点决定了必须严格控制物流时间，因此利用数据采集技术、网络技术等收集各种物流信息，以信息库存代替实物库存，可以减少物流过程中无谓的停滞，从而降低商品的各种损耗和外界环境对商品产生的危害。而对原材料生产到最终消费者购买的全程信息的全面收集，是实现商品安全信息可追溯和冷链物流活动透明化的前提。一旦发现商品质量问题，就能够对问题商品实现准确定位，查找问题源头，及时召回问题商品，降低由此带来的影响。这也是未来冷链物流发展的一个主要趋势。

（二）冷链物流系统的辅助功能

冷链物流系统的辅助功能包括冷链包装、冷链装卸搬运和冷链流通加工。

1. 冷链包装

冷链包装在冷链物流过程中承担着对商品进行必要包装的职能。在现代冷链物流活动中，包装是商品从生产到消费领域不可或缺的部分。包装可以保护商品，使商品的外观质量和原有商品品质在物流过程中不受破坏，延长商品的保质期，增加商品品种，方便消费者，方便物流操作，同时可以防止商品的污染，促进物流的合理性和计划性。冷链商品不同于普通商品，安全永远是最重要的。因此，包装材料的选择首先要考虑的因素就是卫生安全。应根据冷链商品的类型、形状及特性等合理选择包装材料和包装技术，确保冷链商品在物流过程中的质量和卫生安全。运输包装材料或容器应完整、清洁、无污染、无异味、无有毒有害物质，不与冷链商品发生化学反应，达到相关卫生法规和标准要求，并且应具有一定的保护性，在装卸、运输和储存过程中能够避免内部商品受到机械或其他损伤。另外，包装材料还应具有一定的阻隔性、封闭性和遮光性等，从而防止有害微生物和外界条件对商品的影响。包装不耐压冷藏商品时，应在包装容器内加支撑物或衬垫物，以减少商品的震动和碰撞。包装易失水冷藏商品时，应在包装容器内加塑料衬。各种包装填充物应符合相关卫生要求。

2. 冷链装卸搬运

冷链装卸搬运在冷链物流过程中承担着装卸搬运的职能。装卸搬运贯穿于冷链物流全过程，无论是冷链商品运输、储存、保管，还是配送、包装或流通加工，都伴随着装卸搬运作业。在整个冷链物流活动中，装卸搬运作业所占的比重很大。所以冷链物流装卸效率的高低、装卸成本的大小，都与整个物流活动关系密切。可以说，装卸搬运合理化也是冷链物流过程合理化的一个重要内容。提高装卸搬运效率，减少装卸搬运次数，对于加快商品的运达速度、减少资金占用、避免货物损失和外界接触对冷链商品质量的影响，以及提高整个冷链物流的总效益，具有重要作用。对于冷链物流系统而言，为了保证冷链商品的质量不会因温度的变化而变化，装卸搬运工作一般都是在冷藏环境中完成。装载前，应按不同目的地对冷链商品加以筛选和分组，根据"后卸商品先装载，先卸商品后装载"的顺序进行装载；商品堆积要紧密，与厢壁周围应留有缝隙，货物与后门之间宜保留至少10cm的距离，顶棚和货物之间宜留出至少25cm的距离，用支架、栅栏或其他装置来防止商品移动，保持冷气循环。商品装卸或进出冷库要迅速，在装卸商品过程中应严格控制作业环境温度和时间，保证商品温度不高于规定温度。如果没有密闭装卸口，应保持运输车门随开随关。完成运输作业后，应立即对运输工具进行严格的清洗、消毒和晾干，如此才可进行新的运输作业。

3. 冷链流通加工

我国每年由于农产品初加工和预冷等保鲜措施不足造成的食品在物流过程中的损耗非常严重。因此为了减少损耗、延长食品保质期、提高物流效率，实现物流过程的增值、增效，流通加工在食品物流过程中是必不可少的。生鲜食品的流通加工形式主要包括以下几种：第一，冷冻加工。为解决鲜肉、鲜鱼在物流中保鲜及搬运装卸的问题，延长保存时间，通常采取低温冻结的加工方式。第二，分选加工。农副产品规格、质量离散情况较大，为获得一定标准的食品，采取人工或机械分选的加工方式称为分选加工。这种方式广泛用于水果和蔬菜等。第三，分装加工。许多生鲜食品零售数量规模较小，而为保证高效输送出厂，包装则较大，也有一些采用集装方式运达销售地区。为了便于销售，在销售地区按需要进行新的包装，即大包装改小、散装改小包装、运输包装改销售包装等。

◇【同步案例】

2013年12月，顺丰正式成立了食品供应链事业部。2014年9月25日，在顺丰优选试验一年之后，顺丰正式推出"冷链"新品牌，瞄准食品生鲜配送市场，为生鲜禽品行业客户提供一站式供应链解决方案，包括冷链产品、冷链仓储、冷链干线、冷链宅配、生鲜食品销售和供应链金融等服务。同时，集冷链存储和中转功能的顺丰上海和厦门冷库也正式投入使用。仅2014年，顺丰已经建成、启用包括北京、广州、深圳、武汉、成都等地的总计超过10座B2C冷库。2016年4月20日—25日，顺丰接连在烟台、无锡和深圳开了三场发布会，向供应商推介顺丰最新的水果寄递行业客制化解决方案"五攻高强"：从"攻异、攻鲜、攻快、攻准、攻优"五个方面确保将供应商的生鲜水果精准地送到客户手中。总的来说，顺丰的目标就是做一个完善的冷链物流平台，以冷仓为核心（上海地区的"生鲜一号"），用冷链干线连接，用城配网解决B2B的配送，用宅配网满足B2C的配送，定位于中高端市场，以中高端食品和高端药品为切入点，未来向中端及超高端发展。顺丰目前主要提供的冷链产品包括以下几种：

一是冷链到家：为客户提供"门到门"的配送服务。

二是冷链到店：为门店间的低温货物进行集中配载，同时进行点到点、点到多点运输的零担物流服务方式。

三是冷链零担：为了满足客户货物不足整车运输的需求，通过集拼或分拨为客户提供多批次、小批量的物流服务。

四是冷链专车：为客户提供线路相对固定的跨区域冷藏车运输。

五是冷链仓储：为客户提供冷库存储、货物包装、分拣配送、信息流转一体化的冷链服务。

截至2016年年底，顺丰冷运在全国拥有47座食品冷库、3座医药冷库、41条大公交干线和491辆自有冷藏车，同时在全国53个大中型城市构建了可以满足客户不同业务形态的冷运服务网络。具体信息如下：

1）航空运输网覆盖52个城市：顺丰冷运北京分公司通过北京航空实现干冰运输的城市已达到52个。

2）大公交冷运干线运输网：截至2016年8月，全国大公交冷运干线网共开通干线41条，其中主干线11条、其他省际和城际干线30条，可实现53个城市之间互寄。

3）专业多温层冷仓：为满足各种温层产品存储以及全区域低温控制集合收、存、检、包、转于一体的需求，顺丰采用国内先进的自动化制冷降温设备（部分仓库）、进口计算机温度监控系统，实行"7×24×365"全天服务。

4）智能化冷藏车厢：采用进口制冷机，厢体分为单温厢体、双温厢体、多温厢体，实现多温区温控运输；通过货厢操纵平台控制车厢内的温度与湿度；通过驾驶室控制平台控制货厢内或多个温区的温度；设有后台系统操作，如"主机+温度传感器+GPS定位"，可实现设备与后台控制系统间的单向或双向通信，直接读取制冷机数据，可搭配温湿度，实时监控多至三个不同温区的温度参数，上传频率可设置为1min~24h，采用GPS定位系统，精准锁定目标，可储存长达 6 个月的历史数据，同时冷藏运输车的车厢结构已获国家 GSP 医药车辆改造专利。

5）EPP 循环保温箱：食品跟药品在冷链运输当中是离不开包装的，包装技术对于冷链而言是非常重要的组成部分。那么顺丰的包装技术最大的亮点是什么呢？"顺丰采用的是 EPP 循环保温箱，EPP 是一种达到食品级的保温材料，也就是婴儿奶瓶的奶嘴材料。"周宁辉说。"循环性主要体现在我们的 EPP 循环保温箱，可以通过顺丰强大的网点优势，当快递员把货物派送到客户手中后，可以再把箱子取回来进行清洗、晾干，这样就可以重复使用了，从而给整个社会的环境带来很大的好处。"周宁辉强调。这样就摆脱了以往采用泡沫箱加冰块单次使用且不环保的做法了。

（案例来源：根据 http://www.maijia.com/news/article/153351 和 http://www.henanfood.net/lenglianwuliu/news/lenglian/10385 综合整理而成，内容有改动。）

问题：

1. 结合顺丰案例，思考当前生鲜冷链物流行业遇到的最大挑战是什么。

2. 结合"互联网+""大数据""云计算"等现代信息技术，思考如何应用这些技术推动食品生鲜冷链物流的发展。

第三节　冷链物流系统的主要运作模式

一、自营冷链物流

自营冷链物流模式主要包括以生产企业为主导的冷链物流模式（第一方物流）和以零售企业为主导的冷链物流模式（第二方物流）两种，是指企业投资购置冷链设施，使用自己的设施和工具来完成的冷链物流。第一方物流是由卖方生产者或供应方组织的物流，这种模式的核心业务是生产和供应商品，为了自身生产和销售业务需要而进行物流自身网络及设施设备的投资经营与管理。第二方物流是由买方销售者组织的物流，这种模式的核心业务是采购并销售商品，为了销售业务需要投资建设物流网络及设施设备，并进行具体的物流业务运作、组织和管理。

二、基于第三方物流企业的冷链物流

基于第三方物流企业的冷链物流模式是指生产经营企业为集中精力搞好主业，把原来由自己处理的物流活动，委托给第三方专业物流服务企业，同时通过信息系统与物流服务企业保持密切联系，以达到对物流全程的管理和控制的一种物流运作与管理方式。第三方冷链物流是物流专业化形式在冷链行业中的应用，是独立于生产商、加工商、批发商和零售商以外，提供专业化物流服务的业务模式。真正意义上的第三方冷链物流企业不仅能够提供冷藏运输、冷藏仓储和冷藏加工等，更重要的是为冷链物流需求方提供高效率和完备的冷链物流解决方案，能实现冷链物流的全程监控，具有整合冷链的能力。

三、冷链物流联盟

冷链物流联盟模式主要有两种：一种是制造企业与第三方冷链物流企业结成的联盟模

式；另一种是以制造企业为中心，与供应链上的一个或多个伙伴企业结成的联盟模式。

与第三方冷链物流企业结成的联盟模式中，物流活动的基础设施可能全部由第三方服务提供者来提供，也可能是两者共同提供，第三方物流企业的主要任务是完成制造企业的物流系统的规划以及制造企业的基本物流活动。制造企业通过信息系统与第三方物流企业保持密切联系，以达到对物流全程的管理与控制的目的。第三方物流企业通过商企结成联盟，前期按条款提供冷链分割的冷链运输环节功能服务，进而输出有针对性改进的物流管理和运作体系。例如，麦当劳餐厅的冷链物流就是以外包方式完全包给夏晖公司，即第三方物流企业。夏晖公司是麦当劳的全球物流服务提供商，为麦当劳提供优质的服务。夏晖公司为了满足麦当劳冷链物流的特殊要求，投资建立多温度食品分发物流中心。该中心分为干库、冷链库和冷冻库，配有冷链冷冻保存设备及冷链运输设施，保质保量地向麦当劳餐厅运送冷链货物。这种物流模式更看重的是企业与第三方物流企业间的战略合作，企业间不仅仅是业务上的供求双方，更是战略联盟中的合作伙伴关系，其中任何一方战略上的变化都会对另一方的战略制定产生影响。因此，双方企业共存互生的关系也决定了这种企业联盟模式比单纯地将冷链物流业务外包给第三方冷链物流企业更加稳定。

与供应链上的一个或多个伙伴企业结成的合作联盟，就是将供应链上所有节点企业看作一个整体，基于共同的目标，通过一定的制度安排而组成的集成化供应链管理体系。该体系以计算机网络技术和信息技术为支柱，以区域性物流资源为可选对象，综合各种先进的物流技术和管理技术，将节点企业内部供应链以及节点企业之间的供应链有机地集成起来进行管理，以充分利用人员、流程、技术和绩效标准等共享资源，实现协同运作，从而高质量、低成本、快速、高效地提供市场所需的物流产品或服务。它是一个由起领导作用的专业化资本或要素，将物流系统所需要的其他专业化资本或要素按一定方式进行构造和整合，形成要素紧密联系、协同运作的冷链物流系统。在合作协议框架内，通过共享信息，协调行动，互相配合，对冷链的物流运作进行一体化管理，实现冷链物流管理的顺畅化和高效化，以降低物流成本或提高物流响应水平。目前，该模式在大型乳制品、肉制品生产企业及大型连锁超市等领域的应用最为典型和广泛。这种联盟无论是在服务内容、运作机制，还是在组织网络上均与传统物流运作有很大不同，主要优势如下：

1）提高企业生产计划的适时性。对于生产企业来说，实施供应链管理可以及时掌握产品的销售信息，可以及时调整产品生产计划，避免不必要的库存积压。

2）提高流通企业需求预测的准确性。对于供应链中的流通企业来说，实现供应链管理可以掌握各个市场终端的库存情况，提前制定产品的配送计划并降低配送成本。此外，企业通过对市场终端反馈信息的加工处理，可以掌握产品的季节性需求规律，调整进货种类，更准确地对需求进行预测。

3）提高零售企业库存、补货的合理性。如对于零售连锁企业来说，实施供应链管理可以保证连锁门店内商品库存低于安全库存时能够及时补货，同时保证门店内产品库存降至最低，减少库存的积压，避免因商品过期等原因造成的损失。

第四节　冷链物流系统规划

一、冷链物流系统规划思路与原则

（一）规划思路

对冷链物流系统进行规划，其核心就是运用系统的思想和方法对构成冷链物流系统的各个子系统、各个关键环节进行优化整合，从而保障整个冷链物流系统健康、有序、高效地运转。值得注意的是，冷链物流是一项复杂的系统工程，它需要供应链各环节之间的高度配合、高度协调。因此在对每一个关键环节或子系统进行规划设计时，让其达到最高效率并不一定为最佳选择，还要注意让其与整体冷链物流规划过程中的其他组成部分相互平衡，最终达到冷链物流系统的整体最优。

对冷链物流系统进行规划的思路可以概括为以下四个方面。

1. 提供最大服务

冷链系统规划设计旨在提供具有更高效率的配送服务，以确保用户需求，但这种战略会受到第三方冷链物流企业所能承担的物流成本限制。冷链物流系统由于其特殊性、专业性、技术性，与常温供应链相比，冷链对时间的高度重视必然要求货物周转速度更快，信息传递更及时，供应链节点间协调更加紧密，低温设备等额外投资又使冷链供应链的运营成本更高，资产利用率相对较低。运营成本的增加必然会影响客户服务质量。所以一般情况下，最大服务很难实施，多是用于某些特殊的，诸如药品、血液或生物供体等价值高、体积小的冷链产品的物流服务。服务于同一个客户的最小成本和最大服务系统之间的总成本变化是相当大的。

2. 获得最高利润

利润是企业的生存之本，对于第三方冷链物流企业而言，进行冷链物流系统规划的最直接目的就是追求物流系统利润的最大化。因此，可以运用运筹学理论、计算机仿真技术等对冷链物流系统的整个供应链流程进行优化配置，力求在最大限度上降低物流成本，这样可以获得较高的相对利润。当然，在设计物流规划降低成本的同时，也要考虑提供一些增值服务。从短期来看，企业物流成本增加，利润减少，但是改进的服务会提高客户满意度。从长远来看，还是会增加利润。

3. 优化资源配置

冷链物流规划的设计期望投入物流系统的资产最小化。因此，应该注重各种资源的合理配置。这种资源配置的活动可能不仅在第三方冷链物流企业内部进行。冷链物流对运输设备、运输环境的要求很高，在对冷链物流产品进行配载的时候，由于不同产品对冷链要求不同，很有可能发生多辆运输设备不能满载工作的情况。冷链企业之间完全可以通过企业联盟发力，实现拼车运输。这样既分担了物流成本，又提高了冷链物流效率。即冷链物流系统在为客户提供满意服务的同时，降低物流系统总成本，通过配置行业资源，实现小投入大产出。

冷链物流系统的资源优化配置具体可包括：

1）合理配置人员、设备、空间。

2）减少物料转运，提高物流效率。

3）明确作业流程。

4）满足物流需求，减少不必要投资。

5）设置舒适、安全的工作环境。

4. 提高企业核心竞争力

对冷链物流系统进行规划设计可以提高企业自身的核心竞争力。合理的物流规划可以降低企业的物流成本，提高企业的物流效率，使企业获得更多的利润，提供更好的服务。同时，第三方冷链物流企业对冷链物流系统进行物流规划设计还可以提高客户的企业竞争力。第三方冷链物流系统作为专业的第三方物流提供商，它为客户提供优良的服务，将直接影响到其在客户心中的企业形象。而且作为专业的第三方物流提供商，冷链物流企业还可以为客户提供专业的物流咨询、制订相关物流规划，让客户将主要精力放在核心产品的开发上，从而实现双赢。

（二）规划原则

冷链物流规划设计必须以系统整体的目标为中心。通过对冷链物流进行规划，加强各子系统参与主体运营的紧密度和协调度，力求通过对人力、物力、财力和人流、物流、信息流进行最合理、最经济、最有效的配置和安排，获得最大整体收益。

1. 系统性原则

冷链物流系统作为一个社会经济系统中的子系统是不能独立存在的，它与其他社会经济子系统之间存在着相互融合、相互促进、相互影响、相互制约、相互矛盾的关系。因此，在对其进行规划设计时，必须尽可能考虑到各种外在影响因素，最终达成社会经济系统的整体最优。另外，冷链物流系统本身就是由若干子系统构成的。这些子系统之间既相互承接、相互促进，但也同样存在相互制约，甚至是相互矛盾的关系。因此，在对冷链物流进行规划时，必须用系统的、全盘的思想去综合考虑、系统分析所有对规划有影响的因素，以获得优化方案。

2. 可行性原则

冷链物流是专业性、技术性很强，物流成本较高的特殊物流形式，在技术改良方面的经济投入相对较大。在对冷链物流系统进行规划设计的过程中，必须使规划中各要素满足既定的资源约束条件。在对冷链物流系统进行规划时，必须要从企业自身的实际情况出发，考虑现有可支配资源的情况，寻找经济投入和技术回报的最佳契合点，以保证系统持续、长期、健康地运营。

3. 绿色性原则

冷链物流系统规划的绿色性原则是指在对冷链物流系统进行规划设计时，除了考虑经济利益目标之外，还应该考虑节约社会资源、保护环境、可持续性发展等因素。一个好的冷链物流系统应该在经济和社会效益方面都是优秀的。一个规划不合理的冷链物流系统会由于其不合理的货运网点及配送中心布局，导致货物迂回运输，从而增加燃油消耗，加重空气污染和废弃物污染，浪费资源，引起城市交通堵塞。对于冷链物流系统来说，制冷设备所排放出来的氟利昂等气体也会对大气层造成破坏。近几年来，循环经济越来越受到政府和企业的重视，绿色物流也是其中重要的组成部分。

二、冷链物流系统总体规划与布局

(一) 总体规划

冷链物流系统与普通物流系统在物流技术、物流设备的运用上不同，但最根本的不同点是冷链物流系统在物流过程中对物流时间、物流效率的要求特别高。因此，冷链物流系统必须建立在完整、通畅、高效的供应链基础之上。为了实现这一点，在规划设计之初，必须首先对其进行总体的规划与布局。冷链物流系统的总体规划主要包括以下三个部分。

1. 冷链物流网络规划

冷链物流网络规划主要包括对冷链需求、冷链运输系统、冷链物流配送系统以及冷链物流节点进行规划。

2. 冷链物流系统功能规划

冷链物流系统功能规划主要是指为系统内的冷链物流企业提供运输、仓储、加工与配送、信息处理及相关资源和服务，打造一个资源密集和管理专业的集聚环境。

3. 冷链物流信息系统规划

冷链物流信息系统规划主要是指对信息系统内的订单管理模块、仓储管理模块、配送控制模块、电子商务交易模块、信息发布平台、财务管理、查询报表模块等进行规划和设计，其目的在于提高系统的管理效率、增强信息共享和降低运营成本。

(二) 总体布局

在对冷链物流系统进行总体布局规划时，需要从战略层面对冷链物流系统未来发展趋势进行整体把控，从产业未来发展方向、系统内部的商务活动、系统配套等方面实现"三位一体"的统一，实现冷链物流系统又好又快的发展。首先，要结合冷链物流系统的基础条件和发展潜能，明确规划的目的和意义；其次，从战略层面对冷链物流系统进行土地布局和产业布局；再次，要根据系统需求，对冷链物流系统功能进行布局；最后，要估算成本和收益，对系统的投资进行布局。

对冷链物流系统进行布局，要统筹考虑内外部经济环境对冷链物流系统的影响，要保证与所在地区的国民经济和社会发展规划、土地利用总体规划、环境保护规划、城乡规划等相协调；要保证冷链物流系统内部基础设施共建、共享，发挥规模效益，引导产业集聚；充分挖掘系统潜力，提高资源利用效率，制定环境治理与优化方案，实现冷链物流系统的可持续发展。

三、冷链物流系统功能规划

合理的功能规划与设计是实现冷链物流系统"运作高效率、服务个性化、目标前瞻性"目标的重要保障。冷链物流系统功能的规划和设计应该以基本作业流程为依托，以充分利用系统空间、满足作业需求、推动系统健康持续发展为目标，结合系统需求分析来实现。

1. 基本作业功能

(1) 冷链运输功能

冷链运输功能是指有效连接冷链物流系统中生产者、批发商、零售商、消费者，通过控制运输全程温度，将产品及时送达目的地。

（2）冷链仓储功能

冷链仓储功能是指通过保鲜库、冷藏库、控温库、常温防潮库等设施，将肉类、水产品、冷冻产品进行储存，以满足交易量需求和交易的延续。

（3）冷链配送功能

冷链配送功能是指在冷链物流系统的辐射范围内，根据客户需求，对货物进行拣选，通过冷藏车、保证控温车送达过程的温度，送达到指定位置。

（4）装卸搬运功能

装卸搬运功能作为冷链物流系统功能行为的衔接者，是指卸货、搬运、移动以及装车等功能，还包括在装卸搬运过程中需要使用到的搬运、卸载、码垛、升降工具。

（5）流通加工功能

在冷链物流系统中，为了提升产品附加价值，需要对其进行的初加工、精深加工，如保鲜处理、贴标签、粘贴条码、肉类分解、商业包装等活动。

（6）信息服务功能

信息服务功能是指建立冷链物流信息平台，借助 RFID、BDS、GPRS、GIS 等物联网技术，对系统内所有活动进行全程实时监控。通过冷链物流信息平台能够清楚地了解在途货物位置等具体信息，减少货物冷链流通过程中的信息不对称，实现冷链作业的智能化和高效化。

2. 增值服务功能

（1）金融结算服务功能

金融结算服务功能是指冷链物流系统以信息服务平台为依托，以供应链上下游企业为主导，通过提供仓储质押、订单融资、供应链金融服务，实现企业贸易的交易往来。

（2）产品交易与展示功能

产品交易与展示功能是指冷链物流系统为交易者和经营者提供的商品交易与展示场所，目的是更好地宣传产品，提升品牌形象，增加订单数量，增加效益。

（3）保险服务功能

冷链物流系统布局保险服务功能，可以解决在冷链物流作业过程中因为操作不当造成的货物损坏或者丢失等问题，为货主提供保险购买、理赔等服务。

（4）冷链物流设备租赁功能

冷链物流设备租赁功能是指为客户提供租赁服务，在冷链物流系统的内部物流作业过程中将闲置的冷链物流设备对外租赁，增加收益。

3. 配套服务功能

（1）生活配套服务功能

生活配套服务功能是指冷链物流系统为员工提供的住宿、餐饮、娱乐等全方位生活服务，通过提升员工生活质量，吸引更多物流专业人才入职冷链物流系统，提高冷链物流系统员工整体素质。

（2）商务办公功能

商务办公功能是指为在冷链物流系统中运营的企业管理部门提供办公室、会议室及培训室，提升冷链物流系统的整体商务办公效率。

（3）车辆辅助服务功能

车辆辅助服务功能是指冷链物流系统为来往冷链车辆提供停车场、加油站、汽车检修、保养等"一条龙"服务，提升冷链物流系统货物周转效率。

（4）产品检测检疫服务功能

产品检测检疫服务功能是指对冷链物流系统中的各类产品（农副产品、食品、药试剂品等）的流通、加工、储存、运输等环节进行检疫检验等管理，确保产品的安全性，保障冷链物流系统的持续健康发展。

➡ 关键术语

物流系统（Logistics System）　　　　冷链物流系统（Cold Chain Logistics System）

系统要素（System Elements）　　　　系统结构（System Structure）

功能分析（Functional Analysis）

➡ 练习与思考

1. 为什么说冷链物流系统是一种大且复杂的系统？

2. 对比分析对称型冷链物流系统结构、收敛型冷链物流系统结构和分散型冷链物流系统结构的优缺点。

3. 如何理解冷链物流系统中的时间敏感性？

4. 你认为冷链物流系统的七大主要特性给冷链物流业的发展带来了哪些挑战？

5. 结合实际企业案例，分析自营型冷链物流和基于第三方物流企业服务的冷链物流两种运作模式的利与弊。

6. 未来供应链环境下的冷链物流联盟运作模式具有哪些机会与挑战？

7. 如何从系统优化的角度对企业的冷链物流系统进行设计与规划？谈谈你的设想与展望。

➡ 综合案例

九州通的冷链"药方"

一、医药冷链物流现状

近期，我国首份冷链物流五年规划——《"十四五"冷链物流发展规划》（以下简称《发展规划》）正式发布，《发展规划》是我国冷链物流领域第一份五年规划，具有重要的"里程碑"意义。有数据显示，2020 年我国冷链物流市场规模已超过 3800 亿元。企查查数据显示，截至 2021 年 12 月，我国现存冷链物流相关企业 1.9 万家。以发展时间来看，近十年间，冷链物流相关企业注册，在 2019 年和 2020 年达到高峰期，年注册量分别为 3393 家、4375 家，其中 2019 年注册量同比增长 25.6%，2020 年注册量同比增长 28.9%。相对于其他冷链物流来说，医药冷链物流更加专业。在新医改和相关政策的扶持下，未来生物生化主要行业仍将持续增长，医药冷链物流市场在我国持续做大做强。相关研究数据显示，2020 年，我国医药冷链市场销售额达 3903.4 亿元，同比增长 14.97%。

二、九州通集团

九州通是一家以西药、中药、器械为主要经营产品，以医疗机构、批发企业、零售药店为主要客户对象，并为客户提供信息、物流等各项增值服务的大型企业集团，在全国近万家医药商业企业中位列第三名。与国药、新上药、华润不同的是，九州通是一家民营企业。作为民营医药流通企业的九州通，在医药冷链领域布局已超过20年，形成了一套高效标准化的运营体系，并在技术研发与系统运管提升上积累了丰厚的经验。2014年，九州通集团专门成立了医药冷链事业部，以保证九州通冷链物流的顺利发展和业务的顺利进行。医药冷链事业部依托集团的营销网络和丰富的上下游资源，形成了强有力的"九州云仓"系统。九州通冷链业务覆盖了全国98%以上的地区，专业的人员团队协同应急平台和物流服务通过"九州云仓"系统保证了全方位的冷链服务。经过20多年的研发、实践与积累，九州通在全国范围内的冷链物流体系搭建、规模化、标准化和应急保障等方面取得了先发优势，公司以总部所在地武汉为中心搭建了西北线、西南线、华东线、华南线、东北线5条医药冷链运输干线，目前拥有31个省级物流配送中心，106个地级物流配送中心，519个冷库，面积达4.48万m^2，覆盖率达98%以上。设备方面，九州通拥有冷藏车306台，保温箱3151个，外协车辆168台。2021年，九州通实现营业收入1224.07亿元，同比增长10.42%，其中三方物流业务实现营业收入5.31亿元，同比增长74.31%。2021年1月，九州通获得科兴疫苗配送服务订单，已完成疫苗运输12.66亿剂，覆盖26个省市，行驶里程658.69万km，订单完成率达到100%。

三、九州通集团的冷链物流系统

九州通集团在医药流通领域中的布局是宏大且深远的，在加盟配合营销的运作之下，对整个行业产生了极大的影响力。冷链服务、配送系统也使得九州通的整体服务更加有保障，在应对突发公共卫生事件问题上也积累了宝贵的经验。

2020年，新冠疫情肆虐，九州通发挥多年医药冷链运作经验，结合各省份疾控中心的要求，对冷库、冷藏车、温湿度系统等设施设备进行严格的标准制定、选型、改造，以满足医药冷链软硬件资质要求，可以提供疫苗日常精细化运营与监管。为保障疫苗物流服务质量，九州通还专门设立疫苗专用库，由疫苗专业技术人员对疫苗专库进行定期质量管理，以保证满足存储要求。除此之外，面对国内医药冷链市场发展不完善的局面，九州通还与其他医药物流公司携手同行，共同打造干支结合的物流网络和整散统配的冷链平台，通过全程监控联动上下游企业，控制药品在整个供应链的质量。截至2021年，九州通的医药供应链服务平台经营设施已增至141座，建筑总面积达410万m^2，其中符合GSP标准的仓库设施面积增加至257万m^2，包含519个冷库（面积4.5万m^2，容积10.5万m^3）。基于医药供应链服务平台，九州通可实现每小时每库出货5000单，出错率仅为万分之一，并承诺物流中心200km之内的区域12小时之内到达。系统运用RFID技术，包括在入库，仓储，配送等方面，都能进行全程跟踪，保证不断链。入库环节，九州通采取"三专方案"，即专用的冷链收货月台、专职的收货人员、专门的低温入库通道。在和客户交接的时候，九州通利用红外温控仪来实行当场的测温，与配送现场进行温度的交接，并把全过程记录也交接给客户，客户能掌握产品在所处环境的全过程温度变化。而在库过程，则采取可视化冷库作业，设计多温区，保证短时间2~8℃温度区域内，药品不变质，工作人员也能适应环境。在与客户交接的过程中，会将全程温度记录交给客户，最终客户也能通过专用平台查询在九州通工作时间段内的相关数据。目前九州通的设备控制系统包括自主设计的仓储管理系统 WMS 和运输管理系统 TMS，对所有的设备都能集成，通过这些技术，可实现对立库、分拣设备的控制以及对车辆运输的路径优化。

（案例来源：张青松，数字化升级 九州通冷链担当新使命，中国物流与采购，2022，640（03）：21-22，内容有改动。）

问题：

1. 结合九州通案例，分析成本因素对医药冷链物流系统设计会产生哪些影响。

2. 你认为九州通冷链物流成功的关键是什么？

3. 进一步查阅九州通集团和三方冷链物流企业资料，与第三方专业的医药冷链物流企业相比，九州通冷链物流系统具有哪些特色与优势？

第三章

冷 链 运 输

学习目标

通过本章的学习，理解冷链运输的含义；掌握冷链运输各种方式的特点及适用范围；了解各类冷链运输设备；说明冷链运输监控过程和设备。

引 例

冷链物流构建"四横四纵"骨干通道

根据国务院办公厅印发《"十四五"冷链物流发展规划》（以下简称《规划》），到2025年，我国将初步形成衔接产地销地、覆盖城市乡村、联通国内国际的冷链物流网络，基本建成符合我国国情和产业结构特点、适应经济社会发展需要的冷链物流体系，调节农产品跨季节供需、支撑冷链产品跨区域流通的能力和效率显著提高。

围绕现代冷链物流体系总体布局，《规划》提出加快形成高效衔接的三级冷链物流节点，构建服务国内产销、国际进出口的两大冷链物流系统，建设设施集约、运输高效、服务优质、安全可靠的国内国际一体化冷链物流网络，实现"三级节点、两大系统、一体化网络"融合联动。建设北部、鲁陕藏、长江、南部等"四横"冷链物流大通道，以及西部、二广、京鄂闽、东部沿海等"四纵"冷链物流大通道，形成内外联通的"四横四纵"国家冷链物流骨干通道网络。

随着生活水平的不断提高，人们对冷链运输的需求快速增长，特别是在生鲜食品、农副产品、疫苗、药品等诸多领域，冷链运输发挥着越来越重要的作用。近几年来，全国冷链运输车辆保有量年均增速达到20%以上，截至2021年年底，已达34万辆，冷链运输基础设施逐步完善，组织模式不断创新，为冷链物流加快发展创造了良好的环境。

（案例来源：中华人民共和国交通运输部，https://www.mot.gov.cn/jiaotongyaowen/202112/t20211214_3631176.html）

第一节　冷链运输方式及运输设备

在我国 2021 年发布实施的国家标准《物流术语》（GB/T 18354—2021）中，将运输（Transport）定义为"利用载运工具、设施设备及人力等运力资源，使货物在较大空间上产生位置移动的活动"。冷链运输（Cold Chain Transportation）是指利用载运工具、设施设备及人力等运力资源，使货物始终处于保持其品质所需温度环境下产生位置移动的活动。

冷链运输中涉及铁路冷藏车、冷藏汽车、冷藏船、冷藏集装箱等运输设备。中华人民共和国国家标准《冷藏、冷冻食品物流包装、标志、运输和储存》（GB/T 24616—2019）中对运输设备有如下要求：①运输冷藏食品、冷冻食品应使用具备温控能力的专用设备，专用设备应防冻、隔热保温性能良好；②应在运输设备醒目位置标示安全注意事项；③运输设备厢体应清洁、无毒、无害、无异味、无污染，内壁应平整光滑；④运输设备厢体内应配置具有异常报警功能的温度自动记录设备，对运输过程中厢体内的温度进行实时监测和记录；⑤运输设备厢门处宜加装隔温装置；⑥制冷系统、测温设备应定期检查、保养及校验，发现异常应立即停止使用并及时进行维修。

冷链运输方式可以是公路运输、水路运输、铁路运输、航空运输，也可以是多种运输方式组成的多式联运。我国冷链运输还是以公路为主，据中物联冷链委的统计，2019 年我国冷链运输结构中的公路运输占总运输的 89.73%，海运占比 8.08%，空运占比 1.19%，铁路占比 1.00%。下面首先来看看各种运输方式的特点、适用范围、工作原理及常用的运输设备。

一、公路冷链运输

公路冷链运输是指使用专门的公路冷藏运输装备进行易腐货物运输的方式。公路冷链运输的相关设施设备包括冷藏汽车和保温汽车。公路冷链运输以其机动灵活、方便快捷等特点，成为冷链产品运输的重要组成部分。在发达国家，公路冷链运输的比例已达到 65%~85%。

（一）技术经济特点

1. 适应性强、机动、灵活

冷藏汽车（见图 3-1）具有使用灵活、建造投资少和操作管理方便等特点。它是冷链运输中重要的、不可缺少的运输工具。它既可以单独使用于冷链产品的中短途直达运输，也可以配合铁路冷藏车、水路冷藏船和航空运输进行短途接运和换装。公路冷链运输可以减少中转环节及装卸次数，实现"门到门"的运输，在经济运距之内可以深入城乡，直达销地。在无水路和铁路运输的偏远城镇或工矿企业，更突显公路运输的优势。公路运输在时间上的机动性也较大，对货物的批量大小有很强的适应性。

图 3-1　冷藏汽车

2. 送达速度快，货损货差小

冷链产品对小批量的订单频率、时效性要求特别高。公路冷链运输灵活方便，不需要中途倒装，中短途运输送达速度快，有利于保持冷链产品的质量，加速流动资金的周转。

3. 技术经济指标好，技术改造容易

为更好地适应社会发展对公路运输的要求，冷链运输车在装货吨位、品种和技术性能等方面正在向多温制冷、低能源消耗方向发展。

4. 能耗高，污染环境

车辆制冷消耗能源多，运行持续性较差，运输成本高昂，尤其是长途运输的单位运输成本比铁路或水运的运输成本高。

5. 其他特点

公路冷链运输因运量有限，适合小批量的运输；受气候、自然灾害和突发事件等不可控因素及城市交通管制等因素制约较大，其及时性和稳定性差；路面不平时，车体振动大，产品易受损伤。

（二）适用范围

从世界范围来看，各国公路运输的适用范围与其技术经济发展水平、经济结构、自然条件及居民消费水平有着密切的联系。

由于公路冷链运输所具有的技术经济特征，冷藏汽车在中短途运输中的效果最突出。冷藏汽车短途运输通常在50km以内，短途运输效果好是因为其站场费用低，经济灵活。中途运输在50~200km，长途运输则在200km以上。在长途运输方面，冷藏汽车设备购置成本高昂，途中耗用燃料多、人员费用高、设备折旧率高，因此并不占优势。

公路冷链运输的主要功能之一是补充和衔接其他冷链运输方式。例如，在不具备铁路、水路运输设施的区域，担负铁路、水路运输达不到的区域及起点与终点的接力运输。在某些特殊地区，虽有水路或铁路运输，但由于受自然地理条件等因素制约，公路冷链运输的合理运距为100~200km。对于冷链产品，由于其价值较高，而且公路运输速度较快，不必换装，可减少货损，并可直达冷链产品的产区与销售地，因此，采用冷藏汽车直达运输的经济运距可达1000km左右。此外，基于大型突发事件或公共事件的应急需要，也常常采用公路冷链运输方式进行紧急救援。

（三）公路冷链运输设备

公路冷链运输设备主要是冷藏汽车，它有保温车和冷藏车两大类。保温车（Insulated Vehicles）是具有隔热车厢，适用于保温运输的车辆。冷藏车（Vehicles with Mechanical Refrigerated Equipment）是安装运输用制冷机组或其他冷源的，配有保温厢体的车辆。冷藏车常用于运输冷冻食品（冷冻车）、奶制品（奶品运输车）、蔬菜水果（鲜货运输车）、疫苗药品（疫苗运输车）等。

按制冷装置的制冷方式划分，公路冷链运输设备包括机械冷藏车、液氮冷藏车、冷冻板冷藏车、干冰冷藏车等。各种不同类型冷藏车的优缺点如下：

1）机械冷藏车。冷藏车车内装有压缩式制冷机组，车内温度实现自动控制，很适合短、中、长途或特殊冷藏货物的运输。机械冷藏车保温和控温效果良好，并且可以根据需要调节温度。但是其结构较为复杂，包括制冷装置、温度控制器和热力膨胀阀等，容易出现故障，并且维修费用较高。此外机械冷藏车的价格较高，大容量机械冷藏车的冷却速度较慢且需要及时融霜。

2）液氮冷藏车。车内设有液氮喷洒设备，将液氮喷洒在食品表面以冷却食品，保证运输条件。其优点是装置简单，初始投资少，降温速度很快，可较好地保持食品的质量，无噪声，液氮喷洒设备与机械制冷装置相比较，重量大大减轻。它的缺点是液氮成本高，运输途中液氮补给困难，长途运输时必须装备大的液氮容器，减少了有效的载货量。

3）冷冻板冷藏车。它是利用有一定蓄冷能力的冻结板进行制冷。冷冻板冷藏车具有车内温度稳定、制冷时无噪声、故障少、结构简单、投资费用较低等优点。但其制冷时间有限，仅适用于中、短途公路运输。

4）干冰冷藏车。干冰冷藏车利用干冰进行制冷。它的优点是设备简单、投资费用低、故障率低、维修费用少、无噪声。其缺点则是：车厢内温度不够均匀、冷却速度慢、时间长、干冰成本高。

虽然冷藏车采用不同的制冷方式，但设计时都应考虑如下因素：车厢内应保持的温度；运输过程所需要的最长时间；历时时间最长的环境温度；运输的货物种类和开门次数。

我国冷藏车多采用机械制冷方式。因为液氮、干冰需要适时充注制冷剂，但能提供充注服务的营业场所非常少，所以机械制冷方式更方便；而且以冻结板作为制冷装备体积较大，占有较大的空间和装载质量，因此也很难在较短时间内取代机械制冷。

机械冷藏车在各种冷藏车中所占比例较大。其原理是利用蒸汽压缩式制冷机组制冷，即利用氟利昂汽化吸热对车内货物进行冷却。考虑到氟利昂对环境的危害，许多机械冷藏车生产厂家已对氟利昂制冷剂进行了替换。

机械冷藏车除了常用的单一冷藏温度的车型外，还有可以运送两种以上不同类型货品的多温区冷藏车，如图 3-2 所示。

不同的温度区间使用分隔门隔开，车身可以设置多个侧门，气密性很高。各个分隔部分可以同时采用不同的蒸发温度，为多种产品提供适宜的冷藏温度。在为多个门店配送批量小、品种多的冷冻冷藏食品时，应采用多温区冷藏车，以满足多种食品对温度的不同需求，还可以提高冷藏车配送的效率，一次出车可以

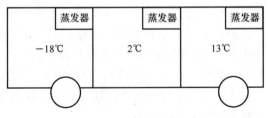

图 3-2　多温区冷藏车

完成多个任务。多温区冷藏车特别符合快餐店和独立的食品杂货商的运输要求。它通常有三个货舱：-18℃及以下用于存放冷冻食品；2℃左右用于存放冷藏食品；13℃左右用于存放对冷冻敏感的产品。

根据压缩机动力来源的方式，机械冷藏车可以分为主发动机式和复发动机式。主发动机式是指压缩机和汽车共享一台发动机，在中小型货车短距离运输时较常使用。复发动机式是指压缩机本身具有发动机的机械冷藏车。

机械冷藏车（如图 3-3）主要采用强制通风装置。空气冷却器（蒸发器）一般安装在车的前段，冷风沿着车的顶部向后流动，从车的四壁下到车底部，再从底部间隙返回车的前端。这种通风方式使货物四周被冷空气包围，外界传入车内的热量直接被冷风吸收。另外，机械冷藏车壁面上的热流量与外界温度、车速、风力及太阳辐射有关。行驶过程中，主要影响因素是空气流动。此外，在同一外部条件下，不同吨位的冷藏车耗冷也不尽相同。

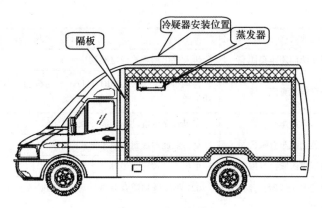

图 3-3 机械冷藏车

▶ 知识窗

冷藏车未来发展趋势

冷藏车未来发展趋势主要表现为以下三个特征:

1) 新能源。从能源和燃料角度来看,由于新能源冷藏车技术发展不成熟、电池技术落后以及政策补贴降低等相关影响,新能源冷藏车当前发展较为缓慢,但长远来看,在努力实现"双碳"目标的大背景下,新能源必定是冷藏车未来发展大潮。

2) 多功能。为提高装卸货物的效率和节省人力成本,液压尾板在冷藏车中被推广应用;部分厂家为满足市场需要,已经完成了冷藏车厢体内自带移动式货物吊装装置的研发;多温区冷藏车、生蔬售卖车、恒温雏禽运输车、电动短途市内配送冷藏车等品种将不断出现,满足冷链运输环节的不同个性化需要。

3) 轻量化。受"521蓝牌轻卡"事件的影响,冷藏车将向正规化和轻量化方向发展,通过提高厢体的强度和刚度,减轻自重,增加载重后车身稳定性和耐冲击性,确保整车的可靠性和安全性。目前多数企业已经在使用铝型轻量化底盘架、轻量化厢体等。

随着我国冷链物流的快速发展,包括冷藏车在内的基础设施需求持续旺盛。近期公布的《"十四五"冷链物流发展规划》明确提出"加快淘汰高排放冷藏车,鼓励新增或更新的冷藏车采用新能源车型,有计划、分步骤淘汰非标准化冷藏车",新能源冷藏车市场迎来政策利好。中物联冷链委梳理了部分车企新能源冷藏车的研发进展,见表3-1,排名不分先后。

表 3-1 部分车企新能源冷藏车的研发进展

序号	企业名称	研发进展
1	锐意泰克(三门峡)新能源汽车有限公司	与中国重汽集团福建海西汽车有限公司合作推出"重汽豪曼增程混动冷藏车"
2	山东汽车陕汽轻卡	发布"陕轻智慧行"车联网平台,全面布局智能互联系统、智能座舱系统、车联网大数据系统
3	福田智蓝	推出了"100度电"的纯电轻卡冷藏车,与智蓝轻卡、中VAN物流车组成新能源城配物流产品矩阵

（续）

序号	企业名称	研发进展
4	吉利新能源商用车集团	研发推出增程式纯电驱动冷藏车
5	一汽解放青汽	首辆搭载劲威 CA4DB1-11E68 发动机的 PHEV 绿牌新能源冷藏车成功下线
6	东风汽车	东风福瑞卡混动新能源冷藏车上市
7	湖北海立美达汽车有限公司	首台氢能源底盘冷藏车正式上市
8	安徽江淮汽车集团股份有限公司	推出了"冷链1号冰博士"冷藏车

（资料来源：中国物流与采购网，年度盘点丨2021 年冷链物流企业事件盘点，llzwh. chinawuliu. com. cn/sjbg/202201/27/570039. shtml，有删改。）

二、铁路冷链运输

铁路冷链运输是指运用铁路冷链运输工具在铁路上进行的冷链产品运输。

（一）技术经济特点

1. 适应性强，运输能力大

铁路冷链运输适用于分布在不同生产领域的冷链产品的运输，具有较高的连续性，适合于各类不同重量和体积的冷链产品的双向运输。铁路是大宗、通用的运输方式，铁路运输能力取决于列车重量和每昼夜线路上通过的列车对数。列车载货运输能力比汽车和飞机强，目前采用的机械式铁路制冷设备能担负大量冷链产品的运输任务。机械保温车车体隔热、密封性能好，并且安装了机械制冷设备，具有与冷库相同的效应，能创造适宜的储运条件，较好地保证品质、减少损耗。

2. 运送速度较高，运输成本较低

对于常年消费的生产性、季节性较强的大宗冷链产品，托运者十分重视冷链运输的大量性、连续性、低廉的运价及运送速度。运输成本中固定资产折旧费所占比重较大，而且与运输距离长短、运量大小密切相关。运距越大，运量越大，单位成本就越低。一般而言，铁路的单位运输成本比公路运输和航空运输的运输成本低，甚至比内河航运还低。

3. 安全性高，能耗小，受环境污染程度小

众所周知，在各种现代化运输方式中，以按单位旅客人数和货物吨位计算的事故率来衡量，铁路运输的安全性是很高的。铁路机车车辆单位功率所能牵引的重量约比汽车高 10 倍，因此铁路单位运量的能耗同样比汽车运输小。在环境污染方面，对空气和地表的污染最为明显的是汽车运输，喷气式飞机、超音式飞机等运输工具可造成更为严重的噪声污染。相比之下，铁路运输对环境和生态平衡的影响程度较小，特别是电气化铁路的影响更小。

4. 运价上缺乏灵活性，内部比价不尽合理

一是冷链产品受季节性、运输质量、时效性影响大，在不同的季节、不同的运输质量和运输期限下，市场价格相差较大。二是铁路运价相对固定，形成旺季不能提价增收、淡季价高赶走货源的局面，不利于拓展易腐货物的运输市场。这是由于铁路运输的运价一般都由铁道部门规定，无法随意调整运价。

5. 运输工具不适应市场要求

20 世纪后期，我国冷链运输一直以加冰冷藏车为主。随着冷链产品运输市场的变化，大宗货物量减少，加冰冷藏车的运用受到制约，车辆使用率大幅下降。同时，受车辆需要中途加冰的技术限制，货物运抵速度大大降低，无法满足冷链产品的时效性要求，加冰冷藏车目前已经被淘汰。而成组的机械冷藏车一次装载量过大，单节机械冷藏车的技术状态不良，导致运量急剧下降，铁路冷藏运输严重亏损。冷链产品的运输不同于普通货物的运输，需要配备精良的冷链运输装备和运输管理机制，如此才能有效地实现货物的质量保障和运输的经济效益。

（二）适用范围

在幅员辽阔的大陆国家，铁路运输是陆地交通运输的主力。我国冷链产品生产区域分布广泛、运输流向复杂，铁路冷链运输方式适用于中长距离、时间可靠性要求高的大宗冷链产品运输，以及城际冷链产品运输。

（三）铁路冷链运输设备

铁路冷链运输设备按载运方式分为冷藏车、冷藏箱两大类；按供电方式分为成组集中供电和单节独自供电两种；按控温方式分为加冰冷藏车（简称冰冷车，利用冰或冰盐作为冷源）、机械冷藏车、冷冻板冷藏车、无冷源保温车、液氮冷藏车和干冰冷藏车。

中华人民共和国铁道行业标准《铁路保温车》（TB/T 3562—2020）中对保温车（Isothermal Car）的定义是："车体设有隔热层，能减少车内外之间的热交换，供运输易腐或对温度有特殊要求货物的车辆。按车内有无制冷和（或）加温装置分为冷藏车和隔热车。冷藏车主要包括机械冷藏车和蓄冷冷藏车。"目前我国冷藏货物预冷不充分，主要以机械冷藏车运输为主。机械冷藏车制冷速度快、温度低，车内温度分布均匀，运输速度快，适应性强，能够较好保持货物的质量。

我国通过自主研发和引进国外技术，先后设计生产了 B6 型加冰冷藏车和 B19 型、B22型、B23 型、B10 型机械冷藏车等 20 多个型号的铁路冷藏车辆 10000 余辆，其中 B6 型、B19 型、B23 型、辆 B10 型冷藏车已全部淘汰或改为带棚运用。机械冷藏车参数见表 3-2。中华人民共和国铁道行业标准《铁路保温车》（TB/T 3562—2020）中对铁路保温车的控温性能的要求是：设有制冷加温系统的车辆，在环境温度 -40~40℃ 范围内，货物间温度可控制在 -24~14℃ 之间，温度不均匀性小于 3℃（在 -18℃ 时空车测定）。

我国铁路冷链运输设备主要有以下几种：

1）机械冷藏车组。现有 5 辆 B22 型机械冷藏车可进行冷藏运输，目前以不制冷保温模式承揽奶制品运输。

2）单节机械冷藏车。20 辆已进行功能升级改造的 B10 型单节机械冷藏车正在进行无人押运模式运用考验，如图 3-4 所示。

表 3-2　机械冷藏车参数

车型	车辆载重/t	车内容积/m³	车内长度/mm	车内宽度/mm	车内高度/mm	最高时速/(km/h)
B10	43.5	106.5	17300	2554	2300	120
B21	45.5	92	18000	2550	2000	120
B22	46.0	105	18200	2500	2300	120
B23	45.5	105	18000	2560	2300	100

注：车型中的字母 B 为保温车的"保"一字的拼音声母缩写。

图 3-4　B10 型单节机械冷藏车

3）冷藏集装箱运输车组。冷藏集装箱运输车组编组形式为：4 辆 BX1K 型冷藏集装箱平车+1 辆 B23 型发电车+4 辆 BX1K 型冷藏集装箱平车，该车标志着我国铁路冷藏集装箱运输已与国际接轨，打破了海运集装箱在国内无铁路运输的历史，填补了我国铁路不带动力冷藏运输货物的空白。

4）铁路隔热保温车。2018 年成功研制的铁路隔热保温车（如图 3-5 所示），填补了我国铁路无隔热保温车的空白。该车利用车体优良的隔热性能减少车内外热交换，减缓运输过程中货物蓄冷（热）损失导致的货物温度变化。车辆轴重 23t，自重 30t，载重 64t，容积 170m^3，主要用于牛奶、啤酒、矿泉水等需保持在一定温度范围内货物的铁路运输。该车具有优良的运输经济性，是各国冷链运输完善后重点发展的装备。

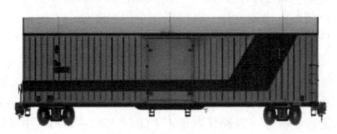

图 3-5　铁路隔热保温车

5）冷藏集装箱。约 500 个自供电冷藏集装箱在定点定线运行。冷链集装箱具有更好的灵活性，与其他运输形式也能更好地衔接。具体内容见后文。

◇【同步案例 3-1】

全国首趟全程铁路运输国际冷链测试班列抵达怀化

2022 年 7 月 7 日上午 10 时许，随着一声汽笛长鸣，28002 次中越铁路国际冷链测试班列顺利抵达怀化西物流园。这是越南首次开行通达湖南地区国际冷链班列，也是我国铁路开行的首趟全程铁路运输国际冷链班列。标志着怀化成为我国中部地区首个实现冷链国际班列开行的城市。

据了解，该趟国际冷链班列从越南胡志明市展棒站发出，经广西凭祥口岸入境，最终抵达广铁集团怀化西物流园，全程运行约 1500km。班列装载着 12 个冷藏集装箱、重 230t 的越南产火龙果，货值 150 万元。该批火龙果运抵怀化后，经当地卫生防疫部门完成核酸检测、专业消杀处理后，将迅速分拨至北京、长沙、武汉、杭州及怀化周边城市。

"全程铁路运输国际冷链班列较以往传统的国际冷链班列优势明显。"怀化物流园负责人张靖告诉记者，以前国际冷链班列都是采用"汽车+火车"的分段运输模式，而全程铁路运输国际冷链班列采用的是"火车+火车"的全线路直通运输模式，免去了汽车换装火车的麻烦，可有效节省运输时间和运费成本，避免交叉污染，有效降低货损率。

该班列搭载的 12 个冷藏集装箱是中国铁路油电一体箱，不仅带有卫星定位功能，且全程保持恒温，可最大程度保持商品的新鲜，实现从"田间"到"碗间"、"地头"到"舌头"的快速通达。

该趟班列打通了东盟水果直抵内地的便捷通道，为内地优质鲜活农产品出口东盟增加了新的途径。

问题：这个案例中运输距离超过 1000km，为什么采用铁路冷链运输反而更省成本？

▶ 知识窗

绿色新动能——埃欧克零能耗光伏自冷保鲜舱

埃欧克创新研发新材料无源蓄冷技术，实现无源制冷保鲜柜的零碳排。一个保鲜柜每年可以减少二氧化碳排放量数十吨，既可以用作田间移动冷库，也可以作为公路、铁路运输冷箱。

零能耗光伏自冷保鲜舱在一次充冷可 30 天无源蓄冷保鲜箱的基础上，增加了太阳能光伏系统，通过太阳能和箱内新型蓄冷材料共同作用，可保证在夜间或阴雨天气等光照不足的情况下，依然使箱内温度达到冷藏或冷冻的需求。该技术在全国大部分地区都可实现永久无须外接能源保持 0~6℃冷藏温度范围或者冷藏、冷冻双温存储。零能耗光伏自冷保鲜舱的优点主要有：随时灵活运输，彻底摆脱了对能源的依赖，放置在任何户外场所都可制冷；大幅延长保鲜时间，减少腐烂；使用新材料辐射冷量代替风机，可以数倍延长保鲜时间；无须食品包装，可去除所有的塑料包装及气调包装，更加环保；利于战略隐蔽，运营静音，无噪声；节能环保，节能比例可达 100%。

（资料来源：商业新知，秦玉鸣 2021 年冷链物流年度演讲——跨越生长，https://www.shangyexinzhi.com/article/4468888.html；网易，零碳排无源冷链储运黑科技——全国创业大赛金奖是个什么技术？https://www.163.com/dy/article/HCKP0IQE05502DIF.html。）

三、水路冷链运输

水路冷链运输是指在水路运输中使用专门的温控冷链装备进行易腐货物运输的方式。按其航行的区域，大体可分为远洋运输、沿海运输和内河运输三种类型。

（一）技术经济特点

1. 运输能力大，运输距离远

水路运输通常适用于大批量、远距离运输的货物。大型冷库之间，在条件许可的情况下往往采用水路运输。而从大型冷库到分销冷库或消费者之间，往往采用其他运输方式。冷链物流中进出口货物几乎全部都是通过水路完成的。在国内贸易中，南北线路的易腐货物也有一部分是由水路送达目的地港口的。

2. 投资省，运输成本低

海上运输航道的开发几乎不需要支付费用，内河运输需要花费一定费用以疏浚河道，但相比修筑铁路的费用少很多。尽管水运的站场费用很高，但因其运载量大、运程较远，因而总的单位成本较低。此外，由于运载量大、配员少，因而劳动生产率较高。例如，一艘20万t油船只需配备40名船员，平均每人运送货物5000t。

3. 运输工具是传统的冷藏船与冷藏集装箱船并存

冷藏船运输最大的缺点是装船和卸船在常温下进行，容易产生货损，难以保证易腐货物的运输质量，并且易受季节和气候条件的影响，要求港到港运输且有专业码头装卸。另外，航线双线不平衡，返回空载率高，其灵活性远小于冷藏集装箱船。冷藏船一般运送货物批量大、足期、足航线的货物。

4. 冷藏船运输连续性差，运输速度慢

受地理条件限制和季节影响，冷藏船运输连续性差、运输速度慢，联运中需要中转、装卸，也会增加货损，并且具有较高的断链风险，因为货物的装卸会不可避免地暴露于环境温度下。

5. 冷藏集装箱船的优点是可小批量运输，受季节影响较小

与传统的冷藏船相比，冷藏集装箱船可装卸港口、码头多，运输范围可到内陆市场或原产地。到港后，冷藏集装箱船比较容易找到反向的运输货源，返航时的空载率小，在上下游衔接方面比传统的冷藏船具备优势，可直接从集装箱船转移到集装箱货车上，实现"门到门"运输。

(二) 适用范围

水路冷链运输适合于冷链货物的近距离运输、大宗耐储运的易腐货物及其加工制品的长途运输。在水路冷链运输中，易腐食品占主导地位。我国生鲜农产品与食品的进出口贸易中，大部分需要采用水路冷链运输方式进行运送。

远洋运输不仅是国际贸易的主要运输方式，也是发展国民经济的重要组成部分。某些资源缺乏而工业发达的国家，主要依靠海运来维持其经济的发展。例如，日本的水产品运输对水路冷链运输方式依赖性很大。沿海运输作为国家综合运输体系的重要组成部分，既是沿海城市之间，以及沿海城市通过海河、海陆联运与内地之间进行冷链货物运输的通路，也是为冷链货物远洋运输提供支线服务的重要环节。

(三) 水路冷链运输设备

用于水路冷链运输的设备主要分为两大类，一类是冷藏集装箱；另一类是冷藏船（或冷藏舱），如图3-6所示。冷藏船一般被用来运输大宗的易腐货物，而冷藏集装箱一般运输高附加值的小批量易腐货物。

冷藏船一般都配有制冷装置，方便对水产品进行冷却和冻结，而冷藏船的每个舱壁和舱门都是气密结构，隔热材料可以是泡沫塑料、铝板聚合物等。舱体之间互相隔离独立，不同舱体可以装载不同温度要求的水产品。冷藏船多采用氨或氟利昂制冷系统。冷却方式一般采用冷风冷却，这种冷却方式冷却速度快，温度容易控制，但是货物干耗较大。舱体的温度波动一般控制在±0.5℃之内。由于冷藏船行驶环境比较复杂，对制冷设备的可靠性、抗压性、抗振动性、抗冲击性要求更为严格，考虑到航海的特殊性，要求设备耐蚀性强并可以在规定范围内的倾斜条件下工作。冷藏船的空间有限，制冷装置设计结构相对紧凑。冷藏船设备制冷量较大，温度调节范围要满足加工运输要求，水产品所需温度越低，制冷系统的制冷量要求越大。

图 3-6 冷藏船

（资料来源：信德海事网，广新海工成功交付冷藏船系列船舶，https://www.xindemarinenews.com/topic/chuanbojianzhao/2019/0425/11837.html）

四、航空冷链运输

航空冷链运输，主要利用具有货舱的飞机或者全货机，装载与其相兼容的 ULD（Unit Load Device）或保温集装箱，借助冷却媒介、控温运输工具、相关的辅助材料完成空中运输。

（一）技术经济特点

1. 高速性，机动灵活性

航空冷链运输是所有运输方式中速度最快的一种，不受地理因素的影响，只要配备机场和航路等基本设施，即可开辟航线。倘若使用直升机，其机动性更大，特别是在大型突发事件和灾害事件中，在供应应急易腐货物的过程中作用重大。目前航空冷链运输主要为鲜活易腐货物的运输，如鲜花、植物、水果、新鲜肉类、海鲜、疫苗等货物的运输。

2. 运量小，运价高，成本高，温控效果较差

由于航空运输对所运物品的种种限制，航空冷链运输的发展缓慢。此外，飞机的动力系统不能向冷藏集装箱提供电源或冷源，空运集装箱的冷却方式采用液氮和干冰。在航程较短、飞行时间较少的情况下，需要对易腐货物进行适当预冷后再进行保冷运输。由于在高空外界温度低，飞行时间短，货物的品质能较好地保持。相反在航程较远、飞机时间较长的情况下，易腐货物的品质会受到影响。

目前航空运输主要采用干冰冷却方式，但干冰作为制冷剂具有一定的局限性：控温精度不高，没有加热功能，需要特殊的加冰站等。但是凭借其速度快的优点，一些急救药品常选择采取航空冷链运输。在进口果蔬、肉类等生鲜食品需求进一步增大和跨境电商快速发展的当今社会，航空冷链运输的重要地位逐渐凸显。

（二）适用范围

航空冷链运输适用于易腐货物的长途运输，包括国际、国内运输。随着消费者对易腐货物时效性要求的提高，以及对食品的鲜度和风味需求的增加，航空冷链运输的需求越来越大。通常，航空冷链运输用来运输新鲜娇嫩、易受机械损伤而变质、附加值较高、需长距离

运输或出口的易腐货物：一是跨地区、跨国的名贵花卉、珍稀苗木；二是部分生鲜产品，特种水产养殖的苗种、观赏鱼；三是某些生化制品、药品及特种军需物品等。

（三）航空冷链运输设备

在航空领域较少应用传统的制冷系统，多采用制冷集装箱进行航空运输。航空冷链运输设备主要有航空温控集装箱、货物隔热罩等。图 3-7、图 3-8 分别为海尔航空温控集装箱和托盘保温罩。而保温集装箱的温控效果好，一般有托盘和密闭集装箱两种形式。

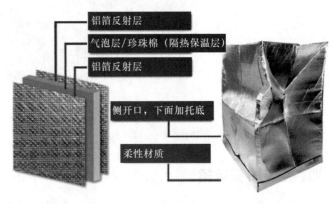

图 3-7　海尔航空温控集装箱

（资料来源：百度百家号，海尔跑出加速度 中国航空温
控产业迎来"破局者"，https://baijiahao.baidu.com/s?
id=1738955222936914496&wfr=spider&for=pc。）

图 3-8　托盘保温罩

（资料来源：https://detail.1688.com/offer/615532619597.html。）

航空集装箱由于受到飞机机舱形状的严格限制，选择面较小。采用的材质有铝质、聚碳酸酯聚合物以及高冲击成型聚合物，近年来广泛使用的材料还有纤维板以及各种塑料凳。由于 ULD 在等待装卸时，经常会暴露在太阳底下，还应避免使用吸热材料。为了维持易腐货物的温度，一些集装箱采用简单的隔热层（仅在壁面添加保温材料），以达到减弱温度变化的目的。隔热层分临时性和永久性两种。永久性隔热层采用较厚的保温材料，具有较好的保温效果，此类集装箱又分为主动式和被动式两种，至于采用主动式还是被动式，主要取决于易腐货物的价值。主动式制冷集装箱一般采用干冰作为制冷剂，并采用自动调温控制的换热器。这种换热器可以更加均匀地分配气流，避免内部的冷或热集中区域，当环境温度超过产品温度 8℃时，该类系统可以发挥最大功效，特别适用于那些冷冻货品。被动式制冷集装箱只是在内部装上干冰或者一般的冰，使用这种集装箱必须上报给航空公司，因为高浓度的二氧化碳会产生危险，同时，一般的冰融化产生的水也容易引发危险。

航空冷链运输是通过装载冷藏集装箱进行联合运输。除了使用标准的集装箱外，小尺寸的集装箱和一些专门行业非国际标准的小型冷藏集装箱更适合于航空运输，因为它们既可以减少起重装卸的困难，又可以提高机舱的利用率，为空运的前后衔接都带来方便。飞机只能运行于机场与机场之间，冷藏货物的进出机场需要其他方式的冷链运输来配合。因此，航空冷链运输一般是综合性的，采用冷藏集装箱，通过汽车、铁路、船舶等联合运输，不需要开箱倒货，实现"门到门"快速不间断冷环境下的高质量运输。为确保冷链运输的可靠性，最重要的是正确地准备集装箱，严格产品包装及搬运流程。

◇【同步案例 3-2】

武汉新增 4 条"小龙虾航线"，湖北小龙虾 48h 内运抵全国

又到了吃虾季，作为小龙虾产销大省，湖北的小龙虾除了满足本地市场外，武汉新增 4 条"小龙虾航线"，使湖北小龙虾起水后 48h 可飞抵全国。这 4 条航线由京东物流联合各航空公司开设，运输鲜活小龙虾及熟制小龙虾产品，全国近 70 个城市可在 48h 内，收到新鲜出水"坐飞机"而来的鲜活小龙虾。

"小龙虾的运输对时效要求特别高。"京东物流华中区物流开放部小龙虾项目负责人介绍，京东物流 2018 年首次开通监利、洪湖、潜江等湖北区域小龙虾养殖重点县市的专用航空线路，整个小龙虾运输过程采用"冷链车+航空"的运输矩阵，可实现小龙虾出水后 48h 内抵达全国各地，其中湖北省内若干城市可实现次晨达。

"根据虾农的起水捕捞时间，先安排冷链物流车上门接货，在本地进行快速包装、打单、分拣后运往武汉，再通过武汉'小龙虾航线'空运到全国各个区域，配送给商家。"项目负责人告诉记者，湖北是小龙虾产销大省，省会城市武汉的航空货运辐射能力强，将武汉作为运输中转站，交通便利，方便小龙虾运输。潜江三乐农业科技有限公司总经理李红卫亦说，如果采用普通陆运方式运输小龙虾，损耗高达 30%~40%，而采用"冷链+航空"的运输方式，路途中的损耗可降至 10% 以内。

（案例来源：百度，武汉广电掌上武汉，https://baijiahao.baidu.com/s?id=1600579895648492160&wfr=spider&for=pc。）

问题：试说明为何小龙虾可用"冷链车+航空"方式，其是否符合经济效益？

五、冷藏集装箱运输

（一）冷藏集装箱概述

拥有自组或者辅助电力供应系统的冷藏集装箱本身也是冷藏货品的临时仓库，在远洋货轮、火车、驳船或者卡车上远途运输，尤其是现代化集装箱船可以把大批水果冷藏集装箱从拉丁美洲长途跋涉地运到亚洲、北美和欧洲等地区。目前，全世界船厂基本上已停止设计建造专业化冷藏船，凡是达到船龄极限的专业化冷藏船大多被送到拆船厂，取而代之的是越来越多的冷藏集装箱运输。

集装箱是具有足够强度，可长期反复使用，适于多种运输工具而且容积在 $1m^3$ 以上（含 $1m^3$）的集装单元器具。严格来说，集装箱只是一种标准化的运输工具，可通用于公路、铁路、航空等各种运输方式。在交通运输部发布的中华人民共和国交通运输行业标准《道路冷链运输服务规则》（JT/T 1234—2019）中，冷藏集装箱是指设有制冷装置，带隔热层的壁板、箱门、箱底和箱顶，以减缓箱内、外热量交换的集装箱的总称。

1. 冷藏集装箱的类型

（1）隔热集装箱

隔热集装箱是指不设任何固定或临时附加的制冷或加热设备的保温集装箱。

（2）外置式冷藏集装箱

这种集装箱无制冷装置，隔热结构良好，箱端头有软管连接器，可与船上或陆上供冷站的制冷装置连接，使船上或供冷站制冷系统的冷气在集装箱内循环。

（3）内藏式冷藏集装箱

这种集装箱的箱体内设有制冷装置（如压缩式制冷机组、吸收式制冷机组等）向集装箱供冷，由船上或陆上电源供电，或自备发电机供制冷装置运行使用。

（4）耗用冷剂式冷藏集装箱

耗用冷剂式冷藏集装箱包括水冰冷藏集装箱、干冰冷藏集装箱、液氮冷藏集装箱、液体空气冷藏集装箱、液体二氧化碳冷藏集装箱、冷冻板冷藏集装箱等，这种冷藏集装箱无法实现连续制冷，主要适用于小型冷藏集装箱的短距离运输。

液氮在常压下温度为-196℃，温度低制冷效果好。液氮冷藏集装箱温度能保持货物的外形、营养和味道，但液氮价格高，运营费用高。另外，液氮汽化后体积将膨胀约650倍，因此货间压力会迅速上升，需及时排出箱体内过多的气体。采用液体空气冷藏集装箱的优点是没有窒息的危险，预冷后装货或到站卸货时不需要对箱体通风换气，既节省时间又减少冷耗。液体二氧化碳冷藏集装箱的优点是操作简单可靠，维修费用低，但二氧化碳有窒息性，箱内二氧化碳含量超过10%时，对工作人员和货物会产生有害影响，因而在装卸前需将箱内二氧化碳气体排出。冷冻板冷藏集装箱是利用冷冻板低温共晶液储冷剂储冷、供冷的集装箱。

（5）气调冷藏集装箱

气调冷藏集装箱利用控制箱内空气中氧气、氮气、二氧化碳等含量，抑制果蔬的呼吸作用，并把箱内温度降至所需贮藏温度，使食品在近休眠状态下运输的集装箱。气调冷藏集装箱的气密性要求较高，一般要求漏气率不超过2m³/h。采用气调冷藏集装箱运输具有保鲜效果好、储藏损失少、保鲜期长和对果蔬无任何污染的优点。但由于采用气调设备的技术要求高，冷藏集装箱价格高，因此目前使用还不普遍。

冷藏集装箱采用镀锌钢结构，箱内壁、底板、顶板和门由金属复合板、铝板、不锈钢板或聚酯胶合板制造。目前多采用聚氨基甲酸酯泡沫作为隔热材料。2021年8月20日我国发布了相关标准《冷藏集装箱和冷藏保温车用硬质聚氨酯泡沫塑料》（GB/T 40363—2021）。

▶ 知识窗

真空绝热板

真空绝热板（VIP）是近几年新兴的一种高效节能的环保绝热材料，具有较低的导热系数、阻燃性好、环保无污染等优势，真空绝热板是基于真空绝热原理，通过提高板内真空度，并充填以芯层绝热材料，从而实现减少对流和辐射换热。

真空绝热板主要由芯部隔热材料、表面隔膜和气体吸附材料三部分组成。

1）芯部材料。芯部材料一般选择开孔材料，如粉状二氧化硅、气凝胶、开孔聚氨酯等。芯部材料的作用主要有四点：第一，起到结构支撑作用，芯部材料作为支撑材料，要保证其在1标准大气压（1标准大气压=101.325kPa）下正常使用不发生收缩和塌瘪；第二，抑制气体热对流，根据传热理论，当真空绝热板多孔芯材的孔径与气体分子的平均自由程相当时，气体分子依靠互相碰撞而发生的热对流作用就能得到有效的抑制，从而降低真空绝热板的导热系数；第三，减少热量损失，真空绝热板芯材本身为微开孔的多孔性材料，接触面积相对较小，可以有效减少因热传导而产生的热量损失；第四，降低热量传递，真空绝热板内部近似真空环境，热辐射也就成了热量传递的一种主要方式，在制作芯材时，可在发泡剂中添加红外遮光剂来降低热辐射造成的热量传递。

2）表面隔膜。表面隔膜主要是用来隔绝真空绝热板内部与外部大气的连通，以维持板内真空环境。为了保证真空绝热板隔热性能的长期稳定，表面隔膜在透湿性能和透气性能方面要满足一定要求，以有效阻止水蒸气、氧气、氮气等渗透入内部，从而保证内部的真空度。同时，表面隔膜也应具有一定的强度，以保护内部真空环境不会受到破坏。可见，表面隔膜会直接影响真空绝热板的使用寿命。

3）气体吸附材料。气体吸附材料是芯材本身不具有吸气功能的绝热板必须要添加的材料，一般包括吸气剂和干燥剂。由于绝热板内部近似真空，发泡芯材在使用过程中会释放气体，若不进行去除，将严重影响真空绝热板的绝热效果和使用寿命。用吸气剂来吸附因渗透或芯材本身释放的气体，用干燥剂来吸附渗入内部的水蒸气，可以维持并保证板内的真空度，延长真空绝热板的使用寿命。

目前，真空绝热板的使用领域主要有：①家用电器或商用电器：冰箱，深冷冰箱，售卖机，酒柜，热水器等；②实验室和医疗设备：超低温冷柜，疫苗或药品冰箱，血液冷柜，实验室冰箱等；③冷链存储和运输：保温箱，冷藏货车，冷藏箱，冷库等；④建筑行业：寒冷区域的建筑和特殊场地，如服务器存放地等。

（资料来源：新思界，真空绝热板行业快速发展 未来在冷链物流领域应用需求较高，www.newsijie.com/chanye/huagong/jujiao/2021/1018/11302713.html；福建赛特新材股份有限公司，真空绝热板，www.vip-vig.com/cn/Insulation-materials/vacuum-insulated-panels.html；专汽通，冷藏车真空隔热材料之真空绝热板结构和绝热机理分析，www.spvtime.com/82279/。）

2. 常见的冷藏集装箱的尺寸

国际上集装箱尺寸都已标准化，国际标准集装箱是指根据国际标准化组织（ISO）第104技术委员会制定的国际标准来建造和使用的国际通用的标准集装箱。国际标准集装箱共有13种规格，其宽度均为8ft[⊖]，长度有四种：40ft、30ft（实际小于30ft）、20ft（实际小于20ft）、10ft（实际小于10ft），高度有四种：9ft6in、8ft6in、8ft、小于8ft。我国也发布了相关标准《系列1集装箱分类、尺寸和额定质量》（GB/T 1413—2008）。

冷藏集装箱主要有以下两种规格：

1）20ft集装箱。外部尺寸为6058mm×2438mm×2591mm（20ft×8ft×8ft6in），内部尺寸为5428mm×2266mm×2240mm。这种集装箱载重量24060kg，能容纳货物体积约为27.5m³。

2）40ft集装箱。外部尺寸为12192mm×2438mm×2591mm（40ft×8ft×8ft6in），内部尺寸为11207mm×2246mm×2183mm。这种集装箱一般配装轻泡货，载重量25640kg，能容纳货物体积约为54.9m³。

冷藏集装箱的外部尺寸与标准集装箱的尺寸要求一致，而其内部尺寸因所使用的材料不同会有所区别。

（二）技术特点

1. 冷藏集装箱装载容积率高，运输能力大

具有足够的强度，可长期反复使用，途中转运时，箱内货物不需换装。冷藏集装箱适用

⊖　1ft＝12in＝0.3048m＝304.8mm。

于一种或多种运输方式运送。冷藏集装箱具有快速装卸和搬运的装置，在使用中可以实现整箱吊装机械化装卸作业。装卸效率高，在冷链运输的起点和终点便于易腐货物的装卸，装卸转运时间达到最佳水平。

2. 冷藏集装箱调度灵活，周转速度快

它能满足批量灵活的运输需求，也适合小批量易腐货物。箱内温度可在一定范围内调节。箱体上还设有换气孔，性能良好的冷藏箱装箱温度误差可以控制在1℃之内，避免温度波动对质量的影响，可以实现与冷库"门对门"装卸货物，实现从产地到需求地"门到门"的运输，避免断链。比如冷藏集装箱可利用大型拖车直接开到果蔬产地预冷库，产品预冷后直接装入箱内，使果蔬处于最佳储运条件下，保持新鲜状态，直接运往目的地。这种优越性是其他运输工具所不可比拟的。

3. 按市场需要供货，保证市场销售价格稳定

用冷藏集装箱运货，到达目的地后若市场供大于求，可继续制冷，市场有需求时再卸货上市，可实现高价出售，而其他冷链运输工具就很难实现。

（三）冷藏集装箱的工作原理

一般冷藏集装箱配备制冷系统、制氮机、二氧化碳脱除机、乙烯脱除机、加湿装置、温度记录装置、电子信息控制装置等。冷藏集装箱在构造上（如图3-9），将控制冷藏集装箱内部温度的感温探头分别设置在回风口处和供风口处。在蒸发器下方的是供风口，其上方的是回风口。供风口的温度波动较大，而回风口的温度波动较小。在实际运行过程中，当冷藏集装箱设定为冷冻状态时（-10℃以下），回风口的感温探头在起作用；当冷藏集装箱设定为冷藏状态时（-10℃以上），供风口的感温探头在起作用。

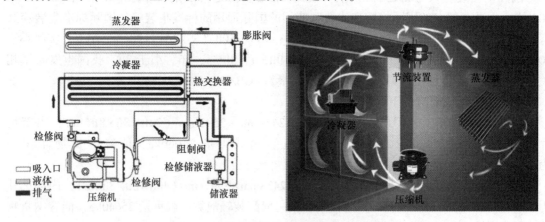

图3-9 冷藏集装箱制冷构造及工作原理

实际上供风口的温度是由外至里反映的，而回风口的温度是由里至外反映的。两者在测试的过程中必然产生1~2℃的温差。冷藏集装箱的隔热要求和温度条件的国际标准见表3-3。

表3-3 冷藏集装箱的隔热要求和温度条件的国际标准

设备	箱体传热系数/［W/（m²·K）］	箱内温度/℃	外界温度/℃
液态制冷剂喷射装置	0.4	-18	38
机械制冷装置	0.4	-18	38
冷冻/加热	0.4	-18/16	38/-20

◇【同步案例3-3】

"一带一路"中冷藏箱成明星产品

在"一带一路"倡议下,亚欧大陆各国贸易更加密切,物流需求快速增长。在国际贸易中,80%以上的贸易依赖于集装箱,以前国际贸易中的冷货运输主要靠标准冷藏箱通过远洋海运运输,时间非常长,铁路运输虽可缩短近一半的运输时间,但受客观条件限制,直接使用标准冷藏箱运输冷链产品存在诸多困难。

依靠多年的特种冷藏集装箱研发经验和市场敏感度,青岛中集特种冷藏设备有限公司敏锐地捕捉到了"一带一路"铁路冷链运输所蕴藏的巨大市场机遇。

"为'一带一路'打造的几款冷藏箱是我们公司的明星产品。"青岛中集特种冷藏设备有限公司营销副总监张艳峰告诉记者,该系列集装箱是根据中欧班列客户需求定制研发的,包含"一带一路"多式联运恒温箱、蓄能箱和花卉运输箱等系列产品,率先解决了中欧班列保温运输难题,开创了冷藏箱可长途铁路运输花木等植物的历史,实现了"冻品+鲜活"全品类物品运输。

"这几款产品经过创新设计,满足了'一带一路'中欧班列铁路运输的要求。"提起"一带一路"冷藏集装箱,张艳峰如数家珍。"一带一路"恒温箱是专为超低温、超远途打造的,中欧班列路途约1万km,在经过哈萨克斯坦、俄罗斯等地区会出现-50℃的恶劣天气,并且中途为集装箱加油不便,而青岛中集特种冷藏设备有限公司的集装箱可以在无人值守的情况下连续运转20天,箱内温度可以恒定保持在-25~25℃的任意温度。"一带一路"蓄能箱专为冬季向欧洲运输电子产品设计。电子产品对低温敏感,在冬季的亚欧大陆上进行铁路运输时,温度太低会让电子产品受损,而蓄能箱则利用相变能,在从我国出发时吸收周围热量并储存,通过低温地区时释放能量,做到零污染、零排放,保持箱内温度恒定在-15℃左右。"一带一路"花卉箱则开创性地通过控制新风,保证欧洲郁金香等特色花卉产品在运输过程中品质不变。

这些特种冷藏集装箱一般会从青岛、成都、重庆和上海等地乘国际班列出发,或者途经新疆阿拉山口进入中亚,或者经过内蒙古满洲里抵达俄罗斯莫斯科,有的还将到达德国等欧洲国家进行货物集散,45ft(1ft=0.3048m)的超宽特种冷藏箱还成了中铁中欧班列的热门产品。截至目前,有超过1000台青岛中集"一带一路"冷藏箱搭乘国际班列飞驰在亚欧大陆上,特种冷藏箱的销售额也借此实现历史性突破。同时,为了抢抓"一带一路"中的物流运输行业发展机遇,青岛中集特种冷藏设备有限公司先于国家标准,在行业内率先使用环戊烷环保发泡材料替代一氟二氯乙烷的传统发泡工艺,并获得国家环保部项目专项奖励。他们推出的轻量化CRC系列冷藏箱、环保冷藏箱等系列产品均处于全球领先水平。

(案例来源:青岛日报,http://www.dailyqd.com/epaper/html/2018-05/28/content_216480.htm。)

问题:冷藏集装箱的采用对于我国发展冷链输运的影响是什么?

六、冷链多式联运

冷链多式联运是指通过采用统一的规章制度、运输凭证以及代办中转业务,实现公路、铁路、水路和航空运输的统一协调和衔接，最终完成冷藏易腐货物运输任务的一种现代化高效运输方式。其中协作是冷链多式联运中最为重要的特征之一，对不同运输方式进行协调，将汽车、铁路、货船、飞机等各自运输长处充分发挥并有机结合起来，使冷链货物在长途运输过程中实现多区段、多节点、多工具相互衔接，全程保证冷链货物低温运输。

（一）冷链多式联运特点

冷链多式联运充分利用了冷链单一运输方式的优点，通过提高运输速度与效率、降低运输成本，从整体上确保了冷链运输高效最优化。与一般冷链运输方式相比，冷链多式联运具有以下特点。

1. 代理性

冷链多式联运主要是为承运人、托运人提供代理中转和承托业务的实际业务办理者。对于冷链货物的货主，从事冷链多式联运的企业代理其从事冷链运输业务；对于冷链运输企业，从事冷链多式联运的企业又代表货主。这种双重身份使得从事冷链多式联运的企业具有代理性的特点。

2. 协同性

协同性是多式联运过程中最为重要的特征之一，是指在冷链运输过程中各环节、各部门在运输、中转过程中进行协调管理与配合。通过使用统一配套的冷链装备、建立统一的冷链作业标准与考核标准，使信息及时准确传达到各部门、各环节，以实现冷链多式联运过程中的协调性。

3. 通用性

冷链多式联运过程涉及供应链上各企业的冷链运输协同合作，以及两种或两种以上运输方式的选用与衔接配合，所以为实现各方面的协调、利益最大化，要求所使用的冷链货运规章、协议、合同规定在各企业之间具有通用性，各运输企业、供应商、销售商等均认同。

4. 全程性

在多式联运过程中，冷链货物在受理、交付承运商运输、中转、到达目的地交付、财务结算等过程中，为简化各环节间的烦琐程序，实行一票贯穿全程，可见全程性是多式联运完成运输任务的特点之一。

5. 简便性

多式联运实行"一次托运、一次起票、一次结算、一票到底、全程负责"的运输代理办法，与一般运输相比，很好简化不同环节中烦琐的申报程序，有效降低了人力和时间成本，全面提升了运输效率和经济收益。

（二）冷链多式联运的组织方式

1. 协作式多式联运

协作式多式联运是指不同级别政府单位统筹协调多式联运组织者、各运输企业以及中转场站，建立统一的联合指挥部，由该联合指挥部对整个多式联运过程中的运输计划进行制定和协调管理。协作式多式联运的整个运输流程如图3-10所示。

2. 衔接式多式联运

衔接式多式联运过程中的运输计划、指示以及运输所需单据都由多式联运经营人或其代表进行制定和管理。衔接式多式联运货物运输流程如图3-11所示。

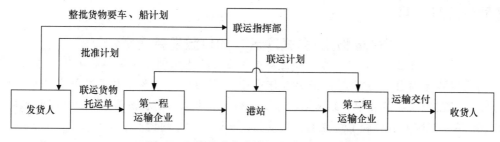

图 3-10 协作式多式联运运输流程示意图

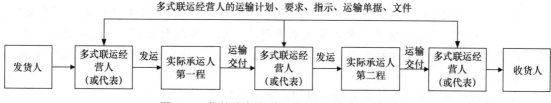

图 3-11 衔接式多式联运货物运输流程示意图

(三) 发展冷链多式联运

国务院办公厅 2021 年 12 月印发的《"十四五"冷链物流发展规划》指出,发展冷链多式联运需要从以下三个方面入手。

1. 完善冷链多式联运设施

鼓励国家骨干冷链物流基地等完善吊装、平移等换装转运专用设施设备,加强自动化、专业化、智慧化冷链多式联运设施建设。因地制宜增强国家物流枢纽、综合货运枢纽冷链物流服务功能,推进港口、铁路场站冷藏集装箱堆场建设和升级改造,配套完善充电桩等设施设备。

2. 优化冷链多式联运组织

培育冷链多式联运经营人,统筹公路、铁路、水运、航空等多种运输方式和邮政快递,开展全程冷链运输组织,积极发展全程冷链集装箱运输。依托具备条件的国家骨干冷链物流基地等开展中长距离铁路冷链运输,串联主要冷链产品产地和销地,发展集装箱公铁水联运。依托主要航空枢纽、港口,加强冷链卡车航班、专线网络建设,提高多式联运一体化组织能力。大力发展冷链甩挂运输,鼓励企业建立"冷藏挂车池",有机融入公路甩挂运输体系,完善冷藏车和冷链设施设备共享共用机制,提高冷链甩挂运输网络化发展水平。鼓励现有多式联运公共信息平台集聚整合运输企业、中介等的冷链物流相关信息,拓展完善冷链物流服务功能,提高货源、运力、仓储等冷链资源供需匹配效率。

3. 增强冷链国际联运能力

提升中欧班列冷链物流服务水平,强化多式联运组织能力,畅通亚欧陆路冷链物流通道。依托中国—东盟多式联运联盟基地,拓展西部陆海新通道海铁联运、国际铁路联运、跨境公路班车国际冷链物流业务。鼓励具备实力的企业布局建设冷链海外仓,提升跨境冷链物流全程组织能力。大力发展面向高端生鲜食品、医药产品的航空冷链物流,提高公空、空空联运效率。鼓励主要农产品进出口口岸城市积极发展国际冷链物流多式联运,打造一批国际冷链物流门户枢纽。

◇【同步案例3-4】

"冷链物流+多式联运" 如何激发新速度？

国务院办公厅2022年初印发的《推进多式联运发展优化调整运输结构工作方案（2021—2025年）》（以下简称《方案》）提出工作目标，到2025年，多式联运发展水平明显提升，基本形成大宗货物及集装箱中长距离运输以铁路和水路为主的发展格局，全国铁路和水路货运量比2020年分别增长10%和12%左右，集装箱铁水联运量年均增长15%以上。

多式联运是依托两种及以上运输方式的有效衔接，提供全程一体化组织的货物运输服务，具有产业链条长、资源利用率高、综合效益好等特点。

实现全国范围内的多式联运，不仅是我国的重要交通战略，更是多年来物流人的理想。然而，整体来说，目前我国多式联运发展水平仍然较低，协同衔接不顺畅、市场环境不完善、法规标准不适应、先进技术应用滞后等问题较为突出，多式联运仍是我国交通物流业融合发展的一大短板。

这一短板的主要表现和应对办法有以下几个方面。

（一）标准不统一：亟须实现"车同轨"

据悉多家运输企业表示，目前多式联运遇到的诸多障碍亟待突破。例如，不同运输方式在票据单证格式、运价计费规则、货类品名代码、危险货物划分、包装与装载要求、安全管理制度、货物交接服务规范、保价保险理赔标准、责任识别等方面均有各自不同的要求或标准，难以实现多式联运"一次委托""一口保价""一单到底""一票结算"。

此外，铁路与水运行业在集装箱货物安全装载和捆固要求等方面的管理规定不一致，导致集装箱在转换运输方式过程中，不得不反复装载，增加了操作环节和成本支出。物流企业在组织开展多式联运业务中往往遇到来自铁路、公路、水运、商务、邮政等不同行业管理部门的资格资质要求，以及地方和行业保护门槛。

《方案》提出，要加快技术装备升级。推广应用标准化运载单元，推动标准化托盘在集装箱运输和多式联运中的应用；加强技术装备研发应用；提高技术装备绿色化水平。同时，推进运输服务规则衔接，以铁路与海运衔接为重点，推动建立与多式联运相适应的规则协调和互认机制，深入推进多式联运"一单制"，探索推进国际铁路联运运单、多式联运单证物权化。加大信息资源共享力度。

目前多式联运中，公水联运是最为成熟的，就是大家常见的港拖车，其成熟在很大程度上还是取决于港口集装箱的标准化，因为运送的货物尺寸统一，所以在水路到公路的衔接上速度较快；但是由于没有实现集装箱设备设施运输标准化，很多集装箱货车运输成本仍然很高。这其中一个大头就是集装箱公路运输的空箱回送，加之回送空箱不便装载其他货物，也大大影响了满载率，这也是很多物流企业不愿意开展集装箱货车运输的重要原因。

其实，这一问题在国外早已不是问题。为降低空箱回送成本，他们早在许多年前就采取了双层集装箱铁路运输服务并沿用至今，使得内陆运输走廊的效率提高了20%~40%。而且，目前还发展起了三种统一标准的多式联运满载荷单元，建立了载货汽车货运模块化系统。

我国应参照国际标准，加快建立多式联运标准体系，实现多式联运的"车同轨"。对现有集装箱进行改造，并制定多式联运满载荷运输的统一标准，进一步统一各种运输方式间集装箱与装载设备的标准，以提高设备装载率，减少资源浪费。

（二）海铁联运港站分离：亟须一体化运输

目前我国集装箱集疏运量仅占全社会货运量的 2.9%，其中，海铁集疏量不到 1%。而美国西部港口集装箱疏运量中铁路集疏运量占到 50%~60%，欧洲港口铁路疏运量占到 50% 以上，均高于我国的平均水平。货物因转运所耗费的成本约占全程物流成本的 30%，大大降低了运输组织效率。

虽然目前我国不少港口和铁路部门也已联手建立了一些集装箱场站，也开始对海铁联运一体化进行尝试，但由于大部分港区没有与铁路直接衔接，加上港站单独经营和管理，实际上集装箱场站处于"港站分离"状况，集装箱到站不到港，到港不到站，仍然需要经过两次装卸，然后用卡车进行转运，势必增加货主的运输成本，从而增加了企业的运输成本。

解决这一问题的必要手段就是将两种以上的运输方式组合成复合型一体化运输方式，其特点或与单项运输方式最根本的区别是：一次托运、一次合同、一次单证、一次结算费用、一票到底。

（三）多式联运需要"最后一厘米"的无缝链接

目前我国多式联运面临着交通基础设施衔接不畅和规则相互割裂的"最后一厘米"（无缝）双重难题。

业内普遍认为，多式联运要求实现多种交通方式的无缝衔接，其中最大的难点在铁路。以重庆为例，重庆的十余个港口中，截至 2021 年，实现铁水联运的港口只有 5 个；而武汉沿长江的 17 个港口中，与铁路接轨的也只有 6 个。一些港口的进港道路仍是城市公共道路，每一次转运就要额外支出装卸、运输等成本，物流的总体成本也大大增加，抵消了水路的价格优势。

造成这种状况的主要原因，是由于交通规划脱节而导致交通基础设施衔接不畅。以前铁路和水路分属不同的行政部门，现在铁路虽归交通部门管理，但与地方规划接轨仍有很大问题。以长江沿岸某市为例，该市的铁路规划全部在城市的西面，水路却在城市的东面，铁路和水路相距甚远，如何衔接？

当然，客观原因也不能不说，由于铁路规划权在国家，某种情况下无法满足地方需求。铁路是企业，也要考虑投入产出、人流物流等问题，而各地的港口规划不得不依江依海而建，当两者利益无法协调时，难免出现脱节。

（四）多式联运离不开制度、规则的联通

有专家表示，硬件上的衔接还相对容易，制度规则上的联通才是最难的。目前多种交通方式看似无缝衔接，但由于铁路、公路、水路等不同运输方式管理体制的相互割裂，各自的运单、载距等差别巨大且无法互认，各国海关关检的规则、效率也各不相同，"最后一厘米"问题导致多式联运的制度成本高昂。

以运单为例，按照国际惯例，水运运单可作为信用凭证在金融机构融资押汇，货主用 10% 的资金就能提走 100% 的货物，而铁路运单则无法融资押汇，两者无法实现互认共享。而且，各种运输方式的业务单证多而繁杂，铁路单证与海运单证不一致；铁路运输与海运的装载要求不统一。这些问题的存在，就造成一些集装箱货物在转换节点被迫拆箱，导致多式联运通而不畅。

只有实现不同运输管理体制的无缝联通，完善公、铁、水等基础设施，才能最终实现"最后一公里"和"最后一厘米"的无缝衔接。

多式联运作为物流运输的高级发展阶段，被各国看作本国货运现代化进程的重要标志。

根据交通运输部的要求，进一步推进多式联运发展，强化多式联运系统建设，推动多式联运运行水平的提升，将是"十四五"期间我国交通物流领域的重要任务。预计未来几年，国内多式联运市场将有较大增长空间，届时，可降低社会物流总费用约3.9%，节约成本4350亿元左右。未来的3年，将成为物流行业多式联运的黄金期。

（案例来源：商业新知，https://www.shangyexinzhi.com/article/4820154.html。）

第二节　冷链运输条件

一、冷链运输温度条件

温度对于食品等冷链产品的品质影响是巨大的。在世界上的某些区域，大多是在热带和亚热带地区，农产品采收后由于处理技术落后造成的损失不计其数。适当的温度管理对于延缓农产品的腐烂极为重要，也是最为简便的措施。

从总体上看，储运果蔬产品的环境温度越低，保质期越长。例如，芦笋是相当易腐的食物。一些研究结果表明，芦笋的储运温度一般以0~2℃为宜，芦笋在运输过程中的温度越高，其品质的损失越大。将芦笋置于模拟运输的环境温度中，在20~25℃的情况下，芦笋的储藏期缩减到只有2天；在高于25℃的情况下，芦笋会在短时间内出现萎蔫现象。然而也有例外，尤其是一些产于温带、亚热带和热带地区的水果和蔬菜，如木瓜、西红柿、黄瓜和灯笼椒等，其对低温环境相当敏感，易受到伤害，这种状况常发生在低于15℃而高于冻结点的温度条件下。

冷害可对植物组织造成永久的或不可逆转的损伤。冷害是对温度敏感的水果或蔬菜所处的环境温度低于某温度临界值造成的。决定冷害的损伤程度的因素包括温度、暴露于低温环境中的时间（无论是连续的还是间歇的）、农产品的老化程度（未成熟或成熟）及作物是否对低温敏感。受到冷害损伤的农产品在刚离开冷藏环境时，冷害的症状往往并不明显，而将其置于非冷藏环境中后，冷害症状开始逐渐显现。冷害症状表现为：表面损伤、组织水渍化、内部变色和组织损伤等。常见的症状如果皮上有变色的腐蚀斑点，通常是由于表皮下的细胞受损而造成的。高度的水分流失会加剧腐蚀斑点的产生。果肉组织变褐也十分常见。未成熟就被采摘的水果在冷藏后，或是无法成熟，或是成熟不均，又或是成熟缓慢，而且往往会在几个小时内迅速腐烂。另外，冷害还会使水果产生异味，并且在口味上发生变化。因此，不同的产品有着不同的储存和运输温度，这在《易腐食品控温运输技术要求》（GB/T 22918—2008）中有明确规定。对于冻结的食品，如速冻食品、水产品、肉类和冷饮类等，国际上通行的储藏温度是-18℃以下，考虑到运输环境的复杂性，允许温度略有上升，但最高不能超过-15℃；对于新鲜的水果和蔬菜，则应根据具体品类保持在适宜的温度范围内。

二、冷链运输湿度条件

大多数水果和蔬菜中含有80%的水分，而某些水果和蔬菜，如黄瓜、生菜和甜瓜含有约95%的水分，这使其外观饱满且口感清脆。但这些蔬果在采收后，水分的蒸发流失非常快，尤其是绿叶蔬菜，如菠菜和生菜。这就导致了农产品的快速萎蔫，使蔬菜组织硬化且不美观，导致其不适宜食用，并且水分流失还减少了农产品可销售的重量。这种生命组织水分的流失被称为蒸腾作用。蒸腾速度必须降到最低限度以避免产品的萎蔫和重量的减轻。当冷藏环境被设定在推荐温度和湿度时，蒸腾速度可以较好地得到控制。

相对湿度是最常见的用来表示空气湿度的参数。随着温度的升高，空气的含水能力也增加。因此，空气在10℃、相对湿度为90%的含水量比在0℃、相对湿度为90%的含水量更多，然而如果两间储藏室的相对湿度同为90%，10℃的储藏室中农产品的失水率约为0℃条件下的2倍。因此，在同等相对湿度的情况下，高温条件的失水率更高。对每个产品而言，相对湿度的推荐值可以减缓水分的流失，也可以抑制微生物的过快滋长。

和其他气体一样，水蒸气也是从高浓度区域流向低浓度区域的。几乎所有水果和蔬菜的内环境中相对湿度都不低于99%，而外环境的相对湿度通常较低。因此，若将农产品置于相对湿度低于99%的环境中，植物组织中的水分就会蒸发。一般空气越干燥，所储藏的农产品的失水率就越高。虽然水分只流失了3%~6%，但足以对许多农产品造成品质上的损害，并有可能造成许多易腐水果和蔬菜萎蔫或干枯。

当某些蔬菜处于27℃、相对湿度为81%的不利环境中时，每天的水分流失会非常高，如芦笋达8.4%，食荚菜豆达4%，切去根头的胡萝卜达3.6%，甘蓝达3.2%，切去根头的甜菜达3.1%，黄瓜达2.5%，西葫芦达2.2%，西红柿达0.9%，笋瓜达0.3%。

还有一个影响失水率的主要因素，即产品的表面积。表面积较大的产品的水分蒸发流失更多。所以，在其他因素相同的情况下，生菜的水分流失会比水果更快。

水果或蔬菜的表面组织和内部组织的类型对失水率也有着重要的影响。许多种类的作物，如西红柿、辣椒或阳桃，外表面有一层阻碍水蒸气通过的蜡质层。在采收前，这层保护膜对维持组织中的高水分含量发挥了重要作用，这对农作物的正常代谢和生长是必要的。组织受到的机械损伤会在很大程度上加速产品的失水。作物表面受到碰撞损伤，将导致更多的气体物质通过其表面的受损区域。而切割损伤往往比碰撞损伤更加糟糕，因为它完全破坏了作物表面的保护层，并且使内部组织直接暴露于大气环境中。

因此，在鲜活食品的运输过程中，相对湿度也需要严加控制。但由于冷链运输装备一般不具有调节湿度的功能，所以水果和蔬菜通常以内包装的形式进行密封，以增大相对湿度。通常情况下，相对湿度应在90%以上。

根据福建省标准《食品冷链物流储存、运输、销售温度控制要求》（DB35T 1805—2018）水果在储存、运输、销售环节的温湿度控制要求和在规定温湿度条件下推荐的储存时间见表3-4。蔬菜在储存、运输、销售环节的温湿度控制要求和在规定温湿度条件下推荐的储存时间见表3-5。

表 3-4 水果储存、运输、销售温湿度控制要求

类型	名称	预冷温度/℃	储存温度/℃	储存湿度（%）	运输温度/℃		销售陈列柜温度/℃	推荐储存时间（天）
					中长途运输（直达运输）	短途配送（不超过5h）		
大浆果类	木瓜	7~10	7~13	85~90	7~13	5~12	7~13	7~10
	番荔枝	7~10	10~15	90~95	10~15		10~15	21~28
	菠萝	10~15	8~13	85~95	8~13		8~13	14~21
	香蕉	13~14	12~15	80~90	12~15		12~15	7~28

（续）

类型	名称	预冷温度/℃	储存温度/℃	储存湿度（%）	运输温度/℃ 中长途运输（直达运输）	运输温度/℃ 短途配送（不超过5h）	销售陈列柜温度/℃	推荐储存时间（天）
小浆果类	草莓	-1~0	0~3	90~95	0~3	5~12	0~3	7~14
	葡萄	-1~0	0~3	90~95	0~3		0~3	49~84
	番石榴	5~10	5~10	90~95	5~10		5~10	14~21
	阳桃	5~10	5~10	85~90	5~10		5~10	21~28
柑橘类	柑橘	4~8	4~8	85~95	4~8	5~12	4~8	30~60
	柚子	5~10	5~10	85~90	5~10		5~10	60~90
	柠檬	11~13	10~13	85~90	10~13		10~13	30~180
	西柚	10~15	10~15	85~90	10~15		10~15	42~56
核果类	龙眼、荔枝	3~5	3~5	90~95	3~5	5~12	3~5	14~28
	杧果	13~15	13~15	85~90	13~15		13~15	14~21
梨果类	苹果、梨	0~1	0~4	90~95	0~4	5~12	0~4	30~210
	枣	0~2	5~7	90~95	5~7		5~7	180~360
	樱桃	0~2	0~3	90~95	0~3		0~3	14~21
	李子	0~3	0~3	90~95	0~3		0~3	14~35
	桃	0~3	0~3	90~95	0~3		0~3	14~28
瓜果类	西瓜、甜瓜	10~15	7~10	85~90	7~10	5~12	7~10	14~21

表3-5　蔬菜储存、运输、销售温湿度控制要求

类型	名称	预冷温度/℃	储存温度/℃	储存湿度（%）	运输温度/℃ 中长途运输（直达运输）	运输温度/℃ 短途配送（不超过5h）	销售陈列柜温度/℃	推荐储存时间（天）
根茎菜类	萝卜	0~1	0~3	90~95	0~3	5~12	0~3	21~28
	胡萝卜	0~1	0~2	95~100	0~2		0~2	90~150
	芦笋	0~2	0~2	95~100	0~2		0~2	14~21
	牛蒡	0~1	0~2	95~100	0~2		0~2	180~240
	土豆	0~1	2~5	90~95	2~5		2~5	240~270
	洋葱	0~1	0~2	65~70	0~2		0~2	180~240
花菜类	菜花	0~2	0~2	≥95	0~2	5~12	0~2	14~21
	韭菜花	0~1	0~2	≥95	0~2		0~2	12~16
	黄花菜	0~1	0~2	≥95	0~2		0~2	6~7
	洋白菜	0~1	0~2	95~98	0~2		0~2	80~90
	结球生菜（莴苣）	0~1	0~2	95~98	0~2		0~2	17~28

（续）

类型	名称	预冷温度/℃	储存温度/℃	储存湿度（%）	运输温度/℃ 中长途运输（直达运输）	运输温度/℃ 短途配送（不超过5h）	销售陈列柜温度/℃	推荐储存时间（天）
叶菜类	芹菜	0~1	0~2	≥98	0~2		0~2	21~28
	结球白菜（大白菜）	0~1	0~2	≥98	0~2		0~2	40~70
	茼蒿	0~1	0~2	≥98	0~2	5~12	0~2	10~14
	菠菜	0~1	0~2	≥95	0~2		0~2	20~25
	油菜	0~1	0~2	≥95	0~2		0~2	21~30
	芥蓝	0~1	0~2	≥95	0~2		0~2	25~34
果菜类	绿熟西红柿	9~10	14~16	90~95	14~16		14~16	7~21
	初熟西红柿	9~10	7~10	90~95	7~10	5~12	7~10	4~7
	成熟西红柿	9~10	0~5	90~95	0~5		0~5	7~21
	甜玉米	0~2	0~2	95~98	0~2		0~5	8~12
瓜菜类	南瓜	7~10	10~15	50~70	10~15	5~12	10~15	60~90
	黄瓜	7~10	10~13	90~95	10~13		10~13	10~14
豆菜类	豌豆	9~10	0~2	95~98	0~2	5~12	0~2	18~20
	毛豆	9~10	0~2	95~98	0~2		0~2	21~28
菇蕈类	双胞蘑菇（洋菇）、金针菇	0~2	0~2	≥95	0~2	5~12	0~2	45
辛香类	大蒜（裸蒜）	0~5	0~5	65~70	0~5		0~5	180~210
	葱、蒜苗	0~5	0~5	95~100	0~5		0~5	18~26
	辣椒	7~10	7~13	90~95	7~13	5~12	7~13	25~30
	嫩姜	13~15	13~15	90~95	13~15		13~15	16~20
	老姜	13~15	13~15	65~80	13~15		13~15	120~150

三、冷链运输气体成分条件

和人体一样，水果和蔬菜也是生命体征结构。它们在被采收之后，仍会继续呼吸。呼吸作用是植物主要的代谢过程，其原理是生物体内的有机物，如淀粉、糖、有机酸分解后转化为简单的化合物，如二氧化碳和水。这一过程是释放能量的过程。呼吸强度（又称呼吸速率）是生物组织新陈代谢的一个显著标志，因此可以作为农产品储存时间的参考指标。随着环境温度的升高，植物的呼吸强度提高，而产品的保存期限则相应缩短。一般来说，水果或蔬菜的呼吸强度越高，其易腐程度也越高。常见的水果和蔬菜的呼吸强度等级见表3-6。

表 3-6　常见的水果和蔬菜的呼吸强度等级

呼吸强度/[mg/(kg/h)]	产　品
相当高：$CO_2>60$	芦笋、番荔枝、黄秋葵、西番莲
较高：$40<CO_2<60$	洋蓟、菊苣、蘑菇、豌豆、甜玉米
中等：$20<CO_2<40$	鳄梨、豆芽
低：$CO_2<20$	苹果、白菜、香瓜

水果根据在成熟和后熟过程中呼吸形态和乙烯生成率划分，可分为跃变型水果和非跃变型水果。跃变型水果在成熟时，呼吸强度和乙烯生成率大幅度增加；而非跃变型水果在成熟时，呼吸强度和乙烯生成率仍保持较低的水平。

植物产生的乙烯是一种天然的有机物。植物中乙烯用于控制植物的生长、成熟和老化。跃变型和非跃变型的水果可以进一步根据其对乙烯的反应程度和水果在成熟期的乙烯生成率来区分。所有水果在生长过程中都会产生少量的乙烯。而在成熟期，跃变型水果会比非跃变型水果产生更多的乙烯。

农产品产生乙烯的多少与其腐败性没有联系，然而防止这类食品与乙烯直接接触，可减缓其"死亡"。这是因为，食品释放的乙烯及排放的其他气体（包括机械设备如叉车产生的尾气，以及香烟烟雾或其他烟雾）可能会积聚在一个封闭的房间里，造成食品过快成熟。因此，不建议把乙烯生成率较高的农产品和对乙烯高度敏感的农产品（见表3-7）进行混合储存和运输。乙烯对蔬菜的不利影响见表3-8。

表 3-7　产生乙烯的农产品和对乙烯敏感的农产品

产生乙烯的农产品	对乙烯敏感的农产品
苹果、杏、鳄梨、香瓜、樱桃、桃、梨、柿子、梅子、木瓜、西红柿	香蕉（未成熟）、青花菜、白菜、胡萝卜、黄瓜、茄子、绿叶蔬菜、辣椒、菠菜

表 3-8　乙烯对蔬菜的不利影响

农　产　品	乙烯对蔬菜伤害的表现	农　产　品	乙烯对蔬菜伤害的表现
芦笋	口感变老	茄子	外皮脱落，加速变质
豆	颜色发黄	生菜	锈斑病
花椰菜	泛黄，菜花脱落，口味变坏	马铃薯	发芽
甘蓝和白菜	泛黄，菜叶脱落	甘薯	变色，有异味
胡萝卜	口味变苦涩	萝卜	韧性增强
黄瓜和西葫芦	加速软化，变黄	西瓜	果肉软化变质，果皮变薄

适当控制储运环境的气体成分，有利于延长水果和蔬菜的货架期。采用冷藏与气调相结合的方法，可使新鲜水果和蔬菜的保鲜时间大大延长。此外，气调也可用于蛋类和肉类等的保鲜。常见果蔬的气调条件见表3-9。

表 3-9　常见果蔬的气调条件

果 蔬 名 称	冷藏温度/℃	相对湿度（%）	氧气含量（%）	二氧化碳含量（%）	储藏期（天）
苹果	0	90~95	3	2~3	150
梨	0	85~95	4~5	3~4	100
樱桃	0~2	90~95	1~3	10	28
桃	−1~0	90~95	2	2~3	42
李子	0	90~95	3	3	14~42
柑橘	3~5	87~90	15	0	21~42
哈密瓜	3~4	80	3	1	120
香蕉	13~14	95	4~5	5~8	21~28
胡萝卜	1	81~90	3	5~7	300
芹菜	1	95	3	5~7	90
黄瓜	14	90~93	5	5	15~20
马铃薯	3	85~90	3~5	2~3	240
香菜	1	95	3	5~7	90
西红柿	12	90	4~8	0~4	60
蒜薹	0	85~90	3~5	2~5	30~40
菜花	0	95	2~4	8	60~90

第三节　冷链运输监控

对冷链运输过程实施监控和跟踪能够让客户了解货物在冷链运输中所处的条件和位置。监控设备主要监控冷藏/冷冻设备（如冷藏货车、低温仓库）的运行性能及冷链货物在运输过程中不同环境下的温度。监控跟踪冷链货物能够获得产品的整个温度历史记录，包括产品中转和在途运输。监控冷藏/冷冻设备的附加好处是能够及时发现冷藏/冷冻设备的运行问题，如储存空间的温度偏离设定值，并及时解决。

一、冷链运输监控设备

1. 手持温度检测器/传感器

手持温度检测器/传感器是冷链运输中应用最多的基本设备。它们具有各种各样的形式，包括使用热电偶的无线探测器和一些新型电子温度计。它们需要手工操作来获取数据，包括将探头插入货物中或手工打开电子温度计。这些设备具有准确、易用、相对便宜和方便购买等特点。

2. 圆图记录仪

圆图记录仪发明于 100 多年前，通常被称为帕罗拖图。设备在图纸上显示数据曲线并定期存档。这是采集和存储数据的简单方法，因为圆图记录仪可以被设计到各种各样的设备里面。使用圆图记录仪的缺点是：经常需要人手动更换纸和笔；设备记录需妥善保存；自动化程度不高，有时会出现机械故障并导致记录不准确。

3. 电子温度记录器

温度记录器有多种类型，包括单个构造和具有硬接线的探头设备。一些设备可以利用机械、模拟或电子手段与控制系统连接。大多数设备利用可以感应设备的热电偶，然后用各种各样的方式进行存储和显示。有一些记录器可直接在本地设备上显示温度，而另外一些则将数据传送到远程显示设备上。不过这些设备通常也会存储数据，并提供计算机程序的数据读取接口，也可以包含打印设备或与打印设备相连以打印温度记录。

和其他的冷链监控技术一样，这种设备也具有各种各样的形式。例如，安装在各种冷藏设备上面的固定设备，如冷藏库、冷藏运输车或冷藏零售柜。也可以是移动式设备，主要用来跟踪货物，从供应链的发货地到接收地进行全程监控。无论固定式或移动式监控设备，都可以重复使用。

4. 货物温度记录器

在冷链中使用最广泛的是货物温度记录器。这种记录器很小，由电器提供能量，可以跟随货物记录温度。它们具有多种存储容量，可根据具体需求选择，并可进行测温频率和警报数据界限的更改。用户在货物装载出发的时候，将温度记录器装在运输空间内或与货物包装在一起。在运输过程中，环境温度超过设置温度时，警报器会发出警报。温度记录器的时间和温度数据可以通过数据接口和桌面软件下载到计算机中，还可以用一些网络软件对数据进行处理以适应多种场景的应用。温度记录器的准确度较高，冷藏时误差为 0.6℃，冷冻时误差为 1.1℃。大多数设备使用的不是一次性电池，而电池寿命取决于具体使用情况（如记录和下载频率），一般在 1 年左右。一些制造商销售一次性产品，这些产品的电池是可以更换的，通常具有更好的精度和电池寿命，能够适应一些要求较高的货物，如药品。这种一次性温度记录器使用完毕后，由厂家提供回收服务。

5. 产品温度记录的射频识别（RFID）标志

一般来说，RFID 可分为下列三种类型：

1) 被动射频识别标志。射频识别技术和条码技术比较相似。它由连接在微处理器上的天线构成，里面包含了唯一的产品识别码。当用户激活标志的感应天线时，标志将返回一个识别码。和条码不同的是，射频识别可以容纳更多的数据，不需要可见的瞄准线即可读取数据，并允许写入计算机。使用射频识别标志的最大问题是成本，每个射频识别标志大概需要 5 美分。也有一些新的制造技术能够在很大程度上降低成本。射频识别技术还面临着可读性的挑战。含有金属和水的产品会减弱射频波，导致数据不可识别。2.4GHz 波段的食品识别标志不适合在水分较多的环境里使用，因为水分子在 2.4GHz 时发生共振，并且吸收能量，导致信号减弱。

2) 半被动温度感应射频识别标志。半被动温度感应射频识别标志一般保持休眠状态，被阅读器激发后会向阅读器发送数据。和主动式标志不一样，半自动标志具有较长的电池寿命，并不会有太多的射频频率干扰。另外，数据传输有更大的范围，对半被动标志来说可以达到 10~30m，而被动标志则只有 1~3m。

3) 主动温度感应射频识别标志。主动温度感应射频识别标志同样有电池，不过跟半被动标志不一样，它们主动发送信号，并监听从阅读器传来的响应。一些互动识别标志能更好地改变程序，转变成半被动标志。

射频识别标志能够提供更为自动化的冷链监控程序。它可以贴在托盘上或货物的包装箱上（使用何种方式由成本决定），保存的温度记录在经过阅读器时被下载。阅读器可以放置在冷链运输的开始节点及中间的交接站。主动式温度感应射频识别标志为冷链温度监控提供了100%保存数据的解决方案。

二、冷链运输温度监控

为了维持高效、完整的冷链，需要在储藏、处理和运输全过程进行温度控制，在低温存储设施和加工配送中心都需要安装温度监控系统。这些系统需要提供数据采集和警报等功能，确保货物能够一直处在温度合适的环境中。

1. 温度监控系统

自动型温度监控系统包括中央监控系统和网络数据记录系统。中央监控系统在各设备上装有远程感应器，组成一个网络并与输入设备连接。中央监控系统通常要满足特定的监控和记录功能需要，可以和远程监控、警报和报告系统整合在一起。而网络数据记录系统由多个数据记录器与各个设备相关联，每个记录器都有自己的感应器、存储器、时钟和电池，独立地记录各个设备的数据，并与计算机网络相连。这些网络的规模和配置都非常灵活，能让操作员简单地添加记录器或将一个记录器从一个位置移动到另外一个位置，同时实现重要监控、报警和数据采集功能。

2. 监控和数据采集

实时数据采集的能力（容量和速度）反映了一个监控系统的监控能力和对故障反应的及时性。一些标准和认证规范对数据的采集容量和速度进行了规定。管理设备的职员也需要实时地获取这些信息，以确保冷链信息的完整性，并能够在故障发生时迅速维护。许多先进的系统和硬件能够同时允许本地监控和远程监控，本地监控通过与PC连接而实现，远程监控则利用有线或无线网络实现。

3. 温度控制规程

温度控制系统需要一个合适的规程，例如需要利用一个温度读取设备来读取冷藏或冷冻区域的温度，并按照规程整合所有温度记录。这些规程规定温度监控不仅包含产品的温度记录，同时也要记录运输工具（包括拖车、货车、容器及有轨车等）的温度。规程还要求记录产品从一个处理环节转换到另一个处理环节的时间，例如从运输车到零售商或其他物流中心的时间。这些步骤对保证冷链的完整性非常重要，一旦出现问题，能够迅速找到问题发生的时间和地点。规程还规定，操作人员需要定时对温度计或其他设备进行校准，并对这些校准操作进行记录。校准记录包括所有的设备，并能查到每次的校准时间。通常使用冰水对温度计进行校准，此时温度计的读数应该是0℃。

4. 温度与湿度测量采样布置

合理的温度与湿度测量采样布置能够准确地反映货物所处的环境或冷藏设备所处的工作状态。

设计这个方案时，操作人员需要首先查明关键的布置区域。在很大的开放式冷冻/冷藏区域中，有几个区域温度特别容易波动。例如，距离顶棚或外墙很近的空间容易受到外界温度的影响；当冷藏门打开时，外界温度会对门附近的区域造成很大的影响。棚架、支架或集装架子区域，因为阻挡了空气循环，可能会有较高的温度点。上述重要区域均需要使用设备进行监控。同时为了进行对比，在冷藏/冷冻区域的出口区域、外部区域和冷藏/冷冻区域的不同高度区域都需要使用设备进行测量监控。许多设备的设计者还建议在蒸发器的回风处放置温度计，这样能够比较准确地反映室内空气的平均温度。在出口设置温度计，其读数通常比回风口低 2~3.5℃。

在冷藏库中，一般推荐操作人员每隔 900~1500m 的直线距离放置一个监控设备。如果冷库由小的冷藏/冷冻室单元组成时，应该在每个单元放置监控设备。一旦安装后，温度监控设备应该尽可能多地取样，以避免激烈的温度变化。但是取样也不能过于频繁，以免带来大量多余的数据。一般来说，每隔 15min 进行一次采样是比较合理的。

三、冷链运输监控实例

1. 固定冷藏设备的监控实例

某公司的冷冻设备监控中心在产品的某些关键部件上安装了温度或其他参数的传感器，同时连接通信设备向监控中心发送实时监控数据。监控中心采用的监控手段多种多样，包括利用传统电话线拨号的方式建立点对点连接，将数据从设备传送至服务器；也可以采用电信公司提供的有线互联网络或移动通信公司的无线网络的通信方式进行数据记录的传输和警报信息的发送。这些系统不仅提供了监控功能，而且在某些特殊场合能够实现远程控制。通过远程监控，客户的售后服务得到了极大改善。所有出现的设备故障都能够在第一时间获取信息，并及时派遣工程人员进行处理或进行远程诊断处理，使得设备运行的可靠性得到保障。

2. 移动运输设备和产品温度监控实例

某公司在疫苗的运输中采用了非常完善的温度监控措施，所有疫苗都在 2~8℃ 的环境下运输。在运输过程中，使用了 TESTO 公司的温度记录仪，对疫苗的配送起始时间和到达时间，以及这个过程中的温度变化曲线，都做了详细的记录，在很大程度上保证了疫苗运输的安全。我国食品行业的一些大型企业拥有成熟的低温冷链运输队伍。例如，肉制品、乳制品行业的企业，拥有自己的低温运送车队，并具有良好的运输调度系统。从产品出厂到消费者，一直让产品处于低温状态，同时在运输过程中也利用温度记录仪进行全程温度记录。

良好的物流体系需要完善的设备和操作能力强的实施者，同时也需要良好的监控系统进行管理。冷链中的温度需要进行全程监控。目前，我国的冷链市场还处于起步阶段，冷链运营者往往在冷藏/冷冻设备上有较大的投入，而温度监控跟踪作为一个附件容易被忽略。随着食品安全的社会重视程度的不断提高、标准法规的健全，以及与国际接轨的趋势，国外广泛应用的冷链温度监控必将在国内得到越来越多的应用。冷链经营者、温度监控设备提供商及温度监控设备研究机构应该做好充分的准备。

⊃ 关键术语

冷链运输（Cold Chain Transportation）
保冷车（Insulated Vehicles）
冷冻车（Refrigerated Vehicles）

冷冻货柜（Refrigerated Container）

铁路冷链运输（Railway Cold Chain Transportation）

公路冷链运输（Highway Cold Chain Transportation）

运输管理系统（Transportation Management System）

练习与思考

一、选择题

1. 南极金枪鱼运往武汉，应选择（　　）。

A. 公路冷链运输　　　B. 铁路冷链运输　　　C. 水路冷链运输　　　D. 航空冷链运输

2. 俄罗斯帝王蟹运往上海，应选择（　　）。

A. 公路冷链运输　　　B. 铁路冷链运输　　　C. 水路冷链运输　　　D. 航空冷链运输

3. 新疆哈密瓜运往深圳，应选择（　　）。

A. 公路冷链运输　　　B. 铁路冷链运输　　　C. 水路冷链运输　　　D. 航空冷链运输

4. 螃蟹、武昌鱼从武汉梁子湖运往武汉市区，应选择（　　）。

A. 冷藏集装箱　　　B. 保温汽车　　　C. 冷藏汽车　　　D. 保鲜汽车

5. 2021 新年伊始，"车厘子价格腰斩"的新闻登上微博热搜，车厘子价格腰斩主要由于智利的水果大丰收和国内冷链物流的成熟。智利车厘子上市时间为 11 月到次年的 2 月，80%出口到我国，占市场份额的 90%。据此完成下面小题。

（1）每年智利车厘子上市之初，其进入我国多采用（　　）。

A. 航空运输　　　B. 海洋运输　　　C. 铁路运输　　　D. 公路运输

（2）车厘子采用冷链运输的目的是（　　）。

①保障水果品质　②提高水果价格　③减少水果损耗　④增加水果销量

A. ①②　　　　　B. ①③　　　　　C. ②③　　　　　D. ③④

（3）近年来智利车厘子种植面积大幅度扩大的主要原因是（　　）。

A. 价格高昂　　　B. 市场需求　　　C. 物流完善　　　D. 适宜种植

二、思考题

1. 何为冷链运输？

2. 各种不同的冷链运输方式有何优缺点？

3. 运输条件包括哪些方面？不同类别的易腐货物的运输条件有何差异？

4. 简要阐述冷链温度监控系统包括哪些作用？

5. 认真阅读 2022 年 4 月交通运输部等发布的《关于加快推进冷链运输高质量发展的实施意见》（交运发〔2022〕49 号），如何理解文件中提到的"不倒托""不拆箱"？

三、课外阅读

1. 杨天阳、田长青、刘树森，生鲜农产品冷链储运技术装备发展研究，中国工程科学，2021，23（4）：37-44

2. 刘广海、马平川、李庆庭等，冷链专用蓄冷托盘设计与控温运输性能测试，农业工程学报，2021，37（16）：295-302

3. MAIGOO 买购网，鲜活水产品是如何运输的？活体水产品的9种运输方式，https：//www.maigoo.com/goomai/205037.html

4. 李雨晴、伍莉，活鱼运输方法及原理初探（上），科学养鱼，2018（9）：80-82

5. 李雨晴、伍莉，活鱼运输方法及原理初探（下），科学养鱼，2018（10）：82-83

⊡》综合案例

多家快递盯上"荔枝航线"

一、盯上"荔枝航线"

广东湛江是妃子笑等主流品种荔枝的主要产地之一，年产量在20万t左右。除了在当地销售以外，有相当一部分的荔枝要搭飞机送往全国各地。

2022年6月2日，为了进一步拓展在广东湛江的业务，顺丰航空在当地开通了两条全货机航线。目前运送的货物以荔枝等新鲜水果为主，因此这两条航线也被称为"荔枝航线"。据悉，该航线是湛江首次开通全货机航线，在湛江吴川机场执飞，可助力粤西地区优质水产品、农产品等走向全国乃至全球，外地货物也可高效到达粤西地区。顺丰航空方面透露，该航线前端延伸至荔枝原产地，后端连接顺丰航空位于北京、杭州的两大航空枢纽，可将荔枝快速转运至全国各地。与此同时，地面运输环节与顺丰冷链、干线网络衔接，湛江的荔枝航空物流通道也就此打通。而在海南，顺丰航空也同样推出了"荔枝专机"。此外，顺丰航空近年来还开通了由深圳、广州两地飞往北京、沈阳、西安、成都、郑州、杭州、无锡等多地的全货机航线，保障广东地区的荔枝等水果出粤。

不只是荔枝航线，顺丰航空还盯着整个水果季。进入5月，包括樱桃、枇杷在内的各色水果，正在从西安、青岛、重庆等地空运全国各地，水果也就此进入了空运旺季。顺丰航空方面表示，水果航季是顺丰航空每年夏季着力打造的特色空运服务项目，公司近期还将继续发挥机队规模优势、网络优势，开通多条生鲜运输专线。

盯上这一市场的不只是顺丰。据京东物流方面公布的信息，2022年京东物流依托"公铁空"运力优势，通过全货机直发与散航资源结合，覆盖全国的核心经济圈，同时通过多式联运的组合方式，保障鲜果运输。据悉，目前京东物流已覆盖全国超过300个城市的生鲜冷链B2C网络，在"最后一公里"的末端配送环节上，全国的京东快递小哥针对生鲜蔬果进行优先派送、送货上门。此外，在广东湛江，德邦快递、中国邮政等物流企业也展开了水果生鲜业务竞争，但效果仍不如顺丰和京东物流。

二、抢水果大战

顺丰航空成立时间较早，目前已经有70架全货机，是国内拥有全货机公司中的佼佼者。不过，在物流行业，京东物流近几年布局航空货运的步伐也正在加快。在一些区域，双方的竞争早已展开。以广东湛江为例，目前顺丰和京东物流已然成为当地荔枝运输的主要承运商。据湛江当地的一位物流从业人员陈先生说，从2020年开始，京东物流在广东湛江的布局已经非常明显。

通过顺丰航空出货的快递首重价格就能达到20多元，而京东物流发往多数地区的空运价格首重保持在10多元。广东当地首重价格保持在14元以下，广西、海南、江浙、西南以及部分西北地区的首重价格在17~19元之间，发往华北、东北以及西北部分地区首重价格为21元。即便如此，航空货运价格依旧比普通快递高出不少。一位淘宝商家感慨，快递成本甚至比荔枝还贵，据他介绍，自家种植的荔枝大约只有1/10是通过网店销售的，通常2.5kg 52元，5kg 99元，均价基本在20元/kg左右。但是，这一价格不包括快递费用，消费者需要另付快递费35元。有时，2.5kg荔枝运费还不止35元，多出的快递成本就需要商家自己来承担。

陈先生在广东湛江从事快递物流行业已经多年，他的网点包含了顺丰、京东物流、中通等多家快递品牌，因此，客户找到他，就可以在多家主流快递品牌中挑选。但客户挑选的原则主要看价格和时效，目前种植户更倾向于通过京东物流和顺丰发货。虽然顺丰的价格比较贵，当地依然有不少农户依旧选择顺丰。用陈先生的话说就是，顺丰在当地"自带流量"。很多客户觉得顺丰这个品牌值得信任，"即便顺丰首重价格贵10元，还是会有人坚持用顺丰，所以顺丰不需要做太多宣传就能完成业务量。"陈先生说。

但随着京东物流的进入，当地市场格局还是出现了变化。据陈先生介绍，在自己揽收的荔枝中，目前通过京东物流空运的数量比顺丰空运多一些。但就当地整体来看，京东物流和顺丰的业务占比不相上下。

三、水果空运拼"快"

"一骑红尘妃子笑"，把岭南荔枝运往北方，古代物流时效难题如今被破解了。随着生鲜冷链物流发展成熟，最南边的荔枝销往北方地区，也可以保证48h内完成全程运输。顺丰推出的"荔枝航线"通过全货机运输，荔枝最快可在半日内抵达。

在一定程度上，荔枝运输时效成为商家揽客的因素之一。淘宝等电商平台上诸多售卖荔枝的商家都在其商品宣传图上标注着"顺丰空运"的字眼，这样的内容能够给消费者传递出时效保证的信息，从而吸引消费者购买。

（案例来源：界面新闻，多家快递盯上"荔枝航线"，顺丰生鲜冷链还能唯快不破吗？https://www.jiemian.Com/article/7563471.html，内容有改动。）

问题：

1. 荔枝为什么要使用航空冷链运输？哪些产品也可进行航空冷链运输？

2. 顺丰、京东等物流企业布局航空冷链运输的原因是什么？

3. 为什么快递费用如此高，商户还是要选择顺丰冷链物流？

第四章

冷 库 管 理

通过本章的学习，掌握冷库的类型及配套设施设备；理解冷库制冷系统的相关知识；灵活运用冷库日常管理相关知识；能够说明冷库节能管理的相关方法；掌握气调库的相关知识。

引　例

探秘苏宁冷链仓里的"金钟罩铁布衫"

苏宁南京冷链仓标准化分区模式包含冷藏、冷冻及恒温三大温区，满足不同生鲜产品的储藏需求。新鲜蔬果、禽蛋肉类在8℃的恒温区存放，海鲜水产、低温奶制品集中在冷藏区，速冻食品则在-18℃的冷冻区。为了保障商品品质，苏宁冷链仓仓内商品管理也有严格的要求。工作人员每天定时查看仓库温度、抽查在库商品状态、核对商品有效期等。苏宁冷链对于商品有效期有严格规定，以3个月保质期的进口北极甜虾为例，收货时剩余保质期必须大于45天，少于1个月则视为库存风险产品，会及时跟踪处理。

当一名南京的用户在苏宁易购上购买了冷冻的生鲜食品以后，仓库会在第一时间接收到订单。根据订单指令，冷链仓的拣选人员进行拣选，再由包装人员根据商品品类、体积大小进行冷媒配比、包装发货。包装人员介绍，每个温区的商品会分开包装，像肉馅、猪肚这样的速冻食品，相应数量的冷冻冰袋会随着商品一同放入保温箱。这种冰袋可以在24h内保障商品安全，为生鲜穿上"金钟罩铁布衫"。

对于生鲜商品，物流过程中停留时间的增加意味着商品鲜度的下降。从商品采购、运输、入库、质检到日常寻库管理，生鲜商品在这里被层层把关，真正保障用户实现"领鲜生活"。

另外，为了保证生鲜商品在物流过程中停留的时间最短，苏宁物流力求科学规划仓库布局，合理设计商品从入库到出库的流程动线，使物流履行效率达到最佳，以最快的速度将各类生鲜送到用户手中。

问题：

1. 生鲜冷链物流当中，最为关键的因素有哪些？

2. 对于冷链仓而言，需要具备何种能力才能符合流通生鲜冷链的要求？

第一节　冷库及相关仓储设备

一、冷库结构

中华人民共和国国家标准《冷库设计标准》（GB 50072—2021）对冷库的定义是"采用人工制冷降温并具有保冷功能的仓储建筑，包括库房、制冷机房、变配电间等"。

（一）主库

主库，即冷库的主体建筑，主要有冷却间、冻结间、冷却物冷藏间、冻结物冷藏间、冰库等，具体组合由储藏品种和加工工艺决定。

1. 冷却间

冷却间是对产品进行冷却的房间。果蔬在进行冷藏之前，为了除去田间热、防止某些生理病害，应及时逐步降温冷却。冷却间的室温为 0~2℃。

2. 冻结间

冻结间是对产品进行冻结的房间。它的室温通常为 -30~-18℃（国外有采用 -40℃ 或更低温度的）。由常温或冷却状态迅速降至 -18~-15℃ 的冻结状态并达到冻结终温的产品称为冻结物。冻结间也可移出主库单独建造。

3. 再冻间

再冻间通常设于分配性冷库中，供外地调入冻结产品中温度超过 -8℃ 的部分在入库前进行再冻之用。再冻间冷分配设备的选用与冻结间相同。

4. 冷却物冷藏间

冷却物冷藏间是用于储存高于冰点温度且低于常温的货物的房间。室温通常为 -2~16℃，相对湿度为 85%~95%，这因储藏食品的不同而异。它主要用于储藏经过冷却的鲜蛋、果蔬。由于果蔬在储藏中仍有呼吸作用，所以库内除保持合适的温湿度条件以外，还要引进适量的新鲜空气。

5. 冻结物冷藏间

冻结物冷藏间是用于储存冻结货物的房间。室温为 -25~-18℃，相对湿度为 95%~98%，主要用于较长期的冻结产品储藏。在国外，一些冻结物冷藏间的温度有降至 -30~-28℃ 的趋势，日本对冻金枪鱼还采用了 -50~-45℃ 的超低温的冷藏间。

以上五类冷间的温度和相对湿度应根据各类食品冷加工或冷藏工艺的要求来确定。

6. 气调保鲜间

气调保鲜间主要是针对果蔬的储藏而言的。果蔬采摘后仍然保持着旺盛的生命活动能力，呼吸作用就是这种生命活动最明显的表现。在一定范围内，温度越高，呼吸作用越强，衰老越快，所以多年来，生产商一直采用降温的办法来延长果蔬的储藏期。

目前，国内外正在发展控制气体成分的储藏，简称 CA（Controlled Atmosphere）储藏，即在果蔬的储藏环境中，适当降低氧的含量，并提高二氧化碳的浓度来抑制果蔬的呼吸强度，延缓成熟，达到延长储藏时间的目的。

7. 制冰间

制冰间的位置宜靠近设备间，水产冷库常把它设于多层冷库的顶层，以便于冰块的输出。制冰间宜有较好的采光和通风条件，要考虑冰块入库或输出的方便，室内高度要考虑到提冰设备运行的方便，并要求排水畅通，以避免室内积水和过分潮湿。

8. 冰库

冰库是用于储存冰的房间。冰库一般设于主库靠近制冰间和出冰站台的部位，也有与制冰间一起建造的。若制冰间位于主库顶层，则冰库可设在它的下层。冰库的库温为−4℃（盐水制冰）或−10℃（快速制冰）。冰库内壁敷设竹料或木料护壁，以保护墙壁不受冰块的撞击。

9. 穿堂

穿堂是为冷藏间、冰库、冷却间、冻结间进出货物而设置的通道，分为有人工制冷降温的控温穿堂和无人工制冷降温的非控温穿堂。目前，冷库中较多采用库外常温穿堂，将穿堂布置在常温环境中，通风条件好，既能改善工人的操作条件，也能延长穿堂的使用年限。常温穿堂的建筑结构一般与库房结构分开。

10. 电梯间

电梯间设置于多层冷库，为库内垂直运输所用，其大小、数量及设置位置视吞吐量及工艺要求而定。

11. 冷库站台

冷库站台供装卸货物用。有铁路专用线的大中型生产性冷库和分配性冷库均应分别设置铁路站台和公路站台。

中华人民共和国国家标准《冷库设计标准》（GB 50072—2021）中，冷间是冷库中采用人工制冷降温房间的统称，包括冷藏间、冰库、冷却间、冻结间、控温穿堂和控温封闭站台等。冷间的设计温度和相对湿度应根据各类食品的冷藏工艺要求确定，也可按表4-1的规定选用。温度波动范围应根据各类食品的冷藏工艺要求确定；当冷藏工艺没有明确要求时，冷却物冷藏间温度波动范围不宜超过±1℃，冻结物冷藏间温度波动范围不宜超过±1.5℃。

表4-1　冷间的设计温度和相对湿度

序号	冷间名称	室温/℃	相对湿度（%）	适用食品范围
1	冷却间	0~4		肉、蛋等
2	冻结间	−23~−18		肉、禽、兔、冰蛋、蔬菜等
		−30~−23		鱼、虾等
3	冷却物冷藏间	0	85~90	冷却后的肉、禽等
		−2~0	80~85	鲜蛋
		−1~1	90~95	冰鲜鱼
		0~2	85~90	苹果、鸭梨等
		−1~1	90~95	大白菜、蒜薹、洋葱、菠菜、香菜、胡萝卜、甘蓝、芹菜、莴苣等
		2~4	85~90	土豆、橘子、荔枝等
		7~13	85~95	菜椒、菜豆、黄瓜、番茄、菠萝、柑橘等
		11~16	85~90	香蕉等

（续）

序号	冷间名称	室温/℃	相对湿度（%）	适用食品范围
4	冻结物冷藏间	−20～−15	85～90	冻肉、冻禽、副产品、冰蛋、冻蔬菜、冰棒等
		−25～−18	90～95	冻鱼冻虾、冷冻饮品等
5	冰库	−6～−4		盐水制冰的冰块

（二）制冷压缩机房及设备间

1. 制冷压缩机房

制冷压缩机房是冷库主要的动力车间，安装有制冷压缩机、中间冷却器、调节站、仪表及配用设备等。目前，国内大多将制冷压缩机房设置在主库附近并单独建造，一般采用单层建筑；国外的大型冷库常把制冷压缩机房布置在多层冷库的底层，以提高底层空间的利用率。单层冷库通常在每个库房外分设制冷机组，采用分散供液方法，而不设置集中供冷的压缩机房。

2. 设备间

设备间安装有卧式壳管式冷凝器、储氨器、气液分离器、低压循环储液桶、氨泵等制冷设备，其位置紧靠制冷压缩机房。在小型冷库中，因机器设备不多，制冷压缩机房与设备间可合并，水泵房也包括在设备间内。

3. 变、配电间

变、配电间包括变压器间、高压配电间、低压配电间（大型冷库还设有电容器间）。变、配电间应尽量靠近负荷大的机房间，当机房间为单层建筑时，一般多设在机房间的一端。变压器间也可单独建造，高度不得小于5m，要求通风条件良好。在小型冷库中，也可将变压器放在室外架空搁置。变、配电间内的具体布置视电器工艺要求而定。

4. 锅炉房

锅炉房应设置在全年主导风向的下风向，并尽可能接近用气负荷中心。它的容量应根据生产和生活的用气量（并考虑到同期使用系数、管网热损失等）确定。锅炉房属于丁类生产厂房，其建筑耐火等级不低于二级。

（三）办公、生活用房和其他建筑

办公、生活用房包括办公楼、职工宿舍、浴室等。其他建筑还有传达室、围墙、出入口、绿化设施等。

二、冷库分类

（一）按冷库使用性质分

1. 生产性冷库

生产性冷库主要建在食品产地附近、货源较集中的地区和渔业基地，通常是作为鱼品加工厂、肉类联合加工厂、禽蛋加工厂、乳品加工厂、蔬菜加工厂、各类食品加工厂等企业的一个重要组成部分。这类冷库配有相应的屠宰车间、理鱼间、整理间，有较大的冷却、冻结能力和一定的冷藏容量，食品在此进行冷加工后经过短期储存即运往销售地区，直接出口或运至分配性冷藏库进行较长期储藏。由于它的生产方式是从事大批量、连续性的冷加工，加工后的物品必须尽快运出，故要求建在交通便利的地方。为了便于冻品外运，商业系统对

1500t 以上的生产性冷库均要求配备适当的制冰能力和冰库；水产冷库为了供应渔船用冰，要求设有较大的制冰能力和冰库。表 4-2 为 3000t 生产性冷库配套能力示例。

表 4-2　3000t 生产性冷库配套能力示例

生产能力	商业冷库	水产冷库
冷藏/t	3000	3000
冻结/（t/天）	45~60	120~180
制冰/（t/天）	15	120~130
储冰/t	300	3000

2. 零售性冷库

这类冷库一般建在工矿企业或城市的大型副食店、菜场内，供临时储存零售食品之用。其特点是库容量小、储存期短，其库温则随使用要求不同而异。在库体结构上，大多采用装配式组合冷库。随着人们生活水平的提高，其占有量将越来越多。

3. 中转性冷库

这类冷库主要是指建在渔业基地的水产冷库，它能进行大批量的冷加工，并可在冷藏车、船的配合下起中间转运作用，向外地调拨或提供出口。比较大的中转性冷库可发展成冷藏配送中心。

4. 分配性冷库

分配性冷库主要建在大中城市、人口较多的工矿区和水陆交通枢纽，专门储藏经过冷加工的食品，以供调节淡旺季节、保证市场供应、提供外贸出口和作长期储备之用。它的特点是冷藏容量大并考虑多品种食品的储藏，其冻结能力较小，仅用于长距离调入冻结食品在运输过程中软化部分的再冻结及当地小批量生鲜食品的冻结。由于这类冷库的冷藏容量大，进出货比较集中（整进零出或整进整出），因此要求库区能与铁路、主要公路、码头相通，做到运输流畅，吞吐迅速。

5. 综合性冷库

这类冷库设有较大的库容量，有一定的冷却和冻结能力，它能起到生产性冷库和分配性冷库的双重作用，是我国普遍应用的一种冷库类型。

（二）按冷库结构类别分

1. 土建冷库

土建冷库的建筑物主体一般为钢筋混凝土框架结构或混合结构，如图 4-1 所示。土建冷库的围护结构属重型结构，由于室外空气温度和围护结构外表面受太阳辐射引起的昼夜温度波动在围护结构中衰减较多，故围护结构的热惰性较强，库温易于稳定。土建冷库是目前我国冷库的主要类型。

2. 装配式冷库

装配式冷库是指库房采用金属面绝热夹芯板等轻质复合夹芯板作为保温隔热及围护结构，并且现

图 4-1　土建冷库

场组装的冷库，如图4-2所示。装配式冷库一般为单层库，其库体为钢框架轻质预制隔热板装配结构，其承重构件多为薄壁型钢材制作。由于除地面外所有构件是按统一标准在专业工厂预制，在工地现场组装，所以施工速度快，建设周期短。装配式冷库目前的发展速度很快。

图4-2　装配式冷库的结构图

3. 库架合一冷库

库架一体式货架就是货架既作为货物存储的构架，同时也作为建筑的支撑件成为建筑的一部分，从受力体系而言，建筑与货架受力体系合二为一，因此使用此类货架的冷库被称为库架合一冷库，如图4-3所示。因为墙面板与屋面板直接依附在货架上进行装配，因此在结构上本来属于建筑的柱子被取消，但原来在货架设计中不需要考虑的外部载荷如风载荷、雪载荷、雨载荷等，就需要在设计这类货架时考虑进去，也因为如此，库架一体式货架对于独立式货架在立柱选型上有可能需要加大。

图4-3　库架合一冷库

4. 覆土冷库

覆土冷库的库体多为拱形结构，有单洞体或连续拱形式。一般为砖石砌体，并以一定厚度的黄土覆盖层作为隔热层。由于它具有因地制宜、就地取材、施工简单、造价较低、坚固耐用等优点，在西北地区得到较大发展。

5. 山洞冷库

山洞冷库的洞体的岩层覆盖厚度一般不小于20m，连续使用时间越长，隔热效果越佳，热稳定性能越好。

（三）按冷库容量分

冷库容量的计算方法有公称容积和吨位两种，公称容积是较为科学、与国际接轨的计算方法，吨位是国内常见的计算方法。

1. 公称容积

根据中华人民共和国国家标准《冷库设计标准》（GB 50072—2021），冷库的设计规模应以冷藏间或冷库的公称容积为计算标准。公称容积大于20000m³的为大型冷库，公称容积为5000~20000m³的为中型冷库，公称容积小于5000m³的为小型冷库。公称容积应按冷藏间或冷库的室内净面积乘以房间净高确定。

2. 吨位

对于按直接堆码冷藏物冷库的计算容量，即吨位，可按下式计算：

$$G = \frac{\sum_{i=1}^{n} \nu_i \eta_i \rho_i}{1000}$$

式中　G——冷库的计算容量（t）；

　　　ν_i——各个冷藏间的公称容积（m³）；

　　　η_i——各个冷藏间的容积利用系数；

　　　ρ_i——各个冷藏间食品的计算密度（kg/m³），见表4-3；

　　　n——冷藏间的数量。

表4-3　食品计算密度

序号	食品类别	计算密度/（kg/m³）
1	冻肉	400
2	冻分割肉	650
3	冻鱼	470
4	篓装、箱装鲜蛋	260
5	鲜蔬菜	230
6	篓装、箱装鲜水果	350
7	冰蛋	700
8	机制冰	750

(四) 按冷库库温要求分

按照中冷联盟的分类标准[⊖]，冷库按库温可以分为六类。

1. 高温冷库（恒温库）

设计温度为5~15℃，适合存放红酒、巧克力、药品、种子、热带水果和耐高温的蔬菜（如枇杷、香蕉、西红柿、西瓜）。

2. 中温冷库

设计温度为-5~5℃，适合存放冻结后的食品，如葡萄、苹果、白菜、胡萝卜。

3. 低温冷库

设计温度为-25~-18℃，适合猪牛羊肉、鱼、禽肉、药品等的长期储存。

⊖　资料来源：中冷联盟官网，www.lenglianwuliu.org.cn/menu/details.html?menuId=77。

4. 速冻库（急冻库）

设计温度为-40~-35℃，主要用于食品的速冻，适合存放金枪鱼、三文鱼、速冻蔬菜、速冻水果等。

5. 超低温冷库（深冷库）

设计温度为-60~-45℃，适合存放水饺等速冻食品。

6. 保鲜库（气调库）

设计温度为-2~5℃，适合存放水果、蔬菜等。

（五）其他分类方法

1. 按冷库的建筑层数分

冷库按建筑层数分为平房冷库、多层和自动化立体冷库。为充分利用冷库的高度，提高冷库的装卸搬运效率，在企业业务量足够大、经济实力允许的情况下，企业可建自动化立体冷库，如图4-4所示。

图4-4 自动化立体冷库

2. 按储藏的商品分

冷库按储藏的商品可以分为畜肉类冷库、蛋品冷库、水产冷库、果蔬冷库、冷饮品冷库、茶叶及花卉冷库等。

3. 按选用的制冷剂分

冷库按制冷系统选用的制冷剂可以分为使用氨作为制冷剂的氨冷库和使用氟利昂作为制冷剂的氟利昂冷库。

4. 特殊冷库

特殊冷库包括气调冷库、医药冷库、生物制品冷库、工业冷库、实验室冷库等。此类冷库面积较小，相对要求较高，比如对库内各点温度、备用机、防爆、选用设备品牌等要求比较高。

5. 按冷藏级别分

根据我国室内装配式冷库专业标准 ZBX 99003—86，冷库按库温可以分为3级，见表4-4。

表4-4 冷库的分级

冷库种类	L 级冷库	D 级冷库	J 级冷库
冷库代号	L	D	J
库内温度/℃	-5~5	-18~-10	-23

对冷库的分类方法还有很多，除上述分类外，还有根据建筑特点、投资额、使用期限、防火性等来区分的。

◇【同步案例 4-1】

万纬嘉兴平湖冷链产业园的自动化立体冷库建设

2021 年 7 月万纬嘉兴平湖冷链产业园开仓运营，其中的自动化立体冷库通过先进的物流软硬件系统，可实现商品出入库传输、上下架操作的全流程自动化，有效提升运营准确率与操作效率，为客户提供全方位、高品质、一站式的多温区仓储、操作及运输解决方案。

成立于 2015 年的万纬物流（VX Logistic），是万科旗下独立物流品牌、第三方物流及冷链服务提供商，也是多温区综合物流解决方案服务商。万纬在 2017 年正式进军冷链物流，2018 年万科并购太古冷链物流资产包，使其在冷链物流领域的实力大幅提升。

一、项目背景

近年来，二、三线城市仓储物流需求不断扩大，需要现代仓储物流设施作为支撑。以浙江嘉兴为例，其周边区域果蔬、食品等冷库资源非常丰富，特别是平湖经济开发区食品产业园，对冷库和冷链物流的需求在逐年增长，不过在高标准冷库设施和冷链物流发展方面略显不足。

在此背景下，万纬嘉兴平湖冷链产业园于 2021 年 7 月全面开仓运营。截至目前，万纬在长三角运营管理的冷库面积超过 20 万 m²。

二、项目概况

万纬嘉兴平湖冷链产业园位于浙江省嘉兴市平湖经济技术开发区，距离沪杭高速公路、杭浦高速公路仅 5km，距离乍浦港 14km，周边 100km 内覆盖上海洋山港、虹桥国际机场、浦东国际机场、杭州萧山国际机场等，地理位置优越，交通便捷。

园区由嘉兴万纬负责运营。可为食品生产、零售等企业客户提供多温区仓储、加工、运输等一体化配套服务，定位打造环沪垂直电商运营中心及华东区域仓配中心。该园区主要对果蔬、肉类、乳制品等冷冻、冷藏食品进行多温区仓储管理，并可承担向江浙沪等地的配送。万纬嘉兴平湖冷链产业园概况及自动化冷库数据见表 4-5、表 4-6。

表 4-5 万纬嘉兴平湖冷链产业园概况

地址	浙江省嘉兴市平湖经济开发区五清路 368 号
业务	单层高立体库：肉食品冷冻 二层高平库：生鲜果蔬冷藏
运营时间	2021 年 7 月全面运营
建筑面积	多层楼库：10284m² 单层立体库：3480.2m²

表 4-6 万纬嘉兴平湖冷链产业园自动化冷库相关数据

高架库	物流系统	发货与装车
长度：92m　　高度：21.6m 宽度：34m　　温度：-18℃ 保管量：14000 个托盘 堆垛机：5 台	入库效率：96 托盘/h 出库效率：96 托盘/h 输送速度：0.35m/s	卡年装卸月台：17 个 最大发货能力：192 托盘/h

园区主体建筑包括单层钢结构自动化立体冷库以及混凝土结构多层楼库。总仓储量超 4 万 t、约 17290 个托盘。其中，单层自动化冷库长 95.35m，宽 36.5m，高 24m（净空高 21.6m），面积为 3480.2m²。地面采用结构地坪做法，荷载约 8.5t/m²，可容纳 11 层立体自动货架，在 -18℃ 恒温环境中存储 14000 个托盘位。多层楼库为长 125.3m，最大宽 53.7m 的 "L" 形建筑，面积为 10284m²。

值得一提的是，此次园区中建成的自动化立体冷库，也是万纬在全国的首个自动化高标准立体冷库。与普通仓相比，高标仓具有面积大、净空高、设备自动化、物流流程智能化以及地面平整度高等优点。万纬自动化立体冷库通过先进的物流软硬件系统，可实现商品出入库传输、上下架操作的全流程自动化，有效提升运营准确率与操作效率，为客户提供全方位、高品质、一站式的多温区仓储、操作及运输解决方案。

三、立体冷库方案

万纬嘉兴平湖冷链产业园区，所服务客户的订单主要以整进整出为主，同时伴有少量的拆托拣选。之所以选择建设单层立库，是因为希望在恒温冷冻环境下，提高仓库存储密度和运营效率，降低人工成本和能源成本；并且从员工工作环境与健康方面考虑，可减少人员在 -18℃ 环境中空间作业的需求。

自动化冷库主要用于肉类、冰激凌等冷冻、冷藏食品仓储。万纬嘉兴运营方在方案选择时，主要关注对存储量与出入库效率的提升效果、整个自动化系统的稳定性，以及供应商自身规模与实施经验，最终选用了瑞仕格集成的堆垛机立体冷库方案。

物流设备的运行，离不开软件系统的支持。该自动化立体冷库使用的软件系统，主要分为三部分：一是万纬物流园的管理系统，包括万纬自研的仓库管理系统（WMS），作为上位系统；二是由瑞仕格公司开发的自动化仓库控制系统（SynQ-WCS），这两个软件系统相互关联、相互协调，共同完成仓内的自动化作业、信息化管理；三是车辆调度系统，负责管理车辆出入月台。

四、库内布局与作业流程

万纬嘉兴平湖冷链产业园的自动化冷库，建筑整体分为两层，包括单层24m高的AS/RS（Automated Storage and Retrieval System，自动存取系统）立体库，作为存储区；环绕单层存储区的是两层 "L" 形区域，分别包括入库区与出库区、拣选区，用于收发货和订单拣选与尾盘回库。自动化冷库的一层布局图如图4-5所示。

图4-5 自动化冷库一层布局图

1. 入库区

该仓库入库区位于一层"L"形区域，温度控制在1~7℃，拥有17个卡车停靠月台、6组输送机出入库站台，每个站台均具备收、出货两个方向。成品纸箱经过卸车后，人工会先进行验货、PDA（手持终端）收货，并就地在托盘上进行码垛、预积放。叉车输送至缠膜机处进行缠膜，进行外形整理与读码。检测不合格的，退回人工协助处理后重新检测。检测合格后由输送线进行运输，送至系统分配到AS/RS立库中的巷道堆垛机工位，堆垛机叉取托盘放置在指定货位。

在进入AS/RS立体库进行上架存储之前，每托货物均需经过1个缓冲隔间，方能进入立库。每个房间前后端各有两层保温门，两侧保温门联动，两端保温门交替开放，防止冷气对冲。

2. 存储区（盘点与出库）

AS/RS自动化立库保持-18℃恒温，内部采用横梁式货架，提供14000个托盘位；总共设有5条巷道，使用5台双深托盘堆垛机，在AS/RS立库系统内，对存储区内托盘进行自动盘点。在系统下发出库任务后，堆垛机启动抓取作业，将托盘送至出库输送线。输送线搬运至出库口，同时LED屏幕显示出库产品信息，再由人员利用叉车将托盘叉取至指定位置。

3. 拣选区

二层"L"形区域为拣选区，与存储区立体库有3个输送线站台相连，这3个站台具备出库以及尾盘回库功能。该区域还通过提升机与一层发货区相连。

在需进行拆零订单托盘任务时，堆垛机收到系统指令，启动抓取任务将托盘送至出库输送线。托盘通过输送线搬运至二楼出库口；同时LED屏幕显示出库产品信息。人员利用叉车叉取托盘至指定位置。人工使用PDA（手持终端）核查拣选任务，并进行拣选作业。随后，由人工使用叉车将已拣选的订单托盘运至提升机处，由提升机送至一层出库复核区。

拆零剩余的托盘或者其他需要入库的作业托盘，被送至托盘外形检测工位进行检测。检测合格后，托盘由输送线按照系统分配指令，输送至指定巷道堆垛机工位（如检测不合格，需要退回人工处理后重新检测），再由堆垛机叉取托盘放置在指定货位。

4. 出库区

拆零拣选完成后的订单托盘由提升机自二层输送至一层，再由人工接收，进行出库复核和发货缓存。不同承运商将相对应的订单产品装车出库。

五、实施效果

万纬嘉兴平湖冷链产业园落成后，可完善平湖食品产业园供应链，同时配合交通地理优势，也将提高周边的物流运输能力。自动化高标准立体冷库的规划建设，对于该冷链园区的成功运营起到关键作用。

首先，在相同存储量的条件下，自动化高架库相对传统人工库，由于高度增加、存储密度增大，从而大幅节省空间；并且，高密度有利于保障温控，从而显著节约能耗和制冷成本。

其次，在-18℃低温环境中，利用自动化系统可最大化减少人工，节省人力成本，并大大减少人员在寒冷恶劣环境中的暴露，在提升物流效率的同时，保护人员健康。

另外，高速托盘堆垛机系统和输送系统的使用，使冷冻货物在不同温区的转运时间缩短；利用智能物流管理软件，实现了各环节货物作业流程清晰可追溯，确保所有货品的温度符合规范，进而保证品质安全。

（案例来源：腾讯网，https://new.qq.com/omn/20220121/20220121A07WX500.html。）

三、冷库制冷系统

冷库根据不同使用目的，需要有不同的制冷系统与之适应，常用制冷系统可按压缩的级数、制冷剂的不同和蒸发器供液方式的不同进行分类：①按压缩的级数可分为单级压缩系统、双级压缩系统、单级双级混合系统；②按所用制冷剂的不同，可分为氨制冷系统、卤代烃制冷系统以及采用其他制冷剂的制冷系统；③按蒸发器供液方式的不同，可分为直接膨胀式制冷系统、重力供液式制冷系统和液泵强制供液制冷系统。

在制冷系统循环的四个过程中，蒸发过程必然是在库房中进行的，压缩和冷凝过程是在机房中进行的，节流过程多在机房或设备间进行。因此，可根据所处位置将制冷系统分成库房系统和机房系统。常用的冷库制冷设备如下：

1. 压缩机

压缩机是制冷系统的心脏，从蒸发器中吸取制冷剂蒸气，以保证蒸发器内定的蒸发压力。将低压低温的制冷剂蒸气压缩成为高压高温的过热蒸气，以创造在较高温度（如夏季35℃左右）下冷凝的条件。输送并推动制冷剂在系统内流动，完成制冷循环。

2. 冷凝器

用冷凝器将制冷剂从低温热源吸收的热量及压缩后增加的热焓排放到高温热源。

3. 蒸发器

蒸发器是制冷机中的冷量输出设备。制冷剂在蒸发器中蒸发，吸收低温热源介质（水或空气）的热量，达到制冷的目的。

4. 节流阀

制冷系统的节流阀位于冷凝器（或贮液器）和蒸发器之间，从冷凝器来的高压制冷剂液体经节流阀后进入蒸发器中。它除了起节流降压作用外，大多数还具有自动调节制冷剂流量的作用。

（1）手动节流阀

手动节流阀是应用最早的一种节流装置，其优点是结构简单，价格便宜，故障少。它的缺点是在制冷装置运行过程中需经常调节开度，以适应负荷的变化，因而工作状况较难保持稳定。

目前，手动节流阀除在氨制冷系统中还在使用外，大部分已作为旁通阀门，供备用或维修自动控制阀时使用，也可用在油分离器至压缩机曲轴箱的回油管路上。手动节流阀的常用通径有DN3、DN6、DN10、DN15、DN20、DX25、DV32、DN40、DN50等规格，一般通径小于或等于32mm的手动节流阀为螺纹连接，大于32mm的为法兰连接。

（2）浮球调节阀

浮球调节阀用于具有自由液面的蒸发器、中间冷却器和气液分离器供液量的自动调节。按液体在其中的流通方式可分为直通式和非直通式。直通式浮球调节阀的特点是液体经阀孔节流后进入浮球室，然后再通过连接管道进入相应的容器。它的结构和安装比较简单，但浮球室液面波动较大。非直通式浮球调节阀的特点是液体经节流后不进入阀体，而是通过单独的管道送入相应的容器。因此，它的结构和安装均较复杂，但浮球室液面稳定。

浮球调节阀用液体连接管和气体连接管分别与相应容器的液体及气体部分连通，因而浮球调节阀与相应的容器具有相同液位。当容器内液面下降时，浮球下落，针阀将阀孔开大，供液量增加；反之，当容器内液面上升时，浮球上升，阀孔开度减小，供液量减少。浮球调节阀一般根据制冷系统制冷量的大小来选用，表4-7列出了部分国产浮球调节阀的型号与主要技术性能参数。

表 4-7　部分国产浮球调节阀型号与主要技术性能参数

产品型号	通道面积/mm²	制冷量/kW	接管直径/mm			生产商	产品型号	通道面积/mm²	制冷量/kW	接管直径/mm			生产商
			进液	出液	气液平衡					进液	出液	气液平衡	
FQ-5	5	23~40	15	15	25		ZF-15	15	70	15	15	20	上海第一冷冻机厂
FQ-10	10	40~80	20	20	30		ZF-45	45	210	20	20	20	
FQ-20	20	80~160	25	25	40	大连冷冻机厂	ZF-150	150	700	25	25	32	
FQ-50	50	160~320	32	32	50		ZF-150	150	700	25	25	32	武汉冷冻机厂
FQ-100	100	320~640	40	40	70		ZF-190	190	930	25	25	32	
FQ-200	200	640~1280	50	50	70		FQ-5	30	210	20	20	20	烟台冷冻机总厂
FQ-45	45	210	15	15	15	天津冷气机厂	FQ-10	95	115~930	25	25	32	

（3）热力膨胀阀

热力膨胀阀普遍用于氟利昂制冷系统中。它能根据蒸发器出口处制冷剂蒸发过热度的大小自动调节阀门的开度，达到调节制冷剂供液量的目的，使制冷剂的流量与蒸发器的负荷相匹配。

热力膨胀阀适用于没有自由液面的蒸发器。它有内平衡式和外平衡式之分。内平衡式的膜片下方作用着蒸发器的进口压力；外平衡式的膜片下方作用着蒸发器的出口压力。外平衡式热力膨胀阀用于蒸发器管路较长、管内流动阻力较大及带有分液器的场合。

热力膨胀阀的选配主要是根据制冷量、制冷剂种类、节流前后的压力差、蒸发器管内制冷剂的流动阻力等因素来确定膨胀阀的型号和阀的孔径。

5. 辅助设备

（1）中间冷却器

中间冷却器用于双级压缩制冷系统，它的作用是使低压级排出的过热蒸气被冷却到与中间压力相对应的饱和温度，以及使冷凝后的饱和液体被冷却到设计规定的过冷温度。为了达到上述目的，需要向中间冷却器供液，使之在中间压力下蒸发，吸收低压级排出的过热蒸气与高压饱和液体所需要移去的热量。

中间冷却器的供液方式有两种：①从容器侧部壁面进液；②从中间冷却器的进气管以喷雾状与低压排气混合后一起进入容器。目前常用的是后一种供液方式。

（2）高压储液器

高压储液器用于储存由冷凝器来的高压液体制冷剂，以适应冷负荷变化时制冷系统中所需制冷剂循环量的变化。

对于大、中型冷库，高压储液器的容量是按制冷剂每小时循环量的 $1/3 \sim 1/2$ 选配，最大充灌高度一般不超过筒体直径的 80%。对于小型氟利昂机组有时可不设专用的储液器，而是仅在冷凝器下部少放几排传热管，下部空间作为储液器使用。

（3）气液分离器

氨用气液分离器又称氨液分离器，它一般具有三方面的作用：①由蒸发器来的低压蒸气进入气液分离器，将未蒸发完的液滴加以分离，以保证压缩机吸入干饱和蒸气，避免压缩机湿冲程；②经节流后的湿蒸气进入气液分离器，将蒸气分离，只让液氨进入蒸发器，使蒸发器的传热面积得到充分利用；③如有多个冷间，气液分离器兼有分配液体的作用。

（4）低压循环桶

低压循环桶是氨泵供液系统的关键设备之一，其作用是储存和稳定地供给氨泵循环所需的低压氨液，又能对库房回气进行气液分离，保证压缩机的干行程，必要时又可兼作排液桶。

（5）低压储液器

低压储液器在大型氨冷库中使用，安装在制冷系统的低压侧，可以有不同的用途。有的用于氨泵供液系统，以储存循环使用的低压液氨，它又称为低压循环储液器；有的专供蒸发器融霜或检修时排液之用，故又称为排液器，一般做成卧式；有的是用来储存回气经气液分离器分离出来的氨液。后两种用途的低压储液器，当储液量达到一定高度时，可通入高压氨气，使储液器中压力上升，将液氨压入系统的供液管道中，经节流后供蒸发器使用。

（6）过滤器及干燥器

过滤器的作用是用来过滤制冷剂中的机械杂质，如金属屑、氧化皮等，以防止阀门小孔被杂质堵塞。干燥器只用于氟利昂制冷系统中，用于吸收制冷剂中的水分，以防产生冰堵。

在氨制冷系统和氟利昂制冷系统中都必须选配合适的过滤器。氨液过滤器装在氨浮球阀、手动节流阀和电磁阀之前的液体管道上；氨气过滤器装在压缩机的吸气腔通道内。而氟利昂液体过滤器装在热力膨胀阀前，安装时要注意过滤器壳体上的流向指示标记，不能装反。由于氨极易溶于水，一般在氨制冷系统中不安装干燥器。

过滤器、干燥器一般根据其接入管道的规格来选择，其公称通径或接管直径应与管道相适应。

四、冷库配套设施

冷库的配套设施主要有冷库门、门帘和门斗及货物装卸设施等。

（一）冷库门

冷库门的主要功能是在最大程度降低冷量损失的基础上，允许货物自由、方便地储存和进出，同时保证工作人员的安全出入。

冷库门的基本要求主要有：①具有良好的隔热性能、气密性能，减少冷量损失；②轻便、启闭灵活，有一定的强度；③设有防冻结或防结露设施；④坚固、耐用和防冲撞；⑤设置应急安全灯及操作人员被误锁库房内的呼救信号设备和自开设备；⑥门洞尺寸应满足使用要求，方便装卸作业，同时减少开门时外界热量和湿气的侵入，能有效地防止产生"冷桥"。

目前冷库门主要有钢制平移冷库门、自由对撞门、快速防撞冷库门、快速平移冷库门等。随着国产化程度加快，快速平移冷库门因开启速度快、保温效果好的优点被认为是冷库门未来的发展趋势。

（二）门帘和门斗

门帘一般挂在库门内侧紧贴冷库门。早期多使用棉门帘，近年多用 PVC 软塑料透明门帘。PVC 塑料门帘由相互搭接的条状 PVC 塑料条组成。PVC 塑料条有宽、窄之分，又有耐低温和常温之分，可按使用要求选择。另外，还有一种卷帘式上下滑移式门帘。它通过弹簧式卷筒控制软性卷帘适时地上下滑动以阻挡和隔断冷库门内外的热、湿交换。

门斗设在冷库门的内侧，其宽度和深度约 3m。门斗的尺寸既要方便作业又要少占库容，门斗的制作材料以简易、轻质和容易更换为宜，门斗地坪应设电热设施，以防止结冰。

（三）货物装卸设施

冷库进出货作业时，在装卸口设置保温滑升门、月台高度调节板、门封等是非常必要的，如图 4-6 所示。通过这几个设施，可以使月台和冷藏车无缝对接，既能方便货物的装卸搬运，又能保证冷链不断链。

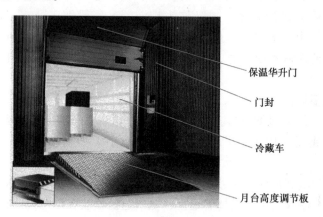

图 4-6 货物进出装卸口设施

第二节 冷库日常管理

一、冷库操作管理

（一）冷库商品出入库管理

1. 入库前的准备工作

（1）对库房的要求

冷库应具有可供食品随时进出的条件，并具备经常清洁、消毒、晾干的条件。冷库的室外、走廊，列车或汽车的月台，附属车间等场所，都要符合卫生要求。冷库要具有通风设备，可随时除去库内异味。库内的运输设备及所有衡器如地秤、吊秤等都要经有关单位检查，保证完好、准确。冷库中应有完备的消防设施，同时，在商品入库前要将库房温度降到所要求的温度。

（2）对库内运输工具的要求

冷藏室中的所有运输工具和其他用具都要符合卫生要求，保证运输工具的定期消毒。

（3）对入库食品的要求

凡进入冷库保藏的食品，必须新鲜、清洁，经检验合格。如鱼类要冲洗干净，按种类和大小装盘；肉类及副产品要清洁干净，无毛、无血、无污染。食品冻结前必须进行冷却和冻结处理工序，在冻结中不得有热货进库。

下列食品禁止入库：变质腐败、有异味、不符合卫生要求的食品；患有传染病的畜禽商品；雨淋或水浸泡过的鲜蛋；用盐腌或盐水浸泡（已作防腐处理的库房和专用库除外）、没有严密包装的食品；流汁、流水的食品。

下列食品要经过挑选、整理或改换包装后才能入库：质量不一、好次混淆的食品及腐烂率在5%以上的水果、蔬菜；污染或夹有污物的食品；肉制品及不能堆垛的零散商品。

2. 出入库作业管理

货物出库时应认真核对，由于冷库内储存的货物大都相同，所以要核对货物的货主、进出库时间、凭证号码、品种、数量、等级、质量、包装和生产日期，要按垛挂牌，定期核对账目，出库一批清理一批，做到账、货、卡相符。对于出库时需要做升温处理的货物，应按照作业规程进行加热升温，不得自然升温。货物入库时，除了仓储通常所进行的查验、点数外，还要对送达货物的温度进行测定，查验货物内部状态，并详细记录，不接收已霉变的货物入库。货物入库前要进行预冷，保证货物均匀地降到需要的温度。未经预冷冻结的货物不得直接进入冷冻库，以免高温货物大量吸冷造成库内温度升高，影响库内其他冻货。

在冷货到达前，应当做好一切准备工作。冷货到达后必须根据发货单和卫生检查证，交货、收货双方在冷库的月台上交接验收后，立即组织入库。在入库过程中，对有强烈挥发性气味和腥味的食品、要求不同储藏温度的食品、须经高温处理的食品应用专库储藏，不得混放，以免相互感染、串味。

为了减少冷耗，货物出入库作业应选择在气温较低的时间段进行，如早晨、傍晚、夜间。出入库作业时集中仓库内的作业力量，尽可能缩短作业时间。要使装运车辆离库门距离最近，缩短货物露天搬运距离；防止隔车搬运。若货物出入库时库温升高，应停止作业，封库降温。出入库搬运应用推车、铲车、输送带等机械搬运，用托盘等成组作业，提高作业速度。作业中不得将货物散放在地坪，避免货物和货盘冲击地坪、内墙、冷管等，吊机悬挂重量不得超过设计负荷。

（二）冷库的运行操作管理

冷库的运行操作管理可以概括为机房运行操作管理和库房运行操作管理。

1. 机房运行操作管理

机房是安装冷库冷源、运行设备的专用房间，是冷库制冷系统工作的核心，同时也是冷库管理工作的核心。为了保证机房设备的运行安全，运行操作管理应包括以下几部分：

（1）机器设备技术资料

车间记录、机器设备技术资料、设备维修保养、主要部位间隙检测、事故分析记录应正确和完整。

（2）机器保养和仪表检修

各种机器设备按维修保养制度进行大、中、小修，使机器设备处于良好状态，各种压力表、安全阀1年校正一次。

（3）库温保持

正确、熟练掌握压缩机制冷设备操作和制冷系统的调节方法，认真掌握库内温度，记录准时、正确，冻结物冷藏间内温度波动不应超过±1℃（出入库时，波动不超过±4℃），冷却物冷藏间内波动不应超过±0.5℃。

（4）安全运行

严格执行交接班制度，确保制冷系统运行安全；机房要配备相应的消防器材和防护器材；掌握防氨面具的检查和使用方法及中毒后的急救措施，发生重大事故应按规定如实上报给主管部门。

（5）节约

节约电、水、油和制冷剂。

（6）机房面貌整洁

机器设备清洁，地面干净无油污，工具、物品、配件按指定地点存放，堆放整齐。氧气呼吸器及其他用品如橡皮手套、防毒用器材具、安全救护绳、胶鞋以及救护用的药品应妥善放置在机房进口的专用箱内，使之取用方便。

2. 库房运行操作管理

根据库房使用及生产工艺特点，库房部分的运行管理包括以下几个方面：

（1）库房安全管理

冷库安全运行尤为重要，因此这方面内容后续会具体展开。

（2）商品堆码

库房必须合理利用，规范商品堆垛方法，安全、合理安排货位和堆垛高度，提高库房利用率。堆垛要稳固、整齐，商品分类清楚，便于盘点、检查，进出库账卡相符，货物不得在地板上直接堆码；库房要留有合理的走道，便于库内操作、车辆通过、设备检修等；货物堆码时，应稳固且有缝隙，便于空气流通，维持库内温度的均匀性。货物堆码时距冷库内各类设施的距离要求详见表4-8。

表4-8　货物堆码时距冷库内各类设施的距离

建筑物名称	货物应保持的距离/mm
低温库顶棚	≤200
高温库顶棚	≤300
顶排管	≤300
墙	≤200
墙排管	≤400
风道底面	≤200
冷风机周围	≤1500
手推车通道	≤1000
铲车通道	≤1200

（3）商品账目

要认真记载商品的进出库时间、品种、数量、等级、质量、包装和生产日期等，要按垛挂牌，定期核对账目，出库一批清理一批，做到账、货、卡相符。

（三）冷库商品质量保障管理

提高和改进冷加工工艺，保证合理的冷藏温度，是确保商品质量的重要环节。否则，商品在冷藏间易发生保管不善，腐烂、干枯（干耗）、脂肪氧化、脱色、变色、变味等现象。因此，需要高效的冷加工工艺和合理的储藏温度、湿度和风速等环境条件的保障。易腐食品的推荐冷藏条件见表4-9。

表4-9　易腐食品的推荐冷藏条件

类别品名	温度/℃	相对湿度（%）	预计冷藏期限	备　注
1. 冷冻肉、禽、蛋类				
冻猪肉	-12	95~100	3~5 个月	肥度大的猪肉冷藏期限还应缩短
	-18	95~100	8~10 个月	
	-20	95~100	10~12 个月	
冻猪分割肉（包装）	-18	95~100	10~12 个月	
冻牛肉	-12	95~100	6~10 个月	
	-18	95~100	10~12 个月	
	-20	95~100	12~14 个月	
冻羊肉	-12	95~100	3~6 个月	
	-18	95~100	8~10 个月	
	-20	95~100	10~12 个月	
冻肉馅（包装，未加盐）	-18	95~100	6~8 个月	
冻副产品（包装）	-18	95~100	5~8 个月	
冻猪油（不包装）	-18	95~100	4~5 个月	
冻猪油（包装）	-18	95~100	9~12 个月	
冻家禽（不包冰衣）	-12	95~100	3~4 个月	
冻家禽（包冰衣）	-18	95~100	6~10 个月	
冻家兔	-18	95~100	5~8 个月	
2. 冷冻水产类				
肥鱼：鳗、沙丁鱼等	-25~-18	95~100	6~10 个月	
中等肥鱼：鳖、鳕鱼等	-25~-18	95~100	8~12 个月	
瘦鱼：比目鱼、黄花鱼等	-25~-18	95~100	10~14 个月	
虾类	-25~-18	95~100	6~10 个月	
蛏、贝、蛤	-25~-18	95~100	6~10 个月	
3. 冷冻水果、蔬菜类				
杏（加糖）	-18	95~100	12 个月	
酸浆果（加糖）	-18	95~100	12 个月	
甜浆果（加糖）	-18	95~100	8~10 个月	

（续）

类别品名	温度/℃	相对湿度（%）	预计冷藏期限	备注
桃（加糖）	-18	95~100	8~10个月	
桃（加糖和维生素C）	-18	95~100	12个月	
覆盆子（加糖）	-18	95~100	18个月	
杨梅（加糖）	-18	95~100	12个月	
其他冻果	-18	95~100	12个月	
冷冻蔬菜包括：青豌豆、青扁豆、花椰菜、胡萝卜、菠菜等	-18	95~100	12个月	
蘑菇	-18	95~100	8~10个月	
黄瓜片	-18	95~100	5个月	
4. 冷冻熟制品和其他类				
灌肠	-18	95~100	4~8个月	
熏肉	-18	95~100	5~7个月	
油煎鸡（包装）	-18	95~100	3~4个月	
猪肉饼	-18	95~100	6~8个月	
牛肉饼	-18	95~100	8~10个月	
羊肉饼	-18	95~100	12个月	
冰激凌	-23~-18	85	2~6个月	
5. 冷却肉、禽、蛋类				
猪肉	-1.5~0	85~90	1~2周	
牛肉	-1.5~0	90	2~3周	
羊肉	-1~0	85~90	1~2周	
猪肉	-1~0	80~90	4~6天	
腊肉	-3~-1	80~90	1个月	
副产品	-1~0	75~80	2~3天	
家禽	0~1	85~90	1周	
家兔	0~1	85~90	3~5天	
鲜蛋	0	85~90	4~6个月	
6. 冷却水果、蔬菜类				
苹果	-1~1	85~90	3~8个月	有些品种也可在2~4℃下冷藏
杏	-1~0	90	2~4周	
香蕉（青的）	11.5~14.5	90	10~20天	
香蕉（熟的）	14~16	90	5~10天	
覆盆子	-1~0	85~90	2~3周	
椰子	0	80~85	1~2个月	

（续）

类别品名	温度/℃	相对湿度（%）	预计冷藏期限	备 注
葡萄	−1~0	80~90	1~2 个月	
荔枝	0	90	5~6 周	
杧果	10	90	2~5 周	
甜瓜	4~10	85~90	1 周	
核桃	7	70	12 个月	
西瓜	2~4	75~85	2~3 周	

在正常的生产情况下，冻结物冷藏库的温度应控制在设计温度±1℃的范围内。冷却物冷藏库的温度应控制在设计温度±0.5℃的范围内。货物在出库过程中，冻结物冷藏库的温升不得超过4℃，冷却物冷藏库的温升不得超过3℃。进入冻结物冷藏库的冻结货物温度应不高于冷藏库温度3℃。例如，冷藏库温度为−18℃，则货物温度应在−15℃以下。

商品在储藏过程中注意以下几点：应按照品种、等级和用途情况，分批分垛位储藏，并按垛位编号，填制卡片悬挂于货位的明显地方。应设有商品保管账目，正确记载库存货物的品种、数量、等级、质量、包装及进出库的动态变化。并定期核对账目，实现出库一批清理一批，保证账、货、卡相符。应正确掌握商品储藏安全期限，坚持"先进先出"原则。并定期或不定期地进行商品质量检查，一旦发现商品存在霉烂、变质等现象，应立即处理。

部分商品（如家禽、鱼类和副产品）在冷藏时，要求商品表面包裹冰衣。长期冷藏的商品，可在垛位表面喷水进行养护，但要防止水喷在地坪、墙面和冷却设备上。冻肉在码垛之后，选用防水布或席子覆盖，尤其是走廊边或靠近冷藏门的商品，要求喷水结成3mm厚度的冰衣。热流较大时，冰衣易融化，必须注意保持一定的厚度。

◇【同步案例4-2】

精准服务于家庭的生鲜宅配正备受消费者青睐，因此对冷链配送商品在存储、配送、出库等环节制定严格的温度标准就成为当务之急。北京市市场监督管理局批准了北京市地方标准《食品冷链宅配服务规范》（DB11/T 1622—2019），对冷链宅配的易腐食品储藏温湿度进行了明确的规定。

在《食品冷链宅配服务规范》（以下简称规范）的附录A中，对部分冷链物品储藏温湿度制定了明确的要求，涉及根茎类蔬菜、叶菜类蔬菜、仁果类、浆果类和畜禽肉等20个商品类别。在叶菜类蔬菜中，包含了家庭消费中常需的油菜、奶白菜、茼蒿和大白菜等，该类别中多数蔬菜的储藏温度为0~1℃，相对湿度为95%~98%，个别蔬菜的储藏温度与相对湿度会上浮和下调。瓜菜类蔬菜、菜用豆类蔬菜及瓜类等商品类别中的多数商品的储藏温度会高于叶菜类蔬菜，相对湿度则低于叶菜类蔬菜。以瓜菜类蔬菜中的苦瓜为例，储藏温度为12~13℃，相对湿度为85%~90%。

值得一提的是，规范对冷链食品的储存空间进行了"差异化"的规定。规范显示，冷链食品存储应采取分区作业原则，包括收货区、储存区、加工区、发货区和预冷区等。收货区、储存区、加工区、发货区和预冷区的冷冻库温度分别要求设定为10℃以下、

−18℃以下、5℃以下、10℃以下和−10℃以下。这些区的恒温库温度均为10~20℃。冷链物品应根据其特性选择适宜条件进行分类、分区存放，定期检查，及时清理变质或过期食品。

问题：

1. 生鲜冷链存储的要求不一，该如何制定执行规范？
2. 在加工区域当中，对于生鲜冷链食品的要求有哪些？

🔵 知识窗

干耗：干耗是一种现象，是指冻结食品冻藏过程中因温度变化造成水蒸气压差，出现冰结晶的升华作用而引起食品表面出现干燥、质量减少的现象。

跑冷：由于装置的工作温度很低，虽然加有保冷层，但周围空气温度高于装置内的温度，仍不可避免地将一部分热量传入内部，使低温物体温度升高，消耗了一部分冷量，这部分冷量叫跑冷损失。

露点：露点又称露点温度（Dew Point Temperature），在气象学中是指在固定气压之下，空气中所含的气态水达到饱和而凝结成液态水所需要降至的温度。在这温度时，凝结的水飘浮在空中称为雾，而沾在固体表面上时则称为露，因而得名露点。

二、冷库卫生管理

冷加工并不能实质性改善和提高食品质量，仅限于低温处理，抑制微生物的活动，达到长时间保存的目的。因此，在冷库使用中，冷库的卫生管理是一项重要工作。应严格执行国家颁发的卫生条例，最大限度地减少微生物的污染，保证食品质量，延长冷藏期限。

（一）冷库日常卫生与消毒管理

1. 冷库的环境卫生

食品进出冷库时，需要与外界接触。如果环境卫生状况不佳，就会增加微生物污染食品的风险。因此，冷库周围环境的卫生十分重要。冷库四周不应有污水和垃圾，冷库周围的场地和走道应经常清扫，定期消毒。垃圾箱和厕所应与冷库保持一定距离，并保持清洁。

运送货物的车辆在装货前应进行清洗、消毒。

2. 冷库库房和工具设备的卫生与消毒

冷库库房是进行食品冷加工和长期存放食品的地方，库房的卫生管理工作是整个冷库卫生管理的核心环节。

在库房中，霉菌相比细菌繁殖得更快，并极易侵害食品。因此，库房应进行不定期的消毒工作。

运送货物的手推车及其他载货设备也会成为微生物污染食品的媒介，应经常进行清洗和消毒。

库内冷藏的食品，不论有无包装，都应堆放在垫木上。垫木应经常刨光，并保持清洁。垫木、小车及其他设备必须定期在库外冲洗和消毒。先用热水冲洗，并用2%的碱水（50℃）除去油污，然后用含有效氯0.326%~0.4%的漂白粉溶液消毒。加工所使用的铁盘、挂钩和工作台等设备，在使用前后需要用清水冲洗干净，必要时用热碱水消毒。

冷库的走道和楼梯应频繁清扫，尤其是食品出入库时。对地坪上的碎肉等残留物要及时清扫，以免污染环境。

3. 抗霉剂、消毒剂和消毒方法

（1）抗霉剂

冷库使用的抗霉剂种类较多，经常与粉刷材料混合进行粉刷。

1）氟化钠法：在白陶土中加入 1.5%氟化钠（或氟化铁）或 2.5%氟化铵，配成水溶液粉刷墙壁。白陶土中钙盐的含量不应超过 0.7%或不含钙盐。

2）羟基联苯酚钠法：当正温库房存在严重的发霉现象时，可采用 2%羟基联苯酚钠溶液粉刷墙体，或者使用同等浓度的药剂溶液配成刷白混合剂进行粉刷。消毒后，地坪要进行洗刷，并经干燥通风之后，库房才能降温使用。使用这种方法消毒，应防止与漂白粉交替或混合使用，以免墙面呈现褐红色。

3）硫酸铜法：将 2 份硫酸铜和 1 份明矾混合，取 1 成少量混合物加 9 成清水在木桶中溶解，粉刷时再加 7 份石灰。

4）用 2%过氧酚钠盐水与石灰水混合粉刷。

（2）消毒剂

库房消毒有以下几种方法：

1）漂白粉消毒：漂白粉可配制成含有效氯 0.3%~0.4%的水溶液（1L 水中加入含 16%~20%有效氯的漂白粉 20g），在库房喷洒溶液消毒，或者与石灰混合粉刷墙面。配制过程中，先将漂白粉与少量水混合制成浓浆，然后加水配至必要的浓度。

在低温库房进行消毒时，为了加强效果，可用热水（30~40℃）配制溶液。使用漂白粉与碳酸钠混合液进行消毒，效果较好。配制方法如下：在 30L 热水中溶解 3.5kg 碳酸钠，在 70L 水中溶解 2.5kg 含 25%有效氯的漂白粉。将漂白粉溶液澄清后，再倒入碳酸钠溶液，使用时加 2 倍水稀释。用石灰粉刷时，应加入未经稀释的消毒剂。

2）次氯酸钠消毒：可用 2%~4%次氯酸钠溶液，加入 2%碳酸钠，在低温库内喷洒溶液，然后将库门关闭。

3）乳酸消毒：每立方米库房空间需要 3~5mL 粗制乳酸。每份乳酸再加 1~2 份清水，放在瓷盘内置于酒精灯上加热，再关闭库门消毒几个小时。

4）福尔马林消毒：在库温 20℃以上的库房，可使用 3%~5%甲醛消毒（即 7.5%~12.5%的福尔马林溶液）。每立方米的空间喷射 0.05~0.06kg 的溶液。若在低温库房喷射则效果较差。每立方米空间使用 15~25g 福尔马林加入沸水稀释，与 10%~20%高锰酸钾同置于铝锅中，任其自然发热和蒸发。关闭库门 1~2 天，经过通风散味之后，即完成消毒工作。因福尔马林气味很大，倘若被肉类食物吸收，则不能食用。为了吸收剩余的福尔马林，可在通风时使用盆类容器盛氨水放在库房内。福尔马林对人有很大的刺激作用，使用时要注意安全。

（3）消毒和粉刷方法

库房在消毒和粉刷前，应将库内食品全部搬出，并清除地坪、墙和顶棚上的污秽。发现有霉菌的地方，应仔细用刮刀或刷子清除。在低温库内，需要清除墙顶和排管上的冰霜。必要时应将库温升至正温。

库房内刷白，每平方米消毒所消耗的混合剂约为 300mL。在正温库房可用排笔涂刷，负温时应采用细喷浆器喷洒。偶尔会出现一层薄溶液冻结层，经过 1~3 天之后，表面会逐步变干。

冷库消毒的效果，根据库房内霉菌孢子的减少量进行评定。因此，在消毒前后均需要做测定和记录。消毒后，每平方厘米的表面不得存在多于一个的霉菌孢子。

（4）紫外线消毒

紫外线消毒一般用于冰棍车间模子等设备和工作服的消毒。这种方法不仅操作简单，节约费用，而且效果良好。每立方米的空间装置功率为 1W 的紫外线灯，每天平均照射 3h，即可对空气进行消毒。

4. 冷库工作人员的个人卫生

冷库工作人员经常接触多种食品，若不注意卫生或自身患有传染病，就会成为微生物和病原菌的传播者，因此应对冷库工作人员的个人卫生做严格的要求。冷库工作人员应勤理发，勤洗澡，勤洗工作服，工作前后要洗手，保持良好的个人卫生。同时必须定期检查身体，若发现患传染病者，应立即进行治疗并调换工作，未痊愈不能进入库房与食品接触。库房工作人员不应将工作服穿到食堂、厕所和冷库以外的场所。

（二）冷库流通加工卫生管理

1. 食品冷加工的卫生要求

食品入库进行冷加工之前，必须进行严格的质量检查。卫生不合格和存在腐败变质迹象的食品，如次鲜肉和变质肉，均不允许入库和进行冷加工处理。

食品冷藏时，应按食品的种类和冷加工最终温度分别存放。如果冷藏间较大，某种食品数量少，单独存放不经济时，在不互相串味的原则下可以考虑不同种类的食品混合存放。例如，鱼、葱、蒜、乳酪等具有强烈气味的食品，以及储藏温度不一致的食品，严禁混合存放在一个冷藏间内。

对冷藏中的食品，应经常进行质量检查。若发现有软化、霉烂、腐败变质和异味感染等情况时，应及时采取措施。注意分别加以处理，以免感染其他食品，造成更大的损失。

正温库的食品全部取出后，库房应通风换气，利用风机排除库内的混浊空气，换入过滤的新鲜空气。

各种鲜肉的感观指标见表 4-10。

表 4-10　各种鲜肉的感观指标

项　　目	品　　种		
	鲜 猪 肉	鲜牛肉、羊肉、兔肉	鲜 鸡 肉
色泽	肌肉有光泽，红色均匀，脂肪洁白	肌肉有光泽，红色均匀，脂肪洁白或呈浅黄色	皮肤有光泽，肌肉切面发光
黏度	外表微干或微湿润，不黏手	外表微干或有风干膜，不黏手	外表微干或微湿润，不黏手
弹性	指压后的凹陷立即恢复	指压后的凹陷立即恢复	指压后的凹陷立即恢复
气味	具有鲜猪肉的正常气味	具有鲜牛肉、羊肉、兔肉的正常气味	具有鲜鸡肉的正常气味
肉汤	透明澄清，脂肪团聚于表面，具有香味	透明澄清，脂肪团聚于表面，具有香味	透明澄清，脂肪团聚于表面，具有香味

2. 除异味

库房中的异味一般是由于储藏了具有强烈气味或腐烂变质的食品引起的。这种异味会影响其他食品的风味，降低食品质量。

臭氧（O_3）具有清除异味的作用。臭氧是三个原子的氧，用臭氧发生器在高电压下产生，其性质极不稳定，在常态下则还原为两个原子的氧，并释放出初生态氧（O）。初生态氧性质极活泼，化合作用很强，具有强氧化剂的作用。因而利用臭氧不仅可以清除异味，而且当臭氧浓度达到一定程度时，还具有很好的消毒效果。

不论空库或装满食品的库房，利用臭氧除异味和消毒都很适用。臭氧处理的效果取决于它的浓度。浓度越大，氧化反应的速度也就越快。由于臭氧是一种强氧化剂，长时间呼吸浓度很高的臭氧对人体有害，因此，臭氧消毒过程中操作人员最好离开库房，待处理完成后2h再进入。利用臭氧处理空库时，浓度可达$40mg/m^3$。对存放有食品的库房，浓度则依照食品的种类而定。鱼类和干酪为$1 \sim 2mg/m^3$，蛋品为$3mg/m^3$。如果库内食品含较多脂肪，则不应采用臭氧处理的办法，以免脂肪氧化变质。

此外，使用甲醛水溶液（即福尔马林溶液）或$5\% \sim 10\%$醋酸与$5\% \sim 20\%$漂白粉水溶液，同样具有良好的除异味和消毒效果。这种办法目前在生产中广泛采用。

3. 灭鼠

鼠类对食品储藏的危害极大。它在冷库内不但糟蹋食品，而且散布传染性病菌，同时还会破坏冷库的隔热结构，损坏建筑物。因此，消灭鼠类对保护冷库建筑结构和保证食品质量有着重要意义。

鼠类进入库房的途径多种多样，可以由附近地区潜入，也可以跟随包装食品一起进入冷库。冷库的灭鼠工作应注重于预防鼠类的进入。例如，在食品入库前对有外包装的食品进行严格检查，凡无须带包装入库的食品尽量去掉包装。建筑冷库时，要考虑在墙壁底部布置旋转细密的铁丝网，以免鼠类掏空墙壁潜入库内。如若发现鼠洞要及时堵塞。

消灭鼠类的方法很多，如机械捕捉、毒性饵料诱捕和气体灭鼠等。用二氧化碳气体灭鼠效果较好，因为这种气体对食品无毒，灭鼠时无须将库内食品搬出。在库房降温时，将气体通入库内并关闭库门即可灭鼠。二氧化碳灭鼠的效果取决于气体的浓度和用量。例如，在$1m^3$的空间内，用25%二氧化碳0.7kg，或者用35%二氧化碳0.5kg，一昼夜即可彻底消灭鼠类。二氧化碳对人有窒息作用，会造成死亡。操作人员需戴氧气呼吸器才能入库充气和检查。在进行通风换气降低二氧化碳浓度之后，方可恢复正常进库。

用药饵毒鼠，要注意及时消除死鼠。一般是用敌鼠钠盐做毒饵，效果较好。毒饵的具体配方是：面粉100g、猪油20g、敌鼠钠盐0.05g和适量水。先将敌鼠钠盐用热水溶化后倒入面粉中，再将猪油倒入混匀，压成$0.5 \sim 1cm$的薄饼，烙好后切成2cm的小方块作为毒饵。

◇【同步案例 4-3】

冷库使用一段时间之后，内部空气中会出现很多细菌、霉菌等微生物，既危害食品质量，也会影响操作工人的身体健康。所以，应该经常对冷库进行杀菌消毒。采用臭氧杀菌技术，应用臭氧发生器，可明显改善冷库的卫生质量。

臭氧是一种强氧化剂，灭菌过程属生物化学氧化反应。臭氧灭菌主要有以下三种形式：①臭氧能氧化分解细菌等微生物内部葡萄糖所需的酶，使微生物灭活死亡；②直接与细菌、病毒作用，破坏它们的细胞器和 DNA、RNA，使细菌的新陈代谢受到破坏，导致细菌死亡；③透过细胞膜组织，侵入细胞内，作用于外膜的脂蛋白和内部的脂多糖，使细菌发生通透性畸变而溶解死亡。臭氧适用于食品生产企业的原料及成品储存、保鲜、消毒的工艺过程之中。例如，可用于冷库杀菌消毒；食品生产车间空气的灭菌净化；果蔬加工、储藏及防霉保鲜。

北京市为明食品厂主要生产软饮料、休闲食品和豆制品等。为了提高食品安全水平，该厂购置了两用式臭氧发生器，对冷库进行杀菌消毒，取得了良好的效果。两用式臭氧发生器采用双核臭氧杀菌技术开发而成，具有杀菌效果显著、设备稳定性高、应用方便、使用安全、使用成本低等特点。北京市为明食品厂的冷库臭氧配置方案：冷库面积 $30 m^2$，配置 1 台 ARD-L10 两用式臭氧发生器。

问题：

1. 使用臭氧杀菌有哪些注意事项？是否有使用限制？

2. 冷库杀菌除了臭氧外还有哪些方法？

➡ 知识窗

敌鼠钠盐：敌鼠钠盐是一种抗凝血的高效杀鼠剂，在我国应用时间久、应用范围广，具有配置简便、效果好、价格便宜等优点。其在鼠体内不易分解和排泄，有抑制维生素 K 的作用，阻碍血液中凝血酶原的合成，使摄食该药的老鼠内脏出血不止而死亡。中毒个体无剧烈的不适症状，不易被同类警觉。

三、冷库安全管理

（一）冷库运营安全管理

冷库是采用隔热材料建造的低温密闭库房，结构复杂，造价高，具有易受潮、忌水渍、忌热气、忌跑冷等特性。最忌隔热体内有冰、霜、水等杂质。冷库库房一旦损坏，就必须停产修理，这将会严重影响生产。因此，在冷库库房的使用过程中，必须注意以下问题：

1. 防止水、气渗入隔热层

冷库库房内的墙、地坪、顶棚和门框上应当防止冰、霜、水的存在，做到随时清除。未配备下水道的库房和走廊，既不能进行多水性的作业，也不能用水冲洗地坪和墙壁。库内排管和冷风机需要定期冲霜、扫霜，及时清除地坪和排管上的冰、霜和水等杂质。定期检查库外顶棚、墙壁有无漏水、渗水等情况，一旦发现应及时修复。不应将大批量未冻结的高温商品直接放入低温库房，防止库内温升过高造成隔热层产生冻融，从而影响冷库的寿命。

2. 防止因冻融循环造成冷库建筑结构的冻酥

冷库应根据设计规定用途进行使用。高温、低温冷库不能随意变更（装配式冷库除外）。各种用途的冷库，在没有商品存放时，必须保持一定的温度。冻结间和低温间应保持在 5℃ 以下，高温间保持在露点温度以下，以免库内受潮滴水，影响库房建筑结构（装配式冷库除外）。原设计有冷却工序的冻结间，在改造为直接冻结间时，应当配备充足的制冷设备，并控制进货的数量，保证合理的库温，防止冷库内有滴水。

3. 防止地坪（楼板）冻鼓和损坏

冷库的地坪（楼板）在设计时都有规定，能够承受一定的负荷，并铺有防潮和隔热层。

如果地坪表面保护层被破坏，水分将会流入隔热层，致使隔热层失效。如果商品堆放超载，将导致楼板破裂。因此，不应直接将商品散铺在库房地坪上进行冻结。拆解货垛时不能采用倒垛的方法。脱钩和脱盘时，不能在地坪上进行摔击，以防砸坏地坪或破坏隔热层。另外，库内商品的堆垛重量和运输工具的装载量，不能超过地坪设计的单位面积负荷。每个冷库库房都应核定单位面积最大负荷和库房总装载量（倘若地坪大修改建，应设计新的负荷），并在库门上做标志，以便管理人员监督检查。库内吊轨的单位载重量，包括商品、滑轮和挂钩的总重量，应符合设计要求，防止超载，以保证安全。底层地坪未做通风等处理的冷库库房应特别注意，使用温度最好控制在许可范围。有地下通风处理的冷库，应严格执行有关地下通风设计说明。定期检查地下通风道内有无结霜、堵塞和积水等现象，并检查回风温度是否符合要求。应尽量避免由于操作不当而造成地坪冻鼓。地下通风道周围严禁堆放物品，杜绝建设新的建筑。

4. 冷库库房内货位的间距要求

为实现商品堆垛安全牢固，便于盘点、检查和出入库，对商品货位与墙、顶、排管和通道的间距有一定要求，前文已讲述，详见表4-8。

冷库库房内应留有合理宽度的走道，保证运输、操作和库房安全。进行库内操作时，应防止运输工具和商品碰撞冷藏门、电梯门、柱子、墙壁、排管和制冷系统的管道等。

5. 冷库门定期进行检查

如若发现冷库门变形、密封条损坏或电热器损坏，应及时修复。当冷库门被冻死无法打开时，应先接通电热器再开门。

6. 应及时清除冷库门口地坪上的积水

冷库门口是冷热气流交换最为剧烈的位置，地坪上容易出现结冰、积水等现象，应及时清除。

7. 库内排管除霜时，严禁使用钢化器具击打

给库内排管除霜时，严禁使用钢化器具或其他工具击打、损伤排气管表面。

（二）冷库制冷系统的安全管理

制冷系统承受的压力虽然属于中低压范畴，但鉴于某些制冷剂（氨）具有毒性、窒息、易燃和易爆的特点，因此，系统的安全操作有严格要求。为了确保制冷系统的安全运行，不仅要做到正确设计、正确选材、精心制造和定期检验，而且还必须做到正确使用和操作。

制冷系统必须具有完善的设备，所有制造材料的质量和机械强度必须符合有关的国家技术标准。同时，制冷设备的正确使用和操作，对保证制冷系统的运行安全是至关重要的。操作人员必须对每项工作负责任，严格执行安全技术规程和岗位责任制度。

1. 安全设备

（1）压力监视及其安全设备

判断制冷系统的运转是否处于安全状态，可以通过压力表显示系统各部位的压力进行监视。操作人员能够及时察觉到制冷设备有无异常或超压现象，便于控制或报警。

对分散式制冷设备的氨制冷系统，每台氨压缩机的吸排气侧、中间冷却器、油分离器、冷凝器、储氨器、氨液分离器、低压循环桶、排液桶、低压储氨器、氨泵、集油器、加氨站、热氨管道、油泵、滤油装置及冻结设备，均应配备相应的压力表。

需要强调的是，氨压力表盘上应注有明显的"氨"字样。因为普通压力表由铜合金制造，当接触到氨制冷剂时会被腐蚀。氨压力表由钢材制造，因为钢材对于氨具有化学稳定性。所以，氨压力表不允许用普通压力表代替。

制冷系统上的压力表，必须经过检验部门检验合格并封好，方可使用。

为了防止超压运行，应在制冷设备上设置安全阀或压力控制继电器，或者压差控制继电器，以及自动报警等压力保护安全设备。一旦设备的工作压力发生异常，出现超压运行时，安全设备即自动运作，将设备内的气体排至大气中或自动停机，以保证制冷系统不至于超压运行而发生事故。因此，压力保护安全设备不得任意调整或拆除。

1) 安全阀。制冷机器和制冷设备上必须严格设置安全阀。例如，在氨压缩机的高压侧、冷凝器、储氨器、排液桶、低压循环桶、低压储氨器和中间冷却器等设备上均应装有安全阀。

为了便于检修和更换，要求在安全阀前设置截止阀。这些阀门都必须处于开启状态，并加以铅封，以免失去安全保护。

制冷设备上的安全阀必须定期检验，每年至少校验一次并加铅封。中华人民共和国国务院原组成部门商业部 1985 年发布的《冷藏库氨制冷装置安全技术规程（暂行）》（以下简称规程）规定，在运行过程中若由于超压导致安全阀启跳，需重新进行校验，以确保安全阀的功能。

在校验和维护安全阀时需要清洗和研磨，然后进行气密性试验。试验压力为安全阀工作压力的 1.05~1.1 倍。气密性试验合格的安全阀经过校正，调整到指定开启压力并加以铅封。调整及复验时使用的压力表精度不低于 1 级。例如，氨压缩机上的高压安全阀，其开启压力为吸排气侧之间的压力差达到 $15.7 \times 10^5 Pa$ 时，应自动开启。对于两级压缩，压力差达到 $5.9 \times 10^5 Pa$ 时应能自动开启，以保护氨压缩机。

在冷凝器、储氨器等高压设备上的安全阀，当压力达到 $18.1 \times 10^5 Pa$ 时，应能自动开启。在中间冷却器、低压循环器和低压储氨器等设备上的安全阀，当压力达到 $12.3 \times 10^5 Pa$ 时应能自动开启。

几种常用制冷剂（R12、R22、R717）所用制冷设备的安全阀开启压力见表 4-11。规定的安全阀开启压力高于其最高工作压力，可以避免因压力波动导致的安全阀自动开启或经常开启。不允许操作人员任意调整和提高安全阀开启压力。

表 4-11　安全阀开启压力　　　　　（单位：$10^5 Pa$）

制 冷 设 备	制冷剂名称		
	R12	R22	R717
冷凝器和储氨器	15.7	18.1	18.1
中间冷却器、低压循环器、排液器、低压储氨器	9.8	12.3	12.3

在设备上设置安全阀，最重要的原因是要求它在达到开启压力时必须具有足够的排气能力。因此，出厂的安全阀必须经过额定排量试验并检验合格。安全排放系统的气流阻力尽可能小且必须保持畅通，其管道的截面积应符合表 4-12 的要求，以确保迅速排除超压部分的制冷剂。

表 4-12　安全阀的通道直径与容器内制冷剂储液量的关系

容器内制冷剂储液量/kg	<1000	1000~2000	2000~3000	3000~4000	>4000
安全阀通道直径/mm	10	20	30	40	50

目前，在制冷系统的氨泵回路和中间冷却器中，广泛应用的自动旁通阀是弹簧式安全阀的一种特定形式，也起着安全保护作用。当压力超过调定值时，阀门自动开启，起着旁通降压的作用。

2）继电器。制冷系统的压力安全保护，除设有安全阀、带电信号的压力表和紧急停机装置外，还采用压力继电器、压差继电器等安全设备，以实现压缩机的高压、中压、低压保护，以及油压保护和制冷设备的断水保护。

压缩机高压保护的目的是当压缩机排出压力过高时切断电源，以防止发生事故。在生产运行中往往由于冷却水断水故障，或者制冷系统中进入大量空气，或者高压系统的阀门误操作等原因，使压缩机的排出压力超过规定值。此时高压保护装置立即运作，压缩机自动停机。高压压力继电器常与安全阀并用，此时宜将高压压力继电器切断开关的动作压力调整到比安全阀的开启压力稍低。因为，在发生异常高压时，压力继电器首先动作可以避免万一发生事故，同时也不会产生安全阀开启后所引起的事后麻烦。只有高压压力继电器在发生故障不能动作或因火灾等异常情况时，安全阀才会开启。

低压保护是指当压缩机在运转过程中，由于制冷剂泄漏和供液不足等原因，出现吸气压力过低，甚至抽空现象。此时低压保护装置动作，压缩机被判定为故障而停机，以便操作技工检查停机原因及消除故障。使用低压压力继电器的机组，应与感温控制阀相配合，如此才能充分地发挥其作用。

中压保护是指两级压缩中的低压级排出压力的安全保护，其目的同单级压缩的高压保护相仿。当低压级排气压力（中压压力）超过规定值时，压力继电器立即动作切断电源，使压缩机被判定为事故而停机。凡单机两级压缩机，都需要设置中压保护。而用单级机配套的两级压缩机，中压保护可以使用低压级压缩机的高压压力继电器，但其压力应调整到中压的安全保护调定值。

高压和低压继电器的调整压力值，依制冷剂的种类而定。表 4-13 列出 R12、R22 和 R717 制冷剂，其压力继电器触点断开和起动的调整压力值。

表 4-13　高压和低压继电器的调整压力值

制冷剂	高压压力/10^5Pa（表压）		低压压力/10^5Pa（表压）	
	断　开	起　动	断　开	起　动
R12	12.7	比高压断开压力低1.96~2.94	比蒸发温度低5℃的相应饱和压力，其值不宜小于0.098	比低压断开压力高0.69~0.98
R22	16.2	比高压断开压力低0.98~2.94	比蒸发温度低5℃的相应饱和压力，其值不宜小于0.098	比低压断开压力高0.98~1.96
R717				

中压压力继电器的调整值，应根据实际经验确定。一般情况下，其调整压力不得大于 $7.84 \times 10^5 Pa$。中、小型氟利昂制冷剂的制冷系统不设置安全阀，仅用高、低压力继电器作为安全保护设备。压力继电器和压差继电器还可用于断水事故，一般采用两种方法：发生断水警报信号，并判作事故而停机；或者发出断水警报，经过一段延时判作事故而停机，延时时间约为 30s。

润滑油压差保护是在压缩机运行时确保一定的油压。当油压低于某一定值时，压差继电器动作，压缩机必须停机，以免发生设备事故。油压保护不能使用压力断电器，只能采用压差继电器，因为曲轴箱或油箱与压缩机吸入侧相通。其压差继电器动作的调定值是：旧式活塞式压缩机为 $0.49 \times 10^5 Pa$；带卸载装置的系列活塞式压缩机为 $1.47 \times 10^5 Pa$。

压差继电器也是氨泵不上液的安全保护设备。用于氨泵的压差继电器的特点是量程范围小，在 $(0.098 \sim 1.47) \times 10^5 Pa$ 的范围内，动作较为灵敏，同时采用延时措施。

综上所述，随着制冷系统自动控制程度的提高，压力保护安全设备也日益完善。

3）熔塞。在储液器和冷凝器上设置的熔塞也是一种安全设备，可以防止因火灾而出现的爆炸事故。熔塞因火灾等外部发生的高温而熔化。它和因操作管理失误而产生的高压所设置的安全阀和压力继电器等安全设备不同。异常高压时，熔塞不起安全保护作用。

熔塞是镶在压力容器壁上的易熔合金塞子，其主要成分是铋（Bi）、铅（Pb）和锡（Sn），其熔点为 $60 \sim 80℃$。

（2）液位监视及其安全设备

为防止压缩机湿冲程，必须在气液分离器、低压循环桶、中间冷却器上设置液位指示及控制和报警装置。在低压储液器上设置液位指示和报警装置。排液桶、集油器等设备均应装设液位指示器。

在使用玻璃液位指示器时，必须采用高于最大工作压力的耐力玻璃管，不得以锅炉所用的玻璃管代替，并应设置自动闭塞装置（如弹子角阀，若采用板式玻璃液位指示器则更好）。为了保证使用安全，液位计应通过耐压试验，其试验压力见表4-14。

表 4-14　液位计的试验压力

制 冷 剂	最小试验压力/$10^5 Pa$		高压测试压力，相当制冷剂的饱和温度/℃
	低 压 侧	高 压 侧	
R717	11.76	19.6	51
R12	9.8	16.17	65
R22	11.76	19.6	52

液位计内应保持清洁，防止堵塞。玻璃管式液位计应设有金属保护管，定期检查液位指示、控制和报警装置，以保证其灵敏可靠。

（3）温度监视及其安全设备

压缩机的吸排气侧、轴封器端、分配站、热制冷剂的集管上均设有温度计，以便监视和记录制冷系统的运行状况。为避免排气温度过高，还应在压缩机排气管上装置温度控制器。在大、中型电动机上同样设有温度计。

温度计的种类主要有热电偶温度计、电阻温度计、半导体温度计和电接点的水银温度计等。

压缩机的排气温度、润滑油温度和冷却水的进出口温度、电动机温度及库房温度等都是检查制冷系统完全运行的重要参数。所以，要求温度计显示温度准确可靠，并能进行有效的控制。测温元件的位置应全部浸入被测介质中，或者被介质所包围，不得随意改变测温点的位置，避免造成温度的异常和滞后。

采用电接点的水银温度计测温时，应采用电压为36V的电源。

压缩机吸气和排气侧的温度变化能反映出机器运转是否正常、中间冷却器供液的多少，甚至还能反映出阀片的损坏情况等。所以，要求在压缩机排气管上的温度控制器感温元件尽可能靠近排气腔。如果采用温度套管的形式，应在套管内加入润滑油，以便准确和迅速地反映排气温度的变化。当排气温度超过调定值时，立即发出警报并使压缩机被判定为故障而停机。

设置在压缩机曲轴箱中的温控器感温元件，当油温超过允许值时，温控器动作并发出警报，并使压缩机被判定为故障而停机。对于高速、多缸活塞式压缩机，其润滑油温的保护值可设为60℃（最高不超过70℃）。

在氟利昂制冷系统中，由于润滑油中溶解有大量制冷剂，会造成开机时不起油压，从而使机器断油。为防止这一现象的发生，可以在曲轴箱内装设电加热器，在起动前电加热器先自动加热，使溶解在油中的制冷剂受热蒸发，然后再自动起动压缩机。

（4）电气参数的监视及其安全设备

机器间应设置电压表，并定时记录电压数值。当电网的电压波动接近规定幅度时（即不应低于340V，不高于420V），应密切注意电流变化和电动机温升，以防止发生电动机烧毁事故。

每台压缩机、氨泵、水泵和风机都应单独装设电流表，并配备过载保护装置。

冷藏库应设置库内解救报警装置，一旦有人困在库内，可在库门附近发生呼救信号。同时向机器间或值班室人员传达报警，以便及时解救。报警线路应采用36V以下电压。

冷库的隔热材料（如聚苯乙烯等）属于易燃物质，应注意电缆和电器设备不得直接与这类隔热板建筑物接触，以免因电器事故引起火灾。

（5）其他安全防护设备

1）为避免制冷剂倒流，在压缩机的高压排气管道和氨泵出液管上，应分别装设止回阀。

值得注意的是，中间冷却器、蒸发器、气液分离器、低压储液器等设备的节流阀禁止使用截止阀进行代替，避免因供液不当而使制冷压缩机出现湿冲程。

2）冷凝器与储液器之间设有均压管，在运行中均压管应当处于开启状态。两台以上储液器之间还分别设有气体和液体均压管。这些均压管不得处于切断状态，以发挥保证高压设备之间的压力均衡、液态制冷剂流动畅通及液位稳定的作用。

3）高压储液器设在室外时应设有遮阳棚，防止日光直晒致使温度升高而影响运行安全。

4）机器的转动部位均需设置安全保护罩。室外的设备应设置围墙或栏杆阻止非操作人员入内。

5）应在机器间和设备间内设有事故排风设备，以便在事故发生时及时排除有害气体，在平时运行或检修时，也可减少室内空气的污染。对其排风能力的要求是室内空气的更换每小时不少于 8 次。室内和室外都应装设事故排风机的按钮开关，并备有事故电源供电，在紧急情况下能够确保风机工作。

6）机器间和设备间的门应向外打开，并应留有两个进出口以保证安全。

机器间外应有事故开关、消火栓，机房配备带靴的防毒衣、橡皮手套、木塞、管夹和氧气呼吸器等防护用具和抢救药品，并将它们置于便于索取的位置。同时，配备专人进行管理、定期检查，确保使用安全。

7）为避免对邻近环境的污染和安全造成影响，要求安全阀的泄压管高出机房屋檐 1m 以上，或者高出冷库四周 50m 以内的最高建筑物 1m 以上，或者高出冷凝器操作平台 3m 以上，而且需要确保泄压管的畅通。

2. 安全操作

制冷系统中的安全装置对于生产运行中所出现的异常和危险情况，在防止发生爆炸或重大事故方面起到了良好的保障作用。但是，由于错误的操作或违反安全技术规程而造成的重大事故时有发生。因此，还必须制定科学而合理的安全操作规程，并严格遵守和执行，才能杜绝事故发生。

为了使制冷系统安全运转，有三个必要的条件：第一是使系统内的制冷剂蒸气不得出现异常高压，以免设备破裂；第二是不得发生湿冲程、液爆和液击等错误操作，以免设备被破坏；第三是运动部件不得有缺陷或紧固部件松动，以免损坏机械。

（1）阀门的安全操作

阀门是控制制冷系统安全运转所必不可少的部件，在制冷系统内应该设有一定数量的调节阀、截止阀和备用阀。

向容器内充灌制冷剂时，阀门的开启操作应缓慢打开。过快的加载速度会使设备潜在的或原有的微型缺陷，没有足够的时间产生滑移过程，应变速率在缺口根部区域增大，从而降低材料的断裂韧性，容易引起脆性破坏。

制冷系统中，有液态制冷剂的管道和设备，严禁同时将两端阀门关闭。尤其是在工作状态下，供液管、排液管和液态制冷剂调节站等管道一般是充满液体的，在停运前都应进行抽空操作。否则，在满液情况下关闭设备或管道的进出口截止阀，因吸收外界热量，液体的体积会膨胀，从而使设备或管道引起爆裂事故，通常称为"液爆"。一般情况下，液爆大多发生在阀门处，后果不堪设想。

由此可见，充满制冷剂的管路两端的阀门至少要有一个必须处于开启状态。同理，冷风机在用水冲霜时，严禁将分配站上的回气阀和排液阀全部关闭。

在制冷系统操作中，应特别注意可能发生液爆的部位：

1）冷凝器与储液器之间的液体管道。

2）高压储液器至膨胀阀之间的管道。

3）两端设有截止阀门的液体管道。

4）高压设备的液位计。

5）氨容器之间的液体平衡管。

6）液体分配站。

7）气、液分离器出口阀至蒸发器（或排管）间的管路。

8）循环储液器出口阀至氨泵吸入端的管路。

9）氨泵供液管路。

10）容器至紧急泄氨器之间的液体管路等，均是有可能造成液封的管路。

开启回气阀时，也应缓慢动作，并注意倾听制冷剂的流动声音，避免因突然猛开，造成过湿气体冲入压缩机内引发事故。

开启阀门时，为防止阀芯被阀体卡住，转动手轮时不应过分用力，当开足后应将手轮回转 1/8 圈左右。

为了避免错误操作阀门而发生事故，压缩机至冷凝器总管上的各阀门应处于开启状态，加以铅封。各种备用阀、灌液阀和排污阀等阀门平时应关闭，并加铅封或拆除手轮。应在连通大气的管的接头上加阀盖。在所有控制阀的手轮上，可以悬挂启闭牌。调节站上的阀门应特别注明控制某冷间或某设备。最好在所有靠近阀门的管道上标明制冷剂的流向。

（2）设备的安全操作

制冷系统中的运动部件，如传动皮带、联轴器等部件应加防护装置，否则禁止运转。为了防止低压、低温管路在融霜时受到压力波动和温度变化的影响，规定进入蒸发器前的压力不得超过 7.84×10^5 Pa，并禁止采用关小或关闭冷凝器进气阀的方法加快融霜速度。

为防止环境污染和氨中毒，从制冷系统中排放不凝性气体时，需经过专门设置的空气分离器将气体排入水中。

为防止高温、高压的气体制冷剂窜入库房，使机器负荷突增，规定储液器液面不得低于其径向高度的 30%。

为了防止储液器和排液器出现满液影响冷凝压力，使系统运行工况恶化，储液器的液面不得超过径向高度的 80%。

由于制冷设备内的油和氨一般呈现有压力的混合状态，为避免酿成严重的跑氨事故，严禁从制冷设备上直接放油。

另外，当设备间的室温达到冻结点温度时，对所有使用冷却水的设备，在停用时应将剩余的水放尽以防冻裂。

（3）设备和管道检修的安全操作

为防止检修时因设备内残存的制冷剂造成操作者中毒和窒息，特别是避免氨与空气混合到一定比例后遇明火爆炸，以及氟利昂制冷剂遇到明火分解出剧毒物质，在制冷剂未抽空或未置换完全就与大气接通的情况下，严禁拆卸机器或设备的附件进行焊接作业。

同时，还规定在压缩机房和辅助设备间不能存在明火，冬季严禁使用明火取暖。为了防止触电事故，在检修制冷设备时，特别是检修库内风机、电器等远离电源开关的设备，必须在其电源开关上挂上工作牌，检修完毕后由检修人员亲自取下，其他人员不允许乱动。

在检查和维修机器间和泵房内的机器设备和阀门时，必须采用 36V 以下电压的照明电源，潮湿地区应采用 12V 以下的照明电源。在检修制冷系统的管道时，若需更换管道或增添新管路，必须采用符合规定的无缝钢管（氟利昂制冷系统可以采用无缝紫铜管），严禁采用有缝管和水暖管件。制冷系统在大检修以后，应进行耐压强度和气密性试验。在设备增加焊接或连接管道后，应进行气密试验，合格后方可使用。

（4）充灌制冷剂的安全操作

新建或大修后的制冷系统，必须经过气密试验、检漏、排污和抽真空。当确认系统无泄漏时，方可充灌制冷剂，如果采用充氨试漏，设备内的充氨压力不超过 1.96×10^5 Pa。

由于充氨操作危险性大，要求在值班班长的指导下进行。为以防万一，还应备有必要的抢救器材。向制冷系统内充灌制冷剂的数量应严格控制在设计要求和设备制造厂家所规定的范围内，并认真做好称量数据的记录。

氨瓶或氨槽车与充氨站的连接管必须采用无缝钢管，或者使用耐压在 $29.4 \times 10^5 Pa$ 以上的橡皮管，与其相接的管头需设有防滑沟槽，以防管头脱开发生危险。

3. 制冷剂钢瓶的使用管理规定

盛装制冷剂的钢瓶，必须严格遵守国家质量监督检验检疫总局颁布的《固定式压力容器安全监察规程》和《气瓶安全技术监察规程》的规定。

制冷剂钢瓶属于液化气体压力容器，钢瓶爆炸是常见事故，往往会造成人身伤亡。发生爆炸事故的主要原因有：①超过允许的充装量；②使用超过期限的钢瓶；③使用受损或有缺陷的钢瓶；④使用其他易爆或助燃气体的钢瓶而又未清理干净；⑤存放地点的温度过高或曝晒。

据劳动部门统计，氨瓶爆炸事故中，约90%是因为超装而引起的。这说明事故的性质属于责任事故。

经验证，充满液氨的钢瓶放在日光照射的场地上半个小时就会爆炸，爆炸率是100%。

为了保证生产和人身安全，对制冷剂钢瓶的充装、使用、运输和储存必须遵守下列安全技术要求。

（1）充装的安全要求

1）充装前的检查。钢瓶充装前，必须有专人检查，有下列情况之一者，不准充装：①漆色、字样和所装气体不符，字样不易识别的气瓶；②安全阀件不全、损坏或不符合规定的气瓶；③不能判别装有何种气体，或者钢瓶内没有余压的气瓶；④超过检查期限的气瓶；⑤钢印标志不全、不能识别的气瓶；⑥瓶体经外观检查存在缺陷、不能保证安全使用的气瓶。

钢瓶不得使用储氨器或其他容器代替。钢瓶必须每三年移交当地劳动管理部门指定的检验单位进行技术检验，检验合格并打上钢印后方可使用。

2）充装时的安全要求。钢瓶充装时应注意如下安全要求：①制冷剂的充装量，可按钢瓶标定值来确定，实际充装量为钢瓶容量乘以充装系数，见表4-15；②认真填写充装记录，记录内容应包括：充装日期、氨瓶编号、实际充装量、充装者和复验者姓名等；③称量衡器应保持准确。

表4-15 制冷剂的充装系数

制冷剂名称	化 学 式	充 装 系 数
R717	NH_3	0.53
R21	CF_2Cl_2	1.14
R22	CHF_2Cl	1.02

（2）使用的安全要求

1）操作人员启闭钢瓶阀门时，应站在阀门的侧面，并注意缓慢开启。

2）钢瓶的阀门冻结时，应把钢瓶移到较暖的地方，或者用洁净的温水解冻，严禁用火烘烤。

3）立瓶应防止跌倒，禁止敲击和碰撞。

4）钢瓶不得靠近热源，与明火的距离不得小于10m，夏季要防止日光曝晒。

5）瓶中气体不能用尽，必须留有剩余压力。

（3）运输的安全要求

1）旋紧瓶帽，轻装、轻卸，严禁抛滑或撞击。

2）钢瓶在车上应加以固定，用汽车装运时应横向排列，方向一致，装车高度不得超过车帮。

3）夏季要有遮阳设施，防止曝晒。

4）车上禁止烟火，禁止坐人，并应备有防氨泄漏的用具。

5）钢瓶严禁与氧气瓶、氢气瓶等易燃易爆物品同车运输。

（4）储存的安全要求

1）专用钢瓶仓库与其他建筑物的规定距离：距厂房不小于25m；距住宅和公共建筑物不小于50m。

2）氨瓶仓库应为不低于二级耐火等级的单独建筑。地面至屋顶最低点的高度应不小于3.2m。屋顶应为轻型结构，地面应平整不滑。

3）仓库内不应有明火或其他取暖设备。

4）仓库内有良好的自然通风或有机械通风设备。

5）旋紧瓶帽，放置整齐，妥善固定，留有通道。堆放不应超过五层，瓶帽、防震圈等附近必须完整无缺。

6）氨瓶严禁与氧气瓶、氢气瓶同室储存，以免引起燃烧或爆炸，并在附近设置消防、灭火器材。

7）禁止将留有氨液的钢瓶储存在机器设备间内。临时存放的钢瓶在室外要远离热源，防止阳光曝晒，在室内应选择通风良好、便于保管的独立建筑。

4. 人员安全

制冷系统的操作人员要做到安全生产，不仅要掌握制冷技术知识和具有熟练的安全操作能力，而且还必须掌握有关人身安全和救护知识。

在冷库生产过程中，电器设备、运动机械、高温高压气体、低温环境及制冷剂等，都可能危及人身安全。因此，必须认真贯彻执行有关的安全规定和条例。一般通用电器设备、运动机械、高温、高压等均有完善的安全规定。这里主要介绍制冷剂对人体的影响及其紧急救护措施。

（1）制冷剂对人体生理的影响

制冷剂对人体生理的影响较为严重的有中毒、窒息和冷灼伤。引起人中毒的制冷剂有氨和二氧化硫，引起人窒息的制冷剂有氟类，所有的制冷剂都会引起冷灼伤。

氟利昂类制冷剂本身是无毒、无臭、不燃烧、不爆炸的。但是，当水和氧气混合后与明火接触，则会发生分解，生成氟化氢、氯化氢和光气，特别是光气对人体十分有害。氟利昂类制冷剂虽无毒，但它在常温下的气态密度比空气大，当其在空气中含量（容积浓度）超过80%时，会导致人窒息。

窒息可分为突然窒息和逐渐窒息两类。突然窒息是指在空气中制冷剂含量很高，操作人员立即失去知觉，类似头部受到打击一样而跌倒，可能在几分钟内死亡。这种窒息发生于设备检修过程中未按照安全技术规程进行操作的情况。另一类是逐渐窒息，主要是由于制冷剂泄漏，使空气中的氧含量逐渐降低，而使人慢慢地发生窒息。这种情况通常很容易被人们忽视，因此对人体造成伤害的可能性就更大。为避免逐渐窒息对操作人员的危害，必须了解窒息对人体生理的影响。

当空气中的氧气含量降到14%（体积比）时，出现早期缺氧症状，即呼吸量增大、脉搏加快，注意力和思维能力明显减弱，肌肉运动失调。当空气中的氧气含量降到10%时，人体仍有知觉，但判断功能出现障碍，很快出现肌肉疲劳，极易引起激动和暴躁。当空气中氧含量降到6%时，出现恶心和呕吐，肌肉失去运动能力，出现腿软，不能站立，直至不能行走和爬行的情况。这一症状往往是第一个也是唯一的警告，然而发现时为时已晚，严重者将会窒息。这种程度的窒息即使经过抢救可能苏醒，也会造成永久性脑损伤。

制冷剂泄漏时，对人体的危害程度取决于制冷剂的化学性质及其在空气中的浓度，以及人体在此环境中所停留的时间长短。

制冷剂的毒性分为6级，1级毒性最大。二氧化硫为1级，它是一种早期采用的制冷剂，目前已很少使用。氨为2级，当空气中氨的含量在0.5%～1%时，人在此环境中停留30min就会患重症或死亡。当氨的含量达到15.5%～27%时，遇明火即有爆炸的危险。

制冷剂的毒性比较见表4-16，按其对人体的危险大小进行排列。

表4-16 各种制冷剂的毒性比较

制冷剂名称	毒性级别	对空气的相对密度	发生危险的条件	
			按容积计的蒸气含量（%）	停留时间/min
二氧化硫	1	2.07	0.5～0.8	5
R17	2	0.55	0.5～0.8	30
二氯甲烷	3	2.74	5.0～10.0	30
R22	4	3.55	10.0～15.0	30
R11	4	4.44	5.0～10.0	30
R12	5	3.93	25.0～30.0	60

空气中的氨对人体生理的影响见表4-17。

表4-17 空气中的氨含量对人体生理的影响

对人体生理的影响	空气中的氨含量（ppm）
可以感觉氨臭的最低浓度	53
长期停留也无害的最大值	100
短时间对人体无害	300～500
强烈刺激鼻子和咽喉	408
刺激眼睛	698
引起强烈的咳嗽	1720
短时间（30min）也有危险	2500～4500
立即引起致命危险	5000～10000

冷灼伤是指裸露着的皮肤接触低温制冷剂造成皮肤和表面肌肉组织的损伤。所以，在任何可能直接接触制冷剂的场合，都应采取防护措施。

（2）预防措施

制冷系统的操作人员对工作要负责任，确保机器、设备和管道的密封，不能泄漏。凡是有可能接触到制冷剂工作的人员，应接受安全教育，严格遵守有关技术规程。

机房必须备有橡皮手套、防毒衣具（带靴的下水衣）、安全救护绳、胶鞋及救护用的药品，并应妥善放置在机房进口的专用箱内，方便取用。

机房内应配备灭火器材，以备事故发生时使用。

（3）氧气呼吸器的使用和保管

使用氧气呼吸器时，人体肺部呼出的气体进入清净罐，二氧化碳被吸收剂清除，剩余的气体与氧气瓶储存的氧气混合后形成新鲜空气，供人体使用。

氧气呼吸器使用前后都必须消毒。消毒的主要部分是气囊、覆面及呼吸用的软管。消毒时可用2%～5%苯酚溶液或酒精清洗。

氧气呼吸器应妥善保管，避免日光直接照射，以免橡胶老化或高压氧气部分安全度降低；保持清洁，防止灰尘，切忌与各种脂肪油类接触；每年应检查氧气瓶内的存氧情况和吸收剂性能，要及时充氧和更换吸收剂，使氧气呼吸器处于准备使用状态。

➋ 知识窗

气密性试验：气密性试验主要是检验容器的各连接部位是否有泄漏现象的试验。介质毒性程度为极度、高度危害或设计上不允许有微量泄漏的压力容器，必须进行气密性试验。

湿冲程：湿冲程也称湿行程或液击，制冷压缩机在运转中由于操作不当或其他原因，液体制冷剂可能进入制冷压缩机的气缸，从而引起气缸壁结霜或冲击气缸盖（敲缸）现象。

◇【同步案例4-4】

2004年5月15日，一家私营企业冷库在对氨气管道进行焊接过程中发生爆炸，造成一起死亡1人、重伤3人，冷库及附属设施遭到严重破坏的重大伤亡和严重经济损失事故。该冷库是新建的，在安装调试后，发现氨气管道有泄漏现象。为了找到泄漏点，在没有排空氨气的情况下，便充入氧气进行打压试验，发现泄漏部位后，又在没有对管道进行任何处理的情况下进行补焊，因此在焊接过程中发生爆炸。事故调查发现，该企业负责人安全意识淡薄，盲目指挥，没有必要的安全常识。施焊作业人员又没有经过专门的安全技术培训，无证上岗。其主要作业人员也没有经过必要的安全教育。此外，该私营企业安全规章制度不健全，作业人员不遵守安全操作规程等，这些都是导致爆炸事故发生的客观因素。

问题：

1. 冷链冷库的安全性长久以来都是重要的议题，对于安全规范的执行上有哪些注意事项？

2. 该如何健全冷库安全性并制定相关对策是冷库管理人员的首要工作之一，然而后续查核与检验跟进也是一大挑战。请说明安全管理的几项重要准则。

第三节 冷库节能管理

冷库是冷藏业中主要的用电部门，因此也是节能的核心部门。当前，冷库的制冷系统，每冻结 1t 白条肉平均耗电为 110kW，其中高耗电指标是每吨 180kW，低耗电指标是每吨 70kW。对于冻结物冷藏间，储藏 1t 冷冻食品，平均每天耗电为 0.4kW，其中高耗电指标是每天每吨 1.4kW，低耗电指标是每天每吨 0.2kW。对于冷却物冷藏间，储藏 1t 食品每天耗电平均为 0.5kW，其中高耗电指标是每天每吨 1kW，低耗电指标是每天每吨 0.3kW。由此可见，冷库的能耗随着地区、企业、设计和管理水平的不同而存在着较大的差异。因此，对冷库制冷系统进行技术改造和科学管理以达到节能目的，其潜力是很大的。

一、新技术应用

（一）减少冷库围护结构单位热流量指标

在冷库设计中，低温冷库外墙的单位热流量 qF 一般为 $11.63W/（m^2 \cdot h）$ 左右，如果将 qF 降到 $6.98 \sim 8.14W/（m^2 \cdot h）$，则对于一座 $5000 \sim 10000t$ 的低温冷库，据统计动力费可下降 10% 左右。当然，由于单位热流量指标的降低，冷库围护结构的隔热层必须加厚，一次投资将会提高。但与冷库减少的运行费用相比，无论从经济角度，还是技术管理角度考虑，采用降低冷库围护结构单位热流量指标的做法是合理的。

（二）缩小制冷系统制冷剂蒸发温度与库房温度的温差

当库房温度一定时，随着蒸发温度与库房温度温差的缩小，蒸发温度就会相应提高。此时如果冷凝温度保持不变，就意味着制冷压缩机制冷量的提高，即要获得相同的冷量可以减少电能的消耗。据估算，当蒸发温度每升高 1℃，则可少耗电 3% ~ 4%。再则，温差较小对减轻库房储藏食品的干耗也是极为有利的。因为温差小能使库房获得较大的相对湿度，减缓库房内空气中热质交换程度，从而减轻储藏食品的干耗。尤其是对未包装的储藏食品，应该采用小的温度差。

提高蒸发温度的措施主要是适当增大蒸发器的传热面积和增加通风量。

（三）根据不同的冷藏食品和储藏期确定相应的储藏温度

人们可针对食品（特别是肉食品）在低温储藏期间的生化变化及低温细菌滋生和繁殖被抑制的程度，确定较佳的储藏温度。半年以内的低温储藏，一般储藏温度为 -18 ~ -15℃。超过半年的低温储藏，储藏温度小于或等于 -18℃。对于脂肪量较大的食品（如鱼类），为防止脂肪氧化，应采取低于 -18℃ 的储藏温度，最好在 -25 ~ -20℃。由此可见，不同储藏温度对于产品的保存期限的长短是有影响的，特别是短期储藏食品，可适当提高制冷系统的蒸发温度，从而提高制冷压缩机的制冷量。

（四）冻结间配备具有双速或变速电动机的冷风机

食品在冻结过程中，热量的释放过程实际上是不均匀的。因此，冻结过程对冷却设备的需冷量也是不均匀的。食品的冻结过程由三个阶段组成：第一阶段是冷却阶段，食品温度由 0℃ 以上降至 0℃ 左右；第二阶段是冰晶形成阶段，食品温度由 0℃ 降至 -5℃ 左右；第三阶段是冻结降温阶段，食品由 -5℃ 降至 -15℃ 左右。在食品冻结的三个阶段中，第二阶段的需冷量最大，此时冻结间所配备的冻结设备需要全部投入运转。而在第一阶段和第三阶段，由于单位时间内热负荷较少，可适当降低风速，减少风量，以达到节能的目的。以往冻结采用的冷风机仅限于一种转速，无法灵活调节，如果冷风机配备双速或变速电动机，循环风量可以调节，从而达到节能的目的。

（五）冷却物冷藏库配备具有双速电动机的冷风机

冷却物冷藏库一般是冷藏和冷却双用。在货物进库时进行冷却，此时热负荷较大，冷风机需较大的风量，电动机开高速挡；当货物经冷却后进入储藏期，其热负荷较小，冷风机风量可适当减少，电动机开低速挡，从而实现节能。

二、冷藏食品的结构改革

（一）在市场推广销售冷却肉

从卫生角度出发，市场出售的新鲜肉均应进行冷却，可达到明显的节能效果。冷却肉不仅能在外观、营养、品质等方面保持肉类制品的最佳状态，还能够减少能耗。

（二）肉胴体分割剔骨的节能体现

这是指将肉胴体进行分割剔骨，改变过去白条肉冻结和冷藏的做法。据统计资料介绍，肉胴体经剔骨、去肥膘处理之后进行冻结储藏，可节省劳动力 25%，降低冻结能耗 80%，节省低温冷藏空间 50%。

（三）冷藏肉进行包装后的节能效果

冷藏食品若无包装，在储藏时干耗较大，能量消耗也较大。包装过的冷冻食品在储藏期间的干耗基本上接近零。食品的干耗大大减少后可以减少蒸发器的融霜次数，制冷压缩机的无效功也会相应降到最小，最终起到节约能源的作用。

三、加强科学管理

加强科学管理是实现节能的重要环节。应当建立完善的管理制度，积极进行技术改造，尽量降低能耗。

科学管理的主要内容如下：

（一）建立能耗管理制度

1. 日常运行管理

1）填写工作日记。坚持填写设备运行日记。主要填写内容是：压缩机、氨泵、水泵和风机等动力设备的启动和停车时间。每隔两小时记录各种制冷设备的工作温度、压力状况（如蒸发温度、冷凝温度、中间温度和压力、排气温度、吸气温度、膨胀阀里制冷剂液体温度、库温、水温、室外温度、相对湿度等），以便检查各种设备的工作状态和工作效率。

2）按月进行统计。月平均工作状况仅在一个月内昼夜工作时数不变的情况下，才可以利用算术平均数计算，否则需要将每一个昼夜的日平均数乘以工作时数，然后将所有乘积加总，除以月总工作时数。

为了简化计算，月平均数可以不通过日平均数计算，而采用全月记录合计数，除以全月记录次数求得。

2. 制定单位冷量耗电量定额

单位冷量耗电量是按各制冷系统分别计算的每生产 1kW 冷量的耗电量。例如，-15℃ 制冷系统压缩机的每月制冷量为 88430kW，压缩机每月耗电量为 23000kW·h，则每千瓦冷量耗电为 23000÷88430≈0.26（kW·h）。

单位冷量耗电定额是考核压缩机操作管理是否正常合理的指标。压缩机的蒸发温度应根据库房温度要求掌握。蒸发温度过低或压缩机无负荷运转，都会导致单位冷量耗电量增加。

单位冷量耗电量定额就是按库设计温度要求达到的蒸发温度来计算的单位冷量耗电量。

表 4-18 和表 4-19 是每分钟转速小于或等于 720 转和大于或等于 960 转的氨压缩机在各制冷系统的不同冷凝温度下生产 1kW 冷量的耗电量定额。它是根据压缩机的制冷量和功率计算编制的。可每月月末计算出压缩机实际单位冷量耗电量，并与单位冷量耗电量定额进行比较，以考核压缩机的实际操作管理情况。

表 4-18　氨压缩机单位冷量耗电量（转速：720r/min 及以下）　　　[单位：（kW·h）/kW]

氨压缩机	高低缸容积比	蒸发温度/℃	冷凝温度/℃												
			15	18	20	22	24	26	28	30	32	34	36	38	40
单级机		−10	0.14	0.16	0.17	0.18	0.19	0.20	0.22	0.23	0.25	0.26	0.28	0.29	0.31
		−15	0.18	0.20	0.21	0.22	0.24	0.25	0.27	0.28	0.30	0.31	0.33	0.35	0.37
双级机组	1:2	−28	0.30	0.32	0.33	0.34	0.36	0.37	0.39	0.40	0.42	0.43	0.45	0.46	0.48
		−33	0.37	0.39	0.40	0.41	0.43	0.44	0.46	0.47	0.49	0.51	0.53	0.55	0.57
		−35	0.40	0.42	0.43	0.44	0.46	0.47	0.49	0.50	0.52	0.54	0.57	0.59	0.61
	1:3	−28	0.30	0.32	0.33	0.34	0.36	0.37	0.39	0.40	0.42	0.43	0.44	0.45	0.46
		−33	0.37	0.38	0.39	0.40	0.43	0.45	0.46	0.47	0.49	0.52	0.54	0.56	
		−35	0.40	0.42	0.43	0.44	0.46	0.47	0.49	0.50	0.52	0.54	0.56	0.58	0.60

表 4-19　氨压缩机单位冷量耗电量（转速：960r/min 及以上）　　　[单位：（kW·h）/kW]

氨压缩机	高低缸容积比	蒸发温度/℃	冷凝温度/℃												
			15	18	20	22	24	26	28	30	32	34	36	38	40
单级机		−10	0.14	0.16	0.17	0.18	0.19	0.20	0.22	0.23	0.25	0.26	0.28	0.29	0.30
		−15	0.18	0.20	0.21	0.22	0.24	0.25	0.27	0.28	0.30	0.31	0.33	0.35	0.37
双级机组	1:2	−28	0.29	0.31	0.32	0.34	0.36	0.37	0.38	0.40	0.41	0.43	0.44	0.46	0.48
		−33	0.35	0.36	0.38	0.39	0.40	0.41	0.43	0.44	0.46	0.48	0.50	0.51	0.53	0.55
		−35	0.39	0.41	0.42	0.44	0.45	0.46	0.48	0.49	0.51	0.53	0.54	0.55	0.57
	1:3	−28	0.29	0.30	0.31	0.33	0.34	0.35	0.36	0.38	0.39	0.40	0.42	0.43	0.45
		−33	0.34	0.36	0.38	0.39	0.40	0.42	0.43	0.44	0.46	0.47	0.49	0.50	0.52
		−35	0.38	0.40	0.41	0.42	0.44	0.45	0.48	0.49	0.51	0.51	0.53	0.55	0.56

计算单位冷量耗电量定额时，蒸发温度按各制冷系统要求计算，冷凝温度按各制冷系统压缩机组实际月平均冷凝温度计算。

3. 制定单位产品耗电量定额

单位产品耗电量是按每吨产品耗电量来计算的。单位产品耗电量是衡量冷库耗电的综合指标。它不但反映制冷设备的设计、运行和管理情况，而且还反映冷库结构的设计、使用情况和冷库储藏货物的管理情况（如库门的开启、人员进出时间和货物进出时间等）。每座冷库的单位产品耗电量是不完全相同的，应根据各自不同的情况制定单位产品耗电量定额。

冷库产品分冷冻品和冷藏品两大类。计算单位产品耗电量时，冷冻品如机制冰、冻肉、冻副产品或冻鱼等，应分别按不同制冷设备进行计算。冷藏品应分别按高温储藏（冷却物冷藏）和低温储藏（冻结物冷藏）进行计算。对于各制冷系统共用的设备（如水泵、冷却塔风机等），可按各制冷系统（冻结、制冰、储冰、高温冷藏、低温冷藏）制冷压缩机的制冷量大小进行分配计算。

对于冷冻品和机制冰，制定单位产品耗电量定额较为简易，因为环境温度变化对其影响较小（围护结构渗入热只占总耗冷量的5%~10%），可直接按下列公式计算：

$$单位产品耗电量=\frac{设备总耗电量}{冷加工产品总数量}$$

对于冷藏货品，制定单位产品耗电量定额较为困难，因为环境温度变化对其影响较大，因此，只能以设计工况下的单位产品耗电量作为定额依据，并随环境温度变化进行调整。可参照下列公式计算：

$$单位产品耗电量=\frac{设备总耗电量（设计）}{储藏数量}\times\xi$$

式中，ξ是环境温度修正系数，可按$\xi=\frac{t_实-t_库}{t_设-t_库}$进行计算；$t_实$为实际环境温度；$t_库$为库房温度；$t_设$为设计环境温度。

（二）及时进行技术改造，淘汰能耗大的设备

科学技术在不断地发展，各种低能耗、高效益的设备不断出现，应及时进行技术改造，用新技术和新设备替代旧设备和老技术。根据实际测定，各类旧型号制冷压缩机单位轴功率制冷量普遍比新系列的制冷压缩机低，能耗指标高。

（三）合理堆垛，提高库房的利用率

对商品进行合理堆垛、正确安排，能够增加库房装载量，提高库房的利用率（在设计许可条件下）。

1. 改进堆码方式或提高堆码技术

改进堆码方式或提高堆码技术可以提高商品堆码密度。例如，冻畜肉的堆码，四片井字垛头，平均每立方米库容可储存375~394kg；三片井字垛头，每立方米库容只能储存331~338kg。可见，四片井字垛的装载量能比三片井字垛提高13%左右。

近年来，部分冷库广泛采用金属框架堆放畜肉为垛头，中间进行分层错排堆装，平均每立方米库容可储存420~435kg。

2. 充分利用有效容积

由于商品质量、批次、数量和级别等不同，即使在货源充足的情况下也会有部分容积利用不足。因此，在使用中应采取"勤整并、巧安排"等办法，减少零星货堆，缩小货堆的间隙，适当扩大货堆容量，提高库房容积的有效利用率。

（四）其他措施

首先，对制冷系统进行定期放油、放空气、融霜和除水垢，以保持热交换设备良好的传热效果，并能够充分利用传热面积，以达到降低制冷系统能耗的目的。

据资料介绍，蒸发器传热面如若存在 0.1mm 厚的油膜，为了保持既定低温，蒸发温度需要下降 2.5℃，耗电量增加 11%。当冷凝器的水管壁凝结 1.5mm 厚水垢时，冷凝温度要比原来上升 2.8℃，耗电量增加 9.7%。当制冷系统中混有不凝结气体，其分压力达到 $1.96×10^5Pa$ 时，耗电量要增加 18%。

其次，注意改善冷却水系统的水质，减缓热交换器上的结垢速度，保持热交换器良好的传热效果，降低冷凝压力（冷凝温度）以实现节能。据计算可知，当冷凝温度处于 25～40℃时，每升高 1℃，增加耗电量 3.2%左右。

再次，应节约用水。节约用水既能节省水资源，又能够节省电能。制冷系统用水主要有以下几个方面：冷凝器用水；压缩机汽钮冷却用水；冷风机冲霜用水。为了节约用水，大多数设备都采用循环用水模式。

最后，制冷系统运行时，应根据库房的热负荷和外界环境温度，合理调配制冷设备（压缩机、氨泵、水泵、冷却塔风机和冷风机等）。

知识窗

白条肉：民间称去除毛、血、内脏、牙骨质所剩下的猪体肉为白条肉。

制冰机：制冰机是一种将水通过蒸发器，由制冷系统制冷剂冷却后生成冰的制冷机械设备。采用制冷系统，以水为载体，在通电状态下通过某一设备后制造出冰。根据蒸发器的原理和生产方式的不同，生成的冰块形状也不同。人们一般以冰的形状将制冰机分为颗粒冰机、片冰机、板冰机、管冰机和壳冰机等。

第四节 气调冷库管理

一、气调冷库运行管理

（一）气调冷库运行前的准备

在货物进库之前，应检查库内所有的气调设备、冷冻设备和通风设备，并做好使用前的准备工作。为了使气调冷库（也称气调库）获得最大的效益，应将气调冷库迅速装满，迅速冷却。库内货物应进行合理的堆装，保证气流循环良好。

在库房关闭密封前，应做好下列工作：

1）给压力安全装置注水。

2）校正遥测温度计。

3）检查照明设备。

4）给冲霜排水管水封注水。

5）检查通风管道的密闭性。

（二）运行

1. 运行操作

1）快速降氧运行。通常使用催化燃烧降氧机或碳分子筛气调机进行，库房封闭后即运行开始。通常将库内气体的氧含量从21%快速降到10%左右即可。同时做好运行记录。

2）二氧化碳脱除。可使用消石灰（氢氧化钙）、二氧化碳脱除机或碳分子筛气调机进行，一般降到2%即可。

3）氧气的补充。对于气调库中的果蔬，其呼吸会消耗氧气，库内气体的氧含量会越来越低。为了保证不发生呼吸缺氧，必须根据各种货物对氧含量的要求定期补氧。通用的补氧方法是用一根空气管从库外向库内送入氧含量高的新鲜空气。该空气管上有可供调节的孔，可通过开孔的大小控制库内气体的氧含量。也可使用一台微型离心风机迅速添加新鲜空气，风机在时间继电器控制下运行。在通风机运行时，也可以将气调门上的检修阀门稍微打开，以释放库内压力。一般氧含量补充到5%~8%即可。

2. 气体成分测试和校正

每间气调库应装有两根取样管，一根供日常测试取样使用，另一根供校正使用。对气调库中的气体成分，每天最少应检测一次，每星期最少应校正一次，每年对所有管线至少要做一次压力测试。

气调库运行前和运行期间，测氧仪和二氧化碳检测仪应经常使用奥氏气体分析仪进行校核，确保所用仪表的测试准确度，避免因检测失误造成损失。

（三）打开气调冷库

为了安全起见，在人们进库前，必须用室外新鲜空气对库房进行通风换气若干小时，使库内气体的氧含量升高至21%。

二、气调冷库安全管理

（一）掌握安全知识

操作维修人员必须了解气调库内的气体不能维持人的生命，当人们进入气调库工作时，会有窒息而死的情况发生。因而要了解窒息的症状，清楚不同症状的危险程度。

操作维修人员必须熟练掌握呼吸装置的使用，装入呼吸器的应是空气（利用空压机或鼓风机）不是纯氧，呼吸面具要有带子绑牢。

（二）安全措施

1）在气密门上安装一个可拆卸的检修门，该门至少宽600mm、高750mm，使背后绑扎着呼吸装置的人员可以通过。

2）在靠近库内冷风机处放一架梯子，以便检修设备时使用。

3）在每扇气密门上标明危险标志，写明"危险——库内气体不能维持人的生命"。

4）至少要准备两套经过检验的呼吸装置。

5）进入气调库修理设备时，至少要有两个人，一个人进入库内，另一个人在观察窗外观察，库内人员不能离开观察人员的视线。

知识窗

碳分子筛： 碳分子筛是20世纪70年代发展起来的一种新型吸附剂，是一种优良的非极性碳素材料，制氮碳分子筛（Carbon Molecular Sieves，CMS）用于分离空气富集氮气，采用常温低压制氮工艺，与传统的深冷高压制氮工艺相比，具有投资费用少、产氮速度快、氮气成本低等优点。因此，它是目前工程界首选的变压吸附空分富氮吸附剂，这种氮气在化学工业、石油天然气工业、电子工业、食品工业、煤炭工业、医药工业、电缆行业、金属热处理、运输及储存等方面广泛应用。

关键术语

安全阀（Relief Valve）

冷灼伤（Frostbite）

练习与思考

1. 有关仓储管理的基本原则，下列叙述正确的是（   ）。

A. 冷藏库库房温度为7℃以下

B. 冷冻库库房温度为-18℃以下

C. 超低温冷冻库库房温度为-40℃以下

D. 选项A、B、C皆正确

2. 有关仓储管理的基本原则，下列叙述正确的是（   ）。

A. 不同温层需求的产品，尽量避免共同存放，以降低失温、交叉污染等引发鲜度下降与品质劣化的风险

B. 进库与出库采用先进先出（FIFO）的管理原则

C. 考量不同食材或食品，对于气味、温层、微生物及气体的相容性或互斥性，进行分类存放

D. 选项A、B、C皆正确

3. 有关冷链仓储管理的基本原则，下列叙述错误的是（   ）。

A. 导入5S（整理、整顿、清扫、清洁、素养）管理

B. 落实各项标准作业流程（SOP）

C. 所有食材或食品集中储存，提升仓库库容量的利用率

D. 建立各项关键绩效指标（KPI）进行持续改善

4. 有关冷库储存作业管理原则，下列叙述正确的是（   ）。

A. 主要分为预冷库、冷藏库与冷冻库，存放不同温层的餐饮食材产品

B. 冷藏库应维持产品的品温低于7℃

C. 冷冻车应保持产品的品温低于-18℃

D. 选项A、B、C皆正确

5. 有关冷库储存设施、设备与作业管理，下列叙述正确的是（   ）。

A. 地面、内壁及顶棚应用不透水性材质平坦制作，易于清理或消毒

B. 一旦制冷系统发生故障或温度异常，应迅速通知专业人员维修处理

C. 货架材料需采用特殊钢材，避免低温造成材质变脆而倒塌

D. 选项A、B、C皆正确

6. 有关冷库储存作业管理原则，下列叙述错误的是（   ）。

A. 主要分为预冷库、冷藏库与冷冻库，存放不同温层的餐饮食材产品

B. 每天进行温度记录，随时掌控低温仓库的温度

C. 货架材料采用一般钢材即可，减少设备投资成本

D. 一旦制冷系统发生故障或温度异常，应迅速通知专业人员维修处理

7. 有关冷库储存作业管理原则，下列叙述正确的是（　　）。

A. 货品堆栈需排列整齐、稳固且有空隙，使产品热量能迅速散发

B. 详细记录每批产品的入库温度、时间、存量与产品的有效日期

C. 货物进货、出货作业应遵行先进先出（FIFO）原则

D. 选项 A、B、C 皆正确

8. 有关冷库储存作业如何防止二次污染，下列叙述正确的是（　　）。

A. 库内不得有积水、严重结霜、湿滑、杂乱或异味等现象

B. 进行除霜作业期间，应尽量避免冰、水滴到低温产品上

C. 应定期清洗、消毒确保清洁

D. 选项 A、B、C 皆正确

9. 有关冷库如何防止二次污染的管理原则，下列叙述正确的是（　　）。

A. 可食性原料与成品、生品与熟食品应分别存放，避免交叉污染

B. 库内应定期清洗、消毒确保清洁，不得有秽物及食品碎片

C. 食品或食材不可置于地面，应放置在栈板上分类存放并明显标示

D. 选项 A、B、C 皆正确

10. 有关冷库如何防止回温的注意事项，下列叙述正确的是（　　）。

A. 物品不宜置于出入门扉及人员进出频繁的区域及附近区域

B. 应定期除霜，确保其制冷能力

C. 应尽量减少库门的开启次数，同时远离热源

D. 选项 A、B、C 皆正确

11. 有关冷库拣货作业管理的注意事项，下列叙述正确的是（　　）。

A. 减少低温库门开闭的频率，防止库内温度的流失方能避免耗电与产品品质劣化

B. 建立严谨的标准作业流程（SOP），加强作业人员的教育训练

C. 在低温库进行拣货作业，人员必须穿御寒衣，每次作业时间不能太长

D. 选项 A、B、C 皆正确

12. 有关冷库加工处理作业管理，下列叙述正确的是（　　）。

A. 从事食材加工处理的人员应遵守食品良好卫生规范

B. 加工处理作业后，依据各类产品不同温层的需求予以冷冻（藏）

C. 选项 A、B 皆正确

D. 选项 A、B 均不正确

13. 有关冷库出货作业管理的注意事项，下列叙述正确的是（　　）。

A. 出货码头的仓门，建议配备绝缘布帘，避免剧烈的升温，造成食材或食品在鲜度与保存期限的伤害

B. 不同温层需求的产品，尽量避免共同并装与运送，以降低失温、交叉污染等引发产品品质劣化的风险

C. 选项 A、B 皆正确

D. 选项 A、B 均不正确

综合案例

进入冷库节能新时代

一、发展环境

新冠疫情之后，冷链行业加速发展，同时政府出台的相关政策意见为行业发展带来了良好的政策环境，电商冷链物流系统的发展以及食品加工企业产能扩充，从需求侧面驱动了冷链设备的市场增容。冷链物流的主要设施包括冷库或低温物流中心、生鲜食品加工中心（包括中央厨房）、冷藏运输车、超市陈列柜等。而在冷链物流的所有环节中，冷库是最核心的设施。随着人们生活水平的日益提高，中国居民消费能力持续增强，对冷冻冷藏食品的需求越来越大；以及社会对食品安全的关注加强，很多食品需要在生产、储存、运输等全过程进行温控，促进了对冷库需求的增加。

在2021年的冷冻冷藏市场，汉钟精机半封闭螺杆压缩机有30%以上的增长，主要是由于冷链是国家内循环策略的一个重要载体，资本市场也在持续关注与进入该市场，加之电商物流头部企业的积极布局，使终端消费需求逐渐打开，也引导了冷库市场与食品加工市场的持续扩容，从而使得整个冷冻冷藏市场保持两位数的稳定增长。此外，因为汉钟精机坚持对冷冻冷藏市场的投入，近年来汉钟精机冷冻冷藏产品在品质、能效、应用领域等多方面皆得到市场的认可，也让汉钟精机冷冻冷藏产品保持了稳定增长。

谈及"双碳"政策的发展方向，"双碳"政策涉及人类的未来，也关乎我国的战略安全，是一个正确的方向。压缩机产品作为制冷系统的心脏，优化压缩机产品性能可以从根本上提升整个制冷系统的效率，所以汉钟精机一直把高效当作产品发展的一个重要因素进行考量，也投入了各种资源以求达到高效的目标。

二、节能高效压缩机解决方案

目前汉钟精机在冷冻冷藏市场推出的宽温区双级机以及宽温区双级变频机较市场上常规压缩机在冷冻库、速冻库、速冻机应用的能效能提升20% ~30%，从根本上提升系统能效，得到了众多项目应用的验证。该高效技术符合我国努力实现"双碳"目标的发展要求，也受到了市场的欢迎。

随着《冷库设计标准》（GB 50072—2021）以及《冷库施工及验收标准》（GB 51440—2021）的发行，采用氨（NH_3）与二氧化碳（CO_2）环保工质的制冷技术方向成为新的热门话题。针对CO_2复叠技术是否适合全面推广，汉钟精机认为没有一种技术或产品可适用于各种应用场景。以CO_2复叠技术为例，单从能效来看，在速冻机应用时，该技术较单级压缩技术的能效有明显优势，较双级压缩技术的能效相当，但较双级变频技术的部分负荷综合能效明显要低；在冷冻库与速冻库应用时，该技术较单级压缩技术的能效相当，较宽温区双级技术的能效明显要低；在高温库应用时，该技术便不再适用。

针对单纯环保工质优先的项目，NH_3/CO_2系统具有无可争议的优势；但对于大多市场性的项目，需以项目需求来选用合适的系统方案。

1) 皆采用单级压缩技术时，R507/CO_2复叠系统能效>纯R507系统能效>R507/CO_2载冷系统能效。

2) 对于非环保优先的项目，采用纯氟系统时，R507宽温区单机双级压缩系统较常规R507单级螺杆系统能效有明显优势。

3）对于环保优先的项目，采用 CO_2 复合系统时，R507 宽温区单机双级压缩/CO_2 载冷系统较 R507 单级压缩/CO_2 复叠系统能效有明显优势（复叠系统中再采用单机双级压缩技术对能效基本没有提升效果）。

综上，从节能方面来看，不论是环保优先的项目抑或非环保优先的项目，采用宽温区单机双级压缩技术皆在能效方面有一定优势。与定频技术相比，采用变频技术可大幅提升压缩机在低温工况低负载下的运行性能。

三、项目案例

该项目为山东某 CO_2 载冷冷库建设，库温需求为 $-20℃$，设备应用为冷藏库（R507/CO_2 载冷系统），储存货物为蔬菜和水果，包装材料为纸箱、编织袋，共有四间冷藏库。山东某 CO_2 载冷冷库项目尺寸见表 4-20。

表 4-20 山东某 CO_2 载冷冷库项目尺寸

单库尺寸			单库面积/m²	单库容积/m³	冷藏库数量（间）	总面积/m²	总容积/m³
长/m	宽/m	高/m					
58	18	8.5	1044	8874	4	4176	35496

该冷库属于中大型冷库，采用汉钟精机 LT-S-V 系列 160 匹宽温区双级变频压缩机，冷库末端蒸发器采用的顶排管布局，若采用直接制冷系统会导致氟利昂充注量较大，因此采用 R507/CO_2 间接制冷系统，大幅降低氟利昂充注量。通过载冷剂与制冷机组的蒸发器换热，从而带走冷库内物品的热量。CO_2 系统完全洁净，无冷冻油残留，运行换热效果远优于传统氨或氟系统，降温快，同时无须考虑制冷末端残留冷冻油的处理问题；载冷系统换热面积不会减少，同时采用宽温区双级变频压缩机根据库内负荷实时调节压缩机负载，在实现节能的同时保证库温需求。

用户反馈：全自动控制，相较于厂内旧的氨开启设备使用方便很多。在安全性、气味等方面提升很多，运行电费低，除霜周期长，稳定性好，使用无不良反馈，且二期项目依旧采用该类系统。

环保效益：现场使用 CO_2 低压循环桶 $5.8m^3$，相比于 R507 桶泵系统，因采用的 R507/CO_2 载冷系统，故系统大幅降低了 R507 的充足量，从而大幅降低了温室气体效应。

能效收益：采用了汉钟宽温区双级变频压缩技术，节能效果明显。载冷端使用 CO_2 作为载冷剂时，由于 CO_2 优良的性能，具有冰点低、黏度小的特点，可减少载冷剂输送过程中的压力损失，泵功率可节约 90%，载冷剂分布更均匀，并且蒸发器无油膜覆盖，换热效率高。因此即使载冷存在一定的换热温差，但使用 R507 宽温区双级压缩节能技术和 CO_2 载冷的组合，相较于各种 CO_2 复叠技术能效皆有一定优势。

蒸发器采用顶排铝排管形式，管径为 25mm，采用双管制执气融霜设计。使用 CO_2 作为载冷剂，由于 CO_2 热容量非常大、换热效率高，因此蒸发器的换热温差小，设备运行 2 年多仍无须除霜。由于除霜周期长、货物干耗少，储存水果、蔬菜等产品时，减少了果蔬水分流失，保障了货物的价值，且项目电费极低。

综合分析，此项目冷库，采用 R507 宽温区双级压缩节能技术、变频技术和 CO_2 载冷技术，蒸发器采用顶排管，理论满载能效较纯氟单级桶泵系统高 20% 左右，运行费用极低，主要原因是该冷库属于出口类生产性冷库，货物周转量较小，且属于改造项目，进一步提高了全负荷综合运行能效。用户对比后发现新系统节能效益十分明显。

（案例来源：上海汉钟精机股份有限公司，进入冷库节能新时代，中国冷链物流发展报告（2022），中国财富出版社有限公司，内容有删减。）

问题：

1. 本案例中冷库属于什么类型的冷库？
2. 冷库制冷剂有哪些？
3. 现代化冷库的施工有哪些注意事项？

第五章

生鲜食品冷链加工与包装

学习目标

通过本章的学习，理解生鲜食品低温保鲜的原理；阐述不同冷加工方法的原理和冷加工设备的优缺点；掌握生鲜食品冷加工的各种工艺方法及其使用的对象、相应的温度要求；了解生鲜食品常用的包装材料及其特性、常用的包装技术；能根据实际需要针对不同的生鲜食品采用不同的冷加工工艺、不同的包装材料和包装技术。

引 例

京东冷链推出预制菜专属解决方案

近年来，人们的餐饮消费形式和观念日益多元化，"宅经济"的逐渐兴起和冷链技术的完善，让预制菜成为很多人的饮食新选择。据艾媒咨询相关数据显示，2021年中国预制菜市场规模预计为3459亿元，2023年将达到5156亿元，若未来中国预制菜市场增速稳定保持在20%，则2027年预制菜市场规模将破万亿元，市场潜力巨大。

日前，京东物流推出"预制菜专属解决方案"，依托遍布全国的冷链物流体系，发挥干线、仓储、配送、包装、科技等能力优势，为预制菜企业提供从商品生产储存到打包配送，从线上业务到线下场景的全程冷链解决方案。

预制菜行业的发展，离不开稳定高效的供应链支撑，产地预冷、冷藏和配套分拣加工等设施建设直接影响预制菜产品品质，坚实的冷链物流保障才能保持预制菜品的新鲜度，给消费者提供更好的服务体验。

加工、存储是预制菜的第一步，也是保证菜品品质的原点。京东冷链在全国37个城市均有生鲜仓布局，冷链仓库面积超过61万 m^2，通过发挥"多温层、一盘货"的服务能力，以及精细化的仓储运营能力，确保预制菜商品在仓库内的安全、新鲜。

预制菜多是冷冻冷藏商品，必须保证特定温度的运输环境，对运输存储要求较高，京东冷链则在产品包装和运输过程方面做了双重保障。在产品包装上，京东冷链针对不同环境温度沉淀了一套从-22℃至15℃的商品分温层包装方案，通过差异化的冷媒投放方案，在实现成本最优的同时避免商品化冻问题。而在物流运输中，京东冷链通过全程可视化的温度监控平台和冷藏车的在途管理系统，全力呵护商品品质。

　　预制菜行业的发展，不仅与冷链物流息息相关，更离不开稳定高效的供应链支撑。在线上，京东冷链推动"多渠道一盘货""全国一盘棋"的可视化库存管理，通过对订单进行统一管理，减少库存水位，提升供应链运作效率，并通过数字化沉淀，帮助企业实现准确的销售预测，提升库存周转率。在线下，京东冷链帮助合作伙伴进行仓网优化，扩大市场覆盖范围，提升物流时效和履约能力。

　　（案例来源：中国网科技，前端提效、后端服务！京东冷链推出预制菜专属解决方案，tech.china.com.cn/roll/20220803/389764.shtml。）

第一节　生鲜食品冷链加工概述

一、生鲜食品冷链加工的原理

　　生鲜食品等冷链产品在常温下储藏，时间长了会发生腐败变质，其主要原因是食品中的酶进行的生化反应和微生物的生命活动。酶的催化作用和微生物的生命活动，都需要在一定的温度和水分情况下进行。如果降低储藏温度，酶的活性就会减弱，微生物的生长、繁殖也会减慢，就可以延长生鲜食品的储藏期。此外，低温下大多数微生物的新陈代谢会被破坏，其细胞内积累的有毒物质及其他过氧化物能导致其死亡。当生鲜食品的温度降至-18℃以下时，生鲜食品中90%以上的水分都会变成冰，所形成的冰晶还可以以机械的方式破坏微生物细胞，造成微生物死亡。因此，冻结的生鲜食品可以更长期地储藏。

　　为了保持果蔬等植物性食品的鲜活状态，一般都在冷却的状态下进行储藏。果蔬采摘后仍然是具有生命力的有机体，还在进行呼吸活动，并能控制引起食品变质的酶的作用，对外界微生物的侵入也有抵抗能力。降低储藏环境的温度，可以减弱其呼吸强度、降低物质的消耗速度，从而延长储藏期。但是，储藏温度也不能降得过低，否则会引起果蔬活体的生理病害，以至冻伤。所以，果蔬类食品应放在不发生冷害的低温环境下储藏。此外，鲜蛋也是活体食品，若温度低于冻结点，其生命活动也会停止。因此，活体食品一般都在冷却状态下进行低温储藏。

　　鱼、禽、畜等动物性食品在储藏时，因其细胞都已死亡，其自身不能控制引起食品变质的酶的作用，也无法抵抗微生物的侵袭。因此，储藏动物性食品时，要求在其冻结点以下的温度保藏，以抑制酶的作用、微生物的繁殖和减慢食品内的化学变化，从而较长时间地维持食品的品质。

二、生鲜食品冷链的主要环节

　　生鲜食品冷链建立在食品冷冻工艺学的基础上，以制冷技术为手段，使生鲜食品从生产者到消费者之间的所有环节，即从原料（采摘、捕、收购等环节）、生产、加工、运输、储藏到销售流通的整个过程中，始终处于保持其品质所需温度环境的物流技术与组织系统。因此，冷链建设要求把所涉及的生产、运输、销售、经济和技术性等各种问题集中起来考虑，协调相互间的关系，以确保生鲜食品的加工、运输和销售。生鲜食品冷链由冷加工、冷藏、销售分配和冷藏运输四个主要环节构成。

1. 冷加工环节

原料前处理、预冷、速冻这三个环节都属于生鲜食品冷加工环节，可称它为冷藏链中的"前端环节"。具体包括肉禽类、鱼类和蛋类的冷却与冻结，以及在低温状态下的加工作业过程，也包括果蔬的预冷、各种速冻食品和奶制品的低温加工等。在这个环节中主要涉及的冷链装备有冷却、冻结装置和速冻装置。

2. 冷藏环节

冷藏环节包括生鲜食品的冷却储藏和冻结储藏，以及果蔬等食品的气调储藏，其保证食品在储存和加工过程中处于低温保鲜环境。它是冷链的"中端环节"。在这个环节中主要涉及各类冷藏库/加工间、冷藏柜、冻结柜及家用冰箱等。

3. 销售分配环节

销售分配环节包括各种冷链生鲜食品进入批发零售环节的冷冻储藏和销售，是冷链的"末端环节"，由生产厂家、批发商和零售商共同完成。随着大中城市各类连锁超市的快速发展，各种连锁超市正在成为冷链食品的主要销售渠道，在这些零售终端中，大量使用了冷冻冷藏陈列柜和储藏库，由此逐渐成为完整的食品冷链中不可或缺的重要环节。

4. 冷藏运输环节

冷藏运输环节包括生鲜食品的中、长途运输及短途配送等物流环节的低温状态。它贯穿在冷链的各个环节中。它主要涉及铁路冷藏车、冷藏汽车、冷藏船和冷藏集装箱等低温运输工具。在冷藏运输过程中，温度波动是引起食品品质下降的主要原因之一，所以运输工具应具有良好的性能，在保持规定低温的同时，更要保持稳定的温度，特别是远途运输，更为重要。

三、生鲜食品冷链的主要设备构成

生鲜食品冷链的主要设备包括贯穿在整个冷链各个环节中的各种装备、设施，主要有原料前处理设备、预冷设备、速冻设备、冷藏库、冷藏运输设备、冷冻冷藏陈列柜（含冷藏柜）、家用冰柜、电冰箱等，如图5-1所示。

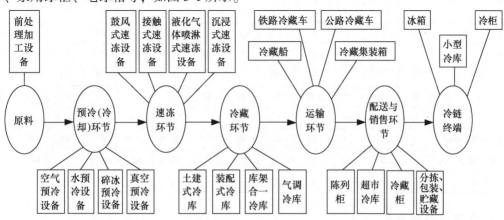

图5-1 生鲜食品冷链主要设备构成示意图

四、生鲜食品的冷加工工艺

生鲜食品的冷加工工艺主要是指生鲜食品的冷却、冻结、冷藏、冰温储藏、微冻储藏和解冻，是利用低温保藏生鲜食品和加工生鲜食品的最佳方法。

1. 生鲜食品的冷却

生鲜食品的冷却是指将生鲜食品的温度降低到某一指定的温度，但不低于生鲜食品汁液的冻结点。生鲜食品的冷却温度通常在10℃以下，其下限为-2~4℃。冷却储藏可延长生鲜食品的储藏期，并能保持其新鲜状态。但由于在冷却温度下，细菌、霉菌等微生物仍能生长繁殖，特别是冷却的动物性食品，只能进行短期储藏。

2. 生鲜食品的冻结

生鲜食品的冻结是指将生鲜食品的温度降到其汁液的冻结点以下，使生鲜食品中的大部分水分冻结成冰。冻结温度带国际上推荐为-18℃以下。冻结生鲜食品中微生物的生命活动及酶的生化作用均受到抑制、水分活度下降，因此可进行长期储藏。几种常见的生鲜食品的冻结点见表5-1，一些生鲜食品的冻结率见表5-2。

表5-1　几种常见的生鲜食品的冻结点

品　种	冻结点/℃	含水率（%）	品　种	冻结点/℃	含水率（%）
牛肉	-1.7~-0.6	71.6	葡萄	-2.2	81.5
猪肉	-2.8	60	苹果	-2	87.9
鱼肉	-2~-0.6	70~85	青豆	-1.1	73.4
牛奶	-0.5	88.6	橘子	-2.2	88.1
蛋白	-0.45	89	香蕉	-3.4	75.5
蛋黄	-0.65	49.5			

表5-2　一些生鲜食品的冻结率（%）

食品	温度/℃												
	-1	-2	-3	-4	-5	-6	-7	-8	-9	-10	-12.5	-15	-18
肉类、禽类	0~25	52~60	67~73	72~77	75~80	77~82	79~84	80~85	81~86	82~87	85~89	87~90	89~91
鱼类	0~45	0~68	32~77	45~82	84	85	87	89	90	91	92	93	95
蛋类、菜类	60	78	84.5	81	89	90.5	91.5	92	93	94	94.5	95	95.5
乳类	45	68	77	82	84	85.5	87	88.5	89.5	90.5	92	93.5	95
西红柿	30	60	70	76	80	82	84	85.5	87	88	89	90	91
苹果、梨、土豆	0	0	32	45	53	58	62	65	68	70	74	78	80
大豆、萝卜	0	28	50	58	64.5	68	71	73	75	77	80.5	83	84
橙子、柠檬、葡萄	0	0	20	32	41	48	54	58.5	62.5	69	72	75	76
葱、豌豆	10	50	65	71	75	77	79	80.5	82	83.5	86	87.5	89
樱桃	0	0	0	20	32	40	47	52	55.5	58	63	67	71

3. 生鲜食品的冷藏

生鲜食品的冷藏是指生鲜食品保持在冷却或冻结终了温度的条件下，将其低温储藏一定时间。根据生鲜食品冷却或冻结加工温度的不同，冷藏又可分为冷却生鲜食品的冷藏和冻结生鲜食品的冷藏两种。冷却生鲜食品的温度一般在0℃以上，冻结生鲜食品的冷藏温度一般为-18℃以下。对一些多脂鱼类（如鲱鱼、鲐鱼）和冰激凌，欧美国家建议冷藏温度为-30～-25℃；少脂鱼类（如鳕鱼、黑线鳕）为-20℃；日本用来做生鱼片的金枪鱼，为长期保持其红色，防止氧化，采用了-40℃甚至-70℃的低温。生鲜食品的储藏在同等条件下，温度越低，储藏时间越长。例如，鳕鱼于15℃只能储藏1天，6℃能储藏5～6天，0℃能储藏15天，-18℃能储藏6～8个月，-23℃能储藏8～10个月，-30～-25℃能储藏1年。

4. 生鲜食品的冰温储藏

生鲜食品的冰温储藏是将生鲜食品储藏在0℃以下至各自的冻结点范围内，它属于非冻结冷藏。一些生鲜食品的冻结点可参见表5-1。冰温保鲜的原理就是将生鲜食品的温度控制在冰温带内，使组织处于将冻而未冻的状态以保持其鲜活，从而使生鲜食品的后熟过程在一个特定的低温环境下进行。冰温保鲜不会出现冻结生鲜食品在解冻过程中产生的冻结损伤，而且各种理化变化极度降低，可以延缓生鲜食品腐败，使固有品质得以保持，同时还能逐渐积累和鲜度有关的氨基酸。

作为继冷藏及气调储藏之后的第三代保鲜技术，生鲜食品的冰温储藏优势明显。利用冰温储藏保存的生鲜食品，比0℃以上的保存方法保存时间长，比-8℃的保存方法的营养流失率低。冰温储藏的优点主要有：①不破坏食品细胞；②有害微生物的活动及各种酶的活性受到抑制；③能够降低食品呼吸活性，减少食品营养物质流失，延长食品的保质期；④能够提高水果、蔬菜的品质。其中第④点是冷藏及气调储藏方法都不具备的优点。但冰温储藏也有缺点：①可利用的温度范围狭小，一般为-0.5～2.0℃，故温度带的设定十分困难；②配套设施的投资较大。冰温储藏与冷却冷藏、冷冻的比较见表5-3。

表5-3　冰温储藏与冷却冷藏、冷冻的比较

类　　别	冰温储藏	冷却冷藏	冷　　冻
温度领域	0℃到冻结点的冰温与超冰温领域	0～10℃的温度领域	-18℃以下
储藏期限	比0℃以上的保存方法长，并可进行长期的活体保存	生鲜食品的保存期一般不超过7天，并无法做活体保存	可长期保存，但因结冰冻结，致使生物细胞坏死
品质差异	利用冰温生物科技使生鲜产品更美味、营养增加，并且使有害微生物的数量下降	风味因冷藏时间的增加而变差，有害微生物逐渐增加而致使生鲜食品腐烂	生物细胞冻结破坏，解冻后营养流失，风味变差最严重

随着保鲜技术的发展，冰温保鲜技术已经广泛应用于多个领域，见表5-4。

表5-4　冰温保鲜技术在食品中的应用情况

应用领域	应用情况
果蔬中的应用	冰温技术在果蔬保鲜方面的研究较多。多数试验结果表明，利用冰温技术储藏果蔬，可以明显降低果蔬细胞组织的新陈代谢，在色、香、味及口感方面都优于普通冷藏，可保持其良好的原有品质，新鲜度几乎与刚采收的果蔬处于同等水平
水产中的应用	水产品的冰温保鲜技术方面，目前在活鱼和虾、蟹流通领域已有相关研究报道。在冰温带储藏水产品，使其处于活体状态，减缓新陈代谢，可较长时间地保存其原有的色、香、味和口感

（续）

应用领域	应用情况
禽肉中的应用	冰温保鲜技术在禽肉制品中的应用较少，李建雄提出冰温结合气调包装是进行猪肉保鲜的有效途径，利用气调包装可以强化冰温的保鲜效果。由此看来，冰温气调保鲜技术已具备了一定的技术基础，在肉类保鲜中将具有重要的实际应用价值和良好的发展前景

➡ 知识窗

冰温保鲜技术

冰温保鲜技术最早起源于1964年日本山根昭美博士的一次CA储藏（气调储藏）梨的偶然试验。该试验结果显示，-4℃的温度并未把梨彻底冻伤，而是在回升温度后仍然保持了梨原有的风味和色泽。在试验总结后，山根昭美博士于20世纪70年代提出了冰温储藏技术，并把0℃以下，冻结点以上的温度区域定义为该食品的"冰温带"，简称冰温。随着该项技术研究的不断深化，1998年日本农林水产省把农产品冰温保鲜技术确定为支撑21世纪发展的高新技术。

冰温储藏技术的诞生，为果蔬等农产品的保鲜开辟了新的途径，在农、畜、牧、水产品的储存运输及医学等领域内被推广利用。食品在此温度带保存，不仅可以有效地降低冷藏设备的能耗，还可以克服冻结食品因冰结晶带来的蛋白质变性、组织结构损伤和液汁流失等现象，储藏期得到显著延长。在此温度带，有些食品还可进一步成熟，获得自然的风味和美味。因此，冰温储藏的食品受到消费者的青睐。目前，冰温技术已覆盖冷藏链的全过程，近年来我国也开发出电子冰温培养箱和冰温浓缩机等冰温设备。

生物组织的冻结点均低于0℃。当温度高于冻结点时，细胞始终处于活体状态。这是因为，生物细胞中溶解有糖、酸、盐类、多糖、氨基酸、肽类和可溶性蛋白质等许多成分，而各种天然高分子物质及其复合物以空间网状结构存在，使水分子的移动和接近受到一定阻碍而产生冻结回避，因而细胞液不同于纯水，冻结点一般为-3.5～-0.5℃。

当温度高于冻结点时，细胞始终处于活体状态；当冻结点较高时，加入冻结点调节剂（如盐、糖等）可使其冻结点降低。故冰温机理包含两个方面内容：①将食品的温度控制在冰温带内可以维持其细胞的活体状态；②当食品冻结点较高时，可以人为地加入一些有机或无机物质，使其冻结点降低，扩大其冰温带。

食品在冰温条件下储藏时，其品质（如蛋白质结构、微生物繁殖速度和酶活性等）发生变化，称为冰温效应。在冻结点附近，为阻止生物体内冰晶形成，动植物从体内会不断地分泌大量的不冻液以降低冻结点，不冻液的主要成分是葡萄糖和氨基酸等。冰温条件可有效抑制微生物的生长。在此条件下，水分子呈有序状态排布，可供微生物利用的自由水含量大大降低。

山根昭美博士研究了卷心菜的冰膜储藏（冻结点为-2.2～-1.3℃），在-3℃环境下，将卷心菜冷却至0℃附近，向其表面间断性喷水雾，使卷心菜表面形成一层极薄的冰膜。经过80天的喷雾，卷心菜表面的冰膜厚度达到0.5 mm。经上述处理后，再将其保存在-0.8℃的冰温环境中进行储藏。试验研究表明，经冰膜处理后的卷心菜表面仅出现了微弱冻害，2个月后会变成深绿色，但这一层被微冻的菜叶在室温下经4天升温，会慢慢地复原。经肉眼观察，可以恢复到本色。经过细胞组织分析表明，这层出现冻害的菜叶在细胞膜和细胞质之间仅有微小的空隙，细胞组织几乎没有损伤，这说明采用冰膜储藏方法保存低糖蔬菜可以保持其原有的特征，是一种有效的储藏方法。

5. 生鲜食品的微冻储藏

微冻储藏又叫部分冷冻或过冷却储藏，一般用于水产品的储藏。微冻储藏是将水产品的温度降到冻结点和冻结点以下 $1~2℃$ 进行保藏。作为水产品的主要腐败微生物，嗜冷菌在 $0℃$ 生长缓慢，温度继续下降，生长繁殖受到抑制，低于 $-10℃$ 时生长繁殖完全停止。另外，经过微冻，鱼体中的水分会发生部分冻结，鱼体中的微生物中的水分也会发生部分冻结，从而影响微生物的生理生化反应，抑制了微生物的生长繁殖。因此，水产品微冻保鲜的保鲜期是 $4℃$ 冷藏的 $2.5~5$ 倍。

6. 生鲜食品的解冻

生鲜食品的解冻是指将冻结的生鲜食品溶解，恢复到冻结前新鲜状态的过程。解冻可以看成是冻结的逆过程，对于作为加工原料的冻结品，一般只需升温至半解冻状态即可。

本章将在后续三节详细介绍生鲜食品的冷却、冻结和解冻。

◇【同步案例 5-1】

冷链遇冷

高昂的成本之外，我国现有的农产品生产种植方式、消费习惯和消费水平等因素交叠在一起，使冷链备受冷遇。

理想状态下的全程冷链是什么样的？

2015 年 10 月 21 日，《瞭望东方周刊》记者跟随生鲜电商沱沱工社的物流车辆，近距离观察了一次全程冷链的演示。

上午 10 点，沱沱工社位于北京平谷区马昌营镇的有机农场里，负责采摘的农场工人将两箱大葱搬进了预冷车间，并开始做第一步的产品检查和筛选。因为准备装货，为保证敞开车门的车厢内温度也能达到 $0℃$ 左右，停放在门口的冷藏车温度被调至 $-5℃$。100 多箱冬瓜、油菜等包装好的蔬菜装车完毕之后，就被拉往顺义的仓储配送物流中心。在这里，它们将和肉、禽、蛋、奶及海鲜水产、粮油副食一样，经过一系列到货验收流程，然后根据各自温度要求被放置在不同温区。接下来，工作人员会按照系统自动拆分的客户订单，从各个温区内拣选货品，一一扫描出库，在封闭环境下完成装车，然后载往分拨中心。然后，多温联运的中转车会将产品送至配备冷链设施的各个配送站点，等待生鲜配送员取货，完成最后的送货上门。为了保证产品在最后的配送环节不脱冷，沱沱工社自己改装设计了一款冷藏三轮车，这款特制的电动车厢体内壁可放置最多 9 个蓄冷剂。借助车辆本身的保温效果和产品包装内的冰袋或蓄冷剂，能为"最后一公里"上个双保险。

在沱沱工社位于北京顺义的仓储中心，有冷冻、冷藏、恒温和常温 4 个不同温区，对应的温度分别为：$-23~-18℃$（存放冻肉、水产）、$0~4℃$（存放水果、蔬菜、乳制品）、$5~10℃$（存放蛋类、巧克力等）和 $25℃$ 以下（粮、油等预包装食品）。此外，沱沱工社还即将上马"全程新鲜度管理系统"，通过网络为顾客提供商品的在途状态及在途温度。全程冷链及其背后的供应链管理系统，使得沱沱工社产品年均损耗率降至 5% 以内，接近美国、加拿大和日本等农业发达国家的水平。自建冷库、自营配送、人工、车辆和设备等尽管令沱沱工社每单的物流成本从50多元降至30多元，但这在行业内仍然很高。事实上，巨大的投入让全程冷链成了生鲜电商发展的最大障碍。在业内，实施标准的全程冷链的企业非常少，"断链"往往是我国冷链的常态。李万秋给本刊记者算了一笔账：仅就路途运输环节，以一辆载重8t的东风冷藏车为例，冷链运输蔬菜的冷藏车温度需要保持在1~5℃，如果全程控温，每100km比不开冷机多消耗5L汽油，折算成当前油价，约30元。如果再加上建设预冷库、购买冷藏及保温车的固定资产投入，就会比普通物流成本高出1倍以上。

中国物流与采购联合会冷链物流专业委员会秘书长秦玉鸣坦言，成本问题更重要的还是我国居民的收入水平不高，民众不愿意为冷链产生的附加成本买单。"在中国，民众对产品价格的敏感度，要远远高于对质量的敏感度。"秦玉鸣对《瞭望东方周刊》表示。

也有业内人士认为，不应该完全用西方国家的标准来衡量我国的冷链行业。"一些附加值很低而又对温度不太敏感的商品，短期内很难实现全程冷链。"秦玉鸣表示。

北京众德物流研究所所长、中国食品工业协会冷链专家李万秋则认为，我国有很多"土"方法，虽然不及冷藏车，但也能解决一些问题，同时还可以降低运输成本。"例如，在果蔬运输的过程中，不一定要用冷藏车。与肉制品、奶制品和冷冻食品不同，果蔬对温度相对不敏感，而且稍有变质，颜色就会发生变化，很容易被消费者察觉，不会造成食品安全隐患。更重要的是，由于产品附加值低，果蔬的生产地很少有预冷设施。在源头没有预冷的情况下，如果后面的运输使用冷藏保温车，反而会导致更多蔬菜更快地变质腐坏。"李万秋说。据他介绍，蔬菜装车时一般都会留有专门的散热通道。这样，车辆从南方一路往北，刚上路时，南方温度高，车辆在行驶中带起的自然风，将蔬菜自身的热量慢慢散尽。到了北方，随着温度的降低，再蒙上帆布、棉被等进行保温。"从上海到北京，大概需要24h，这种方法可以将蔬菜的温度变化控制在1℃左右。"李万秋说。他还透露，目前北京市场上80%~90%的哈密瓜都是普通车运输过来的。为了保证哈密瓜不腐坏，一般在其六成熟时就完成采摘，然后运往北京。这也是大部分哈密瓜看着熟了口感却不十分好的原因。而冷藏车运输的瓜果一般是九成熟时采摘，口感自然要好一些。当然，同样是从新疆运送20t的哈密瓜到北京，冷藏保温车运输的成本是3.5万~4万元，而普通车运输只需要1.5万元，节省了一半多。

(案例来源：刘砚青，冷链遇冷，瞭望东方周刊，2015-11-19。)

问题：

1. 沱沱工社是如何实现全程冷链的？

2. 你认为生鲜食品需要全程冷链吗？

第二节　生鲜食品的冷却技术

一、生鲜食品冷却的目的

冷却是对水果、蔬菜等植物性食品进行冷加工的常用方法。采收后的水果、蔬菜等植物性食品仍是有生命的有机体，在储藏过程中还在进行呼吸作用，放出的呼吸热如果不能及时排出会使其温度升高而加快衰老过程。因此，水果、蔬菜自采收起就应及时进行冷却，以除去田间热和呼吸热，并降低其呼吸作用，从而延长其储藏期。例如，对于草莓、葡萄、樱桃、生菜和胡萝卜等品种，采摘后早一天冷却处理，往往可以延长储藏期半个月至一个月。但是，马铃薯、洋葱等品种由于收获前生长在地下，收获时容易破皮、碰伤，因此需要在常温下进行愈伤呼吸，养好伤后再进行冷却储藏。值得注意的是，果蔬类植物性食品的冷却温度不能低于发生冷害的临界温度，否则会破坏果蔬正常的生理机能，出现冷害。

冷却也是短期保存肉类的有效手段。国内外受到广泛关注的冷鲜肉又叫冷却肉、排酸肉、冰鲜肉，准确地说应该叫"冷却排酸肉"，就是严格执行兽医检疫制度，对屠宰后的畜胴体迅速进行冷却处理，使胴体温度（以后腿肉中心为测量点）在24h内降为0~4℃，并在后续加工、流通和销售过程中始终保持0~4℃的生鲜肉。由于始终处于低温控制下，酶的活性和大多数微生物的生长繁殖被抑制，肉毒梭菌和金黄色葡萄球菌等病原菌分泌毒素的速度大大降低。另外，冷鲜肉经历了较为充分的成熟过程，质地柔软有弹性，汁液流失少，口感好，滋味鲜美。同时，冷鲜肉在冷却环境下表面形成一层干油膜，不仅能够减少肉体内部水分蒸发，使肉质柔软多汁，而且可阻止微生物的侵入和繁殖，延长肉的保藏期限。冷鲜肉的保质期可达一星期以上。而一般热鲜肉的保质期只有1~2天。再者，经过冷却"后熟"以后，冷鲜肉肌肉中肌原纤维的连接结构会变得脆弱并断裂成小片断，会使肉的嫩度增加，肉质得到改善。如果想长期储藏，必须把肉类冻结，使温度降到−18℃或以下，才能有效地抑制酶、非酶物质及微生物的作用。另外，冷却肉与冻结肉相比较，由于没有经过冻结过程中水变成冰晶和解冻过程中冰晶融化成水的过程，因此在品质各方面更接近于新鲜肉，因而更受消费者的欢迎。发达国家的超级市场里基本上都是冷鲜肉，甚至提出不吃冻结肉的观点。随着消费者对食品安全和质量的重视，我国肉类行业也存在着由低温肉制品和冷鲜肉取代传统生鲜肉的消费趋势。我国少数大型肉类加工企业已经觉醒，如双汇、金锣等已经开设肉类连锁店，大批量生产并销售冷鲜肉。冷鲜肉经济、实惠、方便，深受消费者的欢迎，有放心肉之称，市场反应强烈，发展势头迅猛。

二、生鲜食品冷却的方法与装置

生鲜食品的冷却方法有真空冷却、差压式冷却、通风冷却、冷水冷却和碎冰冷却等。根据生鲜食品的种类及冷却要求的不同，可以选择合适的冷却方法。表5-5是几种冷却方法的一般使用对象。

表5-5　几种冷却方法的一般使用对象

冷却方法	品　种					
	肉	禽	蛋	鱼	水　果	蔬　菜
真空冷却				●	●	●
差压式冷却	●	●	●		●	●
通风冷却	●	●	●		●	●
冷水冷却		●		●	●	●
碎冰冷却		●		●	●	●

1. 真空冷却的原理与设备

真空冷却又名减压冷却，是通过制造低压环境强迫水分从食品表面和内部快速蒸发以获取冷量的一种快速制冷技术。它的原理是水在不同压力下有不同的沸点，如在正常的101.3kPa下，水在100℃沸腾，当压力为0.66kPa时，水在1℃就沸腾。生鲜食品中的水在沸腾汽化时会吸收热量，从而达到冷却的目的。标准的真空冷却过程为：①把食品放进真空室，关上真空室的门并开启真空泵；②当压力达到与食品初始温度对应的饱和压力时（闪点），水分开始快速蒸发，并吸收大量热量使得食品迅速被冷却。闪点之前的制冷量很小，通常被忽略；③当真空室压力降到终压并维持一段时间之后，食品的最高温部分达到目标温度，真空冷却过程结束。

真空冷却不仅适用于生菜、蘑菇、卷心菜和菠菜等蔬菜，也适用于切花、烘焙食品、米饭、小块熟肉和水产品。近年来，茶叶蛋、豆腐、草莓、水果切片、面制品和水煮汤圆等生产商也都尝试着将真空冷却技术作为冷却替代技术之一。收获后的蔬菜经挑选、整理，装入打孔的塑料箱内，然后推入真空槽，关闭槽门，开动真空泵和制冷机。当真空槽内压力下降至0.66kPa时，水在1℃下沸腾，需吸收约2496kJ/kg的热量，大量的汽化热使蔬菜本身的温度迅速下降到1℃。因冷却速度快，水分汽化量仅为2%~4%，所以不会影响到蔬菜新鲜饱满的外观。真空冷却是蔬菜的各种冷却方式中冷却速度最快的一种。冷却时间虽然因蔬菜的种类不同稍有差异，但一般用真空冷却设备需20~30min；差压式冷却装置需4~6h；通风冷却装置约需12h；冷藏库冷却需15~24h。真空冷却设备具有冷却速度快、冷却均匀、产品品质高、保鲜期长、损耗小、干净卫生、操作方便、可包装后冷却等优点，但也存在设备初次投资大、运行费用高等缺点。

真空冷却设备的核心部件是真空室和真空泵。图5-2为真空快速冷却设备。

图5-2　真空快速冷却设备

（资料来源：青岛环速科技有限公司真空快速冷却机，https://www.sigle.com/Goods/goods_id/104607.html。）

2. 空气冷却方式及其装置

真空冷却设备对表面水分容易蒸发的叶菜类，以及部分根菜和水果可发挥较好的作用，但对难以蒸发水分的苹果、胡萝卜等水果、根菜及禽、蛋等食品就不能发挥作用了。这些食品的冷却需要利用空气冷却及后面介绍的冷水冷却等。空气冷却的方式主要有以下三种：

1）冷藏间冷却。冷藏间冷却是指将需要冷却的食品放在冷却物冷藏库内预冷却，也称室内冷却。这种冷却主要以冷藏为目的，库内由自然对流或小风量风机送风。此种冷却方式操作简单，但存在冷却速度慢及冷却对象有限的缺点。这种方法一般只限于处理苹果和梨等产品，对易腐和成分变化快的水果、蔬菜则不适合。冷藏间冷却生鲜食品时，冷却与冷藏同时进行。

2）通风冷却。通风冷却又称空气加压式冷却。它与自然冷却的区别是配置了较大风量、风压的风机，所以又称为强制通风冷却。这种冷却方式的冷却速率比冷藏间冷却高，但不及差压式冷却。

3）差压式冷却。图5-3为差压式冷却装置。将食品放在出风口两侧，并铺上盖布，使高、低压端形成2~4kPa压差，利用这个压差，使−5~10℃的冷风以0.3~0.5m/s的速度通过箱体上开设的通风孔，顺利地在箱体内流动，用此冷风进行冷却。根据食品种类的不同，差压式冷却一般需4~6h，有的可在2h左右完成。一般最大冷却能力为货物占地面积70m^2，若大于该值，可对储藏空间进行分隔，在每个小空间设出气口。

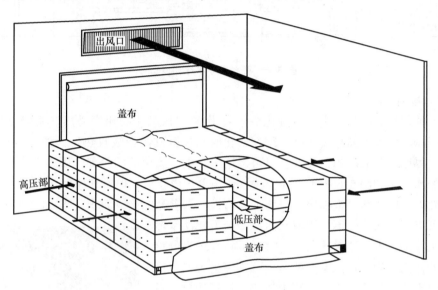

图5-3　差压式冷却装置

差压式冷却具有能耗小、冷却速度快（相对于其他空气冷却方式）、冷却均匀、可冷却的品种多、易于由强制通风冷却改建而成的优点。但它也有食品干耗较大、货物堆放（通风口要求对齐）麻烦、冷库利用率低的缺点。

3. 冷水冷却及其设备

冷水冷却是指用0~3℃的低温水作为冷媒，把被冷却食品冷却到要求温度。水和空气相比热容量大，冷却效果好。冷水冷却设备一般有三种类型：喷水式、浸渍式和混合式。

喷水式冷水冷却设备如图5-4所示。它主要由冷却水槽、传送带、冷却隧道、水泵和制冷系统等组成。在冷却水槽内设冷却盘管，由压缩机制冷，使盘管周围的水部分结冰，因而冷却水槽中是冰水混合物，泵将冷却的水抽到冷却隧道的顶部，被冷却食品则从冷却隧道的传送带上通过，冷却水从上向下喷淋到食品表面。冷却室顶部的冷水喷头，根据食品不同而大小不同：对耐压产品，喷头孔较大，为喷淋式；对较柔软的品种，喷头孔较小，为喷塞式，以免由于水的冲击造成食品损坏。

关于浸渍式冷却设备，一般在冷水槽底部有冷却排管，上部有放冷却食品的传送带。将欲冷却食品放入冷却槽中浸没，靠传送带在槽中移动，经冷却后输出。冷水冷却设备适用于家禽、鱼、蔬菜、水果的冷却，冷却速度较快，无干耗。但若冷水被污染，就会通过冷水介质传染给其他食品，影响食品的冷却质量。

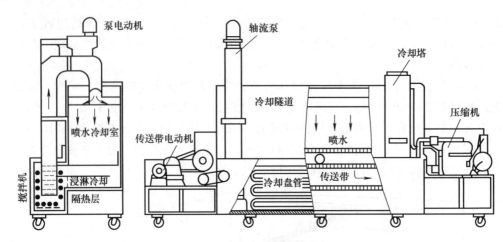

图 5-4　喷水式冷水冷却设备

4. 碎冰冷却

冰是一种很好的冷却介质，冰融化成水要吸收 334kJ/kg 的相变潜热。用碎冰冷却生鲜食品时，碎冰与生鲜食品直接接触，冰在融化时从生鲜食品中吸收热量而使生鲜食品冷却。碎冰冷却主要用于鱼的冷却，此外它也可以用于水果、蔬菜等的冷却。图 5-5 是蔬菜的冰藏法。鱼类的冰藏法如图 5-6 所示。此方法操作简单、成本低，但冷却速度较慢。为了提高碎冰冷却的效果，应使冰尽量细碎，以增加冰与被冷却食品的接触面积。碎冰冷却中可以用淡水冰，也可以用海水冰，不过用海水冰冷却鱼类比淡水冰好，因海水冰的熔点比淡水冰低（-1℃），并有较强的抑制酶活性的作用，用海水冰保藏的鱼类可不失去天然色泽和硬度。海水冰可在渔船出海过程中在船上自行产生，有片状、柱状和雪花状等多种。用冰冷却的鱼不能长期保藏，一般只储藏 8~10 天，最多不超过 13~14 天。用防腐冰或抗生素冰可延长冷却鱼的储藏期。例如，用次氯酸钠冰冷却鱼，可保藏 17~18 天，但这类添加物不可随意添加。

图 5-5　蔬菜的冰藏法

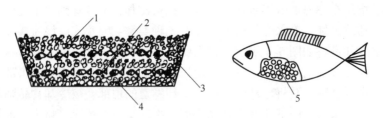

图 5-6　鱼类的冰藏法

1—盖冰　2—添冰　3—堆冰　4—垫冰　5—抱冰

三、生鲜食品冷却时的变化

（一）水分蒸发（干耗）

食品在冷却时，不仅食品的温度下降，而且食品中汁液的浓度会有所增加，同时食品表面水分蒸发，出现干燥现象。食品中的水分减少，不但会造成质量损失（俗称干耗），而且会使植物性食品失去新鲜饱满的外观，当减重达到5%时，水果、蔬菜会出现明显的凋萎现象。肉类食品在冷却储藏中也会因水分蒸发而发生干耗，同时肉的表面收缩、硬化，形成干燥皮膜，肉色也有变化。鸡蛋在冷却储藏中，因水分蒸发而造成气室增大，使蛋内组织挤压在一起而造成质量下降。

为了减少水果、蔬菜类食品冷却时的水分蒸发量，要根据它们各自的水分蒸发特性，控制其适宜的湿度、温度及风速。表5-6是根据水分蒸发特性对果蔬类食品进行的分类。

表5-6　根据水分蒸发特性对果蔬类食品进行的分类

水分蒸发特性	水果、蔬菜的种类
A型（蒸发量小）	苹果、梨、橘子、柿子、西瓜、葡萄（欧洲种）、马铃薯、洋葱
B型（蒸发量中等）	白桃、李子、无花果、番茄、甜瓜、莴苣、萝卜
C型（蒸发量大）	樱桃、杨梅、葡萄（美国种）、叶菜类、蘑菇、龙须菜

冷却储藏中因水分蒸发造成的肉类胴体的干耗情况如表5-7所示。肉类水分蒸发的量与冷却室内的温度、湿度及气体流速有密切关系，还与肉的种类、单位质量、表面积的大小、表面形状、脂肪含量等有关。

表5-7　冷却储藏中肉胴体的干耗情况（%）

时　间	牛	小　牛	羊	猪
12h	2.0	2.0	2.0	1.0
24h	2.5	2.5	2.5	2.0
36h	3.0	3.0	3.0	2.5
48h	3.5	3.5	3.5	3.0
8天	4.0	4.0	4.5	4.0
14天	4.5	4.6	5.0	5.0

注：室内温度为1℃，相对湿度为80%~90%，气体流速为0.2m/s。

（二）冷害

在冷却储藏时，有些水果、蔬菜的品温虽然在冻结点以上，但当储藏温度低于某一界限温度时，果蔬正常的生理机能遇到障碍，失去平衡，这称为冷害。冷害症状随品种的不同而各不相同，最明显的症状是表皮出现软化斑点和核周围肉质变色，如西瓜表面凹斑、鸭梨的黑心病和马铃薯的发甜等。表5-8列举了一些水果、蔬菜发生冷害的界限温度与症状。

表5-8　水果、蔬菜发生冷害的界限温度与症状

种　类	界限温度/℃	症　状
香蕉	11.7~13.8	果皮发黑，催熟不良
西瓜	4.4	凹斑，风味异常
黄瓜	7.2	凹斑，水浸状斑点，腐败
茄子	7.2	表皮变色，腐败
马铃薯	4.4	发甜，褐变
番茄（熟）	7.2~10	软化，腐烂
番茄（生）	12.3~13.9	催熟果颜色不好，腐烂

另有一些水果、蔬菜，在外观上看不出冷害的症状，但冷藏后再放到常温中，就丧失了正常的促进成熟的能力，这也是冷害的一种。例如，如果将香蕉放入低于 11.7℃ 的冷藏室内一段时间，拿出冷藏室后表皮变黑成腐烂状，俗称"见风黑"，而生香蕉的成熟作用能力则已完全失去。一般来讲，产地在热带、亚热带的果蔬容易发生冷害。必须强调的是，需要在低于界限温度的环境中放置一段时间后冷害才能显现。症状出现最早的品种是香蕉，而像黄瓜、茄子一般则需要 10~14 天的时间。

（三）移臭（串味）

有强烈香味或臭味的食品，与其他食品放在一起冷却储藏，其香味或臭味就会传给其他食品。这样，食品原有的风味就会发生变化，使品质下降。有时，一间冷藏室内放过具有强烈气味的物质后，在室内留下的强烈气味会串给接下来放入的食品。要避免上述两种情况，就要求在管理上做到专库专用，或者在一种食品出库后严格消毒和除味。另外，冷藏库还具有一些特有的臭味，俗称冷臭，这种冷臭也会串给冷却食品。

（四）生理作用

水果、蔬菜在收获后仍是有生命的活体，为了运输和储藏的便利，一般在尚未完全成熟时收获，因此收获后有一个后熟过程。在冷却储藏过程中，如果条件合适，水果、蔬菜的后熟作用仍能继续进行，体内所含的成分也不断发生变化。例如，淀粉和糖的比例变化、糖和酸的比例变化、果胶物质的变化及维生素 C 的减少等，还可看到香味、颜色、硬度的变化。

（五）成熟作用

刚屠宰的动物的肉是柔软的，并具有很高的持水性，经过一段时间放置后，就会进入僵硬阶段，此时肉质变得粗硬，持水性也大大降低。继续延长放置时间，肉就会进入解僵阶段，此时肉质又变软，持水性也有所恢复。进一步放置，肉质就进一步柔软，口味、风味也有极大的改善，达到了最佳食用状态。这一系列变化是肉内进行的一系列生物化学变化和物理化学变化的结果。由于这一系列的变化，肉变得柔嫩，并具有特殊的鲜、香风味。肉的这种变化过程称为肉的成熟。这是一种受人欢迎的变化。由于动物种类的不同，成熟作用的效果也不同。对猪、家禽等肉质原来就较柔嫩的品种来讲，成熟作用不十分重要，但对牛、绵羊、野禽等，成熟作用就十分重要，它对肉质的软化与风味的增加有显著的效果，提高了它们的商品价值。但是，必须指出的是，成熟过程如果进行得太过的话，肉质就会进入腐败阶段，一旦进入腐败阶段，肉类的商品价值就会下降甚至丧失。

（六）脂类的变化

冷却储藏过程中，食品中所含的油脂会发生水解、脂肪酸的氧化、聚合等复杂的变化，其反应生成的低级醛、酮类物质会使食品的风味变差、味道恶化，使食品出现变色、酸败和发黏等现象。这种变化进行得非常严重时，就被人们称为"油烧"。

（七）淀粉老化

普通淀粉大致由20%的直链淀粉和80%的支链淀粉构成，这两种成分形成微小的结晶，这种结晶的淀粉叫β-淀粉。淀粉在适当温度下，在水中溶胀分裂形成均匀的糊状溶液，这种作用叫糊化作用。糊化作用实质上是把淀粉分子间的氢键断开，水分子与淀粉形成氢键，形成胶体溶液。糊化的淀粉又称为α-淀粉。食品中的淀粉是以α-淀粉的形式存在的，但是在接近0℃的低温范围内，糊化了的α-淀粉分子又自动排列成序，形成致密的高度晶化的不溶性淀粉分子，迅速出现了淀粉的β化，这就是淀粉的老化。老化的淀粉不易为淀粉酶作用，所以也不易被人体消化吸收。水分含量在30%~60%的淀粉最易老化，含水量在10%以下的干燥状态及在大量水中的淀粉都不易老化。

淀粉老化作用的最适温度是2~4℃。例如，面包在冷却储藏时淀粉迅速老化，味道就变得很不好吃。又如，土豆放在冷藏陈列柜中储存时，也会有淀粉老化的现象发生。当储存温度低于-20℃或高于60℃时，均不会发生淀粉老化现象。

（八）微生物增殖

食品中的微生物若按温度划分可分为低温细菌、中温细菌和高温细菌，其增殖的温度范围参见表5-9。在冷却、冷藏状态下，微生物特别是低温微生物，它的繁殖和分解作用并没有被充分抑制，只是速度变得缓慢了一些，其总量还是增加的，如时间较长，就会使食品发生腐败。

表5-9　细菌增殖的温度范围

类　　别	最低温度/℃	最适温度/℃	最高温度/℃
低温细菌	-5~5	20~30	35~45
中温细菌	10~15	35~40	40~50
高温细菌	35~40	55~60	65~75

低温细菌在0℃以下繁殖变得缓慢，但如果要它们停止繁殖，一般来说温度要降到-10℃以下。对于个别低温细菌，在-40℃的低温下仍有繁殖现象。

（九）寒冷收缩

宰后的牛肉在短时间内快速冷却，肌肉会发生显著收缩，以后即使经过成熟过程，肉质也不会十分软化，影响品质，这种现象叫寒冷收缩。一般来说，快速冷却容易发生寒冷收缩，如牛肉、羊肉就很明显。一般来说，宰后10h内，肉温降到8℃以下，容易发生寒冷收缩现象。但这温度与时间并不固定，成牛与小牛，或者同一头牛的不同部位的肉都有差异。例如，成牛的肉温低于8℃，而小牛的肉温则低于4℃。按照过去的概念，肉类宰杀后要迅速冷却，但近年来由于冷却肉的销售量不断扩大，为了避免寒冷收缩的发生，国际上正研究不引起寒冷收缩的冷却方法。

▶ 知识窗

果蔬冷库干雾控湿保鲜技术

苏州大福食品公司与中科院华南植物园、南京农业大学等单位合作研究出的干雾控湿生物保鲜技术，在果蔬保鲜和降低储藏成本方面具有良好效果，其"干雾"系统既能保持高湿度，又能防止高湿度引起的落水、滴水现象，因而在保持果蔬新鲜度、减少果蔬失重率、延长果蔬保鲜期等方面可以发挥十分重要的作用。2018年5月23日，怀化佳惠集团捐赠给靖州一个干雾控湿保鲜集装箱，使靖州杨梅保鲜时间由原来的30h延长至30天。该技术被誉为成就冷链蓝海巨舰的关键冷链技术之一。

该干雾控湿保鲜系统由三部分组成：电脑控制终端、湿度调节感应系统、干雾喷雾器。电脑控制终端用于设定储藏所需的温度、湿度、干雾喷射时长与间隔等参数，具体依据客户需求而定，可记录湿度水平和干雾喷洒记录，以图表或表格方式呈现在显示屏上。湿度调节感应系统通过光纤技术，可控制高达95%~98%的相对湿度，一般来说，在如此高湿度条件下，其他湿度计会停止工作。比起一般湿度感应器，干雾控湿技术所对应的湿度计更精确、更可靠，完全受室外电脑控制，在密封的气调室内跟踪湿度水平，每 4min 一个跟踪周期。干雾喷雾器通过压缩空气来产生"干雾"，干雾是极微小的水滴，其大小不超过 10μm。这种小水滴在到达地面前，就已蒸发、进入空气。喷雾器将汽化水珠喷入空气中，以降低植物的蒸发速度，使这些植物的表面依旧干燥，将水分锁定在其内部。干雾喷雾器 1.5mm 的大孔径不会像针眼喷雾器那样存在堵塞问题，且喷雾器内没有可活动的零件，因而不会发生内部损坏无法维修的问题。空气压缩机可放在储藏室里面或外面，以保证适宜的气调混合性。

一般的制冷系统会除去储藏室空气中的水分，但干燥空气会加剧果蔬的蒸发和失水速度，导致果蔬等产品失重、经济价值降低。如土豆在储藏过程中，若不增加湿度，半年后，将损失 10%~12% 的重量。而干雾控湿保鲜系统可在果蔬表面不落水的前提下，将失重率降至 2%。该控制系统可将相对湿度控制在 95%~98%，并保证其新鲜品质。

该技术目前已经在市场上进行推广并得到了广泛应用，可用在土豆、甜薯、胡萝卜、洋葱，还有猕猴桃、荔枝等多种果蔬产品的保鲜储藏过程中。其"干雾"系统可安装在开放的流通室中，用箱子、袋子或大体积的容器盛放果蔬。系统的模块设计适用于各种型号的储藏室，很多储藏室可直接安装这种保鲜设备，改装费用很低。除具有上述优点外，干雾控湿保鲜技术还可达到提升堆积高度、用作喷洒设施、防止冷冻结冰及保证商品市场价格等效果。

（资料来源：改编自①邱德生，校企共研果蔬冷库干雾控湿保鲜技术，中国食品报，2014-03-05；②搜狐，成就"冷链蓝海巨舰"的关键科学——冷链技术，sohu.com/a/219574337_653523；③华声在线，厉害了！这个"箱子"能将杨梅保鲜时间延长至 30 天，hh.voc.com.cn/view.php?tid=3641&cid=2。）

第三节　生鲜食品的冻结技术

一、生鲜食品冻结的目的

生鲜食品冻结的目的是移去生鲜食品中的显热和潜热，在规定的时间内将生鲜食品的温度降到冻结点以下，使生鲜食品中的可冻水分全部冻结成冰。达到冻结终了温度后，生鲜食品送往冻结物冷藏间储藏。因为生鲜食品可近似看作溶液，而溶液在冻结的过程中，随着固相冰不断析出，剩余液相溶液的浓度不断升高，冻结点不断下降，其完全冻结温度远低于 0℃。

对于生鲜食品材料，因含有许多成分，冻结过程从最高冻结温度（或称初始冻结温度）开始，在较宽的温度范围内不断进行，一般至 -40℃ 才完全冻结（个别生鲜食品到 -95℃ 还没有完全冻结）。目前，国际上推荐的冻结温度一般为 -18℃ 或 -40℃。冻结生鲜食品中微生物的生命活动及酶的生化作用均受到抑制，水分活度下降，冷冻生鲜食品可以做长期储藏。

生鲜食品在冻结过程中所含水分要结冰，鱼、肉、禽等动物性食品若不经前处理直接冻结，解冻后的感官品质变化不大，但水果、蔬菜类植物性食品若不经前处理直接冻结，解冻后的感官品质就会明显恶化。所以，蔬菜冻前需进行烫漂，水果要进行加糖或糖液等前处理后再去冻结。如何把食品冻结过程中水变成冰结晶及低温造成的影响降到最低，是冻结技术的关键。

二、生鲜食品冻结的方法与装置

（一）生鲜食品的冻结方法

1. 冻结的基本方式

按生鲜食品在冷却、冻结过程中放出的热量被冷却介质（气体、液体或固体）带走的方式进行分类，冻结方式有以下几种：

1）鼓风式冻结。鼓风式冻结是用空气作为冷却介质，使其强制循环以冻结生鲜食品的方法。鼓风式冻结是目前应用最广泛的一种冻结方法。由于空气的表面传热系数较小，在静止空气中冻结的速度很慢，故工业生产中已不大采用。增大风速，能使冻品表面传热系数增大，这样冻结速度可加快。

2）接触式冻结。接触式冻结的特点是将被冻食品放置在两块金属平板之间，依靠导热来降低食品温度。因为金属的热导率比空气的表面传热系数大数十倍，所以接触式冻结法的冻结速度快。它主要适用于冻结块状或规则形状的食品。

3）半接触式冻结。半接触式冻结法主要是指被冻生鲜食品的下部与金属板直接接触，靠导热传递热量。上部由空气强制循环，进行对流换热，加快食品冻结。

4）液化气体喷淋冻结。液化气体喷淋冻结又称深冷冻结。这种冻结方法的主要特点是将液氮或液态二氧化碳直接喷淋在食品表面进行急速冻结。用液氮或液态二氧化碳冻结生鲜食品时，其冻结速度很快，冻品质量也高，但要注意防止生鲜食品的冻裂。

5）沉浸式冻结。沉浸式冻结的主要特点是将被冻生鲜食品直接沉浸在不冻液（盐水、乙二醇、丙二醇、酒精溶液或糖溶液）中进行冻结。由于液体的表面传热系数比空气的大几十倍，故沉浸式冻结法的冻结速度快，但不冻液需要满足食品卫生要求。

2. 快速冻结与慢速冻结

国际制冷学会对食品冻结速度的定义做了如下规定：食品表面至热中心点的最短距离与食品表面温度达到0℃后，食品热中心点的温度降至比冻结点低10℃所需时间之比，称为该食品的冻结速度 v（cm/h）。

快速冻结 $v \geq 5 \sim 20$cm/h。

中速冻结 $v = 1 \sim 5$cm/h。

慢速冻结 $v = 0.1 \sim 1$cm/h。

目前国内使用的各种冻结装置，由于性能不同，冻结速度差别很大。一般鼓风式冻结装置的冻结速度为 $0.5 \sim 3$cm/h，属中速冻结；流态化冻结装置的冻结速度为 $5 \sim 10$cm/h，液氮冻结装置的冻结速度为 $10 \sim 100$cm/h，属快速冻结装置。

（二）生鲜食品的冻结装置

1. 鼓风式冻结装置

鼓风式冻结装置发展很快、应用很广，有间歇式、半连续式、连续式三种基本形式。在气流组织、冻品的输送传递方式上均有不同的特点与要求，因此就有不同类型的冻结装置。下面介绍几种连续式鼓风冻结装置。

（1）流态化冻结装置

流态化冻结的主要特点是将被冻食品放在开孔率较小的网带或多孔槽板上，高速冷空气流自下而上流过网带或槽板，将被冻食品吹起呈悬浮状态，使固态被冻食品具有类似于流体的某些表现特性。在这样的条件下进行冻结，称为流态化冻结。

流态化冻结的主要优点为：换热效果好，冻结速度快，冻结时间短；冻品脱水损失少，冻品质量高；可实现单体快速冻结（IQF），冻品相互不黏结；可进行连续化冻结生产。

按机械传送方式的不同，流态化冻结装置可分为以下三种基本类型：

1）带式（不锈钢网带或塑料带）流态化冻结装置。这是一种使用最广泛的流态化冻结装置，大多采用两段式结构，即被冻食品分成两区段进行冻结。第一区段主要为食品表层冻结段，使被冻食品进行快速冷却，将表层温度很快降到冻结点并冻结，使颗粒间或颗粒与传送带间呈离散状态，彼此互不黏结；第二区段为冻结段，将被冻食品冻结至热中心温度为 $-18 \sim -15℃$。带式流态化冻结装置具有变频调速装置，对网带的传递速度进行无级调速。蒸发器多数为铝合金管与铝翅片组成的变片距结构，风机为离心式或轴流式（风压较大，一般在 490Pa 左右）。这种冻结装置还附有振动滤水器、斗式提升机和布料装置、网带清洗器等设备。带式流态化冻结装置如图 5-7 所示。冻结能力为 $1 \sim 5t/h$。

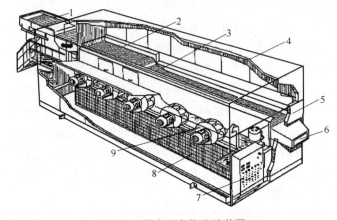

图 5-7　带式流态化冻结装置

1—振动布料进冻口　2—表层冻结段　3—冻结段　4—隔热箱体　5—网带传动电动机
6—出冻口　7—电控柜及显示器　8—蒸发器　9—离心式风机

2）振动式流态冻结装置。这种冻结装置的特点是被冻食品在冻品槽（底部为多孔不锈钢板）内，由连杆机构带动做水平往复式振动，以增加流化效果。图 5-8 为瑞典某公司生产的 MA 型往复振动式流态冻结装置。它具有气流脉动机构，由电动机带动的旋转式风门组成，按一定的速度旋转，使通过流化床和蒸发器的气流流量不断增减，搅动被冻食品层，从而更有效地冻结各种软嫩和易碎食品。风门的旋转速度是可调的，可调节至各种被冻食品的最佳脉动旁通气流量。

3）斜槽式（固定板式）流态冻结装置。斜槽式（固定板式）流态冻结装置如图 5-9 所示，其特点是无传送带或振动筛等传动机构，主体部分为一块固定的多孔底板（称为槽），槽的进口稍高于出口，被冻食品在槽内依靠上吹的高速冷气流降温，并借助于具有一定倾斜角的槽体，向出料口流动。料层高度可由出料口的导流板进行调节，以控制冻结时间和冻结能力。这种冻结装置具有构造简单、成本低、冻结速度快、流化质量好和冻品温度均匀等特点。在蒸发温度为 $-40℃$ 以下、垂直向上风速为 $6 \sim 8m/s$、冻品间风速为 $1.5 \sim 5m/s$ 时，冻结时间为 $5 \sim 10min$。这种冻结装置的主要缺点是：风机功率大，风压高（一般在 980~

1370Pa），冻结能力较小。

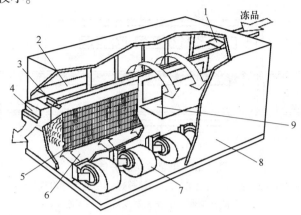

图 5-8 MA 型往复振动式流态冻结装置

1—布料振动器 2—冻品槽 3—出料挡板 4—出冻口 5—蒸发器

6—静压箱 7—离心式风机 8—隔热箱体 9—观察台

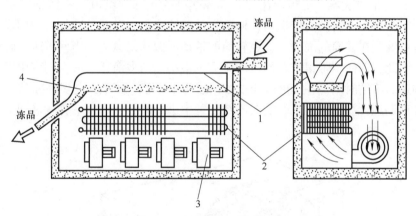

图 5-9 斜槽式（固定板式）流态冻结装置

1—斜槽 2—蒸发器 3—离心式风机 4—出料挡板

（2）钢带连续式冻结装置

钢带连续式冻结装置是在连续式隧道冻结装置的基础上发展起来的，如图 5-10 所示。钢带连续式冻结装置换热效果好。被冻食品的下部与钢带直接接触进行导热换热，上部为强制空气对流换热，故冻结速度快。在空气温度为 −35 ~ −30℃时，冻结时间随冻品的种类、厚度不同而异，一般在 8~40min。为了提高冻结速度，在钢带的下面加设一块铝合金平板蒸发器（与钢带相紧贴），这样换热效果比单独使用钢带要好，但安装时必须注意钢带与平板蒸发器的紧密接触。

另一种结构形式是用不冻液（常用氯化钙水溶液）在钢带下面喷淋冷却，代替平板蒸发器。这种形式虽然可起到接触式导热的效果，但是不冻液盐水系统需增加盐水蒸发器、盐水泵、管道和喷嘴等许多设备，同时需要解决盐水对设备的腐蚀问题。

由于网带或钢带传动的连续冻结装置占地面积大，人们进一步研究开发出多层传送带的螺旋式冻结装置。这种传送带的运动方向不是水平的，而是沿圆周方向做螺旋式旋转运动，这就避免了水平方向传动因长度太长而造成占地面积大的缺点。

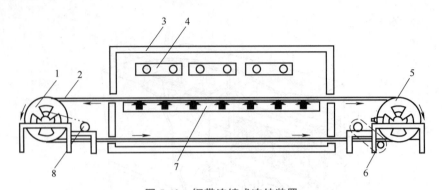

图 5-10 钢带连续式冻结装置

1—主动轮 2—不锈钢传送带 3—隔热外壳 4—空气冷却器 5—从动轮
6—钢带清洗器 7—平板蒸发器 8—调速装置

（3）螺旋式冻结装置

螺旋式冻结装置如图 5-11 所示。它主要由转筒、不锈钢网带（传送带）、空气冷却器（蒸发器）、传送带清洗器、变频调速装置和隔热外壳等部件组成。不锈钢网带的一侧紧靠在转筒上，靠摩擦力和转筒的传送力，使网带随着转筒一起运动。网带需专门设计，既可直线运行，也可缠绕在转筒的圆周上，在转筒的带动下做圆周运动。当网带脱离转筒后，依靠链轮带动。因此，即使网带很长，网带的张力也很小，动力消耗不大。网带由变频调速装置进行无级调速。冻结时间可在 20min 至 2.5h 范围内变化，故可适应多种冻品的要求，从食品原料到各种调理食品，都可在螺旋式冻结装置中进行冻结，这是一种发展前途很大的连续冻结装置。

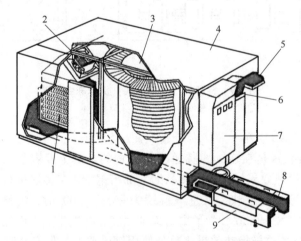

图 5-11 螺旋式冻结装置（单螺旋式结构）

1—蒸发器 2—轴流风机 3—转筒 4—隔热外壳 5—出冻口 6—变频调速装置
7—电器控制箱 8—进冻口 9—传送带清洗器

图 5-11 为单螺旋式结构，若不锈钢网带（传送带）很长，冻结装置将很高，操作不方便，并且冻品出冻时容易造成机械损伤。针对这个问题后来开发出了如图 5-12 所示的双螺旋式冻结装置，使冻品进、出时均处于相同水平位置，克服了上述缺点。图 5-13 为双螺旋式冻结装置的实物示意图。

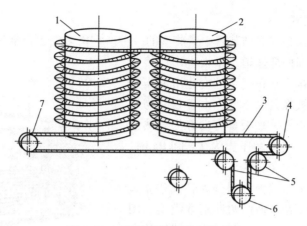

图 5-12　双螺旋式冻结装置的结构

1—上升转筒　2—下降转筒　3—不锈钢网带（传送带）　4、7—出冻链轮　5—固定轮　6—张紧轮

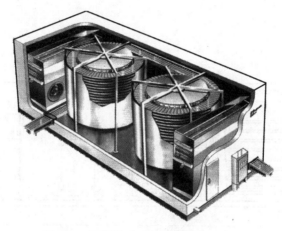

图 5-13　双螺旋式冻结装置实物示意图

（4）气流上下冲击式冻结装置

气流上下冲击式冻结装置如图 5-14 所示。它是连续式隧道冻结装置的一种最新型式，因其在气流组织上的特点而得名。在这种冻结装置中，由空气冷却器吹出的高速冷空气分别进入上下两个静压箱。在静压箱内，气流速度降低，由动压转变为静压，并在出口处装有许多喷嘴，气流经喷嘴后又产生高速气流（流速在 30m/s 左右）。此高速气流垂直吹向不锈钢网带上的被冻食品，使其表层很快冷却。被冻食品的上部和下部都能均匀降温，完成快速冻结。这种冻结装置是 20 世纪 90 年代美国约克公司开发出来的。我国目前也有类似产品，并且将静压箱出口处设计为条形风道，不用喷嘴，风道出口处的风速可达 15m/s。

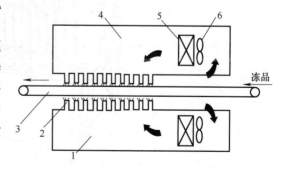

图 5-14　气流上下冲击式冻结装置

1、4—静压箱　2—喷嘴　3—不锈钢网带
5—蒸发器　6—轴流风机

2. 接触式冻结装置

平板冻结装置是接触式冻结装置中最典型的一种。它由多块铝合金为材料的平板蒸发器组成，平板内有制冷剂循环通道。平板进出口接头由耐压不锈钢软管连接。平板间距的变化由油压系统驱动进行调节，将被冻食品压紧。由于食品与平板间接触紧密，并且铝合金平板具有良好的导热性能，故其传热系数高。当接触压力为 7~30kPa 时，传热系数可达 98~120W/（m² · K）。

平板冻结装置按平板放置方向分为卧式和立式（主要应用于渔轮等冻结作业）两种基本类型。图 5-15 和图 5-16 分别是 SKD 铝合金平板冻结机的实物示意图和结构图。立式平板冻结装置的结构如图 5-17 所示。

图 5-15　SKD 铝合金平板冻结机实物示意图

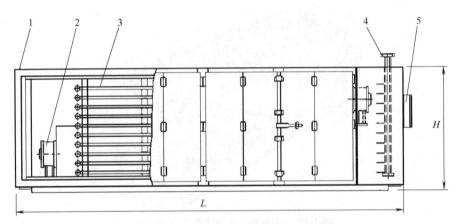

图 5-16　SKD 铝合金平板冻结机结构图

1—保温库板　2—冷库风机　3—铝平板搁架　4—供回集管　5—电控箱

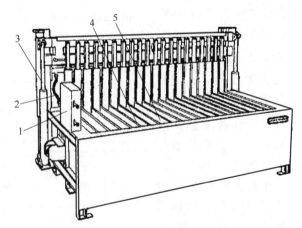

图 5-17　立式平板冻结装置

1—操纵箱　2—制冷剂软管　3—液压升降柱　4—冷冻板　5—冻结区

3. 液氮喷淋冻结装置

与一般的冻结装置相比，液氮或液态二氧化碳冻结装置的冻结温度更低，所以常称为低温或深冷冻结装置。这种冻结装置中，没有制冷循环系统，冻结设备简单、操作方便、维修保养费用低、冻结装置功率消耗很小、冻结速度快（比平板冻结装置快 5~6 倍）、冻品脱水损失少、冻品质量高。液氮喷淋冻结装置的结构如图 5-18 所示。它由三个区段组成，即预冷段、液氮喷淋段和冻结均温段。液氮的汽化潜热为 198.9kJ/kg，比定压热容为 1.034kJ/(kg·K)，沸点为 -195.8℃。从沸点到 -20℃ 所吸收的总热量为 383kJ/kg，其中从 -195.8℃ 的氮气升温至 -20℃ 时，吸收的热量为 182kJ/kg，约与汽化潜热相等，这是液氮的一个特点。在实际应用时，这部分冷量不要浪费掉。液氮冻结装置的主要缺点是冻结成本高，约比一般鼓风冻结装置高 4 倍左右，主要是因为液氮的成本较昂贵，液氮的消耗量大。对 50mm 厚的食品，经 10~30min 即可完成冻结，冻结后食品表面温度为 -30℃，热中心温度达 -20℃，一般每千克冻品的液氮消耗量为 0.9~2kg。

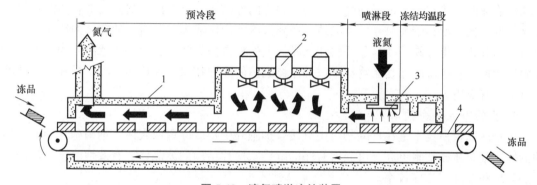

图 5-18　液氮喷淋冻结装置

1—隔热箱体　2—轴流风机　3—液氮喷嘴　4—传送带

还有一种液氮喷淋与空气鼓风相结合的冻结装置，被冻食品先经液氮喷淋，使其表层很快冻结，这样可减少脱水损耗；然后再进入鼓风式冻结装置，完成产品冻结过程。这样的冻结装置，可使冻结能力增大，液氮的消耗量也可减少。

三、新冷冻技术在食品中的应用

1. 被膜包裹冻结技术

被膜包裹冻结技术也叫冰壳冻结技术，其冻结过程包括被膜形成、缓慢冷却、快速冷却和冷却保存四个步骤。该方法具有较多的优点：食品冻结时形成的被膜可以抑制食品膨胀变形；限制冷却速度，形成的冰结晶细微，不会产生大的冰结晶；防止细胞破坏，产品可以自然解冻食用；食品口感好，没有老化现象。

2. 超声冷冻技术

超声冷冻技术是将功率超声技术和食品冷冻相互耦合，利用超声波作用改善食品冷冻过程。其优势在于超声可以强化冷冻过程传热、促进食品冷冻过程的冰结晶、改善冷冻食品品质等方面。超声波作用引发的各种效应，能使边界层减薄，接触面积增大，传热阻滞减弱，有利于提高传热速率，强化传热过程。研究表明，超声波能促进冰结晶的成核和抑制晶体生长。另外，超声冷冻技术仅仅在食品冷冻过程中施加超声波外场能量而无须添加任何添加剂改善品质，符合现代食品工业发展绿色食品的要求。有关超声冷冻技术的应用已有研究报道，如超声对制造冰冻糖果影响的研究表明，超声辐照所产生的冰晶体的粒度明显减少，在固体中分布更均匀，这就使冰冻糖果比常规产品更坚硬，并且使冰冻糖果与木质手柄结合得更牢固，增加了产品在消费者中受欢迎的程度。

3. 高压冷冻技术

利用压力的改变控制食品中水的相变行为，在高压条件（200~400MPa）下，将食品冷却到一定温度，此时水仍不结冰，然后迅速解除压力，在食品内部形成粒度小而均匀的冰晶体，而且冰晶体的体积不会膨胀，能够减少对食品组织内部的损伤，获得能保持原有食品品质的冷冻食品。

4. 冰核活性细菌冻结技术

对生物冰核的研究领域正不断拓宽和深入，已从冰核细菌发展到冰核真菌，目前已报道了4个属11个种冰核真菌，除3种为地衣真菌外，其余8种均属于镰刀菌属。利用冰核细菌辅助冷冻的优势在于：可以提高食品物料中水的冻结点，缩短冷冻时间，节省能源；促进冰晶体的生长，形成较大尺寸的冰晶体，在降低冷冻操作成本的同时，使后续的冰晶体与浓缩物料的分离变得容易；使食品物料在冰晶体上的夹带损失降低，提高了冰晶体的纯度，减少固形物损失。在待冷冻食品物料中添加冰核细菌的冷冻技术，在食品冷冻干燥和果汁冷冻浓缩中已有应用。

5. 生物冷冻蛋白技术

生物冷冻蛋白技术是在食品物料中直接添加胞外生物冷冻蛋白聚体。细菌胞外冷冻蛋白的活性比整个冰核细胞更高，可获得有序的纤维状薄片结构的冰晶体，有效地改善了冷冻食品的质地和提高了冷冻效率。

6. 即时冻结技术

即时冻结是由动磁场与静磁场组合，从壁面释放出微小的能量，使食品中的水分子呈细小且均一化状态，然后将食品从过冷却状态立即降温到-23℃以下而被冻结。采用这种技术处理的食品，由于最大限度地抑制了冰晶体膨胀，食品的细胞组织不被破坏，解冻后能恢复到食品刚制作时的色、香、味和鲜度，并且无液汁流失现象，口感和保水性都得到较好保持。

7. 减压冷冻技术

减压冷冻技术是由真空冷却、低温保存和气体储藏组成，它具有低温和低氧的特点，抑止了微生物生长和呼吸，减少了氧气和二氧化碳对食品的影响（损害）。因此，减压冷冻技术不仅有快速冷冻、延长保藏时间和提高储藏质量的优点，还可以延长食品的货架期。

四、食品冻结时的变化

（一）物理变化

1. 体积膨胀，产生内压

水在4℃时体积最小，因而密度最大，为$1000kg/m^3$。0℃时水结成冰，体积约增加9%，在食品中体积约增加6%。冰的温度每下降1℃，体积收缩0.01%~0.005%。两者相比，膨胀比收缩大得多，所以含水分多的食品冻结时体积会膨胀。食品冻结时，首先是表面水分结冰，然后冰层逐渐向内部延伸，产生的内压称作冻结膨胀压，纯理论计算其数值可高达

8.7MPa。食品越厚，食品的含水量越多，冻结膨胀压越大。当外层受不了这样的压力时就会破裂，逐渐使内压消失。例如，采用-196℃的液氮冻结金枪鱼时，由于厚度较大，冻品发生龟裂就是内压造成的。食品厚度大、含水率高、表面温度下降极快时易产生龟裂。另外，压力还可能使内脏的酶类挤出、红细胞崩溃、脂肪向表层移动等，并因红细胞膜破坏，血红蛋白流出，从而加速肉的变色。日本为了防止因冻结内压引起冻品表面的龟裂，采用均温处理的二段冻结方式，先将鱼体降温至中心温度接近冻结点，取出放入-15℃的空气或盐水中使鱼体各部位温度趋于均匀，然后再用-40℃的氯化钙盐水浸渍或喷淋冻结至终点，可防止鱼体表面龟裂现象的发生。此外，冻结过程中水变成冰结晶后，体积膨胀使体液中溶解的气体从液相中游离出来，加大了食品内部的压力。冻结鳕鱼肉的海绵花，就是由于鳕鱼肉的体液中含有较多的氮气，随着水分冻结的进行成为游离的氮气，其体积迅速膨胀产生的压力将未冻结的水分挤出细胞外，在细胞外形成冰结晶所致。这种细胞外的冻结，使细胞内的蛋白质变性而失去保水能力，解冻后不能复原，成为富含水分并有很多小孔的海绵状肉质。严重的时候，用刀子切开其肉的断面像蜂巢，食味变淡。

2. 比热容

比热容是单位质量的物体温度升高或降低 1K（℃）所吸收或放出的热量。食品的冻结过程是内部水分转变为冰结晶的过程。构成食品的主要物质的热物理性质见表5-10。由表5-10 可以看出其中水的比热容是最大的，而食品的比热容大小与食品的含水量有关，因此，含水量多的食品比热容大，含脂量多的食品则比热容小。另外，对一定含水量的食品，冻结点以上比冻结点以下比热容大。比热容大的食品冷却和冻结时需要的冷量大，解冻时需要的热量也多。

表 5-10　构成食品的主要物质的热物理性质

物　　质	密度/（kg/m³）	比热容/[kJ/（kg·K）]	热导率/[W/（m·K）]
水	1000	4.182	0.60
冰	917	2.11	2.21
蛋白质	1380	2.02	0.20
脂肪	930	2.00	0.18
糖类	1550	1.57	0.25
无机物	2400	1.11	0.33
空气	1.24	1.00	0.025

3. 热导率

水在生鲜食品中的含量很高，见表5-10。冰的热导率约为水的 4 倍，其他成分的热导率基本上是一定的。所以当温度下降时，随着冰结晶向食品内部的移动，食品的热导率增大，冻结加快。解冻时随着冰结晶由内向外逐渐融化成水，热导率减小，解冻变慢。此外，食品的热导率还受含脂量的影响，含脂量高则热导率小。热导率还与热流方向有关，当热的移动方向与肌肉组织垂直时热导率小；平行时则大。

4. 冰结晶的分布

食品冻结时，冻结速度越快，冰晶体越大。动植物组织是由无数细胞构成的，水分存在于细胞内和细胞间隙，或结合，或游离。细胞内的水分与细胞间隙之间的水分由于其所含盐类等物质的浓度不同，冻结点也有差异。当温度降低时，那些和亲水胶体结合较弱或存在于低浓度部分中的水分，主要是处于细胞间隙内的水分，就会首先形成冰晶体。如果快速冻结，细胞内、外几乎同时达到形成冰晶体的温度条件，组织内冰层推进的速度也大于水分移动的速度，食品中冰晶体的分布接近冻前食品中液态水的分布状况，冰晶体呈针状，数量多，体积小，分布均匀。如果缓慢冻结，由于细胞外溶液浓度低，冰晶体首先产生，而此时细胞内的水分仍以液相形式存在，而同温度下水的蒸气压大于冰的蒸气压，在蒸气压差的作用下，细胞内的水分透过细胞膜向细胞外的冰晶体移动，使大部分水冻结于细胞间隙内，这样存于细胞间隙内的冰晶体就不断增大，形成较大的冰晶体且分布不均匀。冻结速度与冰晶体形状之间的关系见表5-11。由于食品冻结过程中细胞汁液浓缩，引起蛋白质冻结变性，保水能力降低，使细胞膜的透水性增加。缓慢冻结过程中，因晶核形成数量少，冰晶体生长速度快，所以生成大冰晶。图5-19是不同温度下冻结西红柿细胞的状态。

表5-11 冻结速度与冰晶体形状之间的关系

通过-5~0℃的时间	冰结晶				冰层推进速度 l/(cm/h) 与冰移动速度 w/(cm/h) 的关系
	位置	形状	大小（直径/μm×长度/μm）	数量	
数秒	细胞内	针状	（1~5）×（5~10）	无数	$l \geqslant w$
1.5min	细胞内	杆状	（0~20）×（20~500）	多数	$l > w$
40min	细胞内	柱状	（50~100）×100以上	少数	$l < w$
90min	细胞外	块粒状	（50~200）×200以上	少数	$l \leqslant w$

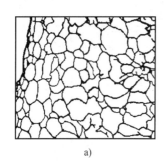 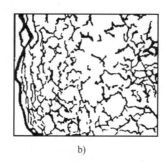 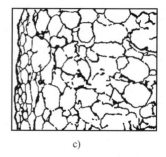

a)　　　　　　　　　　　b)　　　　　　　　　　　c)

图5-19 不同温度下冻结西红柿细胞的状态

a）冻结前的西红柿细胞　b）-5℃下缓慢冻结的西红柿细胞　c）-70℃下快速冻结的西红柿细胞

冰结晶的分布会影响食品解冻时流失液的多少。食品解冻时，内部冰结晶融化成水，如果这部分水分不能被组织细胞吸收，就会分离出来成为流失液。水分的流出是因为冻结过程中产生冰结晶，食品组织结构受到机械损伤造成的。一般来说，食品冻结速度快，冻藏温度高且波动大，冷藏时间越长，冰结晶就越大，对组织结构造成的机械损伤就越大。损伤严重时，组织细胞的间隙大，内部冰结晶融化成的水通过这些空隙向外流出；机械损伤轻微时，内部冰结晶融化的水因毛细管作用被保留在食品组织中，加压时才向外流失。一般来说，食品水分含量越高，流失液越多。例如，鱼比肉的流失液多，叶菜类比豆类的流失液多。经冻结前处理，如加盐、糖、磷酸盐，流失液少。食品原料切得越细小，流失液也越多。流失液的成分不仅是水，其中还包括能溶于水的蛋白质、盐类和维生素等成分。食品一旦发生体液流失现象，食品的质量、营养成分和风味也会损失，因此，流失液的产生率是评定冻结食品质量的指标之一。

5. 干耗

食品冻结过程中，食品中的水分从表面蒸发，造成食品的质量减少，俗称干耗。干耗不仅会造成企业很大的经济损失，还给冻品的品质和外观带来影响。例如，日宰 2000 头猪的肉联厂，干耗以 2% 或 3% 计算，年损失 600 多吨肉，相当于 15000 头猪。影响干耗的因素有：冻结室内空气与食品表面的蒸气压差、食品表面积、冻结时间、冻结室中的温度与风速等。

(二) 组织学变化

植物组织一般比动物组织解冻时损伤大，原因是：①植物组织有大的液泡，液泡使植物细胞保持高的含水量，含水量高则结冰时损伤大；②植物细胞有细胞壁，动物细胞只有细胞膜，壁比膜厚又缺乏弹性，冻结时易胀破；③二者细胞内成分不同，特别是高分子蛋白质和碳水化合物的含量不同，它的有机物组成是不一样的。由于这些差异，在同样冻结条件下，冰结晶的生成量、位置和形状不同，造成的机械损伤及胶体的损伤程度也不同。

植物组织缓慢冻结时，最初在细胞间隙及微管束处生成冰结晶。同温度下细胞液的蒸气压大于冰的蒸气压，于是细胞内的水向细胞间隙的冰上移动，在细胞外冻结起来。这种在细胞外结冰引起的细胞脱水，对于植物来说，其还能生存，如果冷却速度快，在细胞内形成冰结晶，则植物要死亡，故植物细胞死亡与冰结晶在细胞内形成有关，而与冷却温度和冻结时间无关。植物因冻结致死后氧化酶活性增强会出现褐变，故植物性食品（如蔬菜）在冻结前还应经烫漂工序处理以破坏酶的活性，防止褐变。动物性食品因是非活性细胞，则不需要此工序。

(三) 化学变化

1. 蛋白质变性

食品冻结后的蛋白质变化是造成质量和风味下降的原因，这是蛋白质变性所致。造成蛋白质变性的原因有以下几点：

1) 盐类、糖类及磷酸盐的作用。冰结晶生成时无机盐浓缩，使蛋白质变性。盐类中钙、镁等水溶性盐类能促进蛋白质变性，而磷酸盐等则能减缓蛋白质变性，按此原理将鱼肉搅碎，水洗以除去水溶性的钙盐、镁盐，然后再加 5% 磷酸盐（焦磷酸盐和多聚磷酸钠等量混合）和 5% 葡萄糖，调节 pH 到 6.5~7.2 进行冻结，效果较好。

2) 脱水作用。冰结晶的生成使蛋白质分子失去结合水，蛋白质分子受压集中，相互凝集。

3) 脂肪分解氧化产物的作用。脂肪对肌肉蛋白质的变性也有影响。脂肪水解产生游离脂肪酸，很不稳定，氧化产生低级醛、酸等产物，促使蛋白质变性。脂肪的氧化水解是在脂肪酶的作用下进行的，这些酶在低温下活性仍很强。

2. 食品的变色

食品在冻结时的变色主要是指水产品的褐变、黑变和褪色等。水产品变色的原因包括自然色泽的分解和产生新的变色物质两方面。前者如红色鱼皮的褪色等；后者如虾类的黑变、鳕鱼肉的褐变等。变色不但使水产品的外观变差，有时还会产生异味，影响冻品质量。

（四）生物和微生物的变化

这里所指的生物主要是寄生虫和昆虫之类的小生物，它们经过冻结都会死亡。牛肉、猪肉中寄生的钩绦虫的胞囊在冻结时会死亡，猪肉中旋毛虫的幼虫在-15℃下5天死亡。因此，冻结对肉类所带的寄生虫有杀死作用。有些国家对肉的冻结状态有规定，如美国对冻结杀死猪肉中旋毛虫的规定见表5-12。联合国粮农组织（FAO）和世界卫生组织（WHO）共同建议，肉类寄生虫污染不严重时在-10℃温度下至少存储10天。

表5-12 美国对冻结杀死猪肉中旋毛虫的规定

冻结温度/℃		-15	-23.3	-29
不同肉的厚度所需时间	15cm以内	20天	10天	6天
	15~68cm	30天	20天	16天

微生物包括细菌、霉菌和酵母菌。对食品腐败影响最大的是细菌，引起食物中毒的一般是中温菌，它们在10℃以下繁殖减慢，4.5℃以下不繁殖。鱼类的腐败菌一般是低温菌，它们在0℃以下繁殖减慢，-10℃以下则停止繁殖。

冰结晶阻止了细菌的发育、繁殖，但有的细菌产生的酶还有活性，尽管活性很小但还有作用。它使生化过程仍在缓慢进行，降低了产品品质。所以冻结食品的储藏期仍有一定期限。

冻结食品在冻结状态下储藏，冻结前污染的微生物数随着储藏时间的延长会减少。但各种食品差别很大，有的几个月，有的一年才能消灭。对冻结的抵抗力，细菌比霉菌、酵母菌强，不能期待利用冻结来杀死污染的细菌。这就要求在冻结前尽可能减少污染或杀灭细菌然后再进行冻结。

食品中大部分的水在-10℃时已经冻结成冰，剩下溶液浓度增高，水分活性降低，细菌不能繁殖。所以，-10℃对冻结食品是个最高的温度限度。国际制冷学会建议为防止微生物繁殖必须在-12℃下储藏，为防止酶及物理变化则必须低于-18℃。

第四节　生鲜食品的解冻技术

一、生鲜食品解冻的概念

冻结食品在消费或加工前必须解冻，解冻可分为半解冻（-5~-3℃）和完全解冻，视解冻后的用途来选择。冻结食品的解冻是将冻品中的冰结晶融化成水，力求恢复到原先未冻结的状态。解冻是冻结的逆过程。作为食品加工原料的冻结品，通常只需要升温至半解冻状态。

解冻过程虽然是冻结过程的逆过程，但解冻过程的温度控制却比冻结过程困难得多，也很难达到高的复温速率。这是因为在解冻过程中，样品的外层首先被融化，供热过程必须先通过这个已融化的液体层；而在冻结过程中，样品外层首先被冻结，吸热过程通过的是冻结层。由表5-10列出的冰和水的热物理性质的数据可见，冰的比热容只有水的一半，热导率却为水的4倍，导温系数为水的8.6倍。因此，冻结过程的传热条件要比融化过程好得多，在融化过程中，很难达到高的复温速率。此外，在冻结过程中，人们可以将库温降得很低，以增大与食品材料的温度差来加强传热，提高冻结速率。可在融化过程中，外界温度却受到食品材料的限制，否则将导致组织破坏。所以，融化过程的热控制要比冻结过程更为困难。

二、生鲜食品的解冻方法

解冻是指将冻结食品中的冰结晶融化成水，恢复到冻结前的新鲜状态。解冻也是冻结的逆过程，对于作为加工原料的冻结品，一般只需升温至半解冻状态即可。

解冻是食品冷加工后不可缺少的环节。由于冻品在自然条件下也会解冻，所以解冻这一环节往往不被人们重视。然而，要使冷冻食品经冻结、冷藏以后，尽可能地保持其原有的品质，就必须重视解冻这一环节。这对于需要大量冻品解冻后进行深加工的企业尤为重要。

在解冻的终温方面，作为加工原料的冷冻肉和冷冻水产品，只要求其解冻后适宜下一加工工序（如分割）的需要即可。冻品的中心温度升至 $-5℃$ 左右，即可满足上述要求。此时，冷冻食品内部接近中心的部位，冰结晶仍然存在，尚未发生相变，但仍可以认为解冻已经完成。解冻已不单纯是冷冻食品冰结晶融化、恢复冻前状态的概念，还包括作为加工原料的冷冻食品升温到加工工序所需温度的过程。

解冻后，食品的品质主要受两个方面的影响：一是食品冻结前的质量；二是冷藏和解冻过程对食品质量的影响。即使冷藏过程相同，解冻后食品的品质也会因解冻方法不同而有较大的差异。好的解冻方法，不仅解冻时间短，而且解冻均匀，食品液汁流失少、TBA 值（脂肪氧化率）、K 值（鲜度）、质地特性和细菌总数等指标均较好。不同食品应考虑选用适合其本身特性的解冻方法，至今还没有一种适用于所有食品的解冻方法。目前已有的解冻方法大致的分类见表 5-13。

表 5-13　解冻方法的分类

序　号	空气解冻法	水解冻法	电解冻法	其他解冻法
1	静止空气解冻	静水浸渍解冻	红外辐射解冻	接触传热解冻
2	流动空气解冻	低温流水浸渍解冻	高频解冻	超高压解冻
3	高湿度空气解冻	水喷淋解冻	微波解冻	喷射声空化场解冻
4	加压空气解冻	水浸渍和喷淋结合解冻	低频解冻	超声波解冻
5		水蒸气减压解冻	高压静电解冻	射频解冻

此外，还有其他的分类方法，如按照解冻速度的不同，可以分为慢速解冻和快速解冻；按照是否有热源，分为加热解冻、非热解冻，或者称为外部加热解冻和内部加热解冻等。下面介绍几种典型的解冻方法。

1. 空气解冻

空气解冻是以空气为传热介质的解冻方法，它又分为以下几种类型：

1）静止空气解冻。静止空气解冻也称低温微风型空气解冻，它是将冷冻食品（如冻肉）放置在冷藏库（通常库温控制在 4℃ 左右）内，利用低温空气的自然对流来解冻。一般冻牛胴体在这样的库内 4~5 天可以完全解冻。

2）流动空气解冻。流动空气解冻是通过加快低温空气的流速来缩短解冻时间的方法。

解冻一般也在冷藏库内进行，用0~5℃、相对湿度在90%左右的湿空气（可另加加湿器），利用冷风机使气体以1m/s左右的速度流过冻品，解冻时间一般为14~24h。

3）高湿度空气解冻。高湿度空气解冻是利用高速、高湿的空气进行解冻的方法。该方式采用高效率的空气与水接触装置，让循环空气通过多层水膜，水温与室内空气温度相近，充分加湿，空气湿度可达98%以上，空气温度可在-3~20℃范围调节，并以2.5~3.0m/s的风速在室内循环。这种解冻方法使解冻过程中的干耗大大下降，而且可以防止解冻后冻品色泽变差。

4）加压空气解冻。铁制的筒形容器内通入压缩空气，压力一般为0.2~0.3MPa，容器内温度为15~20℃，空气流速为1~1.5m/s。这种解冻方法的原理是：由于压力升高，使冻品的冻结点降低，冰的溶解热和比热容减小，而热导率增加。这样，在同样解冻介质温度条件下，它就易于融化，同时容器内槽以上又有流动空气，这就将加压和流动空气组合起来，因压力和风速，使热交换表面的传热状态改善，使解冻速度得以提高。例如，对冷冻鱼糜，其解冻速度为正常气压室温25℃时的5倍。

2. 水解冻

水解冻是以水为传热介质的解冻方法。它与空气相比，解冻速度快，无干耗。水解冻的分类如下：

1）水浸渍解冻。水浸渍解冻主要有两种形式。一种为低温流水浸渍解冻，即将冻品浸没于流动的低温水中，使其解冻。解冻时间由水温和水的流速决定。另一种为静水浸渍解冻，即将冻品浸没于静止的水中进行解冻。其解冻速度与水温、冻品量和水量有关。

2）水喷淋解冻。利用喷淋水所具有的冲击力来提高解冻速度。选择对被解冻品最适合的冲击力的喷淋，而不是越猛烈越好。影响解冻速度的因素除喷淋冲击力外，还有喷淋水量、喷淋水温。喷淋解冻具有解冻快（块状鱼解冻30~60min）、解冻后品质较好、节省用水等优点，但这种方法只适用于小型鱼类冻块，不适用于大型鱼类。

3）水浸渍和喷淋结合解冻。将水喷淋和浸渍两种解冻形式结合在一起，可以提高解冻速度，提高解冻品的质量。

4）水蒸气减压解冻。水蒸气减压解冻又称为真空解冻。在低压下，水在低温即会沸腾，产生的水蒸气遇到更低温度的冻品时，就会在其表面凝结成水珠，这个过程会放出凝结潜热，该热量被解冻品吸收后温度升高而解冻。这种解冻方法适用的品种多，解冻快，无解冻过热。

3. 电解冻

以空气或水为传热介质进行解冻，是将热量通过传导、对流或辐射的方法，使食品升温，热量是从冷冻食品表面导入的，而电解冻属于内部加热。电解冻种类很多，具有解冻速度快、解冻后食品品质下降少等优点。

1）红外辐射解冻。红外辐射解冻在肉制品解冻中已有一定的应用，目前多用于家用远红外烤箱中食品解冻。构成物质的分子总以自己的固有频率在运动，当投射的红外辐射频率与分子固有频率相等时，物质就具有最大的吸收红外辐射的能力，要增大红外辐射穿透力，辐射能谱必须偏离冻品主吸收带，以非共振方式吸收辐射能。这种方式对冻品深层的加热，主要靠热传导方式。

2）高频解冻。高频解冻是给予冷冻品高频率的电磁波来解冻的方法。它和红外辐射一样，也是将电能转变为热能，但频率不同。当电磁波照射食品时，食品中极性分子在高频电场中高速反复振荡，分子间不断摩擦，使食品内各部位同时产生热量，在极短的时间内完成加热和解冻。电磁波加热使用的频率为：一般高频波（1～50MHz）10MHz左右，微波（300MHz～30GHz）2450MHz或915MHz。实验表明，高频波比微波的解冻速度快，也不会发生如微波解冻那样使冻品局部过热的现象，高频感应还可以自动控制解冻的终点，因此比微波解冻更适用于大块冻品的解冻。

3）微波解冻。微波解冻与高频解冻原理一样，是靠物质本身的电性质来发热。这种方法利用电磁波对冻品中的高分子和低分子极性基团起作用，使其发生高速振荡，同时分子间发生剧烈摩擦，由此产生热量。它的优点是：速度快，效率高，解冻后肉的质量接近新鲜肉；营养流失少，色泽好，操作简单，耗能少，可连续生产。国家标准规定，工业上用较小频率的微波，只有2450MHz和915MHz两个波带。

4）低频解冻。低频解冻又称欧姆加热解冻、电阻加热解冻。这种方法将冻品作为电阻，靠冻品的介电性质产生热量，所用电源为50～60Hz的交流电。低频解冻是将电能转变为热能，通电使电流贯穿冻品容积时，将容积转化为热量。其加热穿透深度不受冻品厚度的影响。这与高频解冻、微波解冻不同，加热量由冻品的电导和解冻时间决定。低频解冻比空气和水解冻速度快2～3倍，但只能用于表面平滑的块状冻品解冻，冻品表面必须与上下电极紧密接触，否则解冻不均匀，并且易发生局部过热现象。

5）高压静电解冻。高压静电（电压5000～10000V）强化解冻，是一种有开发应用前景的解冻新技术。这种解冻方法是将冻品放置于高压电场中，电场设置在-3～0℃的低温环境中，以食品为负极，利用电场效应，使食品解冻。据报道，在环境温度为-3～-1℃下，7kg金枪鱼解冻，从中心温度-20℃升至中心温度-4℃约需4h，并且一个显著优点是内外解冻均匀。

谢晶等以马铃薯为原料研究了高压静电不同电场场强对其冻结和解冻的影响，结果表明，高压直流电场场强对马铃薯解冻过程的影响随着电场强度变化。目前，日本已将高压静电技术应用于肉类解冻上。该技术在解冻时间和解冻质量上优于空气解冻和水解冻，在解冻产量和解冻控制上优于微波解冻和真空解冻。

4. 其他解冻方法

1）接触传热解冻。接触传热解冻是将冷冻食品与传热性能优良的铝板紧密接触，铝制中空水平板中流动着温水，冻品夹在上下水平铝板间解冻。接触加热解冻装置的结构与接触冻结装置相似，中空铝板与冻品接触的另一侧带有肋片，以增大传热面积，同时装有风机。

2）超高压解冻。超高压是指范围在50～1000MPa的压力。超高压解冻具有解冻速度快的优点，而且不会有加热解冻造成的食品热变性；高压还有杀菌作用，解冻后液汁流失少，色泽、硬度等指标均较好。超高压解冻过程中影响因素主要是压力的大小和处理时间，压力越大，冻肉制品中心部位温度越低，但当温度低于-24℃或-25℃时，压力再高，冻肉制品也不能解冻。因此，从节省能源的角度考虑，完全没必要使用大于280MPa的压力。在解冻过程中，合理的加热是有必要的，能促进冰的融化，并且防止减压时发生重结晶。

3）喷射声空化场解冻。叶盛英等以冻结的猪肉为对象，对喷射声空化场解冻过程的解冻曲线、解冻肉品质进行了初步研究，并进行了解冻方法与空气解冻方法的比较。结果显示，用这种方法对冻结肉解冻比用19℃空气解冻、18℃水解冻对冻结肉解冻要快。喷射声空化场功率为34.98W时，通过冰结晶融化带所用时间最短，解冻肉的肉汁损失率最低，但均比19℃空气解冻和18℃水解冻的大。喷射声空化场功率为33.88W时，解冻肉的色泽保持得最好。

4）超声波解冻。超声波解冻是利用超声波在冻肉内的衰减而产生的热量来进行解冻的。超声波在冷冻肉中的衰减要高于在未冻肉中的衰减，因此与微波解冻相比表面温度更低。从超声波的衰减温度曲线来看，超声波比微波更适用于快速稳定地解冻。理论计算表明，在食品不超温的情况下，超声波解冻后局部最高温度与超声波的加载方向、超声频率和超声强度有关。超声波解冻可以与其他解冻技术组合在一起，为冷冻食品的快速解冻提供新的手段。解冻过程中要实现快速而高效的解冻，可以选择适当频率和强度的超声波。

5）射频解冻。射频技术是指具有远距离传输能力的高频电磁波。近年来，法国、美国等公司的解冻设备开始使用基于27.12MHz的射频解冻系统，以解决微波解冻、高频解冻、远红外解冻和超声波解冻等存在的解冻不均匀、时间长和其他解冻质量问题。射频解冻的效果优于微波解冻和一般常用的解冻方法，具有很好的推广应用前景。由于射频功率较大，需要采用合理的密封屏蔽结构，但目前的结构设计屏蔽效果不是很理想，近场干扰相对较大，需要进一步改进完善。

◇【同步案例 5-2】

鲜食玉米的储藏保鲜技术

鲜食玉米又称果蔬玉米，在国内外市场上十分俏销。它不仅鲜嫩香甜，而且营养价值高，其蛋白质、脂肪、维生素和糖等营养物质的含量都大大超过普通玉米。收获的鲜食玉米脱离母体后，籽粒养分含量发生变化，一是呼吸作用消耗籽粒中的可溶性糖类；二是可溶性糖类迅速转化为淀粉，使籽粒中可溶性物质迅速下降，失去商品性质。鲜食玉米的保鲜方法有以下几种：

1. 鲜食玉米的真空包装常温储藏保鲜

鲜食玉米的真空包装常温储藏保鲜是一种真空包装高温灭菌常温储藏的方法，储存期可达1年。基本工艺流程为：原料→去苞衣、除须→挑选→水煮→冷却、沥干→真空包装→杀菌消毒→常温储存。首先将鲜玉米穗去苞衣、除须，选择无虫口果穗在沸水中煮8min，捞出后冷却并沥干水分，单穗真空包装（真空包装机），然后高温高压灭菌。灭菌消毒可采用巴氏消毒法，即用蒸锅蒸半小时，隔2天后再蒸半小时；也可采用压力蒸汽灭菌消毒法，温度为125℃，压力为0.14MPa，10min。消毒完成后，检查包装有无破漏。将完好无损的包装装箱常温储藏。食用时也需开水煮10~15min。

2. 鲜食玉米的速冻保藏保鲜

速冻保藏保鲜是将鲜食玉米在-25℃条件下快速冻结，包装后冷藏在-18℃的条件下，这种方法可保质半年，是延长鲜食玉米供应期最有效的方法。基本工艺流程为：原料→去苞衣、除须→挑选→漂烫→冷却、沥干→速冻→包装→冷藏（-18℃）。具体做法是将鲜玉米穗去苞衣、除须，选择无虫口果穗以沸水煮8min漂烫（可在漂烫水中加入50‰的食盐和2.5‰的柠檬酸，这样风味和色泽更好），然后迅速冷却（用冰水或常温水降温），沥干水分，放入-25℃下进行速冻，冻结时间以整个玉米穗冻实为宜。然后用复合膜包装封口（单穗包装或2~3穗包装），置于-18℃下冻藏，这种方法保质期可达半年。如果不要求长期储藏，计划3~4月上市销售，从生产成本角度考虑，可省去漂烫程序直接进行速冻储藏，食用时用沸水煮20min即可。

3. 鲜食玉米的低温冷藏保鲜

在常温下，采后的甜糯玉米含糖量迅速下降，试验表明，30℃下采后每天约有60%的可溶性糖转化为淀粉；10℃下每天约有25%的糖转化为淀粉；尽管0℃的低温对糖转化过程有明显的抑制作用，但每天仍有6%的可溶性糖转化为淀粉。糖分的损失会明显影响鲜食玉米的特有风味和鲜嫩品质，所以鲜食玉米不能长时间储藏，更不宜在常温条件下久放。

鲜食玉米适宜的储藏温度为0℃±0.5℃，相对湿度为95%~98%，要点如下：

1) 适时采收。适期采收对保证鲜食玉米的品质和延长储藏期都很重要。通常在玉米花丝稍干，玉米穗手握紧实，用指甲掐时玉米粒有丰富乳汁外流，味甜鲜嫩时采收为宜。

2) 快速预冷。预冷是做好储藏的一个重要环节，对鲜食玉米来说尤其重要。要求在采收后1~2h将玉米穗迅速预冷至0℃。适宜于鲜食玉米的快速冷却方法是真空预冷和冷水冷却，用真空预冷时要预先把玉米穗加湿，以防止失水；冷水预冷可采用喷淋的方式，冷却水温保持在0~3℃，预冷后将玉米苞叶上的浮水甩干。

3) 储藏。将预冷后的玉米穗剥去大部分苞叶，仅留一层内皮，装入内衬保鲜袋的箱内，每箱5~7.5kg，扎口码垛储藏。注意码垛时要留出通风道，库温保持恒定，控制在0℃±0.5℃内。用这种储藏方法时储藏期一般不宜超过20天。

问题：

1. 鲜食玉米低温冷藏保鲜中用到的各种冷加工技术包括哪些？关键点是什么？

2. 简述三种鲜食玉米的储藏保鲜方法的工艺流程，以及各自的优缺点。

第五节　生鲜食品的包装

一、生鲜食品包装概述

（一）生鲜食品包装的概念

中华人民共和国国家标准《物流术语》（GB/T 18354—2021）中对包装（Packaging/Package）的定义是：为在流通过程中保护产品、方便储运、促进销售，按一定技术方法而采用的容器、材料及辅助物等的总体名称。也指为了达到上述目的而采用容器、材料和辅助物的过程中施加一定技术方法等的操作活动。生鲜食品包装就是通过采用适当的包装材料、容器和包装技术，最大限度保持食品自身具有的鲜度与价值，也就是为了保鲜而采用的包装。

食品包装分类多样，按包装材料分为金属、玻璃、纸质、塑料、复合材料等；按包装形式分为罐、瓶、包、袋、卷、盒、箱等；按包装方式可分为罐藏、瓶装、包封、袋装、裹包以及灌注、整集、封口、贴标、喷码等；按产品层次分为内包装、二级包装、三级包装、外包装等；按技法分为防潮包装、防水包装、防霉包装、保鲜包装、速冻包装、透气包装、微波杀菌包装、无菌包装、充气包装、真空包装、脱氧包装、泡罩包装、贴体包装、拉伸包装、蒸煮袋包装等。

中华人民共和国国家标准《冷藏、冷冻食品物流包装、标志、运输和储存》（GB/T 24616—2019）中对冷藏、冷冻食品物流包装的要求是：①应根据冷藏食品、冷冻食品的类型、形状、特性及周围环境的影响合理选择物流包装方案，确保冷藏食品、冷冻食品在物流过程中的质量和卫生安全；②物流包装材料应符合 GB/T 34344 的规定；③物流包装尺寸应与周转箱、托盘（优先推荐 1200mm×1000mm 尺寸）、货架、叉车及冷藏车、冷藏集装箱、冷藏船（舱）、冷藏列车等设施设备相匹配；④包装不耐压的冷藏食品、冷冻食品时，应在物流包装内加支撑物或衬垫，包装易失水的冷藏食品、冷冻食品时，应在物流包装内加具有吸附能力的衬垫，支撑物和衬垫应符合相关食品安全卫生要求。

（二）生鲜食品包装的功能

科学合理的包装不仅能保护商品，免受或减少其在储运、销售、消费等流通过程中受到各种不利条件及环境因素的破坏和影响，还能为生产、流通、消费等环节提供诸多方便。同时，包装也是提高商品竞争能力、促进销售的重要手段。

生鲜食品包装的功能和一般包装的功能一样包括保护功能、方便功能和促销功能，但更主要的是体现在保护功能上。也就是说生鲜食品包装功能主要在于最大限度地保护食品的寿命和品质，防止天然（自然）因素的破坏，以保护其内容、形态、品质和特性。其次才是实现其方便功能和促销功能。有时生鲜食品包装只能实现其保护功能，达到货架寿命延长或保质；而便利与促销功能可通过其他包装来实现（如外包装或包装附件等）。

衡量生鲜食品包装功能的量化指标主要有形、质地、色、香、味、营养、污染残毒等。形就是通过生鲜食品包装到达规定的保质期或保鲜期后，包装对象的外观形状与最初外观形状的差异，这种差异越小就说明其保鲜功能越强。质地则是包装对象（物质）内部的成分所具备的物理特性，如内部密度、硬度、脆度及组织的粗糙度等。质地与前面的形是刚好相反的性能特征表现，一个是外表，一个是内部。色、香、味都是可由感官所能体会到的生鲜食品包装完成保质或保鲜期前后的指标。污染残毒指在进行保鲜包装之后，不能因包装材料或包装辅料导致污染和残留有毒物质。

（三）生鲜食品包装的安全与卫生

提供安全卫生的包装食品是人们对食品厂商的最基本要求。生鲜食品包装材料的安全与卫生问题主要来自包装材料内部的有毒有害成分对包装食品的迁移和溶入，这些有毒有害成分主要包括：材料中的有毒元素，如铅、砷等；合成树脂中的有毒单体、各种有毒添加剂及黏合剂；涂料等辅助包装材料中的有毒成分。

塑料作为食品包装材料已有几十年历史，因具有优异的包装性能而得到广泛应用，但塑料本身所具有的特性和缺陷，用于食品包装时会带来诸如卫生、安全等方面的问题。例如用于包装的大多数塑料树脂是无毒的，但它们的单体分子却大多有毒性，且有的毒性相当大，有明确的致畸致癌作用，当塑料树脂中残留有单体分子时，用于食品包装即构成了卫生安全问题。而塑料添加剂（增塑剂、着色剂和油墨、润滑剂、发泡剂、稳定剂等）一般都存在着卫生、安全方面的问题，选用无毒或低毒的添加剂是塑料能否用作食品包装的关键。包装材料的安全与卫生直接影响包装食品的安全与卫生，为此世界各国对食品包装的安全与卫生制定了系统的标准和法规，用于解决和控制食品包装的安全卫生及环保问题。

中华人民共和国国家标准《农产品物流包装材料通用技术要求》（GB/T 34344—2017）对包装材料的安全卫生提出了相关要求：①包装材料中有毒有害物质含量及其迁移量应符

合相关法规和国家强制性标准的规定；②直接接触农产品的包装材料用添加剂应符合 GB 9685 的规定；③包装材料用涂料、黏合剂和印刷油墨等安全卫生要求如下：a）应限制使用易挥发、易溶出、易散发氟、氯、硫等对人体有毒有害物质的材料；b）与食用农产品直接接触的材料宜使用水溶性或醇溶性油墨、黏合剂等；c）溶剂型聚氨酯涂料应符合 HG/T 2454 的规定，如使用环境标志产品，水性涂料应符合 HJ/T 201 的规定，白乳胶类黏合剂应符合 HJ/T 220 的规定，胶印油墨应符合 HJ/T 370 的规定，凹印油墨和柔性油墨应符合 HJ/T 371 的规定。

中华人民共和国国家标准《农产品物流包装材料通用技术要求》（GB/T 34344—2017）对包装材料的环保也提出了相关要求：①包装材料应便于回收利用，不应对环境造成长期污染；②同一包装容器宜使用单一材料，包装辅助物不应影响主材的品质及回收利用。

二、生鲜食品的包装材料

食品包装在我国包装行业中占有非常重要的地位，是包装业的支柱产业。在中华人民共和国国家标准《食品包装容器及材料　术语》（GB/T 23508—2009）中，食品包装材料（Food Packaging Article）是指直接用于食品包装或制造食品包装容器的制品，如塑料膜、纸板、玻璃、金属等。2021 年，全球包装材料销售规模超过 1 万亿美元，我国是全球最大的包装材料消费国，2021 年其销售额超过 2500 亿美元，食品包装归属于包装产业，且是包装工业中最大的细分市场，占整个包装业市场份额的 70% 左右。纸、塑料、金属、玻璃、陶瓷及复合材料等是主要的传统包装材料。典型的包装材料和容器类型见表 5-14。

表 5-14　包装按包装材料和容器分类

包装材料	包装材料类型	包装容器类型
纸	纸包装材料按材料分为纸张、纸板： 1. 纸张按材料和功能分为玻璃纸、羊皮纸、牛皮纸、鸡皮纸、茶叶袋滤纸、糖果包装纸、冰棍包装纸、半透明纸等 2. 纸板按形态可分为白纸板、箱纸板、瓦楞纸板等。瓦楞纸板按瓦楞形状分为 U 型、V 型和 UV 型三种；按瓦楞纸板的材料层数分为双层、三层、五层、七层瓦楞纸板等	纸包装容器接形态和功能可分为纸袋、纸箱、纸盒、纸碗、纸杯、纸罐、纸餐具、纸浆模塑制品等
塑料	塑料包装材料按形态可分为塑料膜、塑料片： 1. 塑料膜按结构可分为非复合塑料膜和复合塑料膜 2. 塑料片按结构可分单层塑料片和复合塑料片	塑料包装容器按形态可分为塑料箱、塑料袋、塑料瓶、塑料杯、塑料盘、塑料盒、塑料罐、塑料桶、塑料盆、塑料碗、塑料筐、复合易拉罐等
金属	铝箔根据压延后的热处理程度可分为软质铝箔和硬质铝箔。	金属包装容器按材料可分为铝制、钢制等金属容器；按形状可分为金属罐、金属桶、金属盒、金属碗、金属盆等。具有优良的阻隔性能、机械性能、耐高温、耐压、不易破损等
玻璃		玻璃包装容器按容器形状分为玻璃瓶、玻璃罐、玻璃碗、玻璃盘、玻璃缸等
陶瓷	陶瓷包装材料可分为陶器、瓷器、土器等	陶瓷包装容器按容器形状可分为陶瓷瓶、陶瓷罐、陶瓷缸、陶瓷坛、陶瓷盘、陶瓷碗等

（续）

包装材料	包装材料类型	包装容器类型
复合材料	复合包装材料按材质可分为纸/塑复合材料、铝/塑复合材料、纸/铝/塑复合材料、纸/纸复合材料、塑/塑复合材料等： 1. 纸/塑复合材料按材料可分为纸/PE（聚乙烯）、纸/PET（聚对苯二甲酸乙二醇酯）、纸/PS（聚苯乙烯类）、纸/PP（聚丙烯）等 2. 铝/塑复合材料按材料可分为铝箔/PE（聚乙烯）、铝箔/PET（聚对苯二甲酸乙二醇酯）、铝箔/PP（聚丙烯）等 3. 纸/铝/塑复合材料按材料可分为纸/铝箔/PE（聚乙烯）、纸/PE（聚乙烯）/铝箔/PE（聚乙烯）等	复合包装容器按材料可分为纸/塑复合材料容器、铝/塑复合材料容器、纸/铝/塑复合材料容器。具有良好的阻隔性能
其他	1. 木质包装材料 2. 竹材包装材料 3. 搪瓷包装材料 4. 纤维包装材料	1. 木质包装容器按形状可分为木箱、木桶、木盒等 2. 竹材包装容器按形状可分为竹篮、竹筐、竹箱、竹筒等 3. 搪瓷包装容器按形状可分为搪瓷罐、搪瓷缸、搪瓷盘、搪瓷碗、搪瓷碟、搪瓷釜、搪瓷盆、搪瓷杯、搪瓷锅等 4. 纤维包装容器按材料可分为布袋、麻袋等
辅助材料和辅助物	1. 涂料按材料可分为环氧树脂涂料、有机硅涂料等 2. 黏合剂按材料可分为水溶型黏合剂、热熔型黏合剂、溶剂型黏合剂、乳液型黏合剂等 3. 油墨按材料可分为水性型、醇溶型、有机溶剂型、干性油型、树脂油型、石蜡型等油墨 4. 辅助物按功能可分为封闭器（如密封垫、瓶盖或瓶塞）、缓冲垫、隔离或填充物等	

注：根据中华人民共和国国家标准《食品包装容器及材料 分类》（GB/T 23509—2009）整理。

生鲜食品包装材料的类型和传统包装材料一样，具有多种多样的类型，但其基材仍以传统包装材料的基材为主。而从创新与改进这个方面而言，复合材料与组合材料则是生鲜食品包装材料的重点。划分生鲜食品包装材料还可以从材料的物理特性来划分：①片材类，包括塑料板材、瓦楞纸板、金属板材及复合板材等；②软材类，包括纸、塑及金属等膜类与箔类柔性材料；③刚性类，包括玻璃、陶瓷及塑料与复合材料；④散材类，包括粉剂、水剂与气体等。

作为食品保鲜包装材料发展较快的主要是纸包装、塑料包装、金属包装、玻璃及陶瓷包装四大类，其中陶瓷包装因制作工艺与速度等问题，用量较少，在此不做研究。

1. 传统包装材料

（1）塑料包装材料

塑料是以一种高分子聚合物——树脂为基本成分，再加入一些用来改善其性能的各种添加剂制成的高分子材料，相对分子质量通常在104以上。大分子特殊结构使其具有一系列特殊的性能，如化学惰性、难溶和强韧性等。塑料因其原料来源丰富、成本低廉、性能优良，成为近40年来世界上发展最快、用量巨大的包装材料。塑料包装材料及容器逐步取代了玻璃、金属和纸类等传统包装材料，是食品保鲜包装用得最多的材料与容器。而塑料保鲜膜是食品保鲜包装中最值得关注的方面。其缺点是对某些品种的食品还存在着某些卫生安全方面的问题，以及包装废弃物的回收处理对环境的污染等问题。我国用于食品包装的塑料也多达十五六种，如聚乙烯（PE）、聚丙烯（PP）、聚苯乙烯（PS）、聚对苯二甲酸乙二醇酯

（PET）、聚氯乙烯（PVC）、聚碳酸酯（PC）、乙烯-醋酸乙烯共聚物（EVA）、聚酰胺（PA）、聚偏二氯乙烯（PVDC）、聚乙烯醇（PVA）、乙烯-乙烯醇共聚物（EVOH）和离子键树脂等。其中高阻氧的有 PET、PA、PVDC、PVA 和 EVOH 等，高阻湿的有 PE、PP 和 PVDC 等；耐射线辐照的有 PS 等；耐低温的有 PE、EVA 和 PA 等；阻油性和机械性能好的有 PET、PA、离子键树脂等；既耐高温灭菌又耐低温的有 PET 和 PA 等。各种塑料的单体分子结构不同，聚合度不同，添加剂的种类和数量不同，性能也不同，即使同种塑料，不同牌号性质也会有差别。

根据中华人民共和国国家标准《农产品物流包装材料通用技术要求》（GB/T 34344—2017），塑料包装宜选用 PE、PS 等材料；果蔬包装材料宜选用 PE、PS 等；水产品包装材料，可选用 PS、PVC、PE 等；畜禽产品包装材料可选用不含氟氯经化物的发泡聚苯乙烯（EPS）、PVC 等；蛋包装材料可选用 PVC、PS 等；食用油包装材料宜选用 PE 等。

◇【同步案例 5-3】

聚氯乙烯作为食品包装材料的危险性

聚氯乙烯（PVC）是经常使用的一种塑料，它是由聚氯乙烯树脂、增塑剂和防老剂合成的树脂。据了解，聚氯乙烯塑料制品在较高温度下会慢慢地分解出氯化氢气体，这种气体对人体有害。含铅盐防老剂的聚氯乙烯（PVC）制品和乙醇、乙醚及其他溶剂接触会析出铅，若聚氯乙烯包装容器盛装油条、炸糕、炸鱼、熟肉类制品和蛋糕等点心类食品，铅分子会慢慢扩散到油脂中去，对人体健康会产生极大的危害，并且废弃的聚氯乙烯燃烧会产生大量的二噁英、卤氢酸和铅等有害物质，对空气、土壤和水质等环境均造成不同程度的污染。因此，聚氯乙烯不宜作为食品包装容器。

问题：

常用的塑料包装材料哪些是无毒的？哪些是有毒的？

（2）纸质包装材料

作为食品保鲜包装材料，纸包装占有相当的比重。其包装容器的结构和形式多种多样，而且随着人们的求新心理与包装产品的不断推陈出新，这使得纸包装的种类层出不穷。特别是纸箱、纸袋、纸盘及纸托盘用于食品包装占了很大的比例，而且其比例正在扩大。

纸具有许多优良的特性，这些特性在食品保鲜包装上发挥了重要作用。主要表现如下：

1）透气性。透气性是纸包装最大的保鲜特性。在保鲜包装中，鲜活食品具有呼吸作用，会产生呼吸热。纸包装可以让热气透出，从而防止食品腐烂。

2）吸湿性。吸湿性又是纸包装的又一大保鲜优点，如超市中的鲜肉托盘包装，其可吸走鲜肉表面析出的少量水分，延缓鲜肉的变质。

3）加入相关性原料与成分还可提高纸包装的保鲜性。例如，在纸箱内部加入中草药或抗氧化成分等，可大大提高食品的保鲜效果。

4）韧性与保护性。纸包装表面具有韧性，同时有一定的厚度，这对食品特别是鲜活食品起到了保护作用。

（3）金属包装材料

金属材料是一种历史悠久的包装材料，用于食品包装已有近 200 年的历史。金属包装材料及容器是以金属薄板或箔材为原材料，再加工成各种形式的容器来包装食品。目前，金属包装材料及制品多用于加工农产品的包装。作为保鲜包装主要用作罐头农产品的包装，也有许多农产品半成品的包装使用金属包装。而最能体现金属保鲜包装的是一些周转箱及活鲜动物（鱼类及禽类）圈养容器（笼等）。另外，金属箔与纸复合材料被广泛用于农产品的保鲜包装，还有许多长途储运的农产品保鲜包装容器就离不开金属包装。

金属包装材料的优良特性如下：

1）优良的阻隔性能。金属材料具有阻气、隔光和保香等隔离性能。它对许多气体（O_2、CO_2 及水蒸气等）有阻隔效果，还能对包括紫外光在内的许多光线予以阻隔。这些都是保鲜所必需的性能。

2）良好的热传导性能。良好的热传导性体现在加热与散热。作为加热所需的特性表现为加热灭菌，使所包装物品不受包装的污染。而良好的散热可使热处理工序提高效率，并且合理的结构能使鲜活食品得以在包装中散去热量。

3）卫生安全性能。金属包装不易变质腐烂，也不易产生细菌，同时还可通过加热使表皮得以杀菌，最终使所要包装的物品得到良好卫生条件。

4）良好的保护性。强度和加工适应性是金属包装良好保护性的体现。金属包装可根据不同的包装物性能要求做成不同的结构和厚度，以提高强度，保护包装物。适应性是指金属可以适应大部分物品的包装要求进行设计、加工和处理，能适应物品的体积和形态制成相应的结构和大小。这些对于易腐、怕挤压和重压的产品包装储藏及运输是十分有意义的。

但是，金属包装材料的化学稳定性差、不耐酸碱，特别是用其包装高酸性食物时易被腐蚀，同时金属离子易析出而影响食品风味，在一定程度上限制了其使用范围。

（4）玻璃包装材料

玻璃是以石英石、纯碱、石灰石和稳定剂为主要原料，加入澄清剂、着色剂和脱色剂等，经调温熔炼再经冷凝而制成的一种非晶体材料。玻璃是一种古老的包装材料，用于食品包装已有 3000 多年的历史。罐头就是玻璃保鲜的典型包装。生鲜食品保鲜中能体现玻璃包装材料保鲜应用的是半成品或腌制品的包装，如泡菜类食品就多为玻璃或陶瓷容器包装，还有果汁类产品也多用玻璃包装。

玻璃自身的优点使其作为包装材料时显示出显著的特点：高阻隔、光亮透明、化学稳定性好、易成型。但玻璃容器重量大且容易破碎，这些缺点影响了它在食品包装上的使用与发展，尤其是受到塑料和复合包装材料的冲击。随着玻璃生产技术的发展，现在已研制出高强度、轻量化的玻璃材料及其制品。目前我国玻璃使用量占包装材料总量的10%左右，仍是食品包装中的重要材料之一。

2. 新型包装材料

近几年，随着社会经济发展，国民素质逐年提高，人民对于高品质生活的要求逐年提升，绿色、低碳、健康和环保逐步成为新的社会发展格调，"白色污染"等环境问题亟须得到改善。为缓解"白色污染"的趋势，我国出台了系列政策鼓励相关企业使用生物可降解、易重复使用、可再生、可循环、能源资源浪费小和环境污染少的塑料制品，通过添加淀粉等减少石油资源的消耗，同时减少碳排放量，保护环境。以下是目前食品包装中采用的新型包装材料。

（1）纳米包装材料

纳米技术的出现是 21 世纪以来最为尖端的技术革新之一，该技术在功能性、可塑性和力学性能等方面具有明显优势。通过改性，纳米技术能够将分散相尺寸≤1000nm 的颗粒与其他材料相结合形成一种全新的纳米结构，这种结构的材料具有除异味、杀菌消毒的作用。现在一些企业就是利用这一技术特性，将纳米微粒加入到冰箱材料（塑料）中，生产出抗菌冰箱，大大延长了冰箱内食物的保存期。同样，也可将纳米微粒加入纸、塑料及复合材料中用于包装食品，提高包装食品的货架寿命。

（2）新型高阻隔包装材料

新型高阻隔性塑料在国外已广泛使用，因为这种包装材料不仅可以提高对食品的保护，而且可以减少塑料的用量，甚至可以重复使用。对于要求高阻隔性保护的加工食品以及真空包装、充气包装等，一般都要用复合材料包装，而在多层复合材料中必须有一层以上为高阻隔性材料。现在国内常用的高阻隔性材料有铝箔、尼龙、聚对苯二甲酸乙二醇酯（PET）、聚偏二氯乙烯（PVDC）等。随着食品对保护性要求的提高，阻隔性更好的乙烯-乙烯醇共聚物（EVOH）、聚乙烯醇（PVA）等也开始应用。EVOH 是一种链状结构的结晶性聚合物，集乙烯聚合物良好的加工性和乙烯醇聚合物的极高的气体阻隔性于一体，是一种新型的阻隔材料，其阻气性比 PA 高 100 倍，比 PE、PP 高 10000 倍，比目前常用的高阻隔性材料 PVDC 高数十倍以上。在食品包装方面，用 EVOH 制成的塑料容器完全可以替代玻璃和金属容器，尤其是目前啤酒瓶爆炸伤人已成为全球性问题。

目前发达国家开发并有少量应用的 PEN（聚萘二甲酸乙二醇酯）将会给食品包装带来巨大的变化。PEN 的化学结构与 PET（聚对苯二甲酸乙二醇酯）相似，但刚性大大提高，阻氧性、阻水性比 PET 高数倍，而且紫外线吸收性好、耐水解性好、气体吸附性低，装过食品后不残留异味，可重复使用。

无机高阻隔微波食品包装材料将成为新宠。近几年研发的镀 SiO_x 材料是在 PET、PA、PP 等材料上镀一层薄的硅氧化物，它不仅有更好的阻隔性，而且有极好的大气环境适应性，阻隔效果几乎不受环境温度和湿度变化的影响。SiO_x 镀膜有高阻隔性、高微波透过性、透明性，可用于高温蒸煮、微波加工等软包装，也可制成饮料和食用油的包装容器。

（3）可食性包装薄膜

可食性包装薄膜由多糖类物质合成，无毒副作用，既可食用又不影响被包装食品的口感。它的主要成分是葡甘露聚糖，吸水后可膨胀 100 倍，具有高弹性、高黏度、耐热、防水、防潮的特点，食用后既可消除饥饿，又不被人体吸收。可食性薄膜既可制成溶于水的薄膜，也可制成溶于温水而不溶于冷水的薄膜，还可制成耐热、可塑封的薄膜，可与食品一块煮烧，方便又卫生，保鲜作用极好。

目前已研制的可食性薄膜有：可食性淀粉包装膜，以玉米淀粉、马铃薯淀粉为主料，辅以可食性添加剂而成的食用薄膜，用于糖果、果脯、蜜饯的内包装，其抗机械拉力、韧性、透明度、速溶性都优于目前食品厂使用的糯米纸；可食性蛋白质膜，以动物或植物蛋白为原料制成的蛋白质薄膜可减少抗氧化剂和防腐剂的用量，又能延长货架寿命；另外，魔芋精粉及改性产物膜、纤维素及改性产物膜、甲壳素可食膜都是新型的可食性包装薄膜。

（4）生物可降解材料

生物可降解材料是指在细菌、真菌、藻类等自然界存在的微生物的作用下，能够发生物理或生化反应而降解或分解的材料。理想的生物降解材料可以完全降解为水和二氧化碳，不会给环境造成不良危害。目前的材料可以分为两种降解类型，一种是不能够完全降解的材料，另一种是可以完全降解的材料。不完全降解的材料主要是指天然高分子或矿物质以及石油基等混合而成的材料，而完全生物降解材料依据生产工艺的不同也分为三种类型。生物可降解材料的分类见表5-15。

表5-15 生物可降解材料的分类

不完全降解材料	PE、PP、PVC、PS与淀粉共混物	
	合成脂肪酸聚酯（PCL）与通用聚烯烃共混	
	天然矿物质与PE、PP等共混	
完全降解材料	微生物合成高分子聚合物	聚羟基丁酸酯（PHB）、3-羟基丁酸酯和3-羟基戊酸酯共聚物（PHBV）、羟基丁酸酯（HB）和（R）-3-羟基戊酸酯（3HV）共聚物、羟基丁酸酯（HB）和4-羟基丁酸酯（4HB）共聚物、羟基丁酸酯（HB）和3-羟基壬酸酯（3HP）及其衍生物其他微生物合成聚合物
	化学合成高分子聚合物	聚乳酸（PLA）、聚羟基脂肪酸酯（PHA）、脂肪酸聚酯、聚乙二醇（PEG）、聚乙烯醇（PVA）及其衍生物、聚氨酯（PU）及其改性物
	天然高分子聚合物及其衍生物（或混合物）	纤维素及其衍生物、壳素（甲壳质素）、脱乙酰壳聚糖、热塑性淀粉、蛋白质

总之，食品包装材料今后发展的主流趋势是功能化、环保化、简便化。无菌包装采用高科技和分子材料，保鲜功能将成为食品包装技术开发重点；无毒包装材料更趋安全；塑料包装将逐步取代玻璃制品；采用纸、铝箔、塑料薄膜等包装材料制造的复合柔性包装袋，将更加高档化和多功能化。社会生活节奏的加快将使快餐包装面临巨大发展机遇。食品工业是21世纪的朝阳工业，食品包装材料更为飞速发展，食品包装材料领域一定能抓住这个商机发展壮大起来。

◇【同步案例5-4】

金典首推"无印刷、无油墨"环保包装，"裸奔包装"的风卷到了乳业？

2022年6月5日，恰逢一年一度的世界环境日，今年的主题设定为"只有一个地球"，金典首发推出"无印刷、无油墨"环保牛奶包装，乳品行业又一次举起了包装创新的大旗。

在全球呼吁可持续发展的主旋律下，从早期的减少使用塑料袋，到使用纸吸管、无标签瓶来减塑，食品行业也在探索可持续包装的新模样。

1. 无印刷、无油墨，金典玩起了"极简风"

金典从细节处入手，在印刷工艺、包装材料回收等方向持续精耕，将多种环保形式结合，推出环保系列产品，在包装可持续创新道路上不断突破。

继国内首发植物基梦幻盖、0铝箔包装后，本次无印刷、无油墨内包装瓶身完全去除油墨印刷，必要的产品名称与生产日期等信息采用激光打印，以纯白色包装助力环保。产品采用经森林管理委员会（FSC）认证的绿色包材，用实际行动助力森林生态系统保护。同时使用植物基梦幻盖，其部分原料来自于甘蔗，在保持外观与功能的同时，可减少碳足迹，减少对化石资源的依赖。

无印刷、无油墨产品外箱采用金典首款回收牛奶盒的制作工艺，将 10 个相当于 250mL 普通利乐砖的牛奶盒回收再制成外箱的瓦楞纸，实现了真正意义上的自循环，助力金典在可持续性发展的道路上更近一步。同样在外箱包装上，使用的是更加环保的纸提手，减少了塑料的使用，每 10 万个外箱约减少了 260kg 的塑料；同时外箱采用了减油墨的印刷，以凹凸的压纹工艺，以极简的风格最大程度在视觉上呈现高级感的设计。

减油墨牛皮纸电商专供产品作为为天猫"618"超级购物节打造的特别定制化产品，采用了由 80% 社会回收纸再利用纤维抄造而成的牛皮纸箱，结合减油墨印刷工艺，减少了相对于原包装 60% 以上的油墨。同时，内包通过了 FSC-COC 认证，意味着其在生态环保方面得到了认可。同时，金典还联合好白商店推出限定周边"达 0 杯"，杯体、外包装都为 0 油墨呈现，用纯粹的白来告"白"地球。

2. 给包装减负，食品行业集体"裸奔"

2022 年伊始，随着康师傅冰红茶推出无标签饮料瓶，百事公司也陆续在大陆市场上"撕掉标签"，食品企业打响了"无标签化"之战。而在日本、韩国等市场，三得利、依云、雀巢等品牌早已开始尝试"无标签化"。

让食品企业纷纷"裸奔"的驱动力是什么？

首先，是"2030 年前将实现碳达峰，2060 年前实现碳中和"的目标被作为重点工作写入我国"十四五"发展规划中。在政策鼓励和引导下，可持续发展已经不是未来，而是现在必须要关注的趋势。其次，环保不是品牌的"自嗨"，而是逐渐成为品牌与消费者沟通的媒介。包装，是最直接的"广告牌"，通过环保包装，品牌可以让环保理念落到实处，向消费者传达品牌态度。

近年来，随着人们受教育程度提升，消费者意识的转变，可持续包装逐渐成为消费选择中的重要考量因素。根据《2021 年全球绿色购买报告》，67% 的受访者认为可回收包装很重要，64% 的受访者认为含有可回收成分的包装是其购买决定中的优先事项。埃森哲调研显示，越来越多的中国消费者意识到可持续发展的重要性，愿意为环保付出精力和金钱。43% 的受访者愿意为环保产品支付溢价，且收入水平越高，为环保特质付费的意愿越强。

此外，品牌如果可以玩好"极简风"，并不会以牺牲销量为代价，而是会产生更多意想不到的效果。根据 Innova Market Insights 发布的 2021 消费数据表明，全球有 57% 的消费者表示，当一个熟悉的品牌适当改变其包装设计，反而更能吸引他们的关注。2020 年 4 月，三得利在日本上线限定版绿茶包装，覆盖瓶身的瓶签被换成瓶肩部的小标签，原标签位置加上了招财猫和达摩形象，这款瓶装绿茶的销量较同期增长了 50%。

3. 可持续的"画布"，金典是怎么"下笔"的？

作为伊利旗下高端牛奶品牌，可持续的理念始终贯穿着金典的过去、现在和未来。金典成立第 2 年就确立了"有机"的品牌定位。而有机主要依靠自然的土壤和生物循环，本身就是一种可持续的农业模式。

2021 年环境日，金典推出了"甘蔗做的瓶盖"——植物基梦幻盖，这款植物基瓶盖是由生长在巴西的甘蔗制成，瓶盖的外观和密封性几乎与普通瓶盖一样，但可以大大降低碳足迹。同年 12 月，金典 0 铝箔低碳无菌纸基复合包装全国首发，以实际行动倡导低碳有机生活，再次引发各界的广泛关注。据中环联合认证中心 CEC 权威认证，全新一代 0 铝箔低碳无菌纸基复合包装可减少碳足迹达 41.8%。2020 年环境日，金典推出垃圾分类帮帮袋，每个袋子由 6 个金典奶盒回收再生而成，刚好迎上了当年各地推行垃圾分类规范的风潮。2022 年 4 月，《伊利集团零碳未来计划》《伊利集团零碳未来计划路线图》发布，伊利提出在 2050 年前实现全产业链碳中和的目标，并制定了 2030 年、2040 年、2050 年 3 个阶段的具体任务。

从金典 15 年的有机历程中可以看到，可持续不是一蹴而就的结果，而是不断把概念落到实处的过程，它不会停止。2022 年，在环境日的契机下，金典又继续发力，从产品到消费者沟通，继续丰富可持续的内涵，让全社会一起参与环保。未来，期待金典能带动全行业、全产业链走向低碳环保之路。

（案例来源：和讯网，金典首推"无印刷、无油墨"环保包装，"裸奔包装"的风卷到了乳业？news.hexun.com/2022-06-06/206085796.html，内容有改动。）

三、生鲜食品的包装技术

（一）冷却与冷藏包装技术

冷却与冷藏包装是将物品包装后处于冷却与冷藏温度下进行储藏的技术。它要考虑包装材料、包装工艺和包装环境等多种因素，特别是包装用的辅料不能在低温状态下降低其性能。冷却与冷藏包装的基础原理是鲜活产品在 0℃时处于低呼吸强度，即 0~5℃ 的环境下呼吸量很低。

冷却与冷藏包装应使生鲜食品的生命代谢过程尽量缓慢进行，使其生物反应速度降低，以保持其新鲜度。在现代市场中，这种方法能满足市场流通的需要。

这种包装技术常用的材料有：

（1）瓦楞纸箱

冷却与冷藏的大包装多为瓦楞纸箱。考虑冷却与冷藏低温的影响，纸板材料要求强度高，胶黏剂要求在低温条件下不失黏，同时考虑在印刷时会降低强度，因此印刷面积不宜过大，粘箱或钉箱也要求牢固。过去也有用木箱的情况，但现已逐渐少用。

（2）塑料类包装材料

一般用于冷却与冷藏的小包装多为塑料包装。

1）聚乙烯（PE）可制成袋或直接用其软材料对生鲜食品进行捆扎、裹包。

2）玻璃纸（PT）可制成包装袋或直接用软材裹包。

3）PT 加聚苯乙烯（PS）浅盘主要用于肉和蔬菜的超市包装冷藏。

4）PT 加纸板浅盘主要用于新鲜净菜类的超市冷藏包装。

5）收缩膜主要用于中小包装的扭结袋或热封裹包。

冷却与冷藏包装主要适用于果蔬产品、肉类鲜产品和鲜奶及鲜蛋等生鲜食品。特别是鲜肉的包装，应用冷却与冷藏技术后，其保鲜期大大延长，并且品质也大大提高，从而大大提高了鲜肉的价值。

（二）物理包装技术

物理包装法的原理主要是利用光、电、运动速度和压力等物理参数对生鲜食品进行作用，使之对环境反应迟缓，改变其原来的生物规律，最终实现保鲜。这里重点介绍高压放电产生臭氧的保鲜方法和减压保鲜方法。

1. 臭氧保鲜包装技术

臭氧保鲜是当前在冷藏生鲜食品中应用得较多的一种物理方法。臭氧（O_3）是 1840 年被发现的，是氧的一种同素异形体，性质极为活泼。臭氧的生物学特征表现为强烈的氧化性和消毒效果上。它能杀死空气中的病菌和酵母菌等，对果蔬农产品表面病原微生物生长也有一定的抑制作用。但是臭氧无穿透作用、无选择特异性。臭氧的保鲜包装特性是利用其极强的氧化能力。臭氧极不稳定，易分解为初生态的氧原子和氧分子，即 $O_3 \rightarrow [O]+O_2$，$[O]$ 称为初生态氧原子，它的氧化能力极强。当初生态的氧原子和霉菌等微生物接触时，就会使微生物的细胞氧化并破坏，导致微生物死亡。有人认为臭氧能抑制酶活性和乙烯的形成，降低乙烯的释放率，并可使储藏环境中的乙烯氧化失活，从而延缓果蔬产品的衰老，降低腐烂率。臭氧对果蔬采后生理的影响还有待研究。

（1）臭氧保鲜包装的应用效果

臭氧作为净化空气和生鲜食品的消毒剂，可以降低空气中的霉菌孢子数量，减缓墙壁和包装物表面的霉菌生长，减少储藏库内的异味，但它对防止腐烂无效。由于真菌潜伏的位置存在大量的还原性物质，臭氧在损伤组织处迅速失去活性，不可能抑制损伤处病原菌的侵染，阻止病原建立寄生侵染关系，更不能抑制潜藏在表皮下的病菌。因此，实际上臭氧对控制水果和蔬菜腐烂的作用不大，甚至无效。

（2）应用中应注意的问题

①臭氧配合低温在生鲜食品保鲜包装上具有较好的效果。②臭氧可对冷库中储藏的生鲜食品进行杀菌，并可把某些腐败的有机物氧化，去除臭味和异味。试验表明，当臭氧浓度达到 $4\sim5\text{mg/cm}^3$ 时，环境中的霉菌可减少一半。③臭氧难溶于水，并且穿透力弱，因此，在生鲜食品的保鲜包装时，应分别对生鲜食品均匀地摊放后，再进行臭氧处理，同时对包装材料与容器的内外进行臭氧处理后，马上进行包装。④最好对生鲜食品的储藏架或货架定期进行表面臭氧处理。⑤将臭氧、酶制剂和低温三者相结合会更有效。

2. 减压保鲜包装技术

减压保鲜包装就是将包装的生鲜食品置于低压环境中储藏保鲜，也可简称减压储藏。这种储藏方法属于气调冷藏的进一步发展。具体方法就是将储藏环境（如储藏库）中的气压降低，造成一定的真空度，一般是降到 10kPa 之下。这种减压方法处理最先用于番茄和香蕉等水果上，取得成效后现已被用于其他生鲜食品的保鲜储藏。采用减压方法处理后，果蔬的保鲜期比常规冷藏延长几倍。该方法是一种具有广阔前景的保鲜包装技术。

（1）减压保鲜的原理

减压保鲜的原理是使包装储藏环境中的气压降低，便于生鲜食品（果蔬）组织中的气体成分向外扩散，使组织内或环境中的气体更新，从而抑制微生物生长，最终达到保鲜的目的。

1）降低气压。气压降低使空气中的各种气体组成成分的浓度都相应地降低。例如，气压降至正常的 1/10，空气中的各种气体组成成分也降为原来的 1/10，此时氧含量仅为 2.1%，这就创造了一个低氧环境，从而可起到类似气调储藏的作用。

2）组织内气体向外扩散。减压处理能促使植物组织内气体成分向外扩散，这是减压储藏更重要的作用。组织内乙烯等有害气体向外扩散是保鲜的关键。植物组织内气体向外扩散的速度，与该气体在组织内外的分压差及其扩散系数成正比；扩散系数又与外部的压力成反比，所以减压处理能够大大加速组织内的乙烯向外扩散，减少内部乙烯的含量。据测定，当气压从 100kPa 降至 26.7kPa 时，苹果内部的乙烯几乎减少 3/4。在减压条件下，植物组织中其他挥发性代谢产物，如乙醛、乙醇和芳香物质等也都加速向外扩散，这些作用对防止果蔬的后熟衰老都是极为有利的。并且一般是减压越多，作用越明显。减压保鲜储藏还可从根本上消除二氧化碳中毒的可能性。

3) 消除气味物质在组织中的积累。减压气流法不断更新空气，各种气味物质不会在空气中积累。低压还可以抑制微生物的生长发育和孢子的形成，由此而减轻某些侵染性病害。在 13.60kPa 的气压下，真菌孢子的形成被抑制，气压越低，抑制真菌生长和孢子形成的效果越明显。减压处理的产品移入正常的空气中，后熟仍然较缓慢，因此可以有较长的货架期。减压储藏比冷藏更能够延长产品的储藏期，见表 5-16。

表 5-16　几种蔬菜在冷藏盒减压条件下的储藏期比较

种　类	储藏期（天）	
	冷　藏	减 压 储 藏
青椒	16~18	50
番茄（绿熟）	14~21	60~100
番茄（红熟）	10~12	28~42
葱（青）	2~3	15
结球莴苣	14	40~50
黄瓜	10~14	41
菜豆（蔓生）	10~13	30

（2）减压保鲜包装中存在的问题

如果在包装容器中减压，包装就变为了减压保鲜包装。目前，减压储藏也存在着一些不足之处。对生物体来说，减压是一种反常的逆境条件，会因此产生新的生理障碍，发生新的生理病害。产品对环境压力的急剧改变也会有反应，如急剧减压时青椒等果实会开裂。在减压条件下储藏的产品，有的后熟不好，有的味道和香气较差。由于减压储藏要求储藏室经常处于比大气压低的状态，要求储藏室或储藏库的结构是耐压建筑，在建筑设计上还要求密闭程度高，否则达不到减压目的，这就使得减压库的造价比较高。

（三）气调保鲜包装技术

1. 气调包装的定义

气调包装（MAP）的定义有很多种。国际上共用的气调包装定义为：通过改变包装内气氛，使食品处于不同于空气组分（78.8% N_2，20.96% O_2，0.03% CO_2）的气氛环境中，从而延长保藏期的包装。

根据上述定义，有很多种包装技术都可认为是气调包装，如真空包装、充气包装、气体气味吸收包装等。但随着技术的深入和演变，这些包装技术已成为独立体系。而更为确切地理解气调包装，则是先将包装内空气抽出后再充入所要求的气体，这种包装才是人们目前所认可的气调包装，即 MAP。

MAP（Modified Atmosphere Packaging）的英文含义是改善气氛的包装，它比较确切地表达了气调包装技术的定义；CAP（Control Atmosphere Packaging）的英文含义是控制气氛的包装，由于软包装材料的透气性和食品与包装内气体相互作用使包装内气氛不可控，因而被认为是误称。虽然国际上 MAP 与 CAP 有时通用，但包装业界已逐步统一将气调包装称为 MAP。MAP 有时也称为气体包装，包装内充入单一气体如氮气（N_2）、二氧化碳（CO_2）、一氧化碳（CO）、惰性气体，也可充入两种气体（如 CO_2/N_2）或两种以上（如 $O_2/CO_2/N_2$）的气体。而气体种类和组分可根据各类食品防腐保鲜要求确定。这种通过充入单一气体或多种混合气体来改变包装内气氛的气调包装是食品气调包装主要的包装形式。

2. 气调包装的技术原理

气调包装就是通过对包装中的气体进行置换，使食品得以在改善的气体环境中达到保质和保鲜目的的。该包装方法从产生至今已有几十年的历史。20 世纪 70 年代，在西欧、日本已经普遍采用此包装于生鲜食品上。20 世纪 80 年代以来，我国也开始采用此包装技术。消费者希望得到少用防腐剂等化学物质的无污染食品、在保质的前提下尽可能保鲜（颜色、味道、硬度），而且生产者、经营者也期望食品能有较长的货架寿命，气调包装满足了这样的需求。

气调包装技术的基本原理是用保护性气体（单一或混合气体）置换包装内的空气，抑制腐败微生物繁殖、降低生物活性、保持产品新鲜色泽及减缓新鲜果蔬的新陈代谢活动，从而延长产品的货架期或保鲜期。气调包装内保护气体种类和组分要根据不同产品的防腐保鲜要求来确定，这样才能取得最佳的防腐保鲜效果。

3. 气调包装方法

气调包装方法主要是根据包装产品特性、所用包装容器（材料）和包装后储运条件进行包装。具体方法是先清洁包装和包装产品，再抽出包装容器内的空气，紧接着充入配制的气调气体，封口，成型，最终装箱储运。其方法的关键在于根据产品特性选择包装材料和包装气体。如果包装已定，则关键就在于选择和配制气体（比例）。

（1）CO_2 在保鲜包装中的应用[一]

高浓度的 CO_2 能阻碍需氧细菌与霉菌等微生物的繁殖，延长微生物增长的停滞期及指数增长期，起到防腐、防霉的作用。我国已研究成功利用纳米技术，高效催化 CO_2 合成可降解塑料，即利用 CO_2 制取塑料的催化剂"粉碎"到纳米级，实现催化分子与 CO_2 聚合，使每克催化剂催化 130g 左右的 CO_2，合成含 42% CO_2 的新包装材料。其作为降解性优异的环保材料，应用前景广阔。

（2）N_2 在保鲜包装中的应用

N_2 是理想的惰性气体，在食品包装中有特有功效：不与食品起化学反应与不被食品吸收，能减少包装内的含氧量，极大地抑制细菌、霉菌等微生物的生长繁殖，减缓食品的氧化变质及腐变，从而使食品保鲜。充氮包装食品还能很好地防止食品的挤压破碎、食品黏结或缩成一团，保持食品的几何形状、干、脆、色、香味等优点。目前充氮包装正快速取代传统的真空包装，已应用于油炸薯片及薯条、油烹调食品、冷鲜肉等。在 N_2 应用时必须重视 N_2 的纯度与质量。通过膜分离或变压吸附方式从压缩空气中将其分离出的 N_2 纯度可达 99.9%

［一］摘自：气调包装大科普．知乎：https://zhuanlan.zhihu.com/p/484276898.2022-3-20。

以上。食品包装中使用的 N_2 纯度必须达到纯氮级（即安全级）。

（3）复合气体在保鲜包装中的应用

复合气调保鲜包装所用的气调保鲜气体一般由 CO_2、N_2、O_2 及少量特种气体组成。CO_2 能抑制大多需氧腐败细菌和霉菌的生长繁殖；O_2 抑制大多厌氧的腐败细菌生长繁殖，保持鲜肉色泽，维持新鲜果蔬富氧呼吸及鲜度；N_2 作充填气。复合气体组成配比根据食品种类、保藏要求及包装材料进行恰当选择，从而达到包装食品保鲜质量高、营养成分保持好、能真正达到原有性状、延缓保鲜货架期的效果。

4. 气调包装材料

气调包装常用材料有三大类：①纸箱类。一般配合冷库，多用瓦楞纸箱包装，主要用五层瓦楞纸板所制纸箱。同时箱内单个实体用纸或聚乙烯塑料薄膜进行裹包。②塑料类。多为单质的聚乙烯、聚氯乙烯制成的包装袋进行包装，聚氯乙烯主要用作大袋。③复合材料。以聚乙烯、聚氯乙烯薄膜为基材与纸箱复合，形成纸塑包装，另外也有用聚丙烯作为基材进行复合制袋的包装品。复合塑料类包装材料是应用最多的气调包装材料，其中，聚乙烯复合包装在小袋气调包装中应用最广。

为了保持包装内混合气体给定的浓度，食品气调包装的包装材料有以下几点要求：①机械强度。包装材料要有一定的抗撕裂和抗戳破的强度，尤其是包装新鲜的鱼和带骨的肉。②气体阻隔性。由于大多数塑料包装材料对 CO_2 的透气率比对 O_2 大 3~5 倍，所以食品气调包装要求采用对气体高阻隔性的多层塑料复合包装材料，高阻隔性的 PVDC 和 EVOH 是塑料复合包装材料的最佳阻隔层。③水汽阻隔性。为了避免包装产品因失水而损失重量，食品气调包装的包装材料要求有一定的水汽阻隔性。④抗雾性。大多数的气调包装食品都要求冷藏储藏或销售，包装内外温差使水分在包装膜内产生雾滴影响产品外观，因此必须采用抗雾性塑料包装材料，使包装内水分不形成雾滴。⑤热封性。为了保持包装内的混合气体，包装袋或盒的封口要求有一定强度，而且完全密封、无泄露。聚乙烯的热封性最可靠。

不过，新鲜果蔬的包装中，需要从大气中补充包装内被果蔬有氧呼吸所消耗的 O_2，从包装内排出果蔬呼吸所产生的过多的 CO_2，因此要求采用透气性的塑料包装材料，而不是阻气性的包装材料。

（四）生物包装技术

生物技术包括传统生物技术与现代生物技术两部分。传统生物技术是指已有的制造酱、醋、酒、面包、奶酪、酸奶及其他食品的传统工艺；而现代生物技术则是指以现代生物学研究成果为基础、以基因工程为核心的新兴学科。当前学者们谈论的生物技术均指现代生物技术。现代生物技术主要包括基因工程、细胞工程、酶工程、发酵工程和蛋白质工程。这五项工程中，最有希望用于食品包装领域的是酶工程。

生物酶是一种催化剂。它可用于食品包装而产生特殊的保护作用，因为研究表明，食品（包括很多生鲜食品和农副产品）都是由于生物酶的作用而变质和霉烂的。将现代生物技术用于食品包装也就是"以酶治酶、以酶攻酶"而实现其包装作用。生物酶用于农产品包装是生物技术在食品包装上的典型应用。生物酶在农产品包装上的应用主要就是制造一种有利于农产品保质的环境。它主要根据不同农产品所含酶的种类而选用不同的生物酶，使农产品所含不利于农产品保质的酶受到抑制或降低其反应速度，最终延长农产品的货架期。

生鲜食品的生物酶保鲜包装技术就是将某些生物酶制剂用于生鲜食品的保鲜包装。其技术工艺体现在三个方面：酶钝化处理；生物酶制剂处理；包装装料密封处理。酶钝化处理是利用空气放电的方式产生臭氧和负离子，使生鲜物料表面的酶钝化。其作用是使生鲜食品表面酶的活性降低，使之对周围环境失去灵敏性，降低其呼吸强度，以提高其保鲜效果。生物酶制剂处理是配制酶为主要原料的组合剂，将这种酶组合剂与被包装产品一起装入包装中。包装装料密封处理是将包装材料、被包装产品、酶组合剂用密封或非完全密封方式进行包装。

四、生鲜食品末端配送中的包装

为保证商品品质，节省能源，防止冷链断链，生鲜食品流通中除使用冷冻/冷藏设备外，还通常采用保温箱、冷媒、填充物和辅助物等包装。

保温箱是冷链物流的末端配送中使用最为广泛的包装形式，冷链包装产品质量的好坏直接取决于保温箱的品质。冷链保温箱由导热系数小的轻质层状保温材料组成，按箱型材质不同，保温包装箱可分为 EPS（聚苯乙烯泡沫）保温箱、EPP（聚丙烯塑料发泡材料）保温箱、EPE（聚乙烯泡沫塑料）保温箱和 VIP（真空绝热板）保温箱等，如图 5-20 所示。箱型的保温性能取决于材质本身的导热系数。相同厚度的保温箱，保温性能 EPS 保温箱<EPP 保温箱≈EPE 保温箱<VIP 保温箱。EPS 保温箱购买成本最低，但因我国目前还未建成完善的冷链包装回收体系，其循环使用成本很高，往往一次性使用。EPP 和 VIP 保温箱可循环使用，在同城冷链运输、配送体系中较为常见。

| EPS保温箱 | EPP保温箱 | EPE保温箱 | VIP保温箱 |

图 5-20　各类保温箱图例

保温箱在使用过程中通常会配合冰袋一起使用，以实现冷链物流运输过程中的低温环境。冰袋是一种塑料袋封装有蓄冷剂的蓄冷装置，主要分为以下几种：①注水冰袋，里面装有粉状制冷剂，使用时需先注水，注水后成胶体状，使用时需放置冰箱冷冻；②速冷冰袋，里面装有制冷剂，需使用时用手捏破内袋发生吸热反应进而制冷的新型降温环保袋；③干冰，因为干冰是固态二氧化碳，汽化后直接排放在空气里，对环境危害比较明显；④生物冰袋，属于分子冰袋，里面装有制冷剂，选用高新技术生物材料配制而成，干净无毒，富有一定的弹性，呈胶状体，保冷性能极好，具有蓄冷量大、放冷速度慢、可重复利用的特点。

◎ 知识窗

对于医药冷链配送，由于其温度区间更多，要求更高，保温箱根据材质的不同也具有多个类型。例如，中集冷云针对 7 种保温材质进行深入研究，结合冷媒、客户使用场地等诸多因素，推出了多种保温箱，详见表 5-17。

表 5-17　中集冷云针对不同保温材质推出多种保温箱

保温箱种类	保温材质	特点及适用范围	温控需求
一次性保温箱	高密度聚苯乙烯 EPS	箱体密封性好，温控效果优；易成型，可满足不同客户的个性化需求。适用于发货量相对固定的产品温控解决方案	可以满足的不同温度需求，包括 2~8℃、0~5℃、4~6℃、-20~-10℃、-50~-30℃等温度区间，温控时长 12~72h
	挤塑成型聚苯乙烯 XPS	隔热性好，吸水性差，是用于隔热保温的优良材料；无模具成本，可根据客户要求定制生产；尤其适用于发货量小或销售趋势不明朗的产品的温控解决方案	
可周转保温箱	聚氨酯发泡 EPU	箱体密封性好，具有良好隔热保温效果；箱体较传统 PE 外壳或 ABS 外壳 PU 箱轻；适用于运输过程管控较好的产品温控解决方案	可以满足不同的温控需求，包括 2~8℃、0~5℃、-20~-10℃、-50~-30℃等温度区间，温控时长 24~120h
	PE+PU 箱，采用高密度聚乙烯材料作为防护外壳	军工工艺，坚固耐用；适用于国内物流状况下长期周转使用	
	VIP 系列箱	在传统 VIP 材料的基础上做了进一步的研发设计，大大降低整箱的导热系数	
	VIP+PU 系列拼接箱	无须模具，规格灵活，可根据需求定制；保温性能优良，时效可达 96~120h；适用于运输时效长、长距离运输模式的循环使用	
	VIP+PU 系列一体箱	一体发泡成型，密封性好，箱体结构牢固；坚固耐磨，重复使用性好；适用于运输时效长、长距离运输模式的循环使用	
	便携式保温箱	设计有人性化的背带和提手，便于携带和搬运；可折叠，大大节约运输成本；无须模具，可根据客户需求定制；适用于随身携带、短距离配送等运作模式	

（资料来源：任芳，冷链包装技术及其升级发展，物流技术与应用，2018，23（S1）：18-21。）

关键术语

冷却（Cooling）

冻结（Freezing）

冷藏（Cold Storage）

冰温储藏（Ice-temperature Storage）

微冻储藏（Partial Freezing Storage）

解冻（Thawing）

练习与思考

一、思考题

1. 生鲜食品低温保藏的原理是什么？

2. 什么是冷却？有哪些冷却方法？有哪些冷却装置？

3. 冷却和冻结有什么区别？冷藏和冻藏有什么区别？

4. 食品冷却时会发生哪些变化？如何避免寒冷收缩？

5. 什么是淀粉老化？为什么要防止淀粉老化？怎样控制淀粉老化？

6. 强制通风式和差压冷却装置的区别是什么？

二、填空题

1. 食品的冷却方法有：_____、_____、_____、_____和_____等几种类型。

2. 食品的冻结温度带国际上推荐为_____以下，因为在此温度下_____，因此可进行长期储藏。

3. 冰温冷藏的温度一般在_____，利用冰温贮藏保持的生鲜食品，比0℃以上的保存方法时间长_____。

4. 生鲜食品冻结的基本方式包括：_____、_____、_____和_____。

三、判断题

1. 食品冻结时，冻结温度不断下降，冰晶体不断形成，含有溶质的溶液也就随之不断冻结，因此未冻结溶液的浓度也越来越小。（　　　）

2. 肉类冻藏时，温度上下波动次数越多，品质下降越快。（　　　）

3. 当冷藏间的温度下降时，空气中的水蒸气压会下降，所以食品干耗小。（　　　）

4. 食品产生干耗的原因是食品表面水蒸气压与冷间内空气的水蒸气压存在着差值。（　　　）

5. 食品在冻结时，冻结速度越快，生成的冰晶越大，解冻后汁液流失越多。（　　　）

6. 在果品储藏过程中湿度越高效果越好。（　　　）

7. 低温停止了微生物的活动和繁殖，还能部分杀死微生物。（　　　）

8. 果实冷害与冻害都属于低温伤害，使细胞失去了生物活性。（　　　）

⏩ 综合案例

"盒马鲜生"的冷链系统

2017年1月阿里巴巴"盒马鲜生"诞生，它是电商巨头孵化的生鲜超市，线上线下结合的代表。盒马鲜生对其生鲜产品冷链的良好管理，使其成为目前生鲜电商领域少有的几家能盈利的企业之一。盒马鲜生在103个国家售卖超过3000多种商品，其中80%是食品，生鲜产品占到20%，未来将提升到30%。店内零售区域主要分为肉类、水产、蔬果、南北干货、米面油粮、休闲食品、烟酒、饮料、烘焙、冷藏冷冻、熟食、烧烤及日式料理等区域。

对于生鲜行业，供应不仅仅要把东西从A点送到B点，还要确保从A到B到运送过程中的温度、湿度和物理碰撞，物流过程很长。传统B2C电商的冷链物流是从总仓分拣打包后送到配送站，再送到消费者手中，涉及仓储、检货、打包、配送、支线配送等多个环节。在这一模式下，货物需要一件件分拣后装进泡沫箱，不仅拣货效率低，中间还需要用到很多耗材，如冰块、冰袋等，同时分拣箱占物流车的空间，对配送站的冷链要求也很高，一单的配送成本在28~30元。盒马鲜生采用从总仓直发门店的B2B模式，到门店后按品类归类储藏。有订单时在各工位的员工接到指令后，在管辖区域拣出相关货品，通过悬挂链系统接力拣货，10min完成打包出货。这是一种B2B2C的模式，冷链配送环节少，一单的配送成本只有 B2C 模式的 1/3。冷链成本降低，效率提高，这才使得生鲜电商有了盈利的空间。

盒马鲜生的生鲜产品冷链系统主要由原材料、运输、储存、加工和包装等过程组成，核心部分流程图如图 5-21 所示。

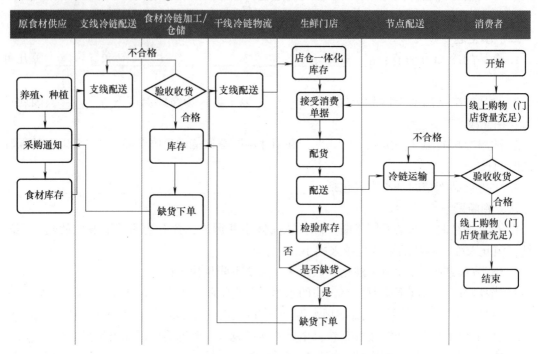

图 5-21 盒马鲜生生鲜产品冷链系统核心部分流程图

1. 原料供应环节

原料供应环节主要通过物流运输单与原料的供应单进行车货同步的信息绑定，该过程用手机 App 的扫描功能可以直接实现，前提是物流单据和原料包运单元必须贴有条码标签。

新鲜是消费者对生鲜商家的主诉求，为此，盒马"日日鲜"主打"只卖一天"的概念。日日鲜供应的蔬菜均是当天从蔬菜基地直运过来的。这一概念不仅传达的是当天供应，更是当天食用，采用供一家三口食用的小包装，如蔬菜一盒 300 多克，根据不同菜品采取 1~4 元的定价，每天的包装都采用星期一到星期日的醒目标志。

盒马"日日鲜"的背后比拼的也是供应链的功夫。通常我国的农产品到超市，中间会经过三五层的中间商，生鲜基本采用外包模式。外包的好处是没有风险，但是所有的损耗都由供应商买单，供应商的售价中包括了 20% 的损耗率、20% 左右的毛利及超市方的毛利，所以价格高是必然的。为此，盒马鲜生重构价值链，建立买手制，在全球直采，买断商品，去除额外的费用，采用成本加 20% 毛利的定价方式，形成盒马的性价比优势。这一定价方式在海鲜类产品中体现得尤为明显。

另外，生鲜难做的另一个原因是鲜活海鲜的存活率不高，品质难控，季节不同、产地不同，口感也会不同，极大地拉升了企业的运营成本。盒马鲜生的海鲜逐步往生产端迁移，如在阿拉斯加海域找到拥有海域捕捞权的帝王蟹供应商直采，用保温箱保存 12~24h，让帝王蟹休眠。盒马鲜生通过专业的服务商进行全程温度环境控制，到达国内后重新入水散养再分送至各家门店。舟山也是盒马鲜生的海鲜直采点，靠规模优势直接与生产端对接。

2. 加工质检环节

加工质检环节通过生产订单及商品批次作为数据关联要素，形成商品的批次化管理，采用 GS1 的储运包装单元编码体系进行包装批次的追溯信息采集，形成商品的生产追溯信息。

3. 成品运输环节

成品运输环节是将生产检验合格后的产品运输至盒马鲜生门店的环节，整个过程主要通过扫描成品物流单据和 SSCC（系列货运包装箱代码）进行车货信息同步，车辆的温湿度、位置等信息通过单据、车号、时间等与商品信息进行关联，形成成品冷链运输数据。

运输环节采用冷链车进行，整个过程每隔 5s 定时采集一次信息。温湿度信息的采集主要依赖冷链车载设备及温湿度传感器，车辆的位置信息采集使用基于北斗导航系统建立的 GIS 系统。车载设备与系统后台的数据传输依靠 4G 网络，网络不畅通路段，终端设备采用离线方式进行温湿度记录，在有信号时进行续传数据，保证整个过程的数据无间断传输。车载设备可以选择温度的上下限，如果环境温度超过设定的上下限，后台检测系统会及时提供报警信息，报警信息包括车辆、运输单据、运输公司、商品批次和超温时间段等，以便及时跟进处理。

4. 门店环节

商品到达门店后需要进行前店和后仓的不断链温度检测，采用智能空调系统进行环境数据采集，所得数据需要结合消费环节形成重要的温控追溯数据。

5. 消费配送环节

目前盒马鲜生的"3 公里半小时配送"已经达到了冷链最后一公里配送不断链的时效要求。配送员通过保温箱进行产品保存，通过配送单据进行门店与消费者的信息关联，形成最后的配送数据，至此整个供应链数据形成完整的一条数据链。盒马的"3 公里半小时"配送现在也成为行业的标准。盒马鲜生从接单到装箱开始配送仅需 10min 左右。为此，盒马鲜生门店内采用了全自动物流模式，从前端体验店拣货到后库装箱，都由物流带传送。线上订单具体配送流程为：系统接收到线上订单后，拣货员根据移动手持终端（PDA）显示订单，前往零售区或仓储区拣货，放入专用拣货袋，将拣货袋放至传送起点，通过自动传输系统把商品传送到后台 300 多 m² 的合流区，后台将拣货袋装入专用的配送箱，用垂直升降系统送到一楼出货。拣货袋分为两种，一种是灰色印有盒马鲜生商标的普通布袋，另一种是黑色内含锡箔纸的保温、保湿布袋，以保证生鲜在配送过程中保持新鲜。

（案例来源：邓涛、陈玲、陈晗曦等，以"盒马鲜生"为例基于 GS1 的生鲜产品冷链供应链研究，中国自动识别技术，2018（4）：69-73；钱丽娜、董积君，2018　得生鲜者得天下，商学院，2018（3）：44-49。）

问题：

1. 说明盒马鲜生的冷链环节。

2. 盒马鲜生冷链系统中哪些重要措施保证了产品的新鲜度？哪些是与本章内容相关的冷链技术？

第六章

冷链物流配送

📑 学习目标

通过本章的学习，掌握冷链物流配送的定义、特点以及冷链系统的构成要素；了解发达国家冷链物流配送的发展经验；掌握冷链物流配送的流程、基本要素；了解冷链物流配送的典型模式及其选择，会用冷链物流配送优化模型解决车辆路径问题。

📑 引　　例

关于冷链配送不得不知的六大内幕

一、全程冷链并非真的全程

几乎所有的生鲜电商都会打出"全程冷链"的口号，但没有一家能真正实现，因为采用专业冷藏物流车配送入户成本相当高，每单物流费至少 50 元。国内各大电商采用的是"二段式"半程冷链，即城市之间用冷链车运输，落地配（或同城配送）仅采取保温箱配送上门。半程冷链如果执行严格，也能达到很好的冷藏效果，不过在实际操作中，少数承运人为省油费，不严格按合同执行，只在运输的装卸货两头开启冷机制冷，运输途中会关掉冷机。

二、冷链包装简陋

严格来说，落地配的冷链箱内部包含蓄冷剂、防撞气垫和冰盒，这种特质的冷链箱价格一般在 300 元左右，所以冷链箱一般由第三方冷链物流公司提供。例如，顺丰冷链的配送员一般会将箱子回收，并不会留给买家。在实际配送中，很多商家无法消化如此高昂的冷链成本，只能自己用干冰+泡沫箱的保温方式包装（泡沫箱售价为 2~4 元，干冰批发价为 8 元/kg，最多能保持 50h）。这种自备冷链的配送方式，并没有走第三方冷链物流，而是直接走普通物流渠道，而且因为干冰的存在不能走空运（顺丰有自己的飞机），只能靠物流车运送，所以速度并不会很快。这种情况下，生鲜货物是用泡沫箱包装的，中途也没有冷链车保障，生鲜的具体品质如何完全取决于干冰的挥发程度。

三、冷链退货难

由于泡沫箱包装最长只能维持50h，商家在发货的时候会限定区域，超出区域不接受订单。即便如此，要在2天内将生鲜货物送达，仍存在较大挑战，稍微出一点差错，如分拣到错误的城市，货物就可能发生腐坏。最重要的是，一旦发生退货行为，意味着生鲜也将变质，商家将血本无归。这种情况下，商家自然不会主动"背锅"。如果是因为物流公司送货延迟，导致货物融化、漏袋等问题，商家通常以售前"消费提醒"为由拒绝理赔。商家通常会声明，因消费者和物流公司延误收货，导致货品变质，"概不负责"。而物流方则声明只负责运送，具体包装和保温措施问题由商家自行负责。双方都不负责，那么谁来承担后果？更何况买家退货需要与送货员和商家进行沟通，如果中间存在争议或误会，那么最终只能"吃哑巴亏"了。

四、必须第一时间签收

如果冷链送货员到了买家家门口，而买家却不在家怎么办？这个问题难倒了一大片冷链物流公司，快递员既不能将货物带回（没有冷冻仓），也不能擅自决定退货，只能将货物寄存在小区快递箱中。如果买家收货延迟，那么货物可能已经变质，或者货物送达的时候已经变质，但自己存在收货不及时行为。责任主体之间不确定因素太多，就容易产生矛盾，所以冷链电商的差评率要比一般电商高。

五、冷链车设计不合理

各类蔬果、肉类、海鲜和冷饮等不同品类货物，对储藏温度的要求不一样，而冷链车只能取一个温度值，温度过低可能会冻坏果蔬。货物虽然装在不同的冷链箱内，而且有两层泡沫板分隔，但箱内货物还是会受到外界环境的影响。如果运输路途较长，那么车厢内的温度会趋于一个稳定值，所有货物都是在这个温度下保鲜、冷藏或冷冻的。

六、"断链"加速细菌繁殖

每一种生鲜货物的保存温度都不同，如鲜肉，其保存温度在-2~2℃，这种情况下大多数微生物的生长繁殖都能被抑制，肉毒杆菌和金黄色葡萄球菌等病原菌分泌毒素的速度也降低。冰袋能提供的温度最低达到-22℃，但冰袋并不是恒温的，而是具有一个不断升温的过程，非常不稳定，一旦发生断链行为，如驾驶员关闭制冷机或宅配时间过长，细菌将加速繁殖，超过5℃鲜肉会彻底变质。最可怕的是融化之后再次冷冻，不仅会导致食物变形（冻成一坨冰）、口感变差，还隐藏了生鲜已经变质并含有病菌的事实，如果买家不慎食用，轻则拉肚子，重则病毒感染而生病。

（案例来源：搜狐，关于冷链配送不得不知的六大内幕，你收到的食物可能已经变质！https://www.sohu.com/a/193540657_535380.2017-09-21，内容有删减）

第一节　冷链物流配送特点与运营

冷链物流配送是冷链物流中一个极其重要的环节，生鲜易腐食品从生产者到最终消费者的过程中，有80%以上的时间在配送上，冷链物流配送是冷链中处于非冷库环境中需要温度控制较长的一个环节。由于生鲜食品易腐变质的特性，其必须在流通的全过程中持续保持适宜的温度，并迅速周转，因此冷链物流必须使加工、运输、储存和销售等所有环节紧密衔接，并配以合适的设备，统一管理，方能确保生鲜产品的质量。提高冷链物流配送的效率，意味着降低冷链产品在此过程中变质的风险，因此，冷链物流配送问题就成为冷链物流研究中的关键。

从当前的实践看，冷链物流配送是冷链物流系统中最为薄弱的一环，其集约化程度低、接货标准不一等一系列问题都在考验着冷链物流企业的生存与发展。

一、冷链物流配送的定义

冷链物流配送是指根据客户要求，使物品始终处于保持其品质所需温度环境中，对物品进行分类、拣选、集货、包装和组配等作业，并按时送达指定地点的物流活动。

从配送活动的实施过程上看，冷链物流配送包括两个方面的活动：

1)"配"是对货物进行集中、分拣和组配。

2)"送"是以各种不同的方式将货物送至指定地点或客户手中。

可以对冷链物流配送归纳出以下几个特点：

第一，冷链物流配送不是一般概念的送货，也不是生产企业推销产品时直接从事的销售性送货，而是从物流节点至客户的一种特殊送货形式。

第二，冷链物流配送不是供应和供给，它不是广义概念的组织资源、订货、签约、进货、结算及对物资处理分配的供应，而是以供应者送货到客户的形式进行供应。

第三，冷链物流配送不是消极的送货、发货，而是在全面配货的基础上，充分按照客户的要求进行服务，它是将"配"和"送"有机地结合起来，完全按照客户要求的数量、种类、时间等进行分货、配货、配装等工作。

第四，冷链物流配送是一项有计划的活动。配送需要根据客户的需要，以及从事配送的企业的能力，有计划地开展送货活动，以满足客户的需要。

配送通常包含短距离、小批量、高频率的运输。如果单从运输的角度看，它是对干线运输的一种补充和完善，属于末端运输、支线运输。它以服务为目标，以尽可能满足客户要求为优先。从日本配送运输的实践来看，配送的有效距离最好在50km半径以内，国内配送中心、物流中心，其配送经济里程大约在30km以内。冷链物流配送由于配送对象的易腐性和时效性，配送经济里程的体现更加明显。

配送是以现代送货形式实现资源的最终配置的经济活动。从这个角度看，概括了四点：

第一，配送是资源配置的一部分，根据经济学家的理论，因而是经济体制的一种形式。

第二，配送的资源配置作用是"最终配置"，因而是接近客户的配置。接近客户是经营战略至关重要的内容。美国兰德公司对《财富》杂志500强的一项调查表明，"经营战略和接近客户至关重要"，证明了这种配置方式的重要性。

第三，配送的主要经济活动是送货，这里面强调现代化送货，表述了和旧式送货的区别。其区别以"现代"两字概括，即现代生产力、劳动手段支撑的，依靠科技进步的，实现"配"和"送"有机结合的一种方式。

第四，配送在社会再生产过程中的位置，是处于接近客户的那一段流通领域，因而有其局限性。配送是一种重要的方式，有其战略价值，但是它并不能解决流通领域的所有问题。

◇【同步案例】

京东打造冰激凌产业全链路服务升级样板

京东冷链与国内领先的乳制品巨头蒙牛乳业达成合作意向。京东冷链将为蒙牛冰品开放覆盖全国的冷链仓网布局与冷链B2B核心骨干网，充分发挥F2B2C（从上游生产厂家直接到终端）一站式冷链服务优势，从冷链仓储管理、干线运输、品质保障等多个维度进行全面创新，打造从工厂到销地再到餐桌的一体化行业解决方案，助力蒙牛冰品服务品质再升级。

蒙牛乳业成立20年来，连续10年位列全球乳业20强，旗下形成了包括液态奶、冰激凌、奶粉、奶酪等多品类的产品矩阵。其中，以蒂兰圣雪、随变、冰+、优牧之选等为代表的蒙牛冰激凌明星产品，凭借全球甄选食材和世界顶级生产工艺，受到众多消费者的追捧喜爱。然而很长一段时间以来，冷链物流一直是掣肘冰激凌生产企业发展的难题之一。尤其是高档冰激凌的含奶量极高，遇热即化，对冷链仓储管理的科技化水平、运输过程中的在途温度以及供应链条的一体化程度均有着极高要求，因此，一场围绕冰激凌的供应链角逐势在必行。根据合作内容，京东冷链将通过先进的仓储管理系统及操作规范，为蒙牛提供仓配一体的全供应链服务，并对其在京东及垂直电商等线上各渠道的库存进行统一管理，减少搬运次数，最大程度降低冰激凌"脱冷"风险。同时，对冰激凌的转运流转，京东冷链也有着严格的操作规范，比如对装卸车的时长要求都精确到分钟级。

此外，依托冷链卡班、冷链整车等标准化冷链B2B产品矩阵，京东冷链还将为蒙牛全国13个工厂的冰激凌与冰皮月饼提供从工厂端到经销商端的干线运输服务，满足灵活货量下的全国运输需求。尤其是在"618"大促期间，京东冷链还将通过卡班一站式送货入仓的增值服务，为蒙牛提供绿色通道，实现快速交仓的需求，大大缩短入仓周期。除了全链路服务升级外，智能科技也是京东冷链助力蒙牛冰激凌提质增效、一路领"鲜"的重要"王牌"之一。近年来，京东冷链加紧在物联网技术、大数据、云计算与人工智能等新兴技术方面的前瞻布局，加速"人、车、货、场"等要素的数据化升级，不断突破冷链行业的技术瓶颈。尤其是针对冰激凌这样极易化冻、对流转效率要求极高的商品，京东冷链一方面严把"温控关"，通过制冷预冷、保温保鲜等技术的不断优化，根据冰激凌的含奶量不同，分别储存在-18℃和-35℃两个温层，同时依托自主研发的智能温度监控平台，确保全程温度可视、品质可控；另一方面，通过全国首个冷仓"货到人"拣选系统、冷链自动化分拣中心的投用，大大提高冷库自动化程度，加速订单流转，让消费者可以在更短时间内收到"仙气"十足的冰激凌，也让员工体验得到升级。

据了解，位于北京的京东冷链自动化分拣中心，通过"人机CP"的配合，实现不同细分滑道的自动化分拣，不仅使冷链分拣效率提高3倍以上，还将原来需要从分拣中心—区域分拣—配送站点的流程简化成分拣中心直传配送站点，减少中间环节，提升整个冰激凌订单流转效率。

此外，京东冷链还为冰激凌定制专用包装箱以及干冰、冰盒等专业冷媒，实现从打包、分拣、配送，一直到消费者手中每一个环节的全程冷链。据悉，在一个冰激凌订单中，会放置多块干冰，而干冰的温度低达-78℃，为冰激凌的品质保障再添一道砝码。

今年以来，京东冷链不断聚焦冷链行业新趋势、新特点，以技术驱动创新，以产品助推服务，持续打造高效、精准、敏捷的 F2B2C 一站式冷链服务平台。为了更精准地匹配适应不同行业的需求，京东冷链还针对冰激凌、速冻面点等食品加工业客户打造了专属的一站式冷链解决方案。

此次与蒙牛的合作，正是京东冷链工业解决方案的一次重要落地。蒙牛集团相关负责人对此次合作寄予厚望，他表示，"这是一次极富创新的合作升级，不但有助于提升蒙牛冰品的冷链配送水平，还能将服务辐射到冷链体系还不完善的三四线及农村市场，从而为更多消费者带来更优质、更新鲜的冰激凌产品和更便捷、更高效的物流服务。"

截至目前，京东冷链已经发布包括冷链仓储、冷链卡班、冷链整车、冷链城配在内的四大标准 B2B 产品，完整贯穿冷链仓储、干线运输、城市配送各个环节；并基于产地、工业、餐饮、零售、进口等行业的供应链特性与差异，打造了从仓储到配送、从线上到线下、从硬件到软件的五大行业一体化定制解决方案。

随着技术实力与服务模式得到认可，正有越来越多的商家加入京东冷链的"朋友圈"。据京东冷链相关负责人介绍，作为社会化冷链协同网络的中坚力量，京东冷链在健全社会冷链流通基础网络的同时，不断提升自身网络效率与标准服务能力，拥抱各行业的合作伙伴，稳健而有力地向各行业商家释放 F2B2C 一站式冷链服务的供应链价值，必将极大地帮助各行业商家进行成本优化、效率提升与体验升级，持续塑造全行业最佳的客户体验。

(案例来源：张涛，京东冷链"618"携手蒙牛打造冰激凌产业全链路服务升级样板，企业家日报，2019-06-18，www.entrepreneurdaily.cn/2019-06-18/5/2380152.html，内容有改动。)

问题：结合同步案例，谈谈冷链物流配送到底是什么。

二、冷链物流配送的特点

冷链物流是一项复杂的系统工程，整个过程中的节点多、技术要求高，为达到以较低成本满足较高服务水平，进而促进销售的目的，需要冷链各环节之间紧密结合，高度协调，优化资源管理等。由于不同冷链产品具有不同的特性要求，冷链物流要针对不同的冷链产品提供与之相对应的物流配送，合理的配送服务在冷链供应中起着决定性的作用。冷链物流配送货物与普通物流相比较具有以下特征：

1. 冷链产品的易腐性

冷链物流配送的货物通常比较容易腐坏，在运送的过程中由于各种原因导致冷链产品品质逐渐下降，其中"温度"是影响其品质最重要的因素。生鲜食品从生产到消费的全过程中，每个环节都有不同的温度要求。通过将食品品质的保鲜最长时间与温度的关系进行量化，以此指导实际运作非常有意义。冷链发展较为成熟的美国针对多种食品，调查保存温度和所经过的时间对食品品质所造成的影响，即"时间-温度变化下的品质耐性"（Time-Temperature Tolerance，T. T. T.）公式。在现实运作中，可按照该公式估算生鲜食品的品质随时间和温度的改变而下降的情形。

2. 冷链产品的时效性

确保在客户指定的时间内交货是客户最重视的因素，也是配送运输服务的充分体现。冷冻、冷藏食品可保存的时间比较短暂，在运输过程中，运输距离越远、时间越长就越难以保证食品的新鲜度。对于生命周期短的生鲜食品，运送时间增加，产品新鲜度降低，从而导致食品销售量的下降，造成一定的经济损失，这些损失应该由物流商承担。因此生鲜食品销售商为了达到较高的服务水准，在货物到达销售端时，往往会有时间窗的限制，限制运送者必须在事先约定的时段送达。因此，事先规划配送路线，考虑时间窗的限制，不仅可降低运输企业的营运成本，还可以提高销售商的服务水准，满足客户的需求，实现双赢。

3. 冷链物流配送的沟通性

配送属于直面客户的末端服务，它通过送货上门服务直接与客户接触，是与客户沟通最直接的桥梁，代表着公司的形象和信誉，在沟通中起着非常重要的作用，所以，必须充分利用配送运输活动中与客户沟通的机会，巩固和发展公司的信誉，为客户提供更优质的服务。

三、冷链物流配送系统的构成要素

冷链物流配送系统的构成要素主要包括配送对象、冷库、配送车辆和路径。

1. 配送对象

配送对象主要是指适合应用冷链物流配送的商品，常见的如食品和药品等。

第一类为食品，具体可分为以下几种：

1）冷藏食品，如生鲜蔬菜（叶菜类、截切生鲜蔬菜）、果汁、牛乳、乳饮料；日配品（豆腐、乳制品）、加工肉品（香肠、火腿）等适于在 0~7℃ 保存的食品。

2）冰温食品，如畜肉品（牛肉、猪肉、羊肉）、禽肉品（鸡肉、鸭肉）、水产品（鲜鱼、贝类）等适于在 -2~2℃ 保存的食品。

3）冷冻食品、冰品，如冷冻蔬果、冷冻调理食品（水饺、包子、比萨）、冰激凌等适于在 -18℃ 以下保存的食品。

4）超冷链食品，如生鱼片等适于在 -50℃ 以下保存的食品。

一般来说仅分为冷藏食品（含冰温食品）与冷冻食品（含冰品、超冷链食品）两种。

第二类为药品，通常是对储存和运输配送有一定温控要求的药品，如疫苗。

2. 冷库

冷库作为保持稳定低温并用来储藏冷冻食品的仓库，在冷链物流配送系统中是重要的物流据点。现代冷库功能变革后，并不仅限于进行货物储存，还可以进行温度控制下的配送加工，并进行冷链物流配送，是配送系统中不可或缺的重要构成要素。

3. 低温配送车辆

目前采用的低温配送车辆主要是指采用自带压缩机组的冷藏车。冷藏车制冷的优点是能保持较长时间的低温，冷藏车车厢容积多为 1500L 以上。这对于疫苗、样品与低温食品等多次少量配送的货物配送存在很大的制约性。这种低温物流制冷方式主要应用于大批量低温货物的长途配送。

4. 路径

这是指冷链运输工具经行的道路，例如城市道路。

四、欧美国家冷链物流配送的发展现状

发达国家由于早在 20 世纪七八十年代就经历了鲜活农产品供大于求的阶段，经过长期的发展，已经形成适合其国情的鲜活农产品现代物流配送业。美国农产品种类繁多，农产品

发展长期稳定，农产品相关的市场比较繁荣，这使其拥有一个庞大的且高效灵活的农产品冷链物流配送体系。现在，美国基本形成了从冷链食品加工、分拨、仓储到配送等所有环节的完善的食品冷链物流体系，包括冷链物流标准体系、管理体系等各个环节。荷兰是欧洲食品冷链物流发展的典型代表，充分利用了它位于欧洲中心这一有利的区位优势，成为欧洲的配送中心。欧美发达国家冷链配送的经验总结如下：

1. 食品冷链物流配送专业化、规模化程度高

由于美国农业生产的主要模式是中小型农场，美国在一定程度上很方便使农产品物流实现规模化。20世纪80年代末，在美国从事农产品物流的人员是从事农业人员的4倍之多，在农产品冷链物流行业中拥有一批专业的人员。以蔬菜为例，专业化的生产物流已形成。在冷链物流的配送过程中，社会服务体系较为完善，多数农产品批发销售给工厂，直接销售的很少。销售合作社、农商联合体、农产品信贷公司、批发商、代理商、零售商等作为连接农产品供需的物流主体，整个国家拥有的合作社有6000个左右。

2. 冷链配送基础设施完备

美国拥有较为完备的交通运输设施，公路、铁路和水路四通八达。生鲜食品的装卸搬运主要采用螺旋式输送机、斗式提升机及可移式胶带运输机等。欧洲拥有健全的物流基础设施，特别是拥有完善的航空运输网络。以荷兰为例，该国以鲜活农产品闻名世界，其冷链物流高效快捷。斯希波尔机场和鹿特丹港是荷兰冷链物流通往欧洲"门户"的两个非常重要的支柱，通过这两个支柱运往欧洲各地的生鲜农产品占到58%以上。鹿特丹港靠近荷兰重要的果蔬种植区，周边高速公路纵横交错，而且拥有发达的通往内地的水路运输网络。生鲜配送加工中心作为连接鲜活农产品供应链上、下游的关键性节点，在欧美发达国家鲜活农产品物流配送中发挥着重要的枢纽作用。例如，在荷兰，农产品市场附近大都建立起生鲜配送加工中心，该中心在收到鲜活农产品之后根据交易的具体情况、条件和规范，对农产品进行分类、调制、分割、包装和储藏，最后及时配送到各个客户手中。

3. 配送过程信息化程度高

欧美国家大多数的大宗食品或包装商品都使用条码，以此来帮助企业对销售信息进行收集，所使用的条码也让企业对所生产商品的物流状况和模式有较好的了解，进而有效地管理食品冷链物流活动。追踪系统在冷链物流的配送过程及追踪相关信息过程中体现了其价值。例如，可以对农场养殖禽畜的免疫记录、饲养记录和健康记录等进行追踪。

➡ 知识窗

我国冷链发展新趋势

第一，冷链物流基础配套设施不断完善。近5年我国冷藏车保有量和冷库容量连续保持10%以上的年增速，产地农产品冷链设施建设方兴未艾。据中物联冷链委、链库网统计，2021年上半年全国新建、改建冷库总量达到354.1万t，同比增长16.9%；冷藏车数量新增3.3万辆，与同期基本持平。

第二，冷链食品进出口市场稳步发展。以肉制品为例，2021年1—7月，我国肉类冻品出口总量达到18万t，同比上涨7.9%，进口总量为593.2万t，同比上涨3.3%；肉类冻品出口商品总额为9.7亿美元，同比增长6.6%，进口总额为195.05亿美元，同比增长5.3%。在疫情防控的巨大压力下，我国肉类冻品市场仍然保持稳定增长势头。

第三，跨境冷链市场不断走向成熟。在双循环和冷链疫情防控背景下，我国跨境冷链市场规范化、标准化程度迎来历史新高。冷链消杀、冷链信息追溯等新型技术和平台快速应用，为冷链行业技术创新和冷链企业降本增效指明了发展方向。

经过10年时间发展，中国冷链与发达国家相比，在四个方面有了新的变化和突破。

一是消费持续升级，带动冷链需求。目前，我国中产阶级数量到达4亿人，常住人口城市化率达到60%，人均GDP超过11000美元。社会消费品零售总额超过千亿的城市数量增加至110个，且预计到2030年将翻1倍。从这几个方面看，中国正在缩小同发达国家的差距。全面消费升级的背后，消费者将更加注重食品安全、品质和营养方面的需求，这将直接带动冷链市场增长。

二是食品安全法规不断健全，改善冷链环境。习近平总书记强调，越是面对风险挑战，越要确保粮食和重要副食品安全。在中央的要求和重视下，近年来我国有关部门下了很大功夫重新修订包括《食品召回管理办法》在内的多项食品安全法律法规，突出了冷链对于食品安全的重要性。

三是监管趋严，保证冷链"良币驱除劣币"。新冠疫情之下我国政府主导建立了冷链流通追溯平台，加大了对冷链经营主体资质证照的审核要求，与中物联冷链委等行业协会共同制定了首个食品冷链强制性国家标准《食品冷链物流卫生规范》等。

四是合理规划引导冷链产业健康发展。由国家发改委牵头制定的《"十四五"冷链物流发展规划》即将发布，国家骨干冷链基地和各地区城乡一体化冷链设施正在有序建设和运营。逐步呈现出各级政府规划引导、不同企业差异化经营、多种社会资金理性支持的发展态势。

在打造"双循环"的格局下，在贸易全球化的趋势下，国内外冷链必将进入业务、标准、技术、基建、设施、信息化等多方面的深度融合阶段。未来将包含三个层面：

第一，新消费场景下的新秩序。跨境冷链、生鲜电商、社区团购、下沉市场在近2年成为消费的主战场，随着新消费市场走向规范化，冷链物流将会得到进一步的发展。

第二，新冠疫情常态化下的新秩序。作为保障民生和链接全球生鲜食品的重要通路，冷链新冠疫情防控势在必行，冷链消毒消杀、冷链无接触配送、进口冷链食品信息追溯等成为目前行业关注的重点话题，同时也是行业未来发展变革新的着力点。

第三，新技术驱动下的新秩序。冷链行业已经逐渐向智能化、科技化、自动化方向转型升级，多数企业的研发投入占比不断提高，冷链企业正在向技术密集型方向转变，科技赋能冷链市场。

（资料来源：中国物流学会，崔忠付：国内国际双循环背景下，全球冷链行业发展新秩序，CSl. Chinawuliu.com.cn/html/19889983.html，内容有改动。）

第二节　冷链物流配送的基本要素及流程

一、冷链物流配送的基本要素

冷链物流配送是根据客户的订货要求，在冷库或配送中心等物流节点进行货物的集结与组配，在恰当的温度控制下将货物送达客户的全过程。冷链物流配送包括以下环节：

1. 集货

将各个客户所需的各种物品按品种、规格和数量从冷库中拣选出来并集中，以便进行运输、配送作业。集货是配送的准备工作或基础工作，它通常包括制订进货计划、组织货源和储存保管等基本业务。

2. 分拣

将集货形成的物品按配送路线车辆分开，分别堆放到指定的装卸点。它是将货物按品名、规格和温控等要求进行分门别类的作业。分拣是配送不同于一般形式的送货及其他物流形式的重要的功能要素，也是决定配送成败的一项重要的支持性工作。

3. 配货

这是指按客户需要的品种规格、货品温度控制要求及车辆的装载容量组配起来，以便装载和配送运输。

4. 配装

配装可以大大提高送货水平，降低送货成本，同时能缓解交通流量过大造成的交通堵塞，减少运次，降低空气污染。在车辆载重及容量允许的前提下，应尽量把温度控制需求相同的、多客户的货物装在同一辆冷链运输车辆中依次送货。

5. 配送运输

配送运输属于运输中的末端运输、支线运输。它和一般运输形态的主要区别在于：配送运输是较短距离、较小规模、较高频度的运输形式，一般使用汽车作为运输工具。

6. 送达服务

要圆满地实现运到货的移交，并有效地、方便地处理相关手续并完成结算，还应当注意卸货地点和卸货方式等。同时进行一些冷链产品相关的冷藏、冷冻咨询服务，也使冷链配送独具特色。

7. 配送加工

配送加工是流通加工的一种，是按照客户的要求所进行的流通加工。

二、冷链物流配送的流程

冷链物流配送的基本作业流程如图 6-1 所示。

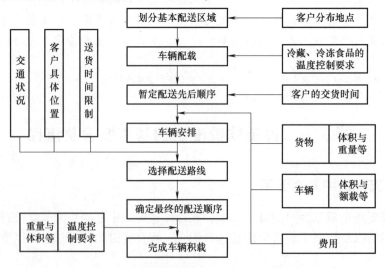

图 6-1　冷链物流配送的基本作业流程

1）划分基本配送区域。为使整个配送有一个可遵循的基本依据，应首先将客户所在地的具体位置做一系统统计，并按区域进行整体划分，将每一客户囊括在不同的基本配送区域之中，以作为下一步决策的基本参考。例如，按行政区域或依交通条件划分不同的配送区域，在这一区域划分的基础上再做弹性调整来安排配送。

2）车辆配载。由于配送货物品种的特性各异，为提高配送效率、确保货物质量，必须首先对温度要求差异大的商品进行分类。在接到订单后，将货物依特性进行分类，以分别采取不同的配送方式和选用不同的运输工具，如按冷冻食品、恒温食品和冷藏食品划分；其次，配送货物也有轻重缓急之分，必须初步确定哪些货物可配于同一辆车上，哪些货物不能配于同一辆车上，以做好车辆的初步配装工作。

3）暂定配送先后顺序。在考虑其他影响因素、做出最终的配送方案前，应先根据客户订单要求的送货时间将配送的先后作业次序做一概括的预计，为后面车辆积载做好准备工作。计划工作的目的是保证达到既定的目标，所以，预先确定基本配送顺序既可以有效地保证送货时间，又可以尽可能地提高运作效率。

4）车辆安排。车辆安排要解决的问题是安排什么类型、吨位的配送车辆进行最后的送货。一般企业拥有的车型有限，车辆数量也有限，当本公司车辆无法满足要求时，可使用外雇车辆。

5）选择配送线路。知道了每辆车负责配送的具体客户后，如何以最快的速度完成对这些货物的配送，即如何选择配送距离短、配送时间短、配送成本低的线路，就需根据客户的具体位置、沿途的交通情况等做出优先选择和判断。除此之外，还必须考虑有些客户或其所在地点环境对送货时间和车型等方面的特殊要求，如有些客户不在中午或晚上收货，有些道路在某高峰期实行特别的交通管制等。

6）确定最终的配送顺序。做好车辆安排及选择好最佳的配送线路后，依据各车负责配送的具体客户的先后，即可将客户的最终配送顺序加以确定。

7）完成车辆积载。明确了客户的配送顺序后，接下来就是如何将货物装车，以什么次序上车的问题，即车辆的积载问题。原则上，知道了客户的配送顺序后，只要将货物依"后送先装"的顺序装车即可。但有时为了有效利用空间，可能还要考虑货物的性质（怕振、怕压、怕撞、怕湿、形状、体积及质量等）做出弹性调整。此外，对于货物的装卸方法也必须依照货物的性质、形状、质量和体积等来做具体决定。

第三节　冷链物流配送的典型模式及其选择

一、冷链物流配送的典型模式

（一）自营配送

自营物流配送模式是指资金实力雄厚的生产或流通企业为了提高配送质量，自行组建冷链物流配送系统，将产品从供应地送达消费者手中。例如，顺丰优选就属于自建物流配送的典型。自建物流配送系统是真正推进生鲜电商行业发展的关键。但是在这种模式下，冷链物流配送的成本增加很多，这个成本需要通过到原产地直接进货等途径来降低。其优势总结如下：

1）企业对供应链各个环节有较强的控制能力，易于与生产和其他业务环节密切配合，全力服务于本企业的经营管理，确保企业能够获得长期稳定的利润。对于竞争激烈的产业，企业自营物流配送模式有利于企业对供应和分销渠道的控制。

2）可以合理地规划管理流程，提高物流作业效率，减少流通费用。对于规模较大、产品单一的企业而言，自营物流可以使物流与资金流、信息流、商流结合更加紧密，从而大大提高物流作业乃至全方位工作的效率。

3）可以使原料采购、配送及生产加工等从战略上一体化，实现准时采购、增加批次、减少批量、调控库存、减少资金占用、降低成本，从而实现零库存、零距离和零营运资本。

4）反应快速、灵活。企业自营物流配送模式由于整个物流体系属于企业内部的一个组成部分，与企业经营部门关系密切，以服务于本企业的生产经营为主要目标，能够更好地满足企业在物流业务上的时间、空间要求，特别是要求频繁配送的企业，自建物流能更快速、灵活地满足企业要求。

其不足之处为：

1）投资大、成本高。自营物流对供应链各环节有较强的控制权，但由于牵涉运输、包装和仓储等环节，创建物流配送系统需要的资金较多，投资较大，对中小企业而言，要想创建物流配送系统是比较困难的。企业自营物流普遍只为自己办事，根据企业自己的物流量的大小创建，如果企业自身的物流量小，就难以形成规模经济从而导致物流资本较高。该模式比较适合连锁经营企业。连锁零售业完成常温物流中心的建设后，纷纷将企业内物流的重心转向低温物流中心及生鲜食品加工中心，如北京京客隆、上海联华、上海农工商和华润万家等。

2）管理困难。生产或流通企业没有物流优势，需要从头做起。要想创建自己的物流配送体系并经营好它，是个很大的挑战。企业的商业领域涉及什么，物流服务就要涉及什么，基本的物流设施设备和经营团队都要齐全，业务范围越大，物流管理压力越大。另外，物流人员很多，管理起来非常难。

3）与第三方物流供应商的关系难以处理。自营物流与第三方物流供应商的竞争关系远大于合作关系，所以如何合理地分配市场、定位市场，让大家能公平竞争、和谐发展，是比较困难的。一旦处理不当，使双方关系破裂，就有可能导致恶性竞争，甚至造成物流市场的混乱。

（二）共同配送

共同配送模式是指多个冷链产品经营企业，在配送网络与服务存在优势互补的情况下，各方在基于互相信任、风险共担、利益共享的长期战略合作伙伴关系下，通过协作性信息平台，将各方的生鲜加工配送中心、冷链运输部门等相关物流服务部门连接成为"虚拟联盟"，通过配送要素之间的双向或多向流动、信息共享及一系列决策支持技术来实现各方之间的配送业务的统一调度和管理；或者多个客户联合起来共同由一个第三方物流服务公司来提供配送服务。共同配送针对冷链商品的配送品种多样化、温度需求多层化、流通渠道多元化的特点，按照不同的温度需求进行冷链物流配送。共同配送将成为城市配送的主导力量。

共同配送有六大好处：

1）集约化程度的提高，使人工、设备和设施费用分摊到了很多共享的客户身上，各自成本得以降低。这些零散客户共享所带来的生意量就像大客户所带来的生意量一样大，使得物流的规模效益得以发挥，从而节约成本，提高服务水平。

2）有利于满足客户要求。有很多客户的需求量并不大，但是所需商品种类多，对时间又有较高的要求，只有进行共同配送，才能整合多客户资源，满足不同客户的要求。

3）有利于优化资源配置。共同配送整合了所有参与客户的商品资源，整合了客户和第三方物流的车辆和库房资源，同时整合了所有参与客户的配送线路资源。例如在连锁超市行业，目前由于交通堵塞和超市收货排队的原因，车辆的装载率与送货点数形成一个尖锐的矛盾。每个店送货量少，而门店又不断增加，如果考虑装载率，把车辆全部装满后同时还要考虑到是否能够在收货时间内送完，加上要考虑驾驶员的在途工作时间等，在这些矛盾下只能选择降低装载率以保证完成客户的送货时间要求。

4）有利于提高运输效率。共同配送整合了大量客户，使冷藏车辆的载重和车辆载货空间得到了有效利用，避免了车辆不满载导致的浪费，提高了运输的效率。

5）有利于提高配送科技含量。实施共同配送，有利于配送服务企业提高配送的科技含量。多家企业参与共同配送，不仅有助于共建信息系统与网络，实现信息共享与快速响应，同时也有利于在配送过程中，利用射频技术、GPS 和传感技术等，对配送过程进行全面监控，为客户提供更多的增值服务。

6）有利于提高社会效益。实施共同配送，大大减少了在途配送车辆，缓解了交通压力，降低了碳排放量，对环境的污染也随之减少。

而在冷链物流领域，这六大好处显得尤为明显：①同一地区的几家冷链物流配送公司联合，各自负责一定区域的所有签约终端店的冷链物流配送服务，避免了冷链物流特有的"网大点散"的状况，有利于降低成本；②专注在一个较小的片区服务，而自己公司的其他任务由其他离客户更近的公司代劳，有利于满足客户对冷链产品的特殊时效需要；③冷链物流设备昂贵，让中小物流企业负责较小的区域，增加其在该区域的业务量，不仅可以更充分地利用冷藏车等设备，也提高了运输效率；④因为只控制较小区域，车辆需求将会缩小，不仅减轻交通压力和环境压力，还让企业更有能力购买科技含量高的冷藏车等设备。

共同配送实际上是同一地区或不同地区之间诸多企业在物流活动中相互配合、联合运作，共同进行理货、送货等活动的特殊组织形式。

共同配送模式从合作主体间的关系角度来看，可以分为横向共同配送、纵向共同配送和共同集配。横向共同配送是指采取共同配送的合作者处于供应链的相同层次。纵向共同配送是指供应链上游和下游成员建立的合作配送体系，此体系可更加高效地完成配送任务。

1. 横向共同配送

横向共同配送按合作主体的产业归属，可以分为同产业间的共同配送和异产业间的共同配送。同产业间的共同配送是指相同产业的生产或经营企业为了提高物流配送效率，通过配送中心或物流中心集中配送产品的一种方式。同产业间共同配送节省了各参与企业对物流设施、设备、人员的巨大投资，而且让企业能够集中精力发展自己的核心业务。并且这种配送模式有利于实现专业化，配送水平相对较高，提高了运输效率。

异产业间的共同配送是指将从事不同行业的企业生产经营的商品集中起来，通过物流中心或配送中心对客户进行配送的一种形式。与同产业共同配送相比，其商品配送范围更加广泛，涉及的部门更加多样化，属于多产业结合型的业务合作。

2. 纵向共同配送

纵向共同配送有常见三种形式：第一种形式是原料供应商与制造商之间的共同配送；第二种形式是零售商与批发商之间的共同配送，即大型零售业主导的共同配送；第三种形式是产、批组合型异产业共同配送，这种形式主要是由生产商和批发企业共同出资、参加建立的共同配送企业，以对便利店等现代零售企业多频度、小单位、统一的配送活动。这种共同配送使产、供、销实现了更紧密的合作，更好地满足了消费者需求。

3. 共同集配

共同集配是将共同配送策略引入到城市冷链物流中来后的进一步深化和发展，它是指以大型运输企业或第三方物流企业为主导的合作型共同配送，包括集货和送货两个部分，即由大型运输企业或第三方物流企业统一集中货物，合作参与企业将商品让渡给指定运输企业，再由各运输企业或第三方物流企业分别向各个地区配送。这种形式既可以依托下游的零售商业企业，成为众多零售店铺的配送、加工中心，又可以依托上游的生产企业，成为生产企业，特别是中小型生产制造企业的物流代理。

（三）第三方配送

第三方冷链物流（Third-Party Cold Chain Logistics，3PCCL）是指冷冻冷藏生产经营企业为集中精力于核心业务和节约成本，与专业的冷链物流公司签订合同，在一定期限内将部分（配送）或全部冷链物流活动（仓储、配送、流通加工等）委托给专业冷链物流公司来完成，同时通过信息系统与冷链物流企业保持密切联系，以达到对冷链物流全程管理控制的一种冷链物流运作与管理方式。

第三方物流配送模式有以下几个优点：

1）专业的第三方物流公司将提供专业的物流服务。作为非核心业务，如果投入大量的基础设施和设备、网络及庞大的人力成本，必然会在一定程度上削弱企业自身的核心竞争能力。

2）自己做不到的事情，可以要求其他的公司做到，还可以转移各种风险及潜在风险，包括管理风险、人员劳资风险和交通风险等。

3）有利于节约成本。一些连锁超市公司或者是一些大型生产业自行建设配送中心并组建物流网络，需要投入大量的资金，如果采用委托给第三方物流的方式，就可以节省自行建设配送中心的成本用于开拓新市场和进行技术革新。

4）有利于提高企业效益。随着科技的发展，制造企业的制造量越来越大，随其后的便是越来越大的配送量。在经济发达国家，物流自动化程度已经相当高，配送中心也多采用无人自动化仓库，利用自动货架和自动化分拣系统，可以最大限度地节约成本，提高效率，增加企业效益。

冷链产品生产企业通过把物流业务外包给专业的第三方物流公司，然后专注于打造其核心竞争力，利用第三方物流公司的规模效益来降低自己的物流成本，是"双赢"的事情。例如，大众交通股份有限公司、锦江集团旗下的上海食品公司与日本三井物产株式会社合资成立了国内第一家专门从事低温食品物流的企业——上海新天天大众低温物流有限公司。他们通过调查发现，上海每天有 6700 万 t 生鲜易腐食品上市，而且冷链食品的年消费增长率在 8% 以上。在超市等大卖场中，冷链食品所占比例达到 20% 以上，有非常广阔的发展前景。

二、冷链物流配送模式的选择

1. 矩阵图决策法

矩阵图决策法主要依靠矩阵图来判断采用哪种配送模式，如图 6-2 所示。

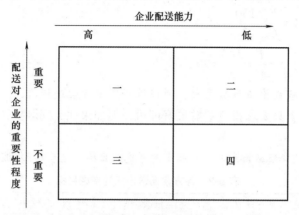

图 6-2　矩阵图决策法

一区：配送对企业重要，配送能力也强，可以自营配送业务。

二区：配送对企业重要，但企业配送能力低，不应该自营，应寻求与其他企业合作建设配送体系或寻求第三方提供配送服务。

三区：配送能力强，与企业需求相比，配送能力可能过剩，可以为其他企业提供配送服务，消化过剩的能力。

四区：配送对企业不太重要，企业本身的配送能力也不强，不考虑自营，如果有一定的配送需求，可以寻求第三方提供服务。

2. 比较选择法

这是指通过比较成本与收益确定选择哪种配送模式。

（1）确定型决策

这种类型的决策问题中，一个配送模式只有一种确定的结果，只要比较结果，就可以确定方案。

例 1：某企业市场份额扩大，拟完善配送系统，现有三种方案可选，各方案配送模式的成本收益见表 6-1。

表 6-1　各方案配送模式的成本收益

配 送 模 式	成本费用（万元）	销售额预计数（万元）
自营配送模式	8	160
共同配送模式	7	150
第三方配送模式	5	145

解：运用价值分析解此类问题：

$$V = \frac{F}{C}$$

式中　V——价值系数；

F——功能价值（销售额预计数）；

C——成本费用。

自营配送模式：$V = \dfrac{F}{C} = \dfrac{160}{8} = 20$

共同配送模式：$V = \dfrac{F}{C} = \dfrac{150}{7} \approx 21.4$

第三方配送模式：$V = \dfrac{F}{C} = \dfrac{145}{5} = 29$

因为第三方配送模式价值系数最大，所以选择第三方配送模式。

一个单目标决策，只要求投资效益最好即可，但如果此类问题要达到的目标是一个目标集，则为多目标决策。

例2：某企业在选择配送模式时，有四个要考虑的目标，见表6-2。该选择哪种模式呢？

表6-2　各方案配送模式的考虑目标

配送模式	成本费用（万元）	销售额预计数（万元）	利润总额（万元）	客户满意度（%）
	0.1	0.3	0.4	0.2
自营配送模式	10	220	25	98
共同配送模式	8	180	17	97
第三方配送模式	5	140	15	99

解：价值系数计算公式：

$$V = \sum M_i F_i$$

式中　M_i——本项目值/最大值；

F_i——重要性系数。

各配送模式的综合价值系数为：

自营配送模式：

$$V = \sum M_i F_i = \frac{5}{10} \times 0.1 + \frac{220}{220} \times 0.3 + \frac{25}{25} \times 0.4 + \frac{98}{99} \times 0.2 \approx 0.95。$$

共同配送模式：

$$V = \sum M_i F_i = \frac{5}{8} \times 0.1 + \frac{180}{220} \times 0.3 + \frac{17}{25} \times 0.4 + \frac{97}{99} \times 0.2 \approx 0.78。$$

第三方配送模式：

$$V = \sum M_i F_i = \frac{5}{5} \times 0.1 + \frac{140}{220} \times 0.3 + \frac{15}{25} \times 0.4 + \frac{99}{99} \times 0.2 \approx 0.73。$$

综上，由于自营配送模式价值系数最大，所以选择自营配送。

（2）非确定型决策

所谓非确定型决策，是指每种自然状态下的结果不是确定的，而且我们也不知道每种结果发生的概率，也就是说每种配送模式可能出现哪种结果是无法确定的。

例3：某企业计划通过革新配送系统来提高客户的满意度，从而稳定现有客户，开发潜在客户，可供选择的配送模式有三种，企业对客户的满意度无法做出准确的预测，只能大体估计出三种情况及相关的成本费用（见表6-3），请问该问题应如何决策？

表6-3　各方案配送模式不同满意度对应的成本费用

满意度	不同配送模式的成本费用（万元）		
	自营配送模式	共同配送模式	第三方配送模式
满意度高	100	80	75
满意度一般	70	50	60
满意度低	30	20	30

解法一：

依乐观准则，自营配送模式中成本最小为30万元，共同配送模式中成本最小为20万元，第三方配送模式中成本最小为30万元，比较这三种模式中的最小成本，共同配送模式为最小，所以选择共同配送模式。

解法二：

依悲观准则，自营配送模式中成本最大为100万元，共同配送模式中成本最大为80万元，第三方配送模式中成本最大为75万元，比较这三种模式中的最小成本，第三方配送模式为最小，所以选择第三方配送模式。

解法三：

采用后悔值法来判断。各方案的后悔值见表6-4。

表6-4　后悔值

满意度	不同配送模式的后悔值		
	自营配送模式	共同配送模式	第三方配送模式
满意度高	25	5	0
满意度一般	20	0	10
满意度低	10	0	10

自营配送模式最大后悔值为25，共同配送模式最大后悔值为5，第三方配送模式最大后悔值为10，所以第三方配送是可选模式。

（3）风险型决策

可以根据预测得到不同自然状态下的结果及出现的概率进行决策。

例4：某企业通过加强配送效率，提高客户满意度来扩大产品的销售量。现有三种配送模式可供企业选择，应选择哪种模式？配送模式选择表见表6-5。

表6-5　配送模式选择表

市场需求规模	概率	不同配送模式的销售量（件）		
		自营配送模式	共同配送模式	第三方配送模式
大	0.5	1000	1200	1500
一般	0.3	800	700	1000
小	0.2	500	400	300

解：

自营配送模式期望值：

$E_1 = 0.5 \times 1000$ 件 $+ 0.3 \times 800$ 件 $+ 0.2 \times 500$ 件 $= 840$ 件。

共同配送模式期望值：

$E_2 = 0.5 \times 1200$ 件 $+ 0.3 \times 700$ 件 $+ 0.2 \times 400$ 件 $= 890$ 件。

第三方配送模式期望值：

$E_3 = 0.5 \times 1500$ 件 $+ 0.3 \times 1000$ 件 $+ 0.2 \times 300$ 件 $= 1110$ 件。

因为第三方配送模式的期望产出最大，所以选择第三方配送模式。

第四节　冷链物流配送优化

冷链物流配送的对象通常是生鲜食品，因此对时效性的要求特别强。同时，冷链物流配送车辆的能耗较常温车辆更大，在运行里程相同的情况下，冷链物流配送成本的上升尤为明显。因此，优化配送路线，对冷链物流配送至关重要。

一、车辆路径问题的理论发展及主要类型

车辆路径问题是物流配送领域研究的热点问题，一般可定义为：对一系列装货点和卸货点，组织适当的行车路线，使车辆有序地经过它们，在满足一定的约束条件（如货物需求量、发送量、交发货时间、车辆容量限制、行驶里程限制和时间限制等）下，达到一定的目标（如路程最短、费用最短、时间尽量少、使用车辆数尽量少和车辆利用率高等）。

1. 车辆路径问题的理论发展

车辆路径问题自产生至发展经过了三个理论发展阶段：一是旅行推销员问题（Traveling Salesman Problem，TSP）；二是经典车辆路径问题（Vehicle Routing Problem，VRP）；三是带约束条件的车辆路径问题，包括带时间窗约束的 VRP（Vehicle Routing Problem with Time Windows，VRPTW）、带容量约束的 VRP（Capacitated Vehicle Routing Problem，CVRP）。

2. 车辆路径问题的分类

车辆路径问题按照起点和终点的数量大致可以分为以下三种类型（Ballou，1992）：①相异的单一起点和单一终点；②相同的单一起点和终点；③多个起点和终点。

另外，许多学者按空间特性和时间特性的相对重要性将其划分为以下几种：

1）当不考虑时间要求，仅根据空间位置安排路线时称为车辆路线安排问题（Vehicle Routing Problem，VRP）。

2）当考虑时间要求安排路线时称为车辆调度问题（Vehicle Scheduling Problem，VSP）。

3）当同时考虑空间位置和时间要求时称为路线和调度混合问题。也可以将有时间要求的车辆调度问题称为时间窗约束的车辆路线问题（VRPTW）。

二、基于时间窗约束的冷链物流配送车辆路径模型

由于冷链物流配送强调时效性，因此，带时间窗约束的车辆路径问题在冷链配送中非常普遍。时间窗约束是客户需求点对于车辆到达的时间限制。Solomon 将时间窗限制分为硬式时间窗（Hard Time Windows）及软式时间窗（Soft Time Windows）。硬式时间窗 VRP 是指车

辆必须在约定时段内到达需求点开始服务，如果提前到达则必须等到时间窗开启才可以开始服务。硬时间窗不允许迟到，如果迟到，客户则拒绝接受服务。软式时间窗 VRP 是指如果配送车辆送达时间超过客户规定时间段，则需按照先前的约定加以处罚。

1. 问题的分析

设完成任务 i 需要的时间（装货或卸货）用 T_i 表示，并且任务 i 的开始时间必须属于范围 $[T_i^Z, T_i^W]$ 内，其中 T_i^Z 为任务的允许最早开始时间，T_i^W 为任务的允许最晚开始时间。如果车辆在时间 T_i^Z 之前到达，则车辆需要等待；如果车辆在时间 T_i^W 之后到达，则任务 i 要延迟进行。求满足货运要求的费用最少的车辆行驶路线。此问题称为由时间窗的车辆优化调度问题。

2. 时间窗车辆路径问题的分析

以 G_i 表示车辆到达客户并开始进行任务 i，T_{ij} 表示车辆从点 i 行驶到点 j 的时间，一般应有以下关系式：

$$T_i^Z \leq G_i \leq T_i^W$$

1）硬时间窗 VSP。硬时间窗 VSP 要求每项任务必须在规定时间范围内完成，即必须满足上式。如果超出这个时间范围，则得不到问题的可行解。

2）软时间窗 VSP。软时间窗 VSP 虽然有时间限制，但是这个限制是柔性的，如果某项任务不能在要求的时间范围内完成，则进行一定的惩罚。具体分为提前到达与延迟到达两种情况。

若车辆在 T_i^Z 之前到达客户需求点 j，则车辆不能立刻进行作业，必须在此等候，产生了机会成本损失。

若车辆在 T_i^W 之后到达客户需求点 j，则车辆因为时间延误，服务被延迟，客户会因此产生不满意，必须支付一定的罚金。

3）关于时间窗宽度的定义。对于时间窗 VSP 的时间特性进行分析，给出以下定义。

定义 1：对于任务 i，要求其在限定时间范围内 $[T_i^Z, T_i^W]$ 执行，则时间窗的宽度为

$$W_i = [T_i^W - T_i^Z]$$

定义 2：对于任务 i，每项任务均要求在各自的时间窗内执行，则时间窗系数为平均时间窗宽度与平均行驶时间的比值：

$$\overline{W} = \frac{\sum\limits_{i=1}^{m} W_i}{m} \bigg/ \frac{\sum\limits_{i=1}^{m}\sum\limits_{j=1}^{m} t_{ij}}{m^2} \quad (i \neq j)$$

当 $\overline{W}$ 在不同的范围内时，问题有不同的特征。

1）$\overline{W} = 0$，即每项任务有确定的开始时间。

2）$\overline{W} > 2$，此时的时间窗约束属于松约束，时间约束在一般情况下均能够满足，可能存在时间可行的回路，问题的空间性质处于支配地位，根据位置情况安排线路即可。

3）$0 < \overline{W} < 2$，此时的时间窗约束属于紧约束，在进行车辆调度时，必须考虑时间约束。在此情况下，问题的时间性质与空间性质相比更可能处于支配地位，时间可行的回路较少或没有。

3. 问题的描述及模型的建立

一般情况下，非满载 VRP 可描述为：有一个车场，为构造数学模型方便，将车场编号为 0，任务编号为 1，$\cdots$，l，任务及车场均以点 i（$i=0,1,\cdots,l$）来表示。客户点 i 的需求为 g_i，车场的车辆载重为 q，客户 i 到客户 j 的单位（成本、距离、时间）为 c_{ij}，M 为一大正数。

$$y_{ki} = \begin{cases} 1, & \text{点 } i \text{ 的任务由车辆 } k \text{ 完成} \\ 0, & \text{其他} \end{cases}$$

$$X_{ijk} = \begin{cases} 1, & \text{车辆 } k \text{ 从点 } i \text{ 行驶到点 } j \\ 0, & \text{其他} \end{cases}$$

在不考虑时间窗的情况下，此类问题的目标函数通常表示为

$$\min z = \sum_i \sum_j \sum_k c_{ij} x_{ijk}$$

在有软时间窗约束的情况下，若不能按要求时间完成任务，则要加以惩罚。以 C_2 表示车辆在任务点处的等待单位时间的机会成本，C_3 表示车辆在要求时间后到达单位时间所处以的罚值。

若车辆在 T_i^Z 之前到客户需求点 j，则产生成本 $C_2(T_j^Z - G_j)$。

若车辆在 T_i^W 之后到达客户需求点 j，则处以罚款 $C_3(G_j - T_j^W)$。

用罚函数法处理时间窗约束，将软时间窗 VSP 的目标函数表示为

$$\min z = \sum_{i=0}^l \sum_{j=0}^l \sum_{k=1}^m c_{ij} x_{ijk} + M \sum_{k=1}^m \max\left(\sum_{i=1}^l g_i y_{ki} - q, 0\right) + \tag{1}$$
$$C_2 \sum_{j=1}^l \max(T_j^Z - G_j, 0) + C_3 \sum_{j=1}^l \max(G_j - T_j^W, 0)$$

s. t.

$$\sum_i g_i y_{kj} \leqslant q \quad \forall k \tag{2}$$

$$\sum_k y_{ki} = 1 \quad i = 1, \cdots, l \tag{3}$$

$$\sum_i x_{ijk} = y_{kj} \quad j = 0, 1, \cdots, l; \ \forall k \tag{4}$$

$$\sum_j x_{ijk} = y_{ki} \quad i = 0, 1, \cdots, l; \ \forall k \tag{5}$$

$$x_{ijk} = 0 \ \text{或} \ 1 \quad i, j = 0, 1, \cdots, l; \ \forall k \tag{6}$$

$$y_{ki} = 0 \ \text{或} \ 1 \quad i = 0, 1, \cdots, l; \ \forall k \tag{7}$$

目标函数（1）表示配送的总成本，第一项表示配送活动发生的成本，第二项表示车辆违反载重吨惩罚成本，第三、四项表示车辆违反时间窗约束产生的成本，其中，第三项表示车辆提前到达产生的机会成本，第四项表示车辆延迟到达产生的惩罚成本。约束（2）是车辆载重约束，约束（3）即每个需求点服务车辆唯一性约束，约束（4）（5）为到达某个客户的车辆唯一性约束，约束（6）表示车辆 k 是否由客户 i 到客户 j，约束（7）表示客户 i 的任务是否由车辆 k 完成。

第五节 冷链物流宅配

随着人们生活水平的不断提高，加之近几年食品安全问题乱象丛生，人们对饮食健康更加重视，农餐无缝对接的理念也因此逐渐深入人心。冷链物流宅配便顺应这一发展趋势而走入人们视野的。据国家统计局数据显示，2022 年我国网上零售额为 13.79 万亿元，同比增长 4%，其中，生鲜电商市场规模约 5601.4 亿元，同比增长 20.25%。生鲜电商的快速发展需要高效的冷链物流宅配服务体系的支持，由此可见，冷链物流宅配仍有较大发展空间。目前冷链物流宅配不仅在日本、澳大利亚等国家应用非常普遍，在我国也很受欢迎。众多上班族在办公余暇，通过网上下单，便可在下班后享受送货上门的新鲜果蔬，既免去了去菜市场的疲惫，又保证了果蔬的品质，极大地便利了居民的生活。因此，近 10 年来我国冷链物流宅配迅速崛起，呈现迅猛发展的势头。

全程冷链已逐渐成为业界共识，其关键是要与终端消费者实现无缝对接。目前，在冷链物流宅配"最后一公里"的冷链物流配送上，配送设备还是泡沫箱和纸箱加冰，有的甚至都不放冰块降温。这些设备显然不能保证冰激凌、蛋糕、蔬菜和水果等食品的保鲜和保质。可以说，从定制专业的冷藏箱、保温箱和冷冻箱等冷链物流宅配设备到具体解决方案，这些都是冷链物流宅配所必须解决的问题。而要解决这些问题就必须用到各种制冷设备，这无疑为制冷行业带来了一个新的发展机遇。

一、发展冷链物流宅配的意义

冷链物流宅配是冷链行业的细分领域，是一项专业化的高端服务，不同于传统的冷链仓储与配送，其能够将整个冷链供应链条带动起来。冷链物流宅配的发展则会影响冷藏箱、冰箱、冷藏车和冷库等一系列冷链因素的变化。冷链物流宅配带动的面要比常规冷链物流带动的面大得多，将来甚至包括超市等终端也要来做冷链物流宅配。最终会形成全程冷链，乃至全民冷链，有利于我国食品安全的促进与提升。

冷链物流宅配的另一层深远影响在于对冷链物流企业发展模式和方向的改变。从目前国内冷链物流市场份额来看，部分冷链物流企业在局部地区或线路上已经占据了牢固位置，甚至半壁江山。但从年度销售额来看，多数仍在千万级别徘徊，过亿元规模的很少。为什么冷链物流企业营业额上亿元很困难，而快递企业年营业额上亿元，甚至十几亿元、几十亿元的却不在少数？因为前者面对的是数量有限的固定门店，而后者面对的则是上亿名需求不断呈几何级增长的消费者。以趋势看问题，不难发现冷链物流企业服务 B2B 这条路越走越窄，而意识到这一点后，前瞻性的企业已经开始做出改变。

此外，从消费者角度来看，冷链物流宅配的发展和成熟，将会影响越来越多的消费者在网上进行水果、蔬菜等生鲜食品的选购，这很可能会改变整个农产品的流通模式，以往蔬菜由农民采摘再到批发商、零售商的市场格局将会受到影响。

二、冷链物流宅配的难点

据中国物流与采购联合会冷链物流专业委员会调查研究，目前我国冷链物流已发展到一定的瓶颈期，利润越来越低，局部地区市场饱和，冷链同行之间价格竞争严重，运作方面存在着一些困难。

1. 服务需求规模有限，成本高

冷链物流宅配虽然风生水起，但是目前总体需求量还是十分有限。真正的冷链物流宅配需要专业的技术支持，成本十分昂贵，在需求还未形成规模的情况下，每单的配送成本十分高昂，并非是现下某些一个箱子加一包冰块就解决问题的不合理配送现象。终端需求分散且数目少、前期投入大的现状必然决定其成本高。反过来，更多的服务需求才使得成本降低，企业才有能力去投入专业冷链设备来取代简易工具。因此，只有使得宅配服务的需求形成规模，才是发展现代冷链的硬道理。例如，电商企业早已对生鲜食品垂涎已久，只是考虑到要想涉足生鲜食品，就必须先解决其冷链物流配送问题，而这块建设难度大，投入（冷库、冷藏车）又太多，只能无奈作罢。

2. 冷链物流宅配末端网点缺乏

第三方冷链物流企业想做冷链物流宅配业务也面临较大困难。这样做对配送网点的要求太高：原来只是在供货商与销售网点之间进行冷链物流配送，销售网点有冷储设备即可；现在则要延伸到每家每户，消费者若不及时取货，生鲜食品则无处存放。这一点与同样送货到家的普通快递截然不同。大多快递企业都在居民区建有配送站，订购货物可以集中送到这里，然后打电话让客户来取。但是，目前冷链物流公司并不具备这样的集散能力，冷链物流宅配末端网点缺乏，严重制约了冷链物流宅配的发展。

3. 生鲜食品的温控要求不一致

由于冷链物流宅配的特点是小批量、多批次、多品种和多温区，这也给配送提出了新的难题。因为如果采用冷藏车来配送，多品种、多温区的问题难以解决，并且途中频繁开关门势必对车中产品温度产生影响。目前已经有企业开始尝试用厢式货车搭配定制冷藏箱的方式解决这一问题。

4. 城市交通管理不利于冷链物流配送的开展

任何一个行业的发展都离不开相关政策的支持，冷链行业更是如此。在目前北京、上海等大城市愈发拥堵的交通环境下，宅配对于交通的挑战将会更大。生鲜冷藏产品需要用冷藏车或厢式货车运输，这样会加剧交通拥堵，而在白天不允许货车进城的城市，这一点更加难以解决。

5. 配送品质难以保证

运输过程中，由于多种原因，不能保证全程制冷，全程温度跟踪记录也没有普及，如冷藏车频繁开门、装卸货物时冷链中断等；使用单温区冷藏车进行冷藏、冷冻混车配送导致冷藏食品冻伤，冷冻食品融化；使用泡沫箱或纸箱加冰、冰瓶，有的甚至不放冰块降温，难以保证配送温度，食品安全也令人担忧。

三、冷链物流宅配模式

黑猫宅急便和快行线是 B2C 冷链物流宅配模式与二段式冷链物流宅配模式的典型代表，除此之外还有 C2C 冷链宅配模式。具体介绍如下：

1. B2C 冷链物流宅配模式

据业内专家介绍，B2C 的流程是"客户仓库→分拣基地→营业所→快递员→家庭住宅"，整个流程都保证恒温冷链运输。黑猫宅急便是雅玛多集团知名的宅配服务品牌，在我国主要以 B2C 的模式服务冷链物流宅配。北京快行线及顺丰速运纷纷进入这一领域。快行线通过与京东商城、淘宝网、1 号店等平台进行业务合作，将其配送服务对象延伸至终端消费者，成为速冻食品宅配中的先驱者。

2. B2B+B2C 二段式冷链物流宅配模式

B2B+B2C 二段式冷链物流宅配模式即"城市冷链体系+落地配"的解决方案。冷链物流宅配主要与第三方物流企业合作，部分线路全程冷链物流配送，其他则是半冷链的二段式配送，依托 B2B 冷链城市间运输，配合"最后一公里"的落地完成冷链物流宅配。

传统的冷链物流资源分配不均衡，配送主要以 B2B 为主。生鲜电商则面对庞大的 C 群体，强调宅配，具有客户要求时效性、不同食品多温层保鲜、运输过程中有损耗等配送难点。二段式冷链物流宅配是依托城市间干线冷链运输，以城市冷库为节点，配合最后一公里的落地配完成宅配的。而快行线在北京的 B2B 方面相对比较成熟，利用 B2B 的基础优势开展冷链的 B2C 业务是水到渠成的事，B2B 与 B2C 业务的区别就是网点延伸程度的不同。初步发展阶段，相对成熟的物流企业会用 B2B 的资源，初步确定网点，经过二级配送上门服务，逐步实现网点到消费者手中的过渡。

3. C2C 冷链物流宅配模式

C2C 的运作流程是"发货人→快递员→营业所→快递员→家庭住宅"。该模式最初主要针对个人客户，为其递送温控商品。例如，在炎热的夏天，母亲在家乡摘下新鲜水果，想让外地的儿子也尝尝鲜，即可采用 C2C 冷链物流宅配模式。利用电子商务平台，该模式也可以扩展到大型农场对个人消费者的宅配模式，大型农场在线上销售商品，线下利用冷链物流宅配送到消费者手中。

➡ 关键术语

冷链配送（Cold Chain Distribution）

车辆（Vehicle）

冷库（Cold Storage）

车辆路径问题（Vehicle Routing Problem）

配载（Stowage）

时间窗（Time Windows）

➡ 练习与思考

1. 冷链物流配送的三个特点是什么？

2. 冷链物流配送系统的构成要素有哪些？

3. 描述冷链物流配送的相关环节。

4. 冷链物流配送的基本作业流程有哪些？

5. 简述冷链物流配送的三种模式及特点。

6. 简述矩阵图决策法的原理。

7. 简述比较选择法的三种情况及原理。

8. 思考我国发展冷链物流宅配的难点。

9. 思考冷链物流宅配的几种模式的特点及适用性。

10. 思考京东、顺丰等企业冷链物流配送的发展经验对其他企业有哪些借鉴意义。

综合案例

快行线"To C"，看得见温度的二段式冷链物流宅配

配送天猫车厘子的第一单，是快行线物流试水生鲜电商的开端。

一、"触电"甜头

快行线物流原本是一家专注于食品冷链物流配送的企业。从1996年成立至今，快行线经历了两次转型。第一次转型是由于连锁零售兴起，快行线由商贸物流转向第三方物流，开始了B2B的商超配送。但商超配送面临着配送区域分散、零供关系紧张、城市通行受阻等种种问题。

冷链"To C"（面向消费者）的变革，是快行线的第二次转型。就在运联传媒记者在快行线采访的几个小时内，已有两家电商客户自己找上门来。

"触电"让快行线尝到甜头。而就在2012年，主要服务于商超的快行线董事长刘培军还常常为货量减少及与商超的紧张关系而头痛。在运联传媒主办的"最后一公里"物流论坛上，主题是"To C时代的配送模式变革"，有嘉宾演讲提到，未来谁能够"To C"，谁才是最后的赢家。当时我很震撼，那以后我开始意识到冷链物流宅配的重要性，并探索从"To B"到"To C"的转型。"刘培军说。

二、"传统冷链+落地配"

要配合生鲜电商的发展，一定要有宅配的发展。传统的冷链物流资源分配不均衡，配送主要以B2B为主。电商生鲜则面对庞大的个人消费者（C）群体，强调宅配，具有客户要求时效性高、不同食品多温层保鲜、运输过程中有损耗等配送难点。如此专业化的服务，不是所有物流企业都可以提供的。快行线的信息系统是将冷链和落地配这两个成熟的行业贯穿起来的重要因素，所有的操作都是基于其使用的G7系统平台上完成的。于是，便有了快行线"看得见温度"的生鲜宅配。

就在天猫为找不到合适的生鲜物流服务商发愁时，刘培军与黄宗荣、许文伟、翟学魂等一帮行业友人，以"传统冷链+落地配"的二段式冷链物流宅配模式获得了天猫车厘子的配送机会。

以北京本地为例，同城客户将货交给快行线后，由快行线提供专业的冷库保鲜、分拣包装等，再根据订单要求，运输到全北京25个落地配网点，然后由落地配完成"最后一公里"配送。在落地配无法覆盖的密云、怀柔等偏远地区，则由快行线自行配送。外省客户则由干线冷链运输企业完成城市间运输，到达本地后与上述方式相同。

三、快速复制布网

与雅玛多的一站式冷链物流配送相比，二段式冷链物流宅配的最大优点是能够快速复制。在短短几个月内，刘培军等人配合天猫的营销脚步，完成了43个城市的布网。

如今这种模式已不仅用于服务天猫，更为快行线等企业开启了"To C"时代的大门。但这其中仍有许多有待解决的问题：

1) 从落地配的角度看，落地配缺乏资金，无法更替专业的冷链设备。

2) 生鲜商品具有高度非标准化、质量动态变化、产品多样性等特点，订单量没有形成规模化的时候成本控制较难。

3）一件商品的运输途径几家物流承运商，这给上下游的信息对接及承运商之间的信息对接都提出了严格要求。

"虽然电商生鲜才刚刚起步，单量还没有形成规模化，冷链物流宅配没有可借鉴的模式，存在种种问题，但值得骄傲的是，我们一直在探索。身处电商时代，作为配送企业应该努力的是筑渠引水，直面变革，而不是被动地等水到来。"刘培军说。

（案例来源：中国物流与采购网。）

问题：

1. 快行线物流在冷链物流配送方面成功的经验是什么？

2. 快行线冷链物流宅配的成功对我国其他物流企业有什么启示？

第七章

冷链物流信息管理

学习目标

通过本章学习，了解现代物流信息技术的基本构成；掌握物联网技术的内涵与构成；掌握物流自动化设备技术、物流设备跟踪和控制技术、物流动态信息采集技术的应用；了解基于 BDS 技术的冷链运输信息系统架构设计；掌握 RFID 技术在冷链物流采购、存储、运输（货物跟踪）、配送、销售等环节的应用；了解物联网与实时定位系统的相关性，掌握基于物联网的冷链物流信息管理系统的构成；掌握冷链物流实时定位系统的构建原则及其运用。

引 例

冷链物流监控系统

冷链智能监控系统主要用于对冷链储存、运输过程进行监控与管理，包括温湿度传感器、RFID、BDS 及软件管理系统。它的最基本的作用就是实时掌握温湿度情况，避免货物变质造成损耗。

例如，药品、冰激凌、奶制品等货品，都需要经过从产地预冷、自动化冷库储藏、全程冷链运输到末端配送的冷链配送全过程。每一个过程都要通过不同的温区保存好冷链货品，这就需要针对不同的温区进行环境温湿度的自动监测和数据采集，对库房温湿度实行 24h 连续、自动的监测和实时记录。每个库房应设置多个温湿度监测设备，用于库房温湿度状况的自动监测和数据采集。

除了在冷库（仓储环节）的应用外，像车辆（运输环节温湿度监控、定位）、生产车间（基站定位+温湿度检测）和门店（销售环节的温湿度监控）均可以使用冷链智能监控系统。

随着物联网的火热和市场的发展，为了更好地降低物流配送成本，在物流行业同样也涌现诸多智能监控类的硬件，以帮助物品实现安全可追溯、质量可监控、订单信息可跟踪等。

冷链物流企业尤其要通过大数据、物联网等技术的运用来实现冷链物流的智能化，以大幅提升冷链物流配送的效率，并对整个冷链物流配送进行更好的管理和把控。

第一节　物流信息技术与应用

一、物流信息技术的定义

物流信息技术是指运用于物流各环节中的信息技术。根据物流的功能及特点，物流信息技术包括计算机技术、网络技术、信息分类编码技术、条码技术、射频识别（RFID）技术、电子数据交换（EDI）技术、北斗卫星导航系统（BDS）和地理信息系统（GIS）等。

物流信息技术是物流现代化的重要标志，也是物流技术中发展最快的领域。从数据采集的条码系统，到办公自动化系统中的微机、互联网，各种终端设备等硬件及计算机软件都在日新月异地发展。同时，随着物流信息技术的不断发展，产生了一系列新的物流理念和新的物流经营方式，推进了物流的变革。在供应链管理方面，物流信息技术的发展也改变了企业应用供应链管理获得竞争优势的方式，成功的企业通过应用信息技术来支持其经营战略并选择其经营业务，通过利用信息技术来提高供应链活动的效率性，增强整个供应链的经营决策能力。

二、物流信息技术的组成

（一）条码技术

条码技术是在计算机的应用实践中产生和发展起来的一种自动识别技术。为我们提供了一种对物流中的货物进行标识和描述的方法。

条码是实现 POS（销售终端）系统、EDI（电子数据交换）、电子商务和供应链管理的技术基础，是物流管理现代化、提高企业管理水平和竞争能力的重要技术手段。

（二）电子数据交换技术

电子数据交换（Electronic Data Interchange，EDI）通过电子方式，采用标准化的格式，利用计算机网络进行结构化数据的传输和交换。

构成 EDI 系统的三个要素是 EDI 软硬件、通信网络及数据标准。

EDI 系统的工作方式大体如下：用户在计算机上进行原始数据的编辑处理，通过 EDI 转换软件（Mapper）将原始数据格式转换为平面文件（Flat File），平面文件是用户原始资料格式与 EDI 标准格式之间的对照性文件。通过翻译软件（Translator）将平面文件变成 EDI 标准格式文件。然后在文件外层加上通信信封（Envelope），通过通信软件 EDI 系统交换中心邮箱（Mailbox）发送到增值服务网络（VAN）或直接传送给对方用户，对方用户则进行相反的处理过程，最后成为用户应用系统能够接收的文件格式。

（三）射频识别技术

射频识别（Radio Frequency Identification，RFID）技术是一种非接触式的自动识别技术，它通过射频信号自动识别目标对象来获取相关数据。识别工作无须人工干预，可工作于各种恶劣环境。短距离射频产品不怕油渍、灰尘污染等恶劣的环境，可以替代条码，如用在工厂的流水线上跟踪物体。长距射频产品多用于交通上，识别距离可达几十米，如自动收费或识别车辆身份等。

（四）地理信息系统

地理信息系统（Geographical Information System，GIS）是多种学科交叉的产物，它以地理空间数据为基础，采用地理模型分析方法，适时地提供多种空间的和动态的地理信息，是一种为地理研究和地理决策服务的计算机技术系统。其基本功能是将表格型数据（无论它来自数据库、电子表格文件，还是直接在程序中输入）转换为地理图形显示，然后对显示结果浏览、操作和分析。其显示范围可以从洲际地图到非常详细的街区地图，显示对象包括人口、销售情况、运输线路等内容。

（五）北斗卫星导航系统

北斗卫星导航系统（Beidou Navigation Satellite System，BDS）具有在海、陆、空进行全方位实时三维导航与定位的能力。北斗卫星导航系统是中国着眼于国家安全和经济社会发展需要，自主建设、独立运行的卫星导航系统，是为全球用户提供全天候、全天时、高精度的定位、导航和授时服务的国家重要空间基础设施。随着北斗系统建设和服务能力的发展，相关产品已广泛应用于交通运输、海洋渔业、水文监测、气象预报、测绘地理信息、森林防火、通信系统、电力调度、救灾减灾、应急搜救等领域，逐步渗透到人类社会生产和生活的方方面面，为全球经济和社会发展注入新的活力。

北斗卫星导航系统在物流方面的应用体现为以下几个方面。

1）道路交通管理。卫星导航将有利于减缓交通阻塞，提升道路交通管理水平。通过在车辆上安装卫星导航接收机和数据发射机，车辆的位置信息就能在几秒钟内自动转发到中心站。

2）铁路智能交通。卫星导航将促进传统运输方式实现升级与转型。例如，在铁路运输领域，通过安装卫星导航终端设备，可极大缩短列车行驶间隔时间，降低运输成本，有效提高运输效率。

3）海运和水运。海运和水运是全世界最广泛的运输方式之一，也是卫星导航最早应用的领域之一。目前在世界各大洋和江河湖泊行驶的各类船舶大多都安装了卫星导航终端设备，使海上和水路运输更为高效和安全。北斗卫星导航系统将在任何天气条件下，为水上航行的船舶提供导航定位和安全保障。同时，北斗卫星导航系统特有的短报文通信功能将支持各种新型服务的开发。

4）航空运输。当飞机在机场跑道着陆时，最基本的要求是确保飞机相互间的安全距离。利用卫星导航精确定位与测速的优势，可实时确定飞机的瞬时位置，有效减小飞机之间的安全距离，甚至在大雾天气情况下，可以实现自动盲降，极大提高飞行安全和机场运营效率。通过将北斗卫星导航系统与其他系统的有效结合，将为航空运输提供更多的安全保障。

（六）物联网技术

物联网（Internet of Things，IOT）指的是将各种信息传感设备，如射频识别（RFID）装置、红外感应器、全球定位系统、激光扫描器等与互联网结合起来而形成的一个巨大网络。其目的是让所有的物品都与网络连接在一起，系统可以自动、实时地对物体进行识别、定位、追踪、监控并触发相应事件。[⊖]物联网是继计算机、互联网与移动通信网之后的世界信息产业第三次浪潮。物联网的核心和基础仍是互联网，是在互联网基础上延伸和扩展的一种

○ 摘自：王保云. 物联网技术研究综述［J］. 电子测量与仪器学报，2009，23（12）：1-7.

网络；其用户端延伸和扩展到了任何物品与物品之间进行信息交换和通信。

物联网的关键技术构成如图7-1所示，它由以下几部分构成：

1）感知层，承担信息的采集（通过智能卡、RFID电子标签、各种物理量传感器等）。

2）网络层，承担信息的传输（无线传感网、移动网、固网、互联网、广电网等）。

3）应用层，完成信息的分析处理和决策，以及实现或完成特定的智能化应用和服务任务，以实现物—物、人—物之间的识别与感知，发挥智能作用。

4）云计算技术，物联网的发展离不开云计算技术的支持。物联网终端的计算和存储能力有限，云计算平台可以作为物联网的"大脑"，实现对海量数据的存储、计算。

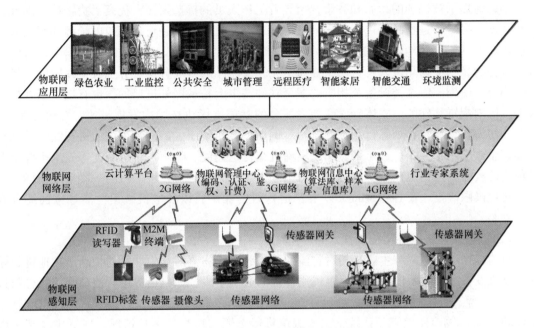

图7-1　物联网的关键技术构成

就物联网的市场现状来看，无线射频识别器和传感器越来越便宜，移动运营商关注物联网市场，数据访问的带宽不断增加，大量管理软件陆续出现，物联网应用需求呈现强劲势态。

就物联网技术的部署现状而言，许多物联网技术是跨行业部署的，物联网技术使得很多行业进入新的市场，尤其在基建、能源、公用设施和零售业最为明显。许多行业开始使用物联网实现远程设备监控和管理。

物联网的应用有助于节约运营成本，增加收入来源，满足政府的各类政策规范，提高客户服务的满意度和实现贴身服务及实现对资产的有效监控。

美国权威咨询机构Forester预测，2025年，世界上物物互联的业务跟人与人通信的业务规模将达到30∶1，仅仅是在智能电网和机场防入侵系统方面的市场就有上千亿元。

（七）物流管理软件

物流管理软件包括运输管理系统（TMS）、仓储管理系统（WMS）、货代管理系统（FMS）、供应链管理系统（SCM）等。

三、物流信息技术的应用

在国内，各种物流信息技术已经广泛应用于物流活动的各个环节，对企业的物流活动产生了深远的影响。

（一）物流自动化设备技术的应用

物流自动化设备技术的集成和应用的热门环节是配送中心。配送中心的特点是每天需要拣选的物品品种多、批次多、数量大。因此，国内超市、医药和邮包等行业的配送中心部分地引进了物流自动化拣选设备。一种是拣选设备的自动化应用，如北京市医药总公司配送中心，其拣选货架（盘）上配有可视的分拣提示设备，这种分拣货架与物流管理信息系统相连，动态地提示被拣选的物品和数量，指导着工作人员的拣选操作，提高了货物拣选的准确性和速度。另一种是物品拣选后的自动分拣设备，其工作原理是将条码或电子标签附在被识别的物体上（一般为组包后的运输单元），由传送带送入分拣口，然后由装有识读设备的分拣机分拣物品，使物品进入各自的组货通道，完成物品的自动分拣。分拣设备在国内大型配送中心有所使用。但这类设备及相应的配套软件基本上是从国外进口的，也有进口国外机械设备，国内配置软件的。立体仓库和与之配合的巷道堆垛机在国内发展迅速，在机械制造、汽车、纺织、铁路和卷烟等行业都有应用。例如，昆船集团生产的巷道堆垛机在红河卷烟厂等多家企业应用了多年。近年来，国产堆垛机在行走速度、噪声、定位精度等技术指标上有了很大的改进，运行也比较稳定。但是与国外著名厂家相比，在堆垛机的一些精细指标，如最低货位极限高度、高速（80m/s以上）运行时的噪声，以及电机减速性能等方面还存在不小差距。

（二）物流设备跟踪和控制技术的应用

目前，物流设备跟踪主要是指对物流的运输载体及物流活动中涉及的物品所在地进行跟踪。物流设备跟踪的手段有多种，可以用传统的通信手段，如电话等进行被动跟踪，也可以用RFID手段进行阶段性的跟踪，但目前国内用得最多的还是利用BDS技术跟踪。BDS技术跟踪利用BDS物流监控管理系统，主要跟踪货运车辆与货物的运输情况，使货主及车主随时了解车辆与货物的位置与状态，保障整个物流过程的有效监控与快速运转。物流BDS监控管理系统的构成主要包括运输工具上的BDS定位设备、跟踪服务平台（含地理信息系统和相应的软件）、信息通信机制和其他设备（如货物上的电子标签或条码、报警装置等）。在国内，部分物流企业为了提高企业的管理水平和提升对客户的服务能力也应用这项技术。例如，截至2020年10月底，有近700万辆道路营运车辆已经安装使用北斗系统，占运营车辆的96%；3.14万辆邮政快递车辆安装使用北斗系统，占比88%；约1400艘公务船舶安装使用北斗系统，占比75%；约300架通用飞行器安装使用北斗系统，占比11%。建成全球最大的营运车辆动态监管系统，有效提升了监控管理效率和道路运输安全水平。

（三）物流动态信息采集技术的应用

企业竞争的全球化发展、产品生命周期的缩短和用户交货期的缩短等都对物流服务的可得性与可控性提出了更高的要求，实时物流理念也由此诞生。如何保证对物流过程的完全掌控，物流动态信息采集应用技术是必需的要素。动态的货物或移动载体本身具有很多有用的信息，如货物的名称、数量、重量、质量、出产地，以及移动载体（如车辆、轮船等）的名称、牌号、位置、状态等一系列信息。这些信息可能在物流中反复使用，因此，正确、快速地读取动态货物或载体的信息并加以利用可以明显地提高物流的效率。在目前流行的物流动态信息采集技术应用中，条码技术应用范围最广，其次还有磁条（卡）、语音识别、便携式数据终端、射频识别等技术。

1. 一维条码技术

一维条码是由一组规则排列的条和空、相应的数字组成，这种用条、空组成的数据编码可以供机器识读，而且很容易译成二进制数和十进制数。因此，此技术广泛地应用于物品信息标注中。因为符合条码规范且无污损的条码的识读率很高，所以一维条码结合相应的扫描器可以明显地提高物品信息的采集速度。加之条码系统的成本较低，操作简便，又是国内应用最早的识读技术，所以在国内有很大的市场，国内大部分超市都在使用一维条码技术。但一维条码表示的数据有限，条码扫描器读取条码信息的距离也要求很近，而且条码上损污后可读性极差，限制了它的进一步推广应用。一些信息存储容量更大、识读可靠性更好的识读技术开始出现。

2. 二维条码技术

一维条码的信息容量很小，商品的详细描述只能依赖数据库提供，离开了预先建立的数据库，一维条码的使用就受到了局限。基于这个原因，人们发明了一种新的码制，除具备一维条码的优点外，同时还有信息容量大（根据不同的编码技术，容量是一维的几倍到几十倍，从而可以存放个人的自然情况及指纹、照片等信息）、可靠性高（损污达50%时仍可读取完整信息）、保密防伪性强等优点。这就是在水平和垂直方向的二维空间存储信息的二维条码技术。二维条码继承了一维条码的特点，条码系统价格便宜，识读率高且使用方便，所以在支付、车辆等管理信息系统上开始应用。

3. 磁条技术

磁条（卡）是以涂料形式把一层薄薄的由定向排列的铁性氧化粒子用树脂黏合在一起并粘在诸如纸或塑料这样的非磁性基片上。磁条从本质意义上讲和计算机用的磁带或磁盘是一样的，它可以用来记载字母、字符及数字信息。其优点是数据可多次读写，数据存储量能满足大多数需求，附着力强等，使之在很多领域得到广泛应用，如信用卡、银行卡、机票、公共汽车票、自动售货卡和会员卡等。但磁条卡的防盗性能、存储量等性能比起一些新技术，如芯片类卡技术还是有差距的。

4. 声音识别技术

声音识别技术是一种通过识别声音达到转换成文字信息的技术，其最大特点就是不用手工录入信息，这对那些采集数据的同时还要手脚并用完成工作的场合，或键盘打字能力差的人尤为适用。但声音识别的最大问题是识别率不理想，难以连续地高效应用。因此，它目前更适合语音句子量集中且反复应用的场合。

5. 视觉识别技术

视觉识别系统是一种通过对一些有特征的图像进行分析来识别对象的系统，其能够对限定的标志、字符和数字等图像内容进行信息的采集。视觉识别技术的应用障碍是对于一些不规则或不够清晰图像的识别率低，而且数据格式有限，通常要用接触式扫描器扫描。随着自动化技术的发展，视觉识别技术会朝着更细致、更专业的方向发展，并且还会与其他自动识别技术结合起来应用。

6. 接触式智能卡技术

智能卡技术是一种将具有处理能力、加密存储功能的集成电路芯板嵌装在一个与信用卡一样大小的基片中的信息存储技术，通过识读器接触芯片，可以读取芯片中的信息。接触式智能卡的特点是具有独立的运算和存储功能，在无源情况下数据也不会丢失，数据的安全性和保密性都非常好，成本适中。智能卡与计算机系统相结合，可以方便地满足对各种各样信息的采集传送、加密和管理的需要，它在国内外的许多领域，如银行、公路收费、煤气收费等得到了广泛应用。

7. 便携式数据终端

便携式数据终端（PDT）一般包括一个扫描器、一个体积小但功能很强并有存储器的计算机、一个显示器和供人工输入的键盘。所以，它是一种多功能的数据采集设备。PDT 是可编程的，允许编入一些应用软件。PDT 存储器中的数据可随时通过射频通信传送到主计算机中。

8. 射频识别技术

前面大概介绍了射频识别技术，它具有体积小、容量大、寿命长和可重复使用等特点，可支持快速读写、非可视识别、移动识别、多目标识别、定位及长期跟踪管理。在冷链物流领域，RFID 技术最显著的作用是与互联网、通信等技术相结合，可实现全球范围内的物品跟踪与信息共享。

从上述物流信息技术的应用情况及全球物流信息化发展趋势来看，物流动态信息采集技术的应用正成为全球范围内重点研究的领域。我国已在物流动态信息采集技术应用方面积累了一定的经验，条码技术、接触式磁条（卡）技术的应用已经十分普遍，但在一些新型的前沿技术，如 RFID 技术等领域的研究和应用方面还比较落后。

▶ 知识窗

冷链监控设备在实际应用中还有一些难题有待解决，如预约难、功能单一、安装维护成本高和效率低等。

首先，目前大多数的监控设备是有线设备，在安装的过程中需要穿孔走线，导致安装复杂，实施难度大，并且耗时，尤其冷库环境下的安装更是困难，大大影响了运输效率。

其次，近些年随着无车承运人模式的兴起，运力发生了新变化，外协车辆比例攀升，并且不讲安装维护难或易，安装费用谁承担一直是个争论不休的话题。

最后，我们也发现，局限于单点采集数据也是现在行业的普遍趋势。外协车辆的管理往往采用便携式设备，数据采集相对单一，如便携定位设备只能采集位置；便携温湿度设备能采集温湿度数据，但得不到精准位置。

那么，如何能突破瓶颈，更好地满足物流行业运力社会化，实现多维度状态采集的应用需要呢？

答案是移动化（无线）、标签化和多功能化。

第一，在冷链车车厢或冷库等场景下，各点温度不是完全均匀和统一的，因此多点监控是一个需求点。如靠出风口处的温度低，货物可能没问题，但是靠车门处的货物可能有问题。

第二，目前第三方物流很多时候都不是使用自有车辆，而是使用社会运力，因此要解决温度管理需求，拥有一些移动式设备很重要。同时，监测设备也可以配置BDS模块，通过BDS和GIS，监控中心可以对集装箱车辆进行地理位置定位和调度。

第三，理想状态下，从车间到运输、仓储、销售的货物中转过程中，如果有标签跟随，就可以追溯到整个周期的安全情况。如果温湿度变化超出预先设定的范围，如20～30℃，系统将自动给出预警。如果曲线中间有一段记录明显低于20℃，则可以根据此段时间查询相应的地点和外在环境，以便于探究温湿度变化的原因。

第四，从未来看，除了温湿度控制，还可通过软硬件来实现对环境温度的智能化控制，如冷库打冷智能化，将来会通过一些控制类的标签设备，对制冷系统进行控制。后台实时分析冷库温度情况，在需要打冷时，自动通过设备远程控制制冷机打冷。同样，门店、车辆其实也可以做到。

第二节　物流信息技术在冷链物流中的应用

一、BDS技术在冷链物流运输系统中的应用

（一）BDS的特点

一是BDS空间段采用三种轨道卫星组成的混合星座，与其他卫星导航系统相比高轨卫星更多，抗遮挡能力强，尤其低纬度地区性能特点更为明显；二是BDS提供多个频点的导航信号，能够通过多频信号组合使用等方式提高服务精度；三是BDS创新融合了导航与通信能力，具有基本导航服务、短报文通信服务、星基增强服务、国际搜救服务和精密单点定位服务五大功能。

（二）BDS的基本功能

1）基本导航服务。为全球用户提供基本导航服务，空间信号精度将优于0.5m；全球定位精度将优于10m，测速精度优于0.2m/s，授时精度优于20ns；亚太地区定位精度将优于5m，测速精度优于0.1m/s，授时精度优于10ns，整体性能大幅提升。

2）短报文通信服务。提供中国及周边地区短报文通信服务，服务容量提高10倍，用户机发射功率降低到原来的1/10，单次通信能力1000汉字（14000比特）；提供全球短报文通信服务，单次通信能力40汉字（560比特）。

3）星基增强服务。按照国际民航组织标准，服务中国及周边地区用户，支持单频及双频多星座两种增强服务模式，满足国际民航组织相关性能要求。

4）国际搜救服务。按照国际海事组织及国际搜索和救援卫星系统标准，服务全球用户。与其他卫星导航系统共同组成全球中轨搜救系统，同时提供反向链路，极大提升搜救效率和能力。

5）精密单点定位服务。服务中国及周边地区用户，具备动态分米级、静态厘米级的精密定位服务能力。

（三）BDS技术的应用

BDS技术具有实时性、全天候、连续、快速、高精度的特点，将BDS技术运用到冷链物流运输行业能给其带来一场实质性的转变，能够大大提高冷链物流运输的质量，有效地保证冷链物流运输时间，从而确保了冷链产品的质量和及时到达，BDS技术将在冷链物流业的

发展中发挥越来越重要的作用。BDS 技术可随时查询冷链物流运输货物车辆的位置，不但加强了对车辆的监控，而且能选择最优路径，避免绕行，减少车辆损耗和运输时间，降低冷链物流运输成本，从而取得明显经济效益。在冷链物流运输中，BDS 技术的应用具体包括：

1. 车辆跟踪

BDS 技术能实现对选定车辆的实时跟踪显示，并以 GIS 来表现定位的结果，直观反映车辆位置、道路情况、离最近冷库的距离及车辆运行线路的距离值。

2. 运行监控

BDS 技术可实现多窗口、多屏幕同时监控多车辆运行，能准确报告车辆位置（包括地点、时间）及运行状况（包括发动机、温度、速度），能对指定时间内车辆的行驶里程、超速等运行信息进行分析统计，了解货物在途中是否安全，能否快速有效地到达，BDS 技术还可以提供路线分析、路线优化，记录车辆的历史轨迹，以供运行评估，进行指挥调度。当车辆发生事故时，可将事故车辆的位置和状况等信息及时准确地报告给监控中心，帮助人们迅速做出决策，使事故损失减少到最低。

3. 信息查询

BDS 技术可实时地从 GIS 上直观地了解运输车辆所处的地理位置，还可查询行车的路线、时间、里程等信息。系统可自动将车辆发送的数据与预设的数据进行比较，对发生较大偏差的进行报告，显示屏能立即显示报警目标，规划出最优援助方案，避免危及人、车、货的安全。

4. 指挥调度

通过 BDS 技术，监控中心可结合车辆的运行状况，对系统内的所有车辆进行动态调度管理，提高车辆的实载率，有效减少车辆的空驶率，降低运输成本，提高运输效率。

5. 路线规划

根据货物的种类、运送地、运输时间的不同，利用 BDS 技术，可以设计最佳行驶路线，包括最快的路线、最简单的路线、通过高速公路路段次数最少的路线等。路线规划好之后，利用 BDS 的三维导航功能，通过显示器显示设计路线以及车辆运行路线和运行方法。

BDS 解决了信息沟通不畅而导致的车辆空驶严重、货物运输安全无保障、车辆资质可靠性差和车辆调度难等突出问题，通过信息化手段最大限度地整合了现有资源，使企业获得良好的经济效益。

（四）基于 BDS 技术的冷链运输信息系统架构设计

1. 系统发布平台

Web Service 应用平台可以实现信息的对外快速发布，执行从简单的请求到复杂商务处理的任何功能，一旦部署以后，其他应用程序可以发现并调用它部署的服务。因此，Web Service 是构造开发分布式系统的基础模块。

Web Service 提供了一种新的面向服务的构造方法，即应用实时集成。在这种条件下，应用的设计只是描述网络服务功能和如何将这些服务协调组合；应用的执行只是将协作请求转化成发现、定位其他能够提供需要的服务协作者，并将调用消息返回以供调用。

2. 系统集成平台

冷链物流信息系统由数据库服务器、传输服务器、BDS 通信服务器、Web 服务器、BDS/GIS 监控台、RFID 温度控制监控台、调度中心和决策中心等部分构成。系统具有整合多种通信平台的能力，使监控、管理、调度、报警和定位信息能方便地在监控网络内共享。

传输服务器负责实时传输多种通信平台的数据，为各监控座席提供数据交换服务，并且协调各监控台的登录、注销和交互。通信服务器可支持多达255路监控座席或分中心，支持客户监控终端通过互联网、数字数据网络（DDN）、综合业务数字网（ISDN）或普通电话线访问监控中心。

监控中心是整个冷链运输监控系统的重要组成部分。监控中心的配置包括各类功能服务器（静态与动态数据服务器、电子地图服务器、Web服务器等）、中心数据处理主机、监控中心大屏幕、应用终端和软件、报警装置和数据库等。该系统利用BDS的定位技术、RFID的信息识别与发送技术、BDS的移动通信技术并结合电子信息系统，实现对在途运输过程中的冷链产品和车辆进行动态监控、调度管理、应急处理和报警求救等功能。

车辆运输监控系统是整个冷链物流信息系统的核心技术，是集全球卫星定位系统、移动通信技术、地理信息系统和计算机网络技术为一体的综合性高科技应用系统。它的主要技术就是利用BDS的定位数据，通过移动通信技术，利用GIS技术动态显示并进行实时监控，能够对运输车辆和车上的货物实现实时、动态的监控、跟踪、调度、实时温度状态管理等功能。它使用BDS系统来确定车辆的位置；利用移动通信技术，监控中心能够确定车辆和货物的状态、位置信息，并通过GIS地图监控系统显示车辆的准确位置或回放车辆行驶的路线轨迹。

3. 数据结构设计

数据结构设计主要包括两部分：RFID数据设计和数据库设计。RFID标签中主要是存储的是货物相关信息；数据库中存储的是在运输货物时相关的信息。RFID标签存储的数据包括货运编号、货主姓名、货主身份证号码、货物位置、货物类型、货物目的地、卖方货主姓名、卖方货主身份证号码、卖方货主地址、到达目的地的时间限制、提货人的名称、提货人身份证号码、货物规格（重量和体积）、货物存储温度、货物保质期、所在仓库、入库时间、出库时间、入库/出库承办人和货物所属货运单。

数据库存储的信息包括车辆车牌、车型号、车辆颜色、运输车辆数量、运输车辆发车时间、运输车辆装货时间、到达目的地时间、车辆费用信息（路桥、装卸、车险、养路费等）、车辆维修信息（维修计划、车辆事故等）、司机信息（姓名、生日、考驾照时间、住址、联系电话等）、车辆位置信息（位置编号、位置经度、位置纬度、位置时间等）和仓库信息（仓库编号、仓库位置、仓库体积等）。

4. 基于BDS技术的冷链物流信息系统架构

基于BDS技术的冷链物流信息系统架构的设计着重解决冷链物流的信息技术和服务网络薄弱的问题。服务网络与信息技术对冷链物流的发展起着至关重要的作用，服务网络和信息技术不够健全，将会大大影响食品物流的在途质量、准确性及及时性，同时食品冷链的成本和商品损耗很高。因此，通过信息技术建立冷链物流温度监控系统，在对各种货物进行跟踪、对冷藏车的使用进行动态监控的同时，将全国的需求信息和遍布各地区的连锁经营网络联结起来，可以确保物流信息的快速、可靠传递和温度的精确控制。

二、RFID 技术在冷链物流追溯系统中的应用

伴随着 RFID 技术和应用的迅速发展，冷链物流业在原有优势的基础上逐渐开发出在 RFID 技术中加入温度传感系统。这种方法是通过温度传感器实时获取温度数据，然后传给与之连接的 RFID 标签储存，RFID 获得的数据就能在进入阅读器阅读范围时被读出，以供利用。通过这种方法，可以实现对运输/配送过程中温度发生改变时的预警，或是对物流活动中的温度变化进行记录，从而帮助辨识可能由温度变化引发的质量变化，以便采取相应的应急措施。

（一）RFID 技术在冷链物流过程中各环节的应用

RFID 技术主要应用在冷链物流过程的采购、存储、运输（货物跟踪）、配送和销售等环节。

1. 采购环节

针对冷链产品保质期短、需要保鲜的特点，在冷链产品的供应上，要从产地开始进行跟踪管理，以保证产品的基本品质和营养价值。首先将采购的产品分类装箱并在每一箱货物上加上一个带有温度传感器的 RFID 标签，并将每箱货物的信息输入带有温度传感器的 RFID 标签中，内容包括货物编码、货物数量、生产地、品种、规格、包装时间、保质时间、储藏温度、湿度、价格和变更时间等信息。这些数据被采购控制系统采集和记录，并进一步纳入企业采购管理系统。对于冷链物流来说，温度是其核心，带有温度传感器的 RFID 标签能实时收集到货物的温度信息，企业能够监控到货物的实时温度。不同产品的货物和相同品种、品质不同的货物，都必须要有对应的产品温度指标。低温食品的物流应实现温度标准化，这样在后续存储、运输、配送和销售等环节才可以保证货物的质量。

2. 存储环节

在仓库的接货入口，RFID 读写器在货物通过时自动采集电子标签信息，如货物的数量、目的总站、目的分站等，自动完成货物的盘点并将货物信息存储到系统数据库中。

货物到达仓库后，可通过 RFID 读写器读取货物信息，根据仓库划分的不同存放区域进行自动入库。在货物传输过程中，读写器自动读取货物包装上的电子标签信息，将货物种类的编码与数据库中的仓库分区编码相核对，如果编码一致，系统将控制传送带将货物送到相应的库位，以实现自动化货物地点分类操作。还可以利用读写器对货物的存放状态进行监控。

出库时，出库信息通过系统传送到相应库位的电子标签上，显示出该库位存放货物需出库的数量，指示工作人员完成从货架到传输带的操作。货物通过仓库出口的 RFID 阅读器，系统自动完成验收操作。

仓库管理人员能够实时掌握商品的库存信息，从中了解每种商品的需求模式，及时进行补货，从而提高库存管理能力，降低库存水平。将整个收货计划、取货计划、装运计划等与 RFID 技术相结合，能够高效地完成各种业务操作。这样既增强了作业的准确性和快捷性，提高了服务质量，降低了成本，节省了劳动力和库存空间，同时又减少了工作失误造成的错送、损害、存放变质等损耗。

3. 运输环节

在货物运输过程中，通过带有温度传感器的 RFID 标签，管理人员可以实时了解目前有

多少货物处于转运途中，各自的始发地和目的地、预期到达时间及其他相关信息（货物的生产地、保质期、温度等），方便对在途货物进行管理。对于冷链产品，必须对温度进行实时监测，因为在运输过程中各种可能的外在因素和冷冻设备的故障，都会导致货物的温度有所变化，如果温度变化超出预设的范围，可以通过 RFID 标签实时传递的信息，很容易地追溯到问题的根源，迅速做出决策。

4. 配送环节

在配送环节，当货物进入配送中心时，配送中心入口处的 RFID 阅读器可以读取托盘上所有货物标签中所包含的内容，将这些信息与相应的采购单进行核对，可以检测是否发生错误。若货物出现变质和丢失等情况，则退货给供应商，确保对货物的精确控制。出库时，仓库出口处的 RFID 阅读器自动记录出库货物。通过 RFID 技术，配送中心能够大大加快配送的速度，提高拣选与分发过程的效率与准确率，从而增加配送中心每天的货物吞吐量，为配送中心带来了更大的经济效益。

5. 销售环节

货物送到时，零售商通过 RFID 阅读器记录下每一箱货物的信息，可以根据 RFID 标签中存储的信息，实时了解货物的状态（如温度、有效期等），保证在到达消费者手中时都处于新鲜状态。零售商也可以通过收集到的信息，准确地了解库存状态，实现适时补货。

由此可见，从生产制造、仓储物流到商品零售，都可以大规模地采用 RFID 技术，因为电子标签可以实现商品从原料、半成品、成品、运输、仓储、配送到销售，甚至退货处理等所有环节的实时监控，不仅能极大地提高自动化程度，而且可以大幅降低差错率，从而显著提高供应链的透明度和管理效率。

（二）RFID 技术在冷链物流领域应用中存在的问题

RFID 在冷链物流应用中存在两大方面的问题：标准化和成本问题。

1. RFID 标准的制定

RFID 标准的不统一是制约 RFID 发展的首要因素。因此，制定 RFID 标准是当前急需解决的问题。针对这一问题，我国在 2004 年 1 月正式成立了电子标签国家标准工作组，负责起草、制定我国有关电子标签的多项国家标准。这对我国规范化、标准化地发展和应用 RFID 技术是一个巨大的内在推动力。

2. RFID 成本的降低

标签成本是 RFID 商业应用能否获得成功的关键。RFID 标签主要由 IC 芯片、天线和封装等几部分构成，价格不低。对于 RFID 技术，虽然成本较高，但还是具有大规模应用的成本优势。据资料显示，2003 年被动式高频段标签的平均价格为 91 美分，现在为 50 美分左右，如果要货量超过 10 万件的话，还可以降到 10 美分。随着集成电路技术的进步和应用规模的扩大，RFID 标签的成本将不断降低。根据 Auto-ID 中心的预测，在大规模生产的情况下，RFID 标签生产成本最低能降到 5 美分，其中 IC 芯片为 1~2 美分，天线约为 1 美分。另外，还可以通过采用新技术、新材料来降低标签成本，或使智能标签实现循环利用。具体来说，RFID 标签的信息可写入 10 万次，利用这一特点，在企业内部物流中闭环使用 RFID 标签，不仅能充分发挥 RFID 的技术优势，而且其运行成本还将低于条码。价格计算公式为

$$P = \frac{D}{N} + C$$

式中　P——循环智能标签价格；

　　　D——首次采购智能标签的价格；

　　　N——循环使用次数；

　　　C——运转费用（常数），小于1。

例如：标签采购价为10元，运转费用为0.02元，使用50次，则循环智能标签价格为0.22元。

由于RFID系统拥有巨大的技术优势：能够减少库存和销售人员方面的成本，有效降低存货错误，大大提高存货报告的有效性，由此将带来工作效率的大幅提高，从而降低系统的总体成本。因此，采用RFID所产生的费用也物有所值。

◇【同步案例】

海洋爱通联合易流科技打造冷链食品全链路溯源平台

山东海洋爱通物流有限公司（以下简称"海洋爱通"）为山东海洋冷链发展有限公司与世界五百强企业伊藤忠商社旗下物流企业合资组建的控股子公司，拥有国家3A级物流企业和3星级冷链物流企业资质，是一家集仓储、物流于一身的专业性现代化物流企业，主要经营海鲜水产的加工、仓储、运输、配送工作。

易流科技是我国领先的供应链物流数字化服务运营商，在制造、冷链、快递、新零售、餐饮、商超等多个细分领域占据行业重要地位。2021年3月，易流科技成立全资子公司——深圳市食易安科技有限公司，从冷链物流数字化拓宽到食品安全数智化，致力于构建"从工厂到卖场""从农田到餐桌"的食品安全保障体系，实现全场景覆盖、全链条追溯，以"构筑人类食品安全防火墙"为愿景，让每一个人吃得放心、吃得健康、吃得愉悦。

基于对易流科技冷链服务的认可，海洋爱通联合易流科技打造了冷链食品全链路溯源平台，在保障食品安全的同时帮助提高内部业务效率、建立行业标杆、提高品牌美誉度。

（一）客户洞察

食品安全不仅仅体现在仓储、运输、门店销售这3个环节，产品原料的材质、生长的环境、加工的流程都可能会对最终消费者手上的食品安全质量产生影响。例如，车辆是不是在合格的温度下运输和配送；食品运到仓库、门店的接收过程和存储环节是不是在合格的温度下完成的等。

在实际运营过程中，由于涉及人员角色多、流转环节多，为了满足商品的质量安全，往往需要消耗大量人力和物力进行全程的数据监控，同时还存在以下问题：

1）数据收集问题。传统方式是依靠人工定期去库房抄表，保证温度不失温；车辆运输环节的数据收集是当车辆到达后，通过随机打印抽查运输过程的在途温湿度数据，来确认是否存在运输失温的情况。数据的实时性和准确性会存在一定偏差。

2）资源协调。因为实际运营涉及的场景和环节较多，所以在各个环节的信息收集以及资源协调方面需要投入大量的精力进行沟通，沟通效率低，成本高。

3）信息孤岛。为了给客户提供更好的服务以及更丰富的数据维度，需要收集统计很多不同系统的数据，但是这些系统彼此之间没有数据交互，形成了数据孤岛，导致数据收集难度大。

（二）解决方案

溯源平台实现了对食品生命全周期的溯源和管理，支持对接现有系统信息或录入信息，形成全链管理。避免一人管一段，实现齐抓共管，用合适的信息化手段实现食品的全链追溯。

同时，为了能够给客户以及政府监管提供更加完善、完整的食品溯源体系，实现了冷链运输全流程监控（如图7-2所示），结合智能IOT硬件设备进行全场景环境监测，通过用追溯码技术将流程串联起来形成全链路扫码溯源管理。

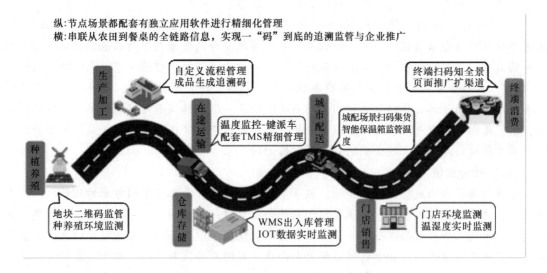

图7-2 溯源平台的冷链运输全流程监控

1. 全场景链路，一码追溯

平台从种植养殖、生产加工、仓储存储、在途运输、城市配送、门店销售到终端消费，串联了冷链食品流通的全链路场景，并且通过追溯码的方式实现各个环节的串联，最终可以通过扫描追溯码展现产品的全生命周期，实现产品的快速溯源，快速定位。

2. 软硬一体结合

不只是单纯的节点信息追溯，结合IOT智能硬件设备，溯源平台可以实时采集，分析，展示每个节点的环境数据，让溯源不再只是冰冷的文字。采集的数据一键上链，保证各个节点数据采集的完整性和安全性，不用担心溯源数据被伪造、篡改。

3. 环节自定义

考虑到不同环节不同品类的产品管理方式和颗粒度都不统一，所以系统支持企业根据不同的情况自定义执行环节内容，保证了系统数据完整性的同时也可以到达较高的灵活度。

4. 首创产品红黄健康码

系统支持从产品的产地、流转地、港口等维度设置风险区域，设置后将自动根据设置分析产品风险信息生成红黄码，保证异常状态第一时间发现，防止异常产品进入流通环节。

5. 系统包容性

系统提供了最简单的流转流程记录以保证无系统用户也可以追溯，同时也支持和各个系统进行数据对接，将各环节系统数据进行串联，最终实现统一显示和管理。溯源平台也支持跟易流科技的政府管理平台进行数据对接，形成政企一整套完成的溯源监管系统。

（三）应用价值

使用冷链溯源系统改变了环节场景单独管理的模式，促成了高效的协同监管机制，从而形成更具效应的合力模式。环节之间关联更加紧密，资源利用率大大提升，给客户提供了更加全面的食品安全监控和保障。冷链溯源平台的应用价值主要包括：

1）仓储、加工、运输各环节的人员统一在一个系统进行操作，使得各个环节之间紧密关联，进而达成更加高效的合作，提高企业综合效率。

2）系统通过追溯码将种植/养殖、仓储、加工、运输、签收全流程的场景串联起来，同时结合IOT设备采集数据进行全链信息追溯，实现了与消费者共享商品流程信息，客户对企业的商品信任度得到提升，企业也获得了消费者的价格认同，进而变成企业的新增利润。

3）未来当企业做到比较深度的商品追溯时，订单管理、库存管理、物料管理，企业资产等方方面面的信息都能以节点的形式动态反映出来。这个精确度可以达到单个小包装的水平，也就是企业的生产经营活动是以企业生产产品的最小包装为单位，把企业经营上升到了一个非常精确的尺度上，使企业的效率得到质的提高。

（四）社会价值

冷链溯源平台的成功搭建从企业、监管方、消费者三方面都有不同方面的获益。对于企业而言，通过全链追溯管理，可以发现和定位企业日常经营的问题点，提升自己的效率，同时对外展示自己企业产品流程，也是企业自信的表现，通过产品扫码方式对外销售自己企业和产品扩展销售渠道；监管方能够看到更全面更丰富的产品流转数据，对于突发异常情况能够快速精准追溯，也能够通过平台"独创"的产品健康码状态进行异常管控；终端消费者也能够通过扫码了解所购买食物的"前世今生"。

（案例来源：商业新知，海洋爱通联合易流科技打造冷链食品全链路溯源平台，https://www.shangyexinzhi.com/article/4778596.html，内容有改动。）

问题：

1. 要实现冷链食品全链路溯源，需要哪些关键信息技术？
2. 本案例中是如何实现冷链食品全链路溯源的？

第三节　冷链物流信息管理系统

一、基于物联网的冷链物流信息管理系统

（一）基于物联网的冷链物流信息管理系统的价值

冷链物流不仅影响工农业生产的有效运行，还直接影响普通民众的生活习惯和质量。进入21世纪后，生活步入小康的民众普遍开始关注食品质量和安全问题。智慧冷链物流系统的建设与实施带来的社会效益和经济效益都是很显著的，并且符合国家科技兴国、鼓励自主产业化的大政方针要求。基于物联网的冷链物流信息管理系统为我国食品、药品、保健品安全竖起一道放心墙，为产品可追溯、可回溯提供有力保障。

基于物联网的冷链物流信息管理系统的实施会带来丰厚的社会效益：

第一，基于物联网技术的冷链物流信息管理系统符合国家产业政策，属于国家鼓励发展的产业、产品和技术，对其他企业的发展起到带动作用，利于国家产业政策的推行。

第二，基于物联网技术的冷链物流管理系统的成功推广，使我国的溯源管理系统在实现技术的层面上具备了一次较大的提升，并提高我国生产制造业企业信息化的水平，为我国推广企业信息化做出有力的贡献，并且可以促进我国市场经济更加快速、有效地建立公平竞争的规则。

第三，基于物联网技术的冷链物流系统的有效利用，将有效地提高使用企业的生产效率，降低企业的生产成本，使企业可以有效地管理自身的产品，防止假冒伪劣产品的出现，在保证企业自身利润的同时，保证了广大消费者的切身利益。

第四，基于物联网技术的冷链物流系统的应用可以开辟一个崭新的行业市场，在为生产制造业企业带来高效的管理模式的同时为 IT 行业带来新的商机。

（二）基于物联网的冷链物流信息管理系统的构成

基于物联网的冷链物流系统主要包括几大子系统：冷库智能仓储管理系统、冷库可视化智能管理系统、冷链物流车辆监控系统等，它们分别负责产品各个环节的详细信息，便于企业对于产品的管理和追踪。

1. 冷库智能仓储管理系统

基于物联网信息化建设思想，冷库智能仓储管理系统采用先进的 RFID 技术、自动控制技术、有线/无线通信技术、数据库技术和信息管理技术等，并对所有的冷库、库位、货品和托盘等进行科学规范的编码，建立仓储基础数据库，以实现出入库、盘点、移库工作的智能化功能。

实际仓储工作中，将 RFID 标签粘贴在货物上、包装箱上或安装到托盘上，在库门处架设 RFID 读写设备，当货物出入库时，系统可自动读取出入库货物的信息，并上传到后台计算机系统进行管理。也可在叉车上安装读取设备，在装卸货物时，对货物进行自动识别，并通过无线网络，将信息传递到后台系统。当冷库中物品需要进行盘点或移库的时候，可利用手持式读写器进行相关操作，并实时地将信息发送到后台系统中。

2. 冷库可视化智能管理系统

冷库可视化智能管理系统采用传感技术、ZIGBEE 技术、计算机图形技术、视频技术、自动控制技术、有线/无线通信技术、数据库技术和信息管理技术等，可以实现冷库内容的可视化、温度变化的实时监控和自动报警等。

系统对冷库进行图形可视化建模，以二维或三维的方式展现库存内容，并与实际数据实时关联。可在地图上实现仓储数据的实时信息查询，快速了解仓储情况，进行调度决策。同时，结合先进先出等原则，可以分析出最佳存储库位和最佳取货库位。

系统在库内部署视频监控设备和多种相关传感器设备，这样便可实时监测库内实际货品和环境情况，辅助进行库存管理和决策。

3. 冷链物流车辆监控系统

冷链物流车辆监控系统采用 GPS、GIS、移动通信传输技术、传感技术等，实现对冷运车内物品的监视和车辆位置的实时跟踪、温度实时监控、开关门时间和次数的记录，从而达到对车辆和所载物品在整个物流环节的信息化、可视化管理。

二、基于物联网的冷链物流实时定位系统

(一) 物联网与实时定位系统的相关性

冷链物流实时定位系统是指在冷链物流的基础上创新出的一种适合于冷藏冷冻品物流实时定位的技术，其具有远距离、动态、准确度高、可靠性强等优点，突破了数据录入和数据采集的瓶颈，为企业和冷藏冷冻品市场提供一套完备的资产、人员追踪定位解决方案。

物联网的非接触识别信息、远距离读取数据、可识别高速运动物体、保密性好、安全可靠无法伪造等技术特性，决定了它能够为建设一套完善的冷链物流实时定位系统提供技术服务支持。

基于物联网的实时定位系统，能够为企业提供更为强大的信息链，对进料、在制品（WIP）、包装、运输和仓储直到最后发送至供应链的下一环节，进行全方位和全程的可视化跟踪，使得在生产过程和存储运输过程中对在制品的跟踪及成品的质量追溯更为清晰，解决冷藏冷冻品在冷链物流运作过程中的多个环节中温度无法监控，以及运输仓储流通加工过程中断链的问题，协调生产流通加工各个要素之间的关系，有助于企业降低产品缺陷率，保证冷藏冷冻品的质量，缩短流通周期，降低生产成本，提高生产效率，提升企业在市场上的综合竞争力。

(二) 冷链物流实时定位系统的构建原则

一套合理的冷链物流实时控制系统，可以实时更新企业的信息，帮助企业决策与市场变化的信息动态同步；可以全面监控冷藏冷冻品在流通过程中的质量安全，确保在流通过程中只要冷藏冷冻品出现问题，就可以实时监测到并做出相应的处理，从而控制损失的范围，迅速找出问题出现的原因并改正；可以帮助企业实时掌控旗下资产，尤其是运营车辆的当前运营状态，发挥资产的价值。

该系统在构建过程中应遵循如下原则：

1. 资源公共共享性

基于冷藏冷冻品的物联网实时定位系统应符合共有物流的思想，做到汇聚供应链上企业的信息，发挥公共网络信息平台的作用。物联网实时定位系统的设计应遵从供应链上的多方参与、系统扩展性强、开放性好的原则，给冷藏冷冻品流通体系的安全提供有力支撑。

2. 安全与隐私保护性

在物联网实时定位系统中，物品预先已嵌入电子标签，自身可能不受控制地被扫描、定位和追踪，这势必会使供应链上的相关冷藏冷冻品加工、运输及销售企业的安全与隐私问题受到侵犯。因此，如何确保标签物的拥有者的安全与隐私不受侵犯便成为基于物联网实时定位系统设计的关键问题。

3. 联合建设，统一技术标准

物联网实时定位系统发展过程中，传感、传输、应用各个层面会有大量的技术出现，供应链中的企业可能会采用不同的技术方案。如果各行其是，那结果是灾难性的，会造成各自建设的物联网实时定位系统无法完成联网共用。

4. 信息管理平台的集中建设

物联网实时定位基础设施建设成功以后，产品信息的传感容易，但是感知的信息如果没有一个统一的信息管理平台来进行综合分析处理，则无法为整个供应链提供效用。

（三）冷链物流实时定位系统的构建

冷链物流中的各个环节在冷藏冷冻品安全中都起非常重要的作用，是不容忽视的。要保证冷链物流中冷藏冷冻品的安全，必须对冷链物流运作中的每一个环节都要做到实时监控。为保证冷藏冷冻品定位系统的安全有效，冷链物流实时定位系统必须从冷藏冷冻品的源头开始定位监控，包含冷藏冷冻品流通加工、运输及销售的整个过程，直到冷藏冷冻品流通到销售者手中，甚至包括逆向物流的过程。

冷链运作包括在运输、仓储、装卸搬运、流通加工、包装、配送及信息服务等几个环节，针对冷链物流流程及一般冷链物流服务产品过程，可将冷链物流的整个物流流程分解成以下几项活动：原材料获取、冷却、冷藏加工、冷藏运输和冷藏销售等。

针对这些活动流程，将冷链物流定位系统从数据的采集、数据更新、定位跟踪、数据共享等几个方面进行具体构建。

1. 冷链物流各流程的数据采集

数据采集部分是实时定位系统的重要组成部分，是定位系统的基石。冷藏冷冻品实时定位系统的数据采集依靠物流网中的关键技术——RFID 电子标签技术。RFID 电子标签主要用在冷链产品、堆场、仓储和车辆管理上，对各种标识物进行识别监控和跟踪定位。标识对象主要包括冷链产品本身、冷冻运输车辆的集装箱和相关人员等。

在冷藏冷冻品的原材料采购环节中，RFID 电子标签主要由相关的采购人员协同冷链产品生产者，采用内置或黏贴在冷藏冷冻品上，并且将冷藏冷冻品的品质、产地、具体采摘人员姓名、采购人员的姓名及相关的产品详细信息输入到标签中去。冷藏冷冻品采购完成后，相关采购人员及时组织运输。冷链物流的运输分为两种模式：一种是由企业自有车辆组织运输；另一种是企业借助第三方物流企业的运输车辆完成农产品原材料运送到企业加工中心的过程。企业自有车辆运输，在信息控制方面相对更加容易，企业可以通过车辆自有的 BDS 系统实时控制车辆运输的路线，控制运输时间，并且通过确认 RFID 电子标签发出的信号，确定车辆与冷藏冷冻品的物质统一运输性，防止出现车货分离的现象，有效地控制运输过程中发生随意卸货、换货、以次充好的行为。企业借助第三方物流企业组织运输时，可以跟第三方物流企业签订信息系统共享协议，从而达到控制物流的目的。

当冷藏冷冻品到达企业的加工中心后，随着加工作业环节的完成，工作人员通过手持的数据编辑器，完成对 RFID 电子标签中信息更新输入的过程。具体需要输入的信息包括加工人员工号、加工场地、加工温度等详细具体的信息。

冷藏冷冻品完成相应的加工过程后，进入冷冻储存环节。在冷藏冷冻品的储存环节，实时定位系统可以与仓储管理系统相互结合使用，完成冷藏冷冻品信息流的录入，以及储存位置的分配工作。入库单根据产品类别等信息通过系统处理成多份入库分单，每份分单可以分成多个标准化的托盘数据。将相应的托盘数据输入到 RFID 电子标签上，并且内置或粘贴到托盘上，实现冷藏冷冻品仓储数据的实时管理与监控。托盘数据分为：货物的种类、数量、入库单号、供应商和制造部门等信息。通过对 RFID 电子标签发送信息的监控，系统从而完成储存的冷藏冷冻品的出入库情况的统计与控制。在整个物流环节中，电子标签首先承担最基本的信息载体的作用，能够准确识别出标示物，并获取其相关信息。RFID 电子标签能准确地追踪定位到标识物，迅速查找到该物体的具体位置和进行物流控制。

当冷藏冷冻品按照销售的要求，需要从冷冻仓库中完成出库作业时，系统根据客户需求，根据产品储存的 RFID 电子标签中的托盘数据，快速地完成冷藏冷冻品的定位拣货等工作，从储存环节进入下一个销售流通环节。在冷冻运输过程中，工作人员通过手持式数据编辑器，完成对 RFID 电子标签的信息输入。内容可包括：运输车辆牌号、相关运输人员与运输企业、运输目的地及运输时限等。在销售环节中，当客户对相应的冷藏冷冻品购买完成后，必然要经过结账的过程。在结账的过程中，销售员通过结账处的手持或固定式读写器，将卖场的具体信息及销售的具体时间录入到 RFID 电子标签中，以备后续的农产品质量追踪体系的建设。

2. 冷藏冷冻品数据的及时更新

冷链产品在途经每一个物流环节时，都有可能产生新的数据，从而需要更新信息。产品信息流的更新不仅是内置或粘贴在产品上的 RFID 电子标签中信息的更新，同时更是完成信息系统中数据的实时更新的过程。在具体操作中，产品流通加工过程中的相关从业人员，通过手持的数据读写设备完成对 RFID 电子标签中的信息输入后，通过 RFID 电子标签自身的信息发送功能或手持数据读写设备在读取标签中的信息时的发送功能，以无线电波数据传输方式（RFDC）将信息发送。信息经过系统天线的接收后，将信息传递到阅读器中进行译码阅读。译码阅读完成后，系统通过互联网传递到数据库中，结合 BDS 系统中的数据与 WMS 中数据，完成信息的更新过程。数据库系统是参与系统内部的农产品的运输企业、加工企业及销售企业共享的一个网络平台。企业内部各部门可以通过计算机、显示器、打印机等电子应用设备共享数据库内的最新数据。

3. 冷藏冷冻品所处方位的实时跟踪

大到每一个批次的冷藏冷冻品，小到每一个单独的冷藏冷冻品个体，冷链物流实时定位系统都能进行实时的跟踪与定位。每一件冷藏冷冻品上都附带有可以发送传递信息的 RFID 电子标签，RFID 电子标签是带有控制系统的集成电路，可以在不同的时段根据环境的需要，发送无线电波信息。无线电波信息经过系统天线的加强后，可以实现远距离传递，实现标签与数据读写器之间的通信。定位系统可以分别应用在农产品的运输、生产加工、存储及销售等过程中，实现冷藏冷冻品所有生产流通环节的实时定位。

在运输环节中，将数据读写器固定分布在运输车辆、轮船或飞机等运输工具上，当带有 RFID 电子标签的农产品经过时，被固定分布的数据读写器扫描阅读，从而记录下冷藏冷冻品的具体运输方式及车号等信息。结合 GPS 的使用，可以精确地定位哪一件农产品放置在哪辆车上运输，并且目前正处于哪个运输路段上。

在生产加工环节中，将数据读写器固定分布在农产品的自动化流水加工线上。随着生产加工环节的深入，可以被处在不同生产环节的数据读写器所扫描到。因为每一个数据读写器都是固定分布在自动化流水加工线上的，所以可以精确定位到每一个时刻冷藏冷冻品所处的详细位置。

在存储过程中，数据读写器可以广泛地分布在仓库门口、库内货架、叉车、自动分拣设备等相应的设备处。当冷藏冷冻品流通到数据读写器的位置后，利用射频识别技术可以高速识别运动中物品的特性，高速定位产品的位置与数量。例如，分布在仓库门口的射频门禁系统（EAS）可以在统计出入库农产品数量的同时，针对无权限出入库的物品予以报警处理；放置在库内货架的数据读写器可以对托盘上的 RFID 电子标签进行扫描，定位相应的产品位置、数量等信息。

在销售环节中，数据读写器可以广泛分布在商场的出口处与账务结算处，实现商场内冷藏冷冻品的实时跟踪与定位。冷链产品实时定位系统可以与目前商场现有的视频监控设备共同协作，实现对冷链物流监控定位的最优化。

4. 共享的数据库系统

数据库技术是支撑农产品实时定位信息系统运作的重要部分，主要功能是收集和分析原始输入数据，将其转化为物流活动中需要的信息，实现政府相关监管部门、行业协会、供应链上各个相关企业、零售业及消费者之间的数据信息共享，实现靠全社会的力量共同监管冷链物流的质量，切实确保冷藏冷冻品的质量安全。

政府监管部门与冷藏冷冻品企业之间的数据共享，使政府对冷藏冷冻品做到实时监管，可以更好地制定相关冷链物流政策，及时应对冷链物流的质量安全问题。冷链物流供应链上的冷藏冷冻品企业之间的实时定位系统数据共享，能更好地增加供应链上运输企业、加工企业与销售企业之间的协作。同一企业的不同部门之间，多个不同企业的多个不同部门之间，可以通过互联网接入数据库系统，实现数据在计算机、显示器和打印机等多个电子应用设备平台之间的共享。消费者共享冷链物流数据，可以加强消费者对冷藏冷冻品质量安全的监管力度，强化消费者的主体地位。

⬤ 关键术语

EDI 技术（Electronic Data Interchange）

射频识别技术（Radio Frequency Identification，RFID）

地理信息系统（Geographical Information System，GIS）

北斗卫星导航系统（Beidou Navigation Satellite System，BDS）

物联网技术（Internet of Things，IOT）

RFID 电子标签（RFID Tag）

仓储管理系统（Warehouse Management System，WMS）

⬤ 练习与思考

1. 阐述现代物流信息技术的构成及其在冷链物流运作中的应用。

2. 什么是物联网技术？阐述其内涵与构成。

3. 谈谈 BDS 技术在冷链物流运输中应用的可行性。

4. 基于物联网技术的冷链物流信息管理系统具有何种应用价值？

5. 基于物联网的冷链物流信息管理系统由哪些模块构成？每个模块具有什么功能？

6. 冷链物流实时定位系统的构建具有哪些原则？

7. 与普通物流管理信息系统相比，冷链物流信息管理系统有何特点？

8. 探讨物联网时代下冷链物流信息管理的发展与创新。

9. 基于 BDS 技术的冷链运输信息系统架构设计包括哪些？

10. 探讨 RFID 技术在冷链物流的采购、存储、运输（货物跟踪）、配送和销售等环节的应用。

11. 探讨冷链物流实时定位系统的构建与运用。

⊡》综合案例

冷链信息化，迎难而上的"新基建"

一、冷链信息化，道阻且长

"以前用货车+棉被，板车+毛毯的方式完成'冷链'物流运输，很多冷库依然在用手写单据的方式进行管理，货物的出库、入库等数据难免有疏漏。冷链信息化可以帮助传统园区借助现代化的信息通信技术让园区和冷链物流都变得智能。"一些冷链园区对信息化表示了认可与期待。

由于传统的技术手段无法进行实时信息整合、资源协调和风险预警，制约了冷链产业的发展。近年来，随着物联网、人工智能、5G等技术的发展，"互联网+冷链"的信息化发展路径已现实可行，与此同时，已有园区开始探索智慧化的可能性，试图让这个传统行业走向数智化。

冷链物流监管需要覆盖从生产到消费全流程的各个环节，对数据采集的实时性、准确性、真实性、完整性以及数据传输效率要求很高。通信技术、物联网技术、区块链技术是冷链物流中信息采集传输能力的基础技术。掌握5G通信、定位导航和物联网技术等高精尖的信息技术才能实现对路径、环境、车辆和货物监测数据的实时采集传输，为监管和溯源提供数据资源。

然而，大多数冷链物流数据的采集还是通过手工采集的方式，瞒报、漏报、误报等问题时有发生，难以实现全流程的精准管控，导致监管信息不透明。

另外，国家相关标准和法规体系的不健全也是制约冷链产业发展的重要因素之一。

此前我国已出台了大约300多项涉及冷链物流的国家标准和行业标准，但缺少针对冷链设施设备建设、温度控制和操作规范等方面的统一标准。已有的标准多为区域性、单品类商品的标准，即使是同类货物在不同地区的标准也存在差异，尚未形成全国统一、品类齐全的冷链物流标准。

在标准和法规尚待健全的"空窗期"，由于标准体系的不完善和协调推进难度大，造成相关标准发布后推广效果不理想。再加之相关物流环节信息的传输不畅，信息技术应用不成体系，缺少有效的监管抓手，产品在冷链运输途中存在延误和断链现象并不稀奇。

不过国务院印发的《"十四五"冷链物流发展规划》对冷链物流的全流程、全环节、全场景提出了更高的发展要求，这将推动国家标准和行业标准的进一步制定。

综上所述，要攻克冷链行业的信息孤岛困难重重，但庆幸的是大环境正在向好发展，可以预见，冷链行业的信息化建设将在未来几年里呈飞速发展态势。

二、信息链贯通了，一切就通了

目前，冷链产业的"链"由冷链物流企业、冷藏车生产企业、冷冻产品生产商等构成，需要各方通力配合才能保证整条冷链的畅通。毕竟相互脱节的信息化就好比一条从中间被截断的水管，无法做到贯穿始终。换句话说，一条没有贯通的信息链，再华丽也仅仅是摆设。

2021年12月初，冷链行业内发生了一件事：冷链科技生态平台前海粤十获得了一笔高达3.9亿元人民币的A轮融资。资料显示，前海粤十是一家智慧冷链产业生态服务商，为冷库行业客户提供生鲜冷链供应链全链条的综合技术解决方案。一直以来建设的正是"一条贯通的信息链"，力图打通生产商、供应商、销售商以及消费者之间信息壁垒的全方位冷链信息化。

2020 年 7 月，福建省重点企业丰大集团就福州元洪国际食品产业园国际食品展示交易中心的整体数字化建设项目与前海粤十签约，这将是全国最大的冷链基地，而它的信息化建设是前海粤十一手操办的。之所以能在竞争激烈的竞标中脱颖而出，得益于前海粤十卓越的冷链供应链管理一体化平台，以及在国内首屈一指的大型冷链信息化管控能力。一站式智慧冷链信息化解决方案能够让园区实现冷库、商户、金融机构、第三方服务商的互联互通，巩固固有产业园区的优势，帮助元洪国际食品产业园成为全国最大且最智慧的冷链基地。

据了解，前海粤十已布局全国 200 多条干线运输线路，签约合作 800 余家冷库，遍布 7 大区域，服务商户 11 万多户，共计冷库容量 2800 万 t，信息化市场占有率达到全国第一，真正打通了全国冷链产业流通的"硬瓶颈"，并取得了行业内外的多项荣誉。

三、冷链大时代，未来已来

若只把冷链信息化当作冷链行业的变革升级，或许有些狭隘了。实际上，冷链物流包含了从生产、检测、存储、运输、配送、销售到消费的所有环节，这些环节的参与主体众多，关乎国计民生，涉及千家万户，是一个十分复杂的系统。也就是说，其实冷链产业的信息化与我们每个普通人的日常生活息息相关。

近年来，冷链物流在保障农产品食品流通、医药产品流通、战略储备等作用凸显，也对冷链产业提出了更高的要求。

如果用一个类比，未来的冷链产业数字化建设，就像 5G 基站建设一样，会成为国民基础设施。

（案例来源：创新湾百家号，冷链信息化，迎难而上的"新基建"，https://baijiahao.baidu.com/s? id = 17202825489 69212044&wfr = spider&for = pc，内容有改动。）

问题：

1. 冷链行业信息化建设的关键点是什么？

2. 冷链物流信息技术体系的结构如何？

第八章

冷链物流成本控制与节能

通过本章的学习，掌握冷链物流成本的特点及成本控制的重要性；掌握冷链物流成本的核算方法，尤其是作业成本法；掌握冷链物流成本的控制方法；理解冷链物流节能的含义、思想及重要性；理解冷链物流节能的具体措施；了解冷链物流成本控制与节能的发展趋势。

📖 引　例

据统计，2014—2021 年我国冷链物流行业的市场规模持续扩大，由 1500 亿元增长至 4117 亿元，复合年度增长率为 15.52%。据初步估计，我国果蔬、肉类、水产品冷链流通率仅为 35%、57%、69%，还存在较大的上升空间。

成本居高一直掣肘我国冷链物流的发展，如何降本增效、助力行业升级也成为业界关注的话题。作为连接产销、调节供需矛盾的关键环节，完善的冷链物流不仅能有效降低农产品的产后损耗，还能有效提升生鲜农产品批量储备与跨区域调配的效率，实现生鲜农产品供需平衡。随着国家对冷链物流基础设施的大力投入，冷链物流成本有望进一步降低，冷链物流市场将实现增速发展。

在冷链市场需求逐年保持快速增长的大环境下，冷链运配成本越发受到关注。冷链物流是利用温控、保鲜等技术工艺和冷库、冷藏车、冷藏箱等设施设备，确保冷链产品在初加工、储存、运输、流通加工、销售、配送等全过程始终处于规定温度环境下的专业物流。优化冷仓布局、提升配送时效成为冷链降本增效的关键。因为有了保质、保鲜和温控的要求，冷链物流的成本"天生"就比常温物流高。

"冰小鲜"公司总经理曾说："一辆 4.2m 的冷藏车，可装载 3~5t 货物，核算到 8~10m³，在一个近千万人口规模的城市，配送 3 个点位，配送费用基本在 350~450 元之间。如果是常温物流，同样的装载吨位和配送范围，大概需要 250~350 元之间。"

据了解鲜花冷链运输成本的专家说，干线冷链运输成本占销售比重在 11%~13%，落地配成本同样也占到 11%~13%，物流成本支出加上货损高达 55%~60%。朱经理做鲜花冷链已有五六年。朱经理介绍，冷藏车在路上跑，100km 大约油耗 30~35L，另外，制冷机还有70km/L 的油耗，综合算起来的冷藏运输成本要比常温运输高 30%左右。夏天稍多点，冬天稍少点。不过，做鲜花冷链的群体，养车的很少。租一辆 13.5m 的冷藏厢式货车，从云南到北京单趟费用约在 17000 元左右，这个费用水平就约高于常温货运的一半了。

有专家认为，解决成本高的问题，首先需要实现产业规模化，形成产品的完整产业链，形成了规模效应后，冷链物流的成本才会下降并且稳定下来。其次，实现产品的集中送货和约定送货，这样可减少冷藏车的空载空置问题，也可以尽可能实现产品的保质保鲜。另外，还可以通过对冷库进行技术与流程改造，实施冷藏车入冷库装卸货，实现冷藏产品的按温度等级分类放置，不仅可以提升冷藏车库内装卸效率、降低货损等，还可以以此降低冷链物流的成本。人工成本、油气价格等成本，有其本身的社会性与经济性特征，不是一个企业、行业或个人所能掌控，但可以通过优化冷仓配送中心的区域布局，优化货品集配、信息化，融入 AI 技术与加强冷链技术研发创新等办法来提升配送时效，实现冷链物流的降本增效和高质量发展。

（案例来源：现代物流报，冷链物流高成本难题如何"破局"，https://www.163.com/dy/article/I31CUJJ605507HPG.html，内容有改动。）

第一节 冷链物流成本概述

一、冷链物流成本的定义

根据中华人民共和国国家标准《物流术语》（GB/T 18354—2021），物流成本指的是物品在静态存储或动态空间移动过程中消耗的所有物化劳动和活化劳动的货币表现。结合物流环节来说，就是物品在实体运动中，经过生产加工、包装、运输、配送、搬运及综合管理等各环节耗用的所有人力、物力、财力的总和。物流成本有狭义和广义之分，狭义的物流成本是指物品空间位移变化而产生的运输、装卸等成本。广义的物流成本涵盖了产品从生产、流通到最终被消费整个过程所耗用的全部成本，是原材料采购、产品加工、包装、运输、配送、仓储保管等各物流环节耗用的成本之和。

作为一般物流的一种特殊形式，冷链物流成本主要由运输成本、仓储成本、库存成本和管理成本组成。然而，在整个流通过程中，冷链物流对温度和存储条件的要求都较一般物流系统更高。它包括冷冻加工、冷冻储藏、冷藏运输和冷藏销售等附加值高的物流业务，这大大增加了其各个环节对应的物流成本。

二、冷链物流成本的特点

1. 冷链物流成本显性与隐性并存

与其他物流成本类似，冷链物流成本具有隐性特征。现行的会计科目中，仅仅将支付给第三方运输企业和仓储企业的费用列入物流成本，而对于使用企业自己的车辆进行运输、使用自己的仓库进行存储和使用自己的工人进行相关操作的成本计入其他科目，不列入物流费用科目内。因此，我们所能看到的仅仅是物流成本很小的一个部分，这在冷链物流行业也有明显的体现。

冷链物流成本同时又具有显性特点。原因在于冷链物流本身具有鲜明的特点，那就是温度的全程控制，因此，所有与温度控制相关的成本都应列入冷链物流成本，这是显而易见的，也是被绝大多数冷链物流企业所接受的。并且在实际的工作中，显性的温度控制成本的计算也较为简单。

2. 冷链物流成本削减的乘数效应

冷链物流活动与一般的物流活动一样，都具有成本削减的乘数效应。若某企业的物流成本是200万元，冷链的温控成本占物流总成本的50%，即冷链的温控成本是100万元，如果温控成本可以降低10%，也就是说减少10万元的温控成本，实际上等于企业增加了10万元的净利润。假定企业的销售利润率为5%，那么增加这10万元的销售利润实际上需要增加的销售额就是200万元，占到企业销售额的10%。现实中，增加销售额远比降低物流成本的成本要高得多，可见成本的削减对于企业经营意义重大。

3. 冷链物流成本不完全效益背反

一般物流活动与冷链物流活动在效益背反问题上的区别在于，冷链物流活动的效益背反关系是不完全的，只是在部分的活动中存在效益背反。在一般物流研究中存在的效益背反现象在冷链物流中也普遍存在，但情况有所不同。通常情况下，运输和仓储之间是存在效益背反情况的。但是反映在冷链物流上，由于冷链产品的生产者中有很大一部分是个体农户，他们不具备储存生鲜产品的环境条件，因此对于收购冷链产品的加工厂商来说，冷库的建设是必不可少的。由于冷库的建设和租赁成本相对较高，一般厂商倾向于按照订单进行采购或生产，而不会自行租赁仓库进行冷链产品存储活动。一般物流活动可以有选择地进行相关的运输和存储活动的组合，而冷链物流活动则基本上只存在一种选择，而没有运输与仓储活动的组合选择，因此实际上就谈不到效益背反问题。

三、冷链物流成本控制的必要性与可行性

1. 必要性

随着物流管理意识的增强，人们对物流成本的关注度越来越高，降低物流成本已经成为物流管理的首要任务。从基本的供需规律上来看，冷链物流系统的要求更高、更复杂，需要投资的成本相当大，因而经由冷链物流进入市场的农产品，价格被推高，抑制了消费需求；反过来，这又降低了农产品生产企业对冷链物流的需求。更为重要的是，一旦农产品生产企业由此增加的物流成本高于原有的损耗，冷链物流企业也就彻底失去了这部分需求，生存空间被压缩。要改变这种局面，降低农产品冷链物流成本、激活市场需求，是当前最为关键的一个问题。

即便是在冷链物流发展较完善的美国，物流成本也是较高的。以果蔬为例，美国农业部的最新统计数据表明，蔬菜、水果的平均农场收购价分别约是终端零售价的26%、28%。换言之，零售价比收购价贵了近4倍。我国尚不完善的冷链物流供应链体系导致冷链效率及成本都要高得多，见表8-1。与欧美国家相比，我国果蔬、肉类、水产品等产品冷藏运输率（是指易腐食品采用冷藏运输所占的比例）平均不到20%，冷藏流通率（也称冷链流通率，是指在物流过程中采用冷链物流占所有物流的比例）平均相差数10倍，如图8-1所示。而国内的流通腐损率又是国外的数倍，如图8-2所示。如此一来，冷链运输的新鲜货品的价格

更为"高货值"。在我国，冷链物流成本控制迫在眉睫。

表 8-1 我国与发达国家农产品物流成本对比

国　　家	物流成本占总成本比重	物流环节损耗率	加 工 比 例	加工增值	超市连锁经营销售比例
发达国家	10%	5%（粮食） 1%～5%（果蔬）	80%	1∶（3～4）	80%～95%
中国	40%（粮食） 60%（果蔬）	15%（粮食） 25%～30%（果蔬）	10%	1∶1.8	不足30%

（资料来源：中国物流与采购协会、招商证券。）

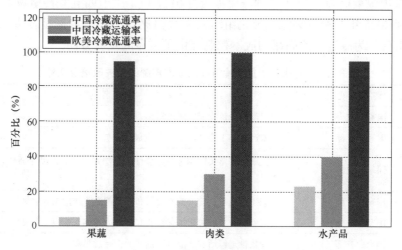

图 8-1 我国冷藏流通率现状

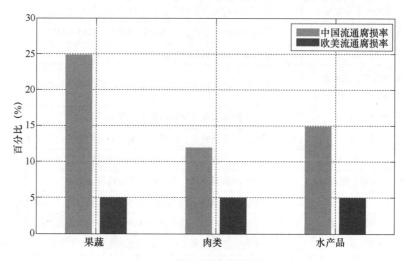

图 8-2 我国流通腐损率现状

（资料来源：中国仓储协会、招商证券。）

2. 可行性

（1）国家政策扶持力度逐渐加大

近年来，国家部委及与物流相关的部门出台或公布了一系列有利于物流成本控制的政策性文件，见表8-2。2010年，国家发改委出台《农产品冷链物流发展规划》，把冷链物流的发展提升到政策层面。2012年，农业部相继出台《农产品加工业"十二五"发展规划》和《关于贯彻落实〈国务院办公厅关于加强鲜活农产品流通体系建设的意见〉的通知》，其中明确提出要发展冷链物流系统和冷链物流技术，推进产品批发市场建设、提高农产品储运加工能力、解决物流配送半径限制等措施，同时加大农产品冷链物流体系的建设和政策、资金扶持力度。商务部相继出台《关于推进现代物流技术应用和共同配送工作的指导意见》《国务院办公厅关于加强鲜活农产品流通体系建设的意见》《加快推进鲜活农产品流通创新的指导意见》等多项政策措施。2021年国务院办公厅出台了《"十四五"冷链物流发展规划》，明确提出，到2025年，冷链物流规模化组织效率大幅提升，成本水平显著降低。一系列政策及文件的出台，为冷链物流高昂的成本控制提供了可靠的发展方向。

表8-2　近年来关于加强冷链物流成本控制的相关政策及文件

年　　份	部门单位	政策名称
2010年	国家发改委	《农产品冷链物流发展规划》
2012年	国家农业部	《农产品加工业"十二五"发展规划》
2012年	国家农业部	《关于贯彻落实〈国务院办公厅关于加强鲜活农产品流通体系建设的意见〉的通知》
2012年	国家商务部	《关于推进现代物流技术应用和共同配送工作的指导意见》
2012年	国家商务部	《国务院办公厅关于加强鲜活农产品流通体系建设的意见》
2012年	国家商务部	《加快推进鲜活农产品流通创新的指导意见》
2012年	物流标准化技术委员会	《冷链物流分类与基本要求》（GB/T 28577—2012）
2012年	物流标准化技术委员会	《药品冷链物流运作规范》（GB/T 28842—2012）
2012年	物流标准化技术委员会	《食品冷链物流追溯管理要求》（GB/T 28843—2012）
2014年	国务院	《物流业发展中长期规划》
2014年	国家发改委、商务部、交通运输部等10部门	《关于进一步促进冷链运输物流企业健康发展的指导意见》
2016年	国家发改委	《物流业降本增效专项行动方案（2016—2018年）》
2017年	国务院	《加快发展冷链物流　保障食品安全促进消费升级的意见》
2019年	国家发改委等24部门	《关于推动物流高质量发展促进形成强大国内市场的意见》
2019年	国家商务部、财政部	《关于推动农商互联完善农产品供应链的通知》
2020年	国家发改委	《关于做好2020年国家骨干冷链物流基地建设工作的通知》
2020年	国家农村农业部	《关于加快农产品仓储保鲜冷链设施建设的实施意见》
2020年	国务院	《关于进一步降低物流成本的实施意见》
2021年	国务院	《"十四五"冷链物流发展规划》
2022年	国家交通运输部等5部门	《关于加快推进冷链物流运输高质量发展的实施意见》
2022年	国家财政部、商务部	《关于进一步促进冷链物流发展的通知》

（2）相关技术比较成熟

无论是农产品运输的物流技术，还是物流信息自动化管理技术，在国外都已得到广泛应用，为我们提供了借鉴。例如，美国已经拥有现代化的仓储、运输和包装等相关专业技术，为农产品的高效流通提供保障。现代化的农产品仓储技术、运输技术和包装技术等为农产品流通服务的专业技术。在整个流通过程中运用冷链技术装备，大大降低了农产品在流通中的损耗率。我国在大力发展专有技术的同时，不妨借鉴美国的先进流通技术，为我所用，降低农产品流通成本。同时，我们也不能只发展技术，伴随着技术的发展，我们应当加强农业信息化、数字化、智慧化建设。

美国政府每年都会拨付大约 15 亿美元用于农业信息网络的建设和推广。美国已经建成世界上最大的农业计算机网络应用系统，这个系统覆盖了美国的 46 个州、加拿大 6 个省和美国、加拿大以外的 7 个国家。以众多学校的科研为依托，以美国农业部为支撑，广大农场和农业企业为受益对象，将农产品的生产和销售信息置于一个共享网络中，注册用户通过电话、电视或计算机等终端设备，即可共享网络中的信息，实现农产品生产者、农产品流通企业和其他经营者的资源共享，对农产品流通各个环节进行及时有效的管理和控制，实现信息的互通有无。

（3）从农产品流通企业本身来说，对成本进行控制也是百利而无一害的

目前，农产品流通企业的各项成本划分不清，不能反映实际成本。进行成本控制，将成本责任落实到每一个环节和部门，可以降低流通成本，减少损耗，提高经济效益。

◇【同步案例 8-1】

"生鲜电商""冷链物流"绝对是 2015 年食品行业的关键词，尤其是生鲜电商，其高客户黏性、高毛利、高回客率已经成为各路电商争抢的"大蛋糕"。当然，提到生鲜电商，肯定绕不过冷链物流，因为如果生鲜电商的冷链供应链体系不成熟，就很难做出起色，但生鲜电商是否一定要投入巨资自建冷链物流却值得磋商。日前，多名业内专家表示，电商自建冷链是个伪命题，重复建设带来资源浪费的成本将最终转嫁到消费者头上。

做冷链物流是生鲜电商投入成本最多的板块，因此，许多生鲜电商被迫投入重金，建设冷库及建立物流车队，但这也带来了投入成本过高、回报周期困难等问题。有业内人士表示，生鲜电商经营的果蔬、肉禽等产品，仓储需要分为常温、恒温、8~15℃、0~8℃、-18℃共 5 个温度区，而这也带来了非常高昂的建库成本。以一个 5000m² 的标准温区冷库来说，硬件投入就在 2000 万元左右，若仓库要覆盖华东、华南和华北三大区域，起码需要1 亿元的成本，但这些投入的收回周期则需要 5~10 年。

由于冷链物流从生产流程、网络布局和设备配套上都与传统物流有着明显差异，因此随着未来生鲜商品在线上销售规模的不断扩大，冷链物流必将成为一个规模不小于目前传统物流的新网络。这仅仅是在仓储环节。所有环节的物流车辆也必须是具备四大温层的专用冷藏车，甚至连"最后一公里"的电动三轮车都必须有冷藏和冷冻两种温度控制的功能。从电动三轮车到消费者家中，则需要采用专业冷链保温箱、食品级环保降解专用袋，实现全程冷链的无缝衔接。从目前来看，切入生鲜销售的几家电商在这张网上都花了大钱。据称，京东打造冷链物流的投入计划是 100 亿元。

对于冷链配送，京东一位人士说，现在市场上通用的方法是"泡沫箱+干冰"的方式，

仅泡沫箱和干冰的成本就不止10元。其次，市场上冷链物流所通用的泡沫箱大部分是一次性的，难回收，不环保。京东冷链的做法是"自营配送员+可循环使用的专用冷链配送箱"，可以将生鲜产品送达后，进行回收。这样的配送方式额外增加的成本并不会太多，却极大地降低了生鲜的物流成本。有数据显示，目前国内农产品电商接近4000家，其中仅有1%盈利，7%巨额亏损，88%略亏，4%持平。总体上95%都在赔。据统计，我国生鲜品类的损耗为20%~30%，大部分是在产品流通过程中发生的，而在国外这一数字为3%~5%。消费者投诉退货则意味着产品完全报废，往返运输翻倍增加了商品的损耗，进而拉高了成本。

其实，随着专业物流公司不断努力打造冷链物流，目前的生鲜电商冷链条件已有所改善。从冷链物流配套角度而言，整个市场并不缺乏硬件设施，只是没有整合用来服务生鲜电商所需要的B2C宅配市场。从2015年开始，出现了许多第三方冷链服务商，传统冷链物流行业也在朝着零售终端转型，将来冷链成本会进一步下降。

有业内人士算了一笔账，类似顺丰、京东这种完全自建冷链的，1kg生鲜产品运输的冷链成本为30元，集中在北京、上海和广州的纯生鲜电商自建物流成本最低为20元，如果采用菜鸟平台上利用大数据进行合理整合的第三方冷链服务商，成本最低可降到12元。

此外，在速度上，利用大数据分析对生鲜宅配流程进行优化，建立起低成本、高利用率的开放式冷链，也可以在极短时间或消费者预约时间内送达商品。

（案例来源：搜狐网，刘勇，京东做生鲜其实只是为了转嫁3C类物流成本，http://www.sohu.com/a/57210846_235941，内容有改动。）

问题：

1. 结合案例，说说你认为生鲜电商当前面临的主要问题有哪些。
2. 你认为生鲜电商自建冷链物流是伪命题吗？为什么？
3. 你认为生鲜电商在发展过程中最需要解决的关键问题是什么？为什么？

第二节 冷链物流成本核算

一、冷链物流成本核算的原则

与其他物流成本类似，冷链物流成本核算与管理的目标是以冷链物流成本核算与管理为手段，实现高效率的冷链物流活动。企业争取以最低的物流总成本，提供最优的物流服务，降低产品的损耗，提高客户的忠诚度和满意度。各企业应根据本企业的特点，逐步完善物流成本核算，积累准确全面的物流成本资料，适时进行分析和决策，提升物流成本管理水平。

在会计核算原则的基础上，冷链物流成本核算还应遵循以下原则：

1. 系统性原则

效益背反理论认为物流活动中的各环节的费用控制存在矛盾，一种功能成本的降低有可能引起另一种功能成本的增加。冷链物流成本核算要以系统的角度反映和控制物流总成本，要从企业系统的角度分析企业总成本的变化。

2. 重要性原则

冷链物流成本涉及企业的各个环节，冷链物流成本应重点核算和管理主要物流领域的成本。

3. 明晰性原则

冷链物流成本项目繁多、业务量大，成本核算项目要清晰易懂，防止成本项目交叉造成重复计算。冷链物流成本核算既要从物流环节的角度，又应从费用要素的角度记录和反映会计数据以利于企业进行物流成本管理。

二、冷链物流成本的构成和分类

图 8-3 展示了冷链物流的一般流程，以下按此流程分析冷链物流的成本构成，从功能形式和支付形态两方面进行考虑。

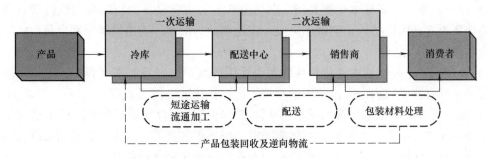

图 8-3　冷链物流的一般流程

1. 按照功能形式划分

从功能形式角度分析，冷链物流成本主要由流通加工成本、包装成本、仓储成本、运输成本及装卸搬运成本等构成。

1）流通加工成本。为了延长生鲜产品的保鲜期，方便产品进行长距离运输或分散销售，需要对产品进行一定的加工处理，如冷冻加工、分装加工等，因此而产生的费用称为流通加工成本。冷链物流的流通加工成本主要包括：冷冻设备费用（设备使用、折旧、维修等费用）、加工材料费用、加工人员的劳务费用及其他加工费用（水电费、燃料费、管理费用）等。

2）包装成本。包装成本是指为了方便生鲜产品或冷冻冷藏产品的运输及销售，需要对产品进行一次或二次包装工作而产生的成本。包装成本主要包括包装材料费、包装使用的机械费用（机械折旧、维修、油耗等）、包装技术费（防潮技术、缓冲技术等）及人工费用等。

3）仓储成本。简单来说，仓储就是保管、储存产品。仓储成本是构成物流成本的一个重要组成部分，对于冷链物流更是如此。冷链对象的易腐性决定了其储存期短，对仓储温度要求也更严格，增加了仓储管理难度及仓储成本。仓储成本包含很多内容，如仓储设备的折旧、维修费用，仓库工作人员的劳务费用，产品因腐烂变质造成的损失，缺货成本及仓储综合管理费用等。

4）运输成本。运输成本是指产品因运输作业而产生的费用。在冷链物流成本构成中，运输成本占有很大份额。由于冷链产品保质期较短，所以要求运输时间尽可能短，而且运输过程也要保持产品处于适当的低温状态中，这就决定了冷链物流运输需要采用冷藏车、蓄冷箱等冷冻冷藏设备。冷冻冷藏设备的折旧、维修费用是冷链物流成本的主要组成部分，除此之外，运输成本还包括燃料费、过路过桥费、运输管理费等。

5）装卸搬运成本。产品的空间移动离不开装卸搬运作业，由人力或机械将产品装入或卸下所产生的费用就是装卸搬运成本。装卸搬运成本主要包括工作人员的劳务费用，装卸搬运设备的折旧费、维修费用，水电、燃油费用及操作不当造成的货损费用等。

2. 按照支付形态划分

如果以支付形态作为划分标准，冷链物流成本可以分为材料成本、人工成本、设备成本、公用成本及综合管理成本等。

1）材料成本。材料成本主要是指包装材料费、冷冻加工材料费及设备燃料费等。材料成本的计算主要采用公式：材料费用＝材料单价×材料耗用量。

2）人工成本。人工成本是指冷链物流管理人员、技术人员和操作人员的工资、奖金、福利等费用，这些费用的计算多以公司合同规定及员工实际表现为准。

3）设备成本。设备成本主要是指冷链物流涉及的所有设备的折旧费与维修费总和。折旧费的计算通常是用设备的采购费用乘以一定比例的折旧率，而维修费用则以每次实际维修花费为准。

4）公用成本。公用成本是指物流活动中耗用的水费、电费和煤气费等。无论是水、电还是煤气，都有测量仪表，通过使用量和单价很容易计算出使用费用。

5）综合管理成本。综合管理成本包括物流各环节的综合管理费用及除了上述成本之外的其他物流成本，如商务差旅费、交际应酬费、场地租赁费等。其中一些费用可以直接进行成本统计，对于无法直接计算的，可以按照经验以一定比例进行估算。

三、冷链物流成本的核算方法

冷链物流成本的核算方法，是指将与冷链物流成本相关的费用归集并分配到冷链物流成本核算对象时采用的具体方法。冷链物流成本核算方法的选择会直接影响费用归集与分配的准确性，不当的核算方法会导致最终冷链物流成本核算失真。所以，选择合适的物流成本核算方法很重要。以下主要介绍三种冷链物流成本核算方法：运营成本法、任务成本法和作业成本法。

1. 运营成本法

运营成本法是来自于我国传统交通运输企业的一种成本核算方法，故而也可以称为传统成本核算方法。学者张国庆曾指出，采用运营成本法核算物流成本就是按照一定的标准将会计报表中与物流活动有关的成本分离出来进行单独核算，这里的一定标准多指机器工作时间或人工工时。采用运营成本法核算冷链物流成本的特点就是将冷链物流成本划分为直接费用和间接费用，间接费用的分配采用单一的分配标准。采用运营成本法进行核算时，首先要明确核算对象，这是进行费用归集的基本前提。对于制造企业来讲，每一份产品的订单都是它成本核算的对象。物流企业与制造企业不同，它的产品不是实物，而是没有实体的服务。冷链物流企业的每一份冷链物流业务合同都具有自身的独特性，内容丰富且不同，所以，对于冷链物流企业而言，每一项冷链物流业务都可以作为成本核算对象。物流企业的物流业务涉及很多作业环节，各环节之间的差异较大，从而很难确定统一的业务量标准。但针对某一作业环节而言，是可以确定其业务量标准的。所以，采用运营成本法进行冷链物流成本核算时，大多只计算冷链物流业务的总成本，这也是运营成本法的局限性。

2. 任务成本法

有很长一段时间，企业对物流成本的核算都局限在物流总成本计算上，忽略了各物流环节的运作及相互关系。在克里斯托弗提出物流任务成本法之后，任务成本的概念产生了。

1971 年，马丁·克里斯托弗提出了任务成本的思想，并试图将该思想用于物流成本管理中。1982 年，巴雷特为了将任务成本运用到实际的问题当中，专门创建了框架结构体系，这个框架结构体系是用来分析企业中的物流过程的。

采用任务成本法对冷链物流系统进行成本核算时，首先将各个冷链物流的子系统之间的关系定义为相互关联并作用的，然后依据冷链物流系统中客户之间不同的重要性，核算系统为其带来不一样的服务水平的成本。任务成本法的优势在于，其核算的冷链物流成本的结构里将子系统看作子单位的纵向结构，并且将各个冷链环节在物流系统中运作的具体过程考虑在内，改善了传统成本核算方法以部门作为子单位的横向结构。任务成本法从系统方面考虑，可以核算出针对不同客户的不同服务成本，又可以从总成本的方面考虑，可以很好地体现出各个物流子系统在总系统中的相互关联性。任务成本法重视的是系统整体的物流输出，以及与此输出相关联的物流成本。

在对冷链物流成本的核算中，任务成本法虽然完善了传统的方法，但是也有一些难以克服的缺陷：任务成本法的完成需要复杂的成本核算，并且人为的主观因素对冷链物流作业成本的分配影响很大，直接造成核算结果存在一定的偏差。尤其是在公共作业领域中应用，如解决公共仓储的成本分配问题时，这个缺陷体现得尤为明显。

3. 作业成本法

作业成本法是指以特定物流活动成本为核算对象，通过成本动因来确认和计算作业量，进而以作业量为基础分配间接费用的物流成本管理方法。

运用作业成本法核算冷链物流成本，能将间接成本较为准确地分配到物流作业中，再通过物流作业归集到冷链物流成本这一核算对象。企业要想运用作业成本法来计算冷链物流成本，必须明确作业成本法的基本原理，了解资源、作业及成本计算对象之间的关系。运用作业成本法计算冷链物流成本的基本步骤如图 8-4 所示。具体来说，采用作业成本法核算冷链物流成本主要分为四步：分析和定义冷链物流作业；确认冷链物流系统涉及的资源；确定资源动因，将资源分配到作业成本库；确定作业动因，将作业成本分配到冷链物流成本对象。

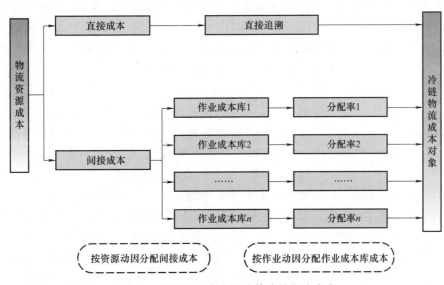

图 8-4　运用作业成本法计算冷链物流成本

1）分析和定义冷链物流作业。冷链物流作业作为连接资源与成本对象的纽带，是系统内为达到某一目标而进行的消耗资源的工作。供应链的各个环节或各道工序都可以被认为是一项作业。作业的认定并不是以部门划分为基础的，而是为实现同一目标所进行的活动的集合。在定义作业时，应注意将物流活动分解成便于理解与操作的基础作业。

2）确认冷链物流系统涉及的资源。冷链物流系统涉及的资源的消耗是成本产生的根本原因，而作业的完成是以消耗资源为代价的。确定冷链物流系统涉及的资源是在确定了冷链物流包含的物流作业的基础上进行的，每项作业都有相对应的资源，那些跟物流作业无关的资源不被纳入物流成本的核算中。确定了物流作业涉及的资源之后，可以为各类资源建立资源库，将统计核算期间消耗的资源归集到各自的资源库中。

3）确定资源动因，将资源分配到作业成本库。作业量的多少、作业完成质量的高低与资源消耗程度存在一定的关系，要将资源正确地分配到作业中，就需要确定对应的资源动因。简单理解资源动因，就是将资源成本分配给相关作业的依据。当多项作业共同耗用同一种资源时，就需要确定资源动因，常用的资源动因有使用次数、工作小时数、人数、天数和面积等。如果某些资源只应用于某项作业，那么便不需要资源动因，可以将资源成本直接归集到该作业中。

4）确定作业动因，将作业成本分配到冷链物流成本对象。作业动因是将作业成本库中的成本分配到冷链物流核算对象中的依据，它反映的是产品（服务）消耗作业的情况。作业动因的确定不是唯一的，当实际情况发生变化时，同一项作业的作业动因可能发生变化。例如，同是配送作业，有时选择配送次数为作业动因，有时选择配送花费的小时数为作业动因。确定了作业动因之后，通过统计作业动因总数，可以算出各作业的单位间接成本分配率。然后根据各冷链物流对象的作业动因数，就可以得到各冷链对象耗费的间接成本，间接成本与直接成本的总和便是要求的冷链物流成本。

▶ 知识窗

冷链是为保持新鲜食品及冷冻食品品质，使其从生产到消费过程中，始终处于低温状态的配有专门设备的物流网络。冷链主要应用在食品、农产品、医药和化工等领域，其中食品、农产品占比最大。据中物联冷链委统计，2020年我国食品冷链物流市场总规模为3832亿元，同比增长13.01%；2016—2020年复合年均增长率为14.75%；2020年我国食品冷链物流需求总量为2.65亿t，同比增长13.69%（数据来源：https://zhuanlan.zhihu.com/p/529191058）。相较普通物流，冷链优势突出。高额成本投入是冷链发展的主要客观障碍。冷链初期投入和后续运营成本都高于普通仓库。根据第一物流网的数据，普通仓库造价为400元/m^2，冷库由于需要配备保温系统，所以造价高于2000元/m^2，建一座中型冷库的成本至少要2000万元。同时，冷库运营耗电量巨大，$1m^2$冷库月耗电费用至少为20元。除冷库建设和运营，冷链运输成本也比普通车辆高出40%~60%。受制于高额冷链成本，以冷链为核心竞争力的生鲜电商难以盈利。据2016年中国农业生鲜电商发展论坛的一组数据显示，国内生鲜电商领域大约有4000多家入局者，其中仅有4%营收持平，88%略微亏损，7%巨额亏损，最终只有1%实现盈利。据网经社"电数宝"电商大数据库显示，2022年生鲜电商交易规模为5601.4亿元，同比增长20.25%，仅在2022年，倒闭的知名电商企业数量就达到8个（数据来源：阿里巴巴国际站，https://supplier.alibaba.com/article/CTGFKM02S20.htm；搜狐，https://www.sohu.com/a/660921251_120491808）。

第三节　冷链物流成本控制

一、降低冷链物流设施设备投入成本

食品冷链物流系统的设施设备包括冷库、冷藏运输车辆及冷藏周转箱等。冷链物流系统的正常运转离不开这些设施设备的支持，这些设施设备是食品冷链物流系统运作的物质基础。与一般的物流系统设施设备相比，冷链物流系统的设施设备由于要具备制冷和保温等功能，其造价较高，因而食品冷链物流系统具有资源密集的特点，其设施设备投入高于一般物流系统。对于食品冷链物流系统中的主体企业而言，在设施设备方面的投资、购置决策将对企业的生存和发展产生重要的影响，从而直接影响到食品冷链物流系统的发展。开展共同配送，可以提高设施设备的利用率，实现食品冷链物流系统的协同，以降低食品冷链物流系统设施设备的投入成本。

目前，共同配送是美国、日本等一些发达国家广泛采用且影响面较大的一种先进的物流方式，它对降低物流成本具有重要意义，也是食品冷链物流系统中相关企业可以采用的降低成本的策略。通过共同配送的集中化处理，冷链物流企业可以有效合理地利用现有的物流设施设备，做到物尽其用，实现物流资源的共享和物流功能的互补，并充分节省物流处理空间和人力。由于冷链物流的低温特点，食品冷链物流企业单独建立冷链物流中心，投资成本高，而且回收期较长，对于单个企业的风险及资金压力都比较大。鉴于此，食品冷链物流系统中的各企业可以联合起来，共同参与冷链物流。

二、降低冷链物流运作成本

1. 冷链物流运输配送成本控制

冷链物流企业经营中涉及两次运输：一次运输是从冷库到配送中心的流通加工过程；二次运输是从配送中心到销售商的配送过程。伴随近年来我国冷链物流的发展，原先最为薄弱的运输环节有了很大的改进，冷藏车的使用比例大大增加，但由于冷藏车的可装载容积比普通货车要小，在运输相同吨位的冻品时，用冷藏车运输的车次就要比用货车运输的车次多。由此增加的运输量一般在15%左右。所以，有效控制运输量成为控制冷链物流企业的一个重要方面。众多的冷链物流企业要在提高运输效率，降低运输量上下功夫，目前冷链物流转向多品种小批量的运输已成为必然趋势。

冷链运输与配送环节中，要合理运用运输配送工具和选择路线，努力开展多式联运，从而降低运输成本、提高运输速度。冷藏集装箱的使用和先进的信息技术的应用也为开展多式联运提供了条件。在运输工具配置上，应充分考虑区域内业务总量、平均运距、批量数和批次数等因素，并做到"三低二高"（车辆油耗、车辆保管费用、运输成本低，运输效率及利润高），切实推行包装标准化、车辆规格标准化等，实现最佳的经济效益。路线方面，在运输环节中的路线相对固定，而配送过程中由于门店多、距离不一等多种因素的影响，较为复杂，可借助专业的信息系统规划最优或最短路线，同时要尽量缩短装卸过程中开车门的时间，避免运输工具内部温度的波动，造成产品损失。食品冷链物流业务主体需要对配送进行精细化管理，以降低运输成本。企业间共同配送能提高车辆装载率和降低配送成本。

在运输过程中加大对冷藏运输车辆的考核力度，严格冷藏运输车辆在途时间的考核标准，缩短运输期限以避免运输费用的增加。

2. 冷链物流仓储成本控制

国内冷链物流企业的制冷技术仍处于一个较为落后的阶段，冷冻冷藏质量监控、车间环境温度和洁净度控制、卫生管理和包装技术仍与国际标准有较大的差距。虽然许多先进的全程冷藏控温运行管理制度正在逐步建立中，但由于企业不能及时使用，导致了各个环节上的信息阻塞，易腐制品在运输途中经常发生无谓的延误，进一步加大了风险。现在对冷库的要求已不仅只是储藏，而更要关注其周转率、利用率，以及进出库的运输成本和对客户的吸引力。因此对冷库的关注除了低温条件外，更重要的是它的一些物流指标，特别是冷库的年吞吐量。我国冷库的空置率非常高。因此，冷链物流企业要最大限度地控制库存成本，必须尽可能地降低冷库空置率。

1）科学设计。企业在冷库的布局设计上应该采取灵活实用的方针，在业务旺季时冷库的储存空间出现空置的情况很少，但在业务淡季时，冷库的空置问题就非常突出。例如，储存量为1万t的一个单体冷库在业务淡季的空置率达到60%，也就意味着企业要为保持库内温度和卫生付出额外的60%的成本费用。但如果在冷库布局上采取大小冷库套叠的形势，将冷库的制冷机组进行相应的调整，即可实现现实储存量与实际能耗的匹配，将大冷库变成小冷库，降低维持和管理费用。同时，在冷库中要充分运用科学的运筹学知识，合理安排速冻区、低温区和超低温区的排布和路线，尽量利用能源，避免浪费。总之，库存能耗的降低是一个细节问题，如库内灯光的温感和声控设置、库门开关的自动及时设置等，需要企业的管理者和实施者在实际工作中不断发现问题、解决问题。

2）高效使用。冷链物流企业可以借助库存信息系统在平衡过期和缺货的条件下确定最佳订货点；企业还应着眼于保持库存的持续稳定，不出现断链；另外不同生熟情况的食品要分类储存以避免不必要的损失。仓储成本主要包括制冷系统建设、冷库库房建设、冷库内设备购置等投资较大的固定投入及冷库的日常维护等成本。对于食品冷链物流系统主体企业来说，提高冷库的利用率是降低仓储成本的重要措施。

3. 运用信息系统

《农产品冷链物流发展规划》中强调冷链物流信息化的重要性，高效的信息化是降低冷链物流成本，增强企业竞争力的有效途径。农产品供需和地域的不一致导致信息的不对称，冷链物流信息平台既有助于冷链物流市场信息实时交换与共享，也支撑完整的冷链物流和温控管理体系。通过应用公共网络平台和信息技术，企业可以将上下游企业衔接起来，实施无缝对接，全程监控货物、共享交换信息资源，提高冷链物流整体运作效率。美国、荷兰和加拿大等发达国家十分注重冷链物流运作信息化建设。美国的农业计算机网络应用系统（AGNET）是目前世界上最大的农业信息系统，覆盖美国、加拿大和除此之外的7个国家，生产商、运营商和销售者可共享网络中的信息资源。荷兰的电子化农产品交易市场涵盖联运物流中心和农产品集成保鲜中心、花卉和园艺中心的新式电子交换式信息和订货系统。

信息化建设包括区域冷链物流信息平台和企业物流信息系统两个层面。从发展趋势来看，冷链物流企业就需要开发出适合自己的冷链物流信息系统，采用先进高效的信息技术，如将带有温度传感器的 RFID 标签应用到冷链物流的整个过程，并通过 GPRS 进行标签信息与企业的管理信息系统连通，可对环境温度进行实时监控。一旦发生温度异常情况，系统会发出报警，便于工作人员及时采取措施，避免损失。

管理信息系统也是冷链物流建设的重要环节。它主要包括库存控制系统、客户服务系统、仓储管理系统和运输管理系统。对企业来说，使用物流管理软件来有效地降低企业物流成本，在无形中扩大了企业利润。系统中准确的库存数据和销售汇总数据为企业采购提供依据，从而提高了工作效率与管理水平；系统还提供各种预警，如近保质期、过保质期产品的报警和在库存品的库龄分析等，使仓库管理人员能及时采取有效的措施，大大减少在库存品的损耗。冷链物流信息系统提供准确的市场动态和信息沟通，使物流流程变得更加合理，降低滞后现象。因此，引入信息系统，既可使冷链物流方向正确，又可充分利用现有冷链设施，最大限度地降低物流成本。

三、降低冷链食品损耗成本

由于冷链设施不完善，大部分生鲜食品仍在常温下流通，通常会在运输、销售等环节出现"脱冷"现象，导致食品出现腐烂变质、滋生细菌。有数据显示，2019 年我国农产品总产量 19.80 亿 t，其中生鲜农产品产量超过 11 亿 t，由于存在保鲜和腐烂问题，无法及时销售的生鲜农产品损失可达 20%~30%。因此，应该根据低温储存原理对冷链储存中涉及的各种技术进行科学的使用，降低食品腐烂变质带来的损耗。先进的冷藏物流工艺流程系统设计可以大大降低冷藏物流的物流成本。更先进的系统会让物流的各个环节互相合作，并让冷链物流的全部流程处于协调状态。要降低食品冷链物流系统中的食品损耗成本，需要大规模改造和更新现有的食品冷链物流系统设施设备。具体来说，需要从以下两方面来更新食品冷链物流设施设备以降低食品冷链物流系统中的食品损耗。

1. 加速提升冷藏运输设备的技术水平

我国冷藏运输装备技术水平在以下方面均与世界先进水平有很大的差距：车辆结构、制冷机组等相关设备可靠性；车体隔热和气密性；载货容积、重量，新材料应用；地面设施完善；新冷源的应用；气调保鲜技术等。在冷藏运输装备开发中，应加强与先进国家的合作，采用技术合作尽快提升冷藏运输装备的技术水平。

2. 大力发展新型冷藏装备

为了满足冷冻食品特别是深度冷冻食品对运输条件的要求，发达国家的铁路运输业都在努力对机械冷藏车进行更新换代。美国的成组式及以石油作为能源的机械制冷运输设备正逐步减少，而以单节或集装箱式的冷藏运输设备和不依赖石油的新型冷源车或隔热车成为重要的发展方向。结合国情及冷藏运输的市场需求，冷藏运输装备应发展能够适应冷藏快运业务的快速冷藏车，能够适应货物品类多样化及长距离运输的冷藏集装箱，以及灵活机动、控温范围广、能满足大量货物运输的机冷车。

◇【同步案例 8-2】

农产品冷链泛指水果、蔬菜、肉类等物品在生产、储藏运输、销售，到消费前的各个环节中始终处于规定的低温环境下，以保证物品质量和性能的一项系统工程，主要包括冷冻加工、冷冻储藏、冷藏运输及配送、冷冻销售四个方面。

　　随着国内居民消费水平的提升，农产品冷链物流行业发展政策的完善和进一步落实，以及现代物流技术的深入应用，国内农产品冷链物流市场需求快速增长。农产品冷链物流需求主要包括水果、蔬菜、肉类和水产品四大类，2019 年上述四类农产品冷链物流规模达到21370.4 万 t，同比增长 24.8%，其中水果、蔬菜的冷链需求较大，占比都超过 30%。从具体品类的增长空间来看，水果冷链方面，目前国内人均年水果消费量不足 60kg，相比较发达国家人均年消费 100kg，国内水果消费还有较大增长空间，水果冷链需求有待进一步挖掘；蔬菜冷链方面，消费者对于蔬菜的需求逐渐从昔日的数量型向今日的质量型转变，更为健康、营养的需求日益显现，尤其是对绿叶菜的需求增速较快，从而也增加了对冷链物流的需求；水产品冷链方面，中国已经成为水产品市场最大的消费国家，冷藏、冷冻是水产品的主要流通形式；肉类冷链方面，受猪瘟疫情和政策导向影响，国内猪肉供应转向进口，从现在的以"运猪"为主，调整为以"运肉"为主，冷鲜肉将成为肉类消费主流，肉类冷链物流运输市场发展空间巨大。

　　但从冷链物流服务水平来看，我国农产品冷链物流成本仍然较高，与发达国家相比仍有较大差距，我国农产品冷链物流行业还有较大的增长空间。由于冷链物流除了专业化程度不高，我国冷链物流还存在企业运行成本高、经营心态浮躁等问题。当前我国果蔬、肉类、水产品的冷藏运输率分别为 35%、57%、69%，而发达国家平均冷藏运输率高达 90% 以上。目前，国内农产品产地缺乏规范的冷链企业、冷链运输"断链"问题突出、运输高损耗等是造成我国生鲜农产品冷链物流服务水平普遍低于发达国家的主要原因。

　　路桥费、燃油费、人工费等逐年走高，三者加起来占到冷链企业总收入的 80% 以上，已成为压在冷链物流企业身上的"大山"，在一定程度上加剧企业心态的浮躁，在支出方面精打细算，很少有企业主动在信息系统、设备升级、人才培养、服务提升等方面加大投入。

　　预冷环节缺失、经营分散、运输网络落后、缺乏有效信息管理系统是我国冷链成本高企主要原因。我国常温运输利润率是 10%，冷链运输利润率是 8%，企业选择常温运送符合理性经纪人假设。同时，发达国家冷链运输利润率为 20%~30%，所以冷链发展有利可图。我国冷链不经济现状主要是由现有水平不高、结构不完善造成。我国预冷环节缺失，不经预冷的果蔬在流通环节损失率高达 25%~30%，提高了单位果蔬的冷链成本。经营分散减小每家冷链企业可获得货量，造成较高的冷库空置率，抬升了冷链成本。同时，运输网络落后，物流集散中心布局不合理是造成高额运输成本一大原因。此外，国外普遍采用先进管理信息系统，系统中库存数据和销售数据可实现预警，为企业采购提供依据，降低仓储成本和保存期损耗，而我国冷链信息系统落后，导致冷链物流不经济。

　　（案例来源：前瞻经济学人，https：//www.qianzhan.com/analyst/detail/220/201228-b3ae4b0b.html；中国物流与采购网，http：//www.chinawuliu.com.cn/zixun/201803/20/329530.shtml，内容有改动。）

　　问题：

　　1. 查阅近三年我国农产品冷链物流发展报告，并整理我国农产品冷链物流成本主要由哪几部分构成，以及其各成本的分布情况。

　　2. 如何破解冷链物流成本居高不下的难题？

第四节 冷链物流节能管理

一、冷链物流节能的含义

物流的碳排量由于位居各行业前列，受到了广泛的关注和研究，低碳经济、绿色经济这些环保理念运用于物流领域，形成了低碳物流、绿色物流及绿色供应链等概念。一般认为，低碳物流是以应对全球气候变化为背景，以科学发展观、低碳经济、物流管理等理论为基础，以节能减排、低碳发展为基本要求，抑制物流活动对环境的污染，减少资源消耗，利用先进的低碳技术规划并实施低碳物流活动。低碳物流应是物流作业环节和物流管理全过程的低碳化，其内涵体现为绿色和高效。

作为众多物流中的一种重要形式，冷链物流的节能旨在通过科学的管理体系去抑制冷链物流过程对环境造成的危害，并使能源得到充分的利用，倡导经济的可持续发展。其目的是将环境理念应用到冷链中的各个系统，加强对冷链运输、包装、装卸搬运、仓储及回收等各个作业环节的环境管理和监督，有效地遏制物流发展造成的环境污染和能源浪费。

二、冷链物流节能的必要性

进入 21 世纪以来，我国的物流业持续快速增长，规模不断扩大，2000—2017 年年均增长超过 15%，但是我国物流业发展整体水平不高，经济增长所花费的物流成本很高。2016年，我国全社会物流费用支出占 GDP 的比重仍有 14.6%，而美国和日本少于 10%。运营方式粗放、效率低下，是造成能耗增加和资源浪费的主要原因。

能源消耗是碳排放的主要来源，据埃森哲物流和运输业行业研究报告显示：在各行业中，运输业的碳排放位居第五，占总量的 13.1%。物流和运输作为人类活动的重要组成部分，每年产生的碳排放是 2800Mt，占人类所有活动产生的二氧化碳的 5.5%，占整个产品生命周期排放量的 5%~15%。有研究数据表明，每吨公里货运对环境造成的污染强度，公路是铁路的 10 倍左右，其成本也在 10 倍以上，更是远高于水运。2005 年，公路和水路运输能耗占全国石油及制品消耗总量的比重超过了 30%；2007 年，我国二氧化碳排放总量约为 57.7 亿 t，其中交通运输业占 0.57 亿 t，占全国二氧化碳排放量的 8.8%。我国大量的干线运输仍主要依靠公路，公路总里程仍在持续增加。据测算，交通运输行业年温室气体量占我国年温室气体排放总量的 12%，其中公路运输碳排放占交通运输行业排放总量的 80% 以上，而公路货运又是公路运输中碳排放的重点领域，占比超过 60%，这意味着公路货运是交通领域碳减排的核心战场。对于交通运输环节来说，通常自有车辆燃料燃烧产生的碳排放量可观，一般占比 40%~80%。仓库、数据中心等运营、服务设施用电是第二大主要排放源，约占总排放的 20%。值得注意的是，包装材料产生的碳排放约占总排放量的 10%。

冷链物流不同于普通的物流过程，是以冷藏冷冻学为基础，以保质保鲜为目的，将温度控制贯穿于供应链过程的低温系统工程。温度、湿度和氧气含量等因素对存放环境的影响，使冷链比一般物流系统更加复杂，其运作过程始终伴随着能源的消耗。我国的肉类、水果、蔬菜、水产品、奶类和速冻食品的平均增长率分别为 11.0%、25.8%、12.0%、24.0%、7.8% 和 20%，药品、花卉等的年消费量增幅也都在 10% 以上，这无疑为冷链设施设备提供了广阔的市场空间，随之也会增大冷链行业乃至整体物流行业的能源消耗。而设备陈旧、制冷技术落后、管理不到位、空驶率高、满载率低和重复作业等问题使得我国冷链物流能源浪费严重，运行能耗居高不下。据《果蔬冷链物流碳排放测算及控制》的数据显示，仅果蔬这一个品类，我国冷链物流的碳排放量就已从 2007 年的 321.57 万 t 增长到 2016 年的 410.10 万 t，碳排放量平均每年增长 9.84 万 t。不难推断，诸如肉类、海产品等对温度要求更高的品类，在冷链运输过程中将排放更多的二氧化碳。

三、冷链物流制冷设备的节能

制冷设备作为食品加工企业的能耗大户，其经济性将严重影响企业的运行成本。选择节能型压缩机、在制冷系统中采用更多的节能技术，是食品加工企业的必需选择。

1. 采取经济合理的保温措施

从食品的速冻加工到低温冷藏，从冷藏运输到冷柜销售，食品与外界之间都存在热交换。在速冻加工过程中，由于食品本身的热量远远大于外界传入的热量，速冻设备的保温效果往往不被重视。另外，大部分低温加工车间的保温也往往被忽视。实际上，只要是与外界有温差的地方，都应采取保温措施。保温效果好，运行费用一定低。目前，国外广泛采用加大月台面积的方法，并对月台采取全封闭、保温措施，除了提高了物流效率、保证冷链的完整性外，实际上增强了冷库的保温效果，达到了节能的目的。因此，无论速冻机还是冷库，无论冷藏车、冷藏船还是超市冷柜，都应采取优质的保温材料和经济合理的保温层厚度，即使初期投资费用较高，但从以后运行情况看，既节能又保证了食品的质量。

2. 采用经济合理的冷藏温度标准

食品在冷链运行过程中的冷藏温度越低，则能耗越大。针对不同食品的储藏期应分别采用不同的冷藏温度。例如，我国规定冻结物冷藏间的温度为-18℃，在此温度下猪、羊、牛的胴体的最大冷藏期分别为 6 个月、9 个月、12 个月。如果了解到某批牛胴体需要在 3 个月内消费掉，则该批牛肉在冷链中运行的温度就可以适当提高至-16℃或更高一点，只要能保证这批牛肉 3 个月的保质期就可以。当然，不同食品在不同低温下的冷藏期的长短，需要专业技术人员通过计算或实验数据获得，千万不能想当然。否则，虽然提高冷藏温度实现了节能效果，但是却牺牲了产品的质量，未免本末倒置。

3. 选择经济型制冷压缩机

在实际运营中，要考虑的各种技术因素非常多，包括库房温度和蒸发温度调节、冷间相对湿度调节、供液方式调节、蒸发器双流量调节、库房照明控制、空气冷却器（冷风机）融霜控制、冷库门控制和库房照明控制等。下面针对后面三种进行具体的说明。

1）空气冷却器（冷风机）融霜控制。冷风机融霜是所有冷链物流企业都必须面对的问题，它基本采用半自动控制或定时融霜控制，实际存在的问题是：融霜指令可能不及时或滞后，融霜过程带入热量过多。为了节能，冷风机的融霜应当做到全自动控制。首先要有合适可靠的霜层传感器或差压变送器（在某些情况下也可采用电流变送器），感知最佳的融霜时间；然后要有合理的融霜程序；还要有冷风机翅片感温器，防止过度加热。三管齐下才能做到冷风机融霜节能。

2）冷库门控制。冷库门要随开即关，这是每个冷库管理都有的规定，但是没有一个冷库能完全做到，除了个别野蛮操作之外也是有其实际客观原因的。解决的最好办法是自动控制。如蜗杆电动门专设 PLC 控制，功能十分齐全，如果开门时间过长，会自动关闭，节能效果很可观。同时，冷库门的电加热丝功率有大有小，有防结露和防冻结两种选择，注意选配合适的加热功率可节能 2%。

3）库房照明控制。库房照明按冷库制冷设计手册的规定是 $1.8 \sim 5.8 \mathrm{W/m^2}$，但实际工程中的配置往往超过该数字，有的甚至在 $10 \mathrm{W/m^2}$ 左右。如果忘了关灯，不但浪费了照明电能，还增加了冷库和制冷系统的热负荷。增加一个简单的控制就可避免出现浪费：当冷库门关闭 $5 \sim 10 \mathrm{min}$ 后，如果照明灯还亮着，即自动关闭照明。延时的时间应超过工人在内一次作业的最长时间，避免误关灯；万一有误关灯的情况，借助库房长明灯和冷库门安全设置，人员的操作安全还是有保障的。

4. 制冷系统综合节能措施

对于一个完整、独立的制冷系统，可根据使用目的、对象的不同，综合采取以下节能措施：

1）尽可能降低冷凝温度。在食品冷冻加工过程中，制冷系统采用蒸发式冷凝器或水冷式冷凝器的冷凝效果要远远好于空气冷却。

2）尽可能提高蒸发温度。加大冷间蒸发器的面积是提高蒸发温度的一个有效措施。除此之外，还要准确确定蒸发温度与冷间温度、冷间温度与货物温度、货物表面温度与中心温度的差距。

3）采用自动控制系统。自动控制系统是最优化的系统，在保证制冷效果的前提下，自动控制系统可以最大限度地降低输入功率，同时可以有效地改善人为因素影响产品质量的状况。

4）能量综合利用技术。在制冷系统中采用热回收技术、冷回收技术、制冷剂回收技术和冷冻机油再生技术等，可以达到节能降耗、节约运行成本的目的。

四、冷链物流管理方面的节能

冷链系统运行的经济性，很大程度上体现在设备的使用、人员的培训、产品的监控和标准的执行等方面。任何一个环节出现问题，都可能造成冷链系统的能耗增加甚至是浪费，造成损失。

1. 管理并用好制冷设备

在冷链系统中，制冷设备是能耗最大的设备，管理并用好制冷设备非常关键。例如，减少冲霜次数、减少冷间开门次数、尽可能集中进出货物等，都可以有效地减少冷量的损失。根据制冷系统操作规程，按时放出系统中的油和不凝性气体、按时保养和维修，可以大大延长设备的寿命。在保证冷间温度的前提下，采用最经济的开机方式，如尽可能在晚间电价低、环境温度低时开机等，都能实现有效的节能。

2. 加大对冷链管理人员的培养与培训

目前，冷链物流人才十分缺乏，已逐步成为制约我国冷链快速发展的瓶颈。企业间的竞争归根到底是人才的竞争，要千方百计地吸引、聚集、驾驭和培养大量的冷链物流专业人才以满足对冷链系统管理和操作人员的社会需求。冷链管理人员的培养与培训有两个途径。一方面，各有关科研院所、大专院校有针对性地培养和训练，为冷链物流业输送更多合格人才。另一方面，企业加强与专业机构的通力合作，积极组织举办高水平的冷链物流培训班，培养一批高级冷链物流人才。

3. 实行冷链运行全过程的有效监控

冷链运行中如果还采用人工测量和纸面记录，无统一数据系统支持，就会造成监管脱节、取证困难、无法确定责任、损失率大等问题。近年来，我国各大冷链物流公司纷纷加快冷链的信息化建设，加速冷藏车的更新换代，建立冷链物流中心，引入全方位 GPS 卫星定位系统、RFID 冷链温度管理系统、仓库管理系统、仓库恒温系统等一系列先进技术，加大了对冷链运行全过程的有效监控。冷链物流与信息化的融合使得冷链物流业节能效果明显。

4. 制定并严格执行冷链标准法规

在食品物流安全的管理政策与法规建设方面，我国食品质量和安全的国家和行业标准体系逐步完善。例如，上海市在 2007 年 10 月 1 日发布实施了《食品冷链物流技术与管理规范》（DB 31/T 388—2007）地方标准，北京市食药监局于 2016 年 1 月 1 日正式实施了《冷链即食食品生产审查实施细则》。但我国冷链标准的建设工作仍然任重道远。要尽快制定与国际接轨的冷链物流指导准则与相关标准，包括整个冷链物流节点的相关标准和良好操作规范。例如，原料基地生产标准与规范、预冷与储藏标准、加工标准、运输标准、销售标准、标签标准，以及检测方法标准、环境标准、服务标准等，并制定以 GAP、GVP、GMP、HACCP、ISO 为基本原理的冷链物流全程质量与安全控制技术规程。

➡ 关键术语

物流成本（Logistics Cost）

物流成本核算（Logistics Cost Accounting）

运营成本法（Operation Cost Method）

任务成本法（Mission Costing）

作业成本法（Activity-based Costing）

物流运作成本（Logistics Operation Cost）

仓储成本（Warehouse Cost）

冷链物流节能（Cold Chain Logistics Energy Conservation）

➡ 练习与思考

1. 与常温物流相比，冷链物流成本有哪些新的特点？

2. 冷链物流成本核算的基本原则有哪些？基本方法有哪些？

3. 查阅文献，整理冷链物流成本核算三种方法的发展历程，比较其优缺点。

4. 冷链物流成本有哪些控制方法？

5. 冷链物流成本节能的思想是什么？具体有哪些节能措施？

6. 我国的冷链物流成本由哪些成本构成？结合成本问题论述冷链物流的不足与发展趋势。

7. 如何运用现代化的信息技术与物流技术，破解冷链物流成本居高不下的难题？

8. 查阅相关文献，分析我国农产品冷链物流成本的组成及控制方法。

综合案例

冷链物流运输至今一直保持着高价格门槛，其服务的范围虽然在全国扩大得很快，但大多数中小型企业确因为高额的运输费用，还是冒险选择普通的物流运输。一些冷链企业负责人一直试图甩掉"贵族标签"。冷链运输讲究的是一个"全程监控"，通过全程的透明化监控，不仅可以保证产品运输过程的安全性、可追溯性等，还有利于供需双方维系长期合作关系。"在浙江杭州，能够为食品企业提供完整化冷链服务的物流企业不会超过 5 家，要实现全冷链运输，企业不仅需要技术能力，更要有雄厚的资金实力。"统冠物流的蔡经理说，"在冷链物流企业的成本投入中，人工费用、设备的购买费用、运输费用等都是一笔不小的开支。"

统冠目前已投入了 5000 多万元，建设了整套的制冷及控制系统，并建设了 1 万多 m^2 全温层仓储空间，每个库区的温度不同，所有温度信息都反映在多温库监视盘上。红色、绿色、黄色三色指示灯，分别代表故障、制冷、融霜三种状态。

仓库里设置了电子拣货系统，不需要人工验货，只要输入相关信息就能立刻找到货物的准确位置。

蔡经理表示，除了要投入巨资建冷库，制冷车的价格也不菲。"一般制冷车的价格为 16 万元/辆，但我们公司的这种要 23 万~26 万元/辆，差别就是车壁厚度相差了 2cm。"蔡经理说，"我们的制冷车车壁厚度为 10cm，普通的只有 8cm。"蔡经理道出了这 2cm 的意义，在 40℃以上高温地区，在太阳直射的情况下，10cm 的隔热效果是 8cm 的 1.5 倍，杭州夏天室外温度超过 40℃的时间不少，但同样车子的装载量就变小了。

"冷链物流成本比普通物流成本要高出 40%~60%，国内市场培育起来很辛苦，但令我们惊喜的是，现在很多食品企业已经开始主动找上门求合作。"蔡经理说。由于这几年食品安全问题频出，消费者对食品的要求越来越高，这个行业正在逐渐成熟起来。对于冷链物流的"身价"，杭州富日物流有限公司高董事长算了一笔账：普通仓库的造价约为 400 元/m^2，冷库则要配备保温系统，造价就至少要高达 2000 元/m^2，而且冷库需要花费高额的电费，1 万 m^2 的冷库一个月的电费至少要 20 万元。

同时，高董事长表示，公司目前配有 30 多辆制冷车，每辆制冷车的容量为 60m^3，都配有两部发动机。

"目前有实力做冷链物流的基本都是大型企业，中小型企业很难承担巨额投入。"高董事长说。据他粗略估计，冷链运输的成本至少要比普通运输高 80%，但冷链物流的利润只有 20%左右，远远没有它所拥有的"身价"那么高。同时高董事长表示，企业要达到 20%利润的前提是冷库的面积要 100%利用起来。

对于杭州大华元水果超市吴老板来说，冷库建设虽然要投入巨大的资金，但同样也会给自己带来良好的收益。"有了冷库，我们就可以进行反季销售，拥有市场主动权。例如，冰糖心苹果在 11~12 月的均价为 8 元/kg，但到了 1 月价格就上升到了 9 元/kg，2 月为 10 元/kg，3 月就有 11 元/kg，我们可以在低价时把苹果储存在冷库里，等到高价时再拿出来销售。"吴老板表示，反季销售不仅竞争少，而且能为自己带来价格优势，利润至少上升 30%~50%。

因为成本高，食品全程冷链配送一直专属于大型商超，小便利店很难消化高额的配送成本。

要抓住这些商超、餐饮业的生意，冷链物流企业势必要走出一条低成本的冷链配送模式。统冠物流的蔡经理表示，统冠花了5年时间才成功走出一条低成本的冷链配送模式。"我们自行设计了制冷车车厢，车内拥有两个温度层，这样的设计主要是针对货量小、品种多的企业，如为家庭宅配果蔬、速冻食品等。"蔡经理说，"公司的物流基地相当于一处总配送中心，很像公交总公司覆盖大区域枢纽，货量集中，一些大客户可坐专车专线，而一些小品牌就像搭公交车，刚好温度要求一致，就顺路一起走。这样一来，小型企业也能承受冷链物流的成本。"

蔡经理表示，通过采用与门店间的诚信验收模式，双方人员对点交接时间减少，以前需要用5辆车才能完成近100家便利店的配送，现在只需4辆车，相当于减少了20%的配送成本。因此，冷链物流企业对供需双方的帮助就已经是冷链运输成本的其中一部分了。"杭州物流企业多，但做冷链物流的企业还是比较少的，可以预见的是，随着农产品深加工的发展，冷链物流一定会迎来发展的黄金期。"杭州市物流与采购行业协会楚秘书长表示，对于冷链行业来说，杭州市场仍有很大的挖掘空间，但值得注意的是，目前看来，冷链行业还需要时间来走向成熟，冷链资源也需要时间进行整合，但再过几年，它就会爆发，成为一个极大的商机。

（案例来源：［案例］国内冷链物流市场成本调查分析，http://www.360doc.com/content/18/0526/17/56038220_757212337.shtml，内容有改动。）

问题：

1. 结合案例介绍，分析冷链物流成本主要由哪几部分构成。
2. 根据案例内容，讨论如何打造低成本冷链物流配送模式。
3. 结合当前物流技术发展趋势，讨论冷链物流成本控制的新思路。

第九章

冷链物流标准与法规

学习目标

通过本章的学习，理解冷链物流标准制度和推行监管面临的困难，并能够提出可采取的措施；了解我国冷链物流的相关标准、法规和政策。

引　例

成立于 2015 年的安鲜达是易果集团旗下专业食品冷链物流品牌，立足高速成长中的食品冷链服务市场，依托于易果集团"线上+线下+新零售"全渠道业务布局及食品供应链优势，长期致力于打造从"农田到餐桌"的全链路、全场景食品冷链物流解决方案。作为国内最早做生鲜电商冷链物流的企业之一，安鲜达在生鲜冷链物流领域"标准化"方面的探索十分值得注目。

电商产品是在线上交易，看不到、摸不到实物就下单，这就要求产品必须是标品，加上安鲜达为客户提供了现场验收、可退换的服务，因此对商品的标准化规格、标准化品质都提出了很高的要求。作为企业来讲，要做到全国商品以同一规格、同一品质卖给消费者，核心就是实现产品标准化与冷链物流标准化。因此，安鲜达一是从源头严把产品标准化大关。二是选用合适的物流设施设备，严控各个环节的温度，以在保证产品原有口味的基础上延长保质期，形成了从采购端、包装、温区设备、追溯系统、物流运输的全链路标准化，这也成就了安鲜达在生鲜冷链物流领域高品质的全链路服务水平。安鲜达的标准制定十分精细，例如，不同的产品，或是不同产地的同类产品都设有不同的标准，在内部制定和实施的标准已经超过 300 多项。

安鲜达在全国各个基地的质控人员大概有 160 人，任务就是按照标准去贯彻验收、入库检、出库检，以及对一线操作员培训等。例如，验收时采用红外技术对产品进行糖度检测；不同产品有不同的存储标准，到出库日期必须出库；出库时必须再次进行质控检验，将不合格品类拣选出去，保证标准化的产品品质。

冷库标准化方面，安鲜达从冷库的外形设计，到冷库板材质的选择，到地面保温材料的应用都有相关标准，如在低耗能的条件下维持所需温度、保证冷库温度均匀度、上下层峰值差为±2℃标准等。冷链运输标准化方面，不仅仅运输过程中有温度控制标准，还有湿度控制标准。针对末端"最后一公里"配送，所有的冷链包装及冷媒配比设计等都按照36h标准，以确保产品24h内必须处于合理温区；配送时效一定要"准"，要在消费者预定的时间内送达，为此，安鲜达目前所有业务都是在24h以内能完成的区域开展。

（案例改编自：赵皎云、王玉，关于中国生鲜冷链物流标准化建设的思考——访上海安鲜达物流科技有限公司副总裁牟屹东，物流技术与应用，2019，24（S1）：50-52）

第一节 冷链物流标准化体系

生鲜农产品本身具有易腐性、过程时效性和不可逆转性，其物流设施设备有特殊性，消费群体存在多元、多变、分散性，物流运作复杂，此外，与之相关的冷链物流企业存在着冷链技术水平、管理水平参差不齐等问题，使生鲜农产品的质量安全得不到有效保障。因此，制定冷链物流技术规范标准，对于促进冷链物流行业健康发展具有重要的意义和作用。

我国的冷链物流标准可以分为两种：一种是强制性标准，它主要是由商务部、农业农村部和市场监督管理总局等政府部门制定的，属于必须执行的技术法规类别；另一种是推荐性标准，它主要由非政府组织，如行业协会、中介组织和标准委员会等制定。

一、我国冷链物流标准化体系

根据现阶段全国物流标准化技术委员会冷链物流分技术委员会（以下简称冷标委）的研究成果，整个冷链物流标准分为四个部分：服务标准、管理标准、技术标准和信息标准。其中，服务标准是核心，是其他标准发展的根据。因为物流的本质是一种服务，其他标准都应该围绕物流服务展开，只有在确保服务质量的前提下，才可能追求降低成本和提高效率。首先要有冷链物流服务标准，然后才有冷链物流的装备、人才、单证和操作等相应的标准。

（一）冷链物流服务标准

冷链物流服务标准分为两大类：一类是以单一温度为控制对象的，目前，有冷冻和冷藏两个标准正在制定中。另一类是以商品为控制对象的，如瓜果、水产品和冷冻肉等。这一类服务标准是以产品来命名的，因为不同产品在不同的环节有不同的温度要求。这类服务标准主要说明不同产品在运输阶段和仓储阶段的温度控制范围（即允许偏离的温度范围），以及控制、测量、配送和装卸的各项措施和技术要求。冷链物流服务标准有三个要素：

1）明确温度控制点。例如，冷标委规定了冷冻以-22℃为控制点，冷藏以8℃为控制点。

2）规定物流过程中出现的温度误差。因为整个物流操作过程不可能始终保持恒温，在装卸和开门的时候都会出现一些偏差。只有规定好适宜的温差范围，才不会影响到产品的品质和服务质量。

3）规定温度的测量和记录方法，包括规定测量温度的位置（表面温度还是中心温度）、测量时间间隔、测量工具和记录方法等。

（二）冷链物流管理标准

冷链物流管理标准分为安全标准（涉及人、设备设施和作业各方面的规定）、环保标准

（涉及设备设施和作业环节的规定）和统计标准（涉及人员和业务统计口径的规定）。

（三）冷链物流技术标准

冷链物流技术标准可分为设备与设施标准和冷链物流技术方法标准。设备与设施标准是从设备、设施配备的角度对从事冷链物流各主体提出相应的要求，而冷链物流技术方法标准则是规范冷链物流主要作业环节的流程、手段。

（四）冷链物流信息标准

冷链物流信息系统一般有两个主要目的：一是实现信息的可追溯性，提高物流效率；二是通过引进先进的信息技术，如 EDI、GPS、POS 等，实现对冷藏或冷冻车运输的全面动态监控。例如，日本利用信息技术对水果和蔬菜的冷链物流供应链管理系统建立了电子虚拟系统，用于农业生产、储存、运输和销售动态监测的全过程，同时实现全国范围内实时的物流信息追踪。美国非常重视加强农业信息化建设，政府拨款建造了农业计算机网络系统，不仅覆盖了国内 46 个州，也涵盖了周边的加拿大等八国，大量的农业企业可以通过此网络系统和美国各大学、农业厅，甚至是美国农业部进行沟通。然而我国在这些方面还有待提升，仍然需要与冷链技术标准进行结合，相关法规的制定仍有待加强。

◇【同步案例 9-1】

2016 年 3 月，山东警方破获案值 5.7 亿元的非法疫苗案，疫苗未经严格冷链存储运输销往 24 个省市，其中涉及 25 种儿童、成人用二类疫苗。

此次山东疫苗事件中，未经冷藏的疫苗通过非法渠道流向 24 个省市，反映出疫苗在运输和配送环节的监管缺失。目前，国家食品药品监督管理总局（现国家市场监督管理总局）主管药品的生产和流通企业，而疾控中心、各个医院则由卫生行政部门管理，这种分段监管的现状本身就存在监管的漏洞。再加上现有法律法规对擅自"断链"、降低标准运行"冷链"的处罚力度太轻，不足以震慑相关违法行为。面对较高的利润与较低的违法成本，一些企业铤而走险。另外，GSP（《药品经营质量管理规范》）和 GMP（《药品生产质量管理规范》）的冷链标准不统一，GSP 中有对冷链要求的明确规定，但各省市解读不一样，企业自律性差，并没有完全按照国家的法规来执行，医院和疾控中心也同样面临这些问题，这在很大程度上造成医药物流企业发展举步维艰。

（案例来源：医药供应链联盟（官微），当前我国药品冷链物流的困局。）

问题：

1. 医药冷链当中对于标准的要求为何需严格执行？
2. 推行 GSP 认证对医药冷链有何帮助？

二、以供应链运营参考为基础的冷链物流指标体系

供应链运营参考（Supply-Chain Operations Reference-model，SCOR）模型于 1996 年由管理咨询公司 PRTM 和市场研究公司 AMR 开发，现在是美国运营管理协会（APICS）的一部分，并由国际供应链理事会（SCC）批准，作为供应链管理的跨行业实际标准战略、绩效管理和流程改进诊断工具。它描述了满足客户需求的业务活动，包括计划、来源、制造、交付和退货等活动。使用该模型可分析公司流程和目标的现状，量化运营绩效，以及将公司业绩与基准数据进行比较。SCOR 基于五个管理流程：计划、来源、制造、交付和退货。其供应

链模型架构如图 9-1 所示。

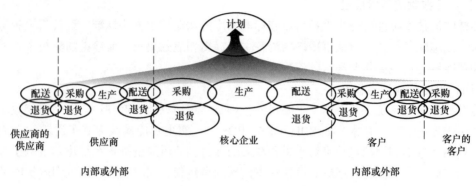

图 9-1 基本的 SCOR 模型

1）计划。平衡总需求和供应的过程，以制定最符合采购、生产和交付要求的行动方案。

2）来源。采购货物和服务以满足计划或实际需求的过程。

3）制造。将产品转化为完成状态以满足计划或实际需求的过程。

4）交付。提供成品和服务以满足计划或实际需求的流程，通常包括订单管理、运输管理和分销管理。

5）退货。由于任何原因返回或接收返回的产品的相关流程。这些流程延伸到后期的客户支持。

而 SCOR 针对这五个流程，提供三级流程细节。每个细节级别都有助于企业确定范围（一级）、供应链配置或类型（二级）、流程元素的详细信息（包括绩效属性，三级）。在三级以下，企业分解流程元素，开始实施具体的供应链管理实践。基于这五个流程，可以扩展出从事冷链相关流程的流程参考模型（C-SCOR），如表 9-1 所示。首先是处于第一级的基本管理流程：规范了冷链相关的需求/供给的规划与管理（Plan），冷冻/冷藏产品的进料与储存（Source），冷冻/冷藏产品的生产加工（Make），冷冻/冷藏产品的订单、仓储、运送与销售（Delivery），以及原物料退货与成品退货（Return）等作业。

表 9-1 C-SCOR 层级的五大基本管理流程

计划	冷链相关的需求/供给的规划与管理
	• 对整个冷链进行供需平衡、计划建立与协调 • 商业规划管理、冷链绩效、资料搜集、库存、资产（包括采购、加工、储存、冷链运输、冷链设备等）、冷链运输、计划规格、管理需求 • 使冷链计划与整体财务计划一致
采购	冷冻/冷藏产品的进料与储存
	• 冷链配送排程、收料、检验、入库与确认付款 • 确立与选择未预先决定的物料供给来源 • 物料适宜储存温度及储存期限的确认 • 物料进入冷库前的预处理 • 冷库设计规范

（续）

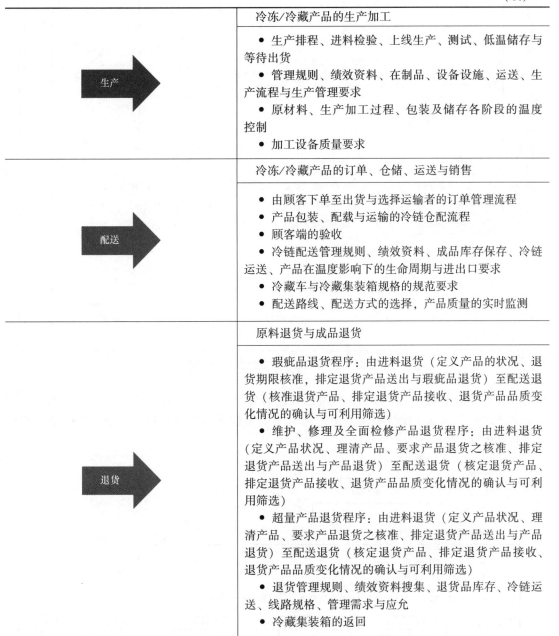

生产	冷冻/冷藏产品的生产加工
	• 生产排程、进料检验、上线生产、测试、低温储存与等待出货 • 管理规则、绩效资料、在制品、设备设施、运送、生产流程与生产管理要求 • 原材料、生产加工过程、包装及储存各阶段的温度控制 • 加工设备质量要求
配送	冷冻/冷藏产品的订单、仓储、运送与销售
	• 由顾客下单至出货与选择运输者的订单管理流程 • 产品包装、配载与运输的冷链仓配流程 • 顾客端的验收 • 冷链配送管理规则、绩效资料、成品库存保存、冷链运送、产品在温度影响下的生命周期与进出口要求 • 冷藏车与冷藏集装箱规格的规范要求 • 配送路线、配送方式的选择，产品质量的实时监测
退货	原料退货与成品退货
	• 瑕疵品退货程序：由进料退货（定义产品的状况、退货期限核准，排定退货产品送出与瑕疵品退货）至配送退货（核准退货产品、排定退货产品接收、退货产品品质变化情况的确认与可利用筛选） • 维护、修理及全面检修产品退货程序：由进料退货（定义产品状况、理清产品、要求产品退货之核准、排定退货产品送出与产品退货）至配送退货（核定退货产品、排定退货产品接收、退货产品品质变化情况的确认与可利用筛选） • 超量产品退货程序：由进料退货（定义产品状况、理清产品、要求产品退货之核准、排定退货产品送出与产品退货）至配送退货（核定退货产品、排定退货产品接收、退货产品品质变化情况的确认与可利用筛选） • 退货管理规则、绩效资料搜集、退货品库存、冷链运送、线路规格、管理需求与应允 • 冷藏集装箱的返回

　　在确立整个冷链物流第一级的作业流程范围后，接着针对第二级的三个子流程进行定义，如图 9-2 所示。

　　这些子流程有一个特殊的标签——一个字母和一个数字。这是 SCOR 模型的语法。字母代表过程，数字标识"场景"或"配置"。例如，M1 代表"建立库存"场景，产品或服务是针对预测产生的；M2 代表"接单生产"配置，产品或服务是按照实时的方式针对真实的客户订单生产的；M3 代表"设计生产"配置。在这种情况下，我们制定了冷链供应链第二级的流程。可将产品分成三种类型，分别为：冷冻类产品、冷藏类产品、恒温类产品，并针

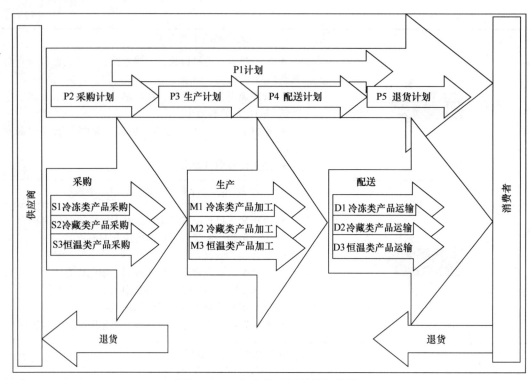

图 9-2　C-SCOR 第二级流程架构图

对这三种类型的采购、生产加工、物流运输进行定义。最后，第三级流程（也称为配置中的业务活动）代表属于第二级流程中的每一个的最佳做法详细流程。一个基本的第三级组件流程如图 9-3 所示。

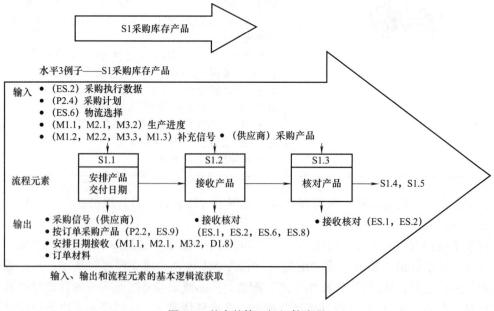

图 9-3　基本的第三级组件流程

最后，当建构、导入整个供应链流程规范时，应需要相关性能测量指标来评估整个流程的优劣。绩效属性是供应链的特征，就如描述一块木材好坏一样，供应链也需要描述标准特性。没有这些特征，企业要对其他供应链进行分析和评估并与之进行比较是非常困难的。

SCOR 模型包含了衡量供应链业务绩效的 150 多个关键指标。这些绩效指标源自 SCC 成员的经验。与过程建模系统一样，SCOR 绩效指标也有层次。它有三级指标：第一级指标是最终目标，通常这些指标被顶层决策者用来衡量公司整体供应链的绩效。第二级指标则对应 SCOR 模型中的主要流程，每个流程都有对应指标。第三级指标不一定与 SCOR 的进程（计划、采购、生产、配送和退货）有关，此时各企业可针对自己所建构的流程提出相对应的指标。本书也整理出评价冷链物流体系优劣的绩效指标，见表 9-2。

表 9-2　冷链物流绩效评价指标体系

序号	绩效属性	一级指标	二级指标	计算方法	指标导向
1			订单完成率	实际完成的订单数量/应完成订单数量	
2			数量准确率	数量准确的订单数量/总订单数量	
3	可靠性	完美订单履行	及时交货率	及时交货的订单数量/总订单数量	客户导向
4			质量完好率	质量完好的订单数量/总订单数量	
5			客户满意率	客户满意的订单数量/总订单数量	
6			冷链采购周期	从发出采购订单到收货所用天数	
7			冷链加工周期	从收到原材料到产成品所用天数	
8	响应性	订单履行周期	冷链储藏周期	物料成品在冷库中储存的天数	客户导向
9			冷链配送周期	物料在运输配送途中的天数	
10			冷链销售周期	物料在销售终端到卖出所用天数	
11	敏捷性	提前期	生产提前期	从接收订单到完成生产所需时间	
12			等待时间比	等待生产所用时间/实际生产时间	
13	成本	物流成本	物流成本收入比	年物流总成本/年销售收入总额	
14		设备成本	设备成本收入比	设备年折旧额/年销售收入总额	企业内部导向
15		周转周期	现金周转周期	原料或成品转化为销售收入所用的时间	
16	资产管理		库存周转周期	产品从入库到安全出库所用的时间	
17		设备利用	设备满负荷率	设备使用负荷/设备最大负荷	
18			品种检测率	检测的品种数量/总品种数量	
19	监管与自查	产品检测率	批次检测率	检测的生产批次/生产总批次	政府导向企业导向
20			检测合格率	检测合格的数量/总检测数量	
21	供应链协作	信息共享	信息共享率	信息共享的物流环节/总物流环节	供应链导向
22		流程优化	流程冗余率	重叠冗余的流程数量/总流程数量	
23		温度保障	温度达标率	温度达到要求的时间/冷链全程时间	
24	产品特性		冷链覆盖率	冷链覆盖到的物流环节/总物流环节	产品导向
25		质量保障	产品损失率	物流过程损失量/物料流通总量	
26			产品可追溯率	可追溯到的物流环节/总物流环节	

第二节 冷链物流相关标准与法规

一、国际冷链物流标准与法规

（一）ISO 22000 相关标准

随着消费者对安全食品的需求日益增长，许多公司都在发展基于危害分析和关键控制点（HACCP）的食品质量和安全管理体系，在 2001 年，国际标准化组织（ISO）开始着手建立一个可审核的标准，加深了 HACCP 在食品安全管理体系中的作用，因而产生了 ISO 22000。它是 ISO 9000 的一般衍生产品，试图为需要符合并超过世界范围内食品安全规则的公司定义出食品安全管理要求，其涵括了所有消费者和市场的需求，加快并简化了程序，而无须折中其他质量和食品安全管理体系。

ISO 22000 国际标准规定了食品安全管理体系的要求，主要涉及以下要素：①交互式沟通；②系统管理；③先决条件；④HACCP 原则。达到 ISO 22000 规定的要求需要食品链中各方的共同努力。沿着食品链的沟通对于在食品链中的每个步骤中确定和充分控制所有相关食品安全危害至关重要。最有效的食品安全系统在结构化管理系统的框架内建立、运行和更新，并被纳入组织的整体管理活动，为组织和利益相关方提供了最大的利益。

ISO 22000 可以独立于其他管理体系标准应用，也可以与现有管理体系要求相结合。ISO 22000 整合了危害分析和关键控制点（HACCP）系统的原则以及食品法典委员会制定的应用步骤。通过可审核的要求，将 HACCP 计划与先决条件相结合。危害分析是有效的食品安全管理体系的关键，因为进行危害分析有助于组织建立有效组合控制措施所需的知识。ISO 22000 要求确定和评估食品链中可能合理预期发生的所有危害，包括可能与使用的过程和设施类型相关的危害。在危害分析期间，组织通过结合先决条件程序和 HACCP 计划确定用于确保危害控制的策略。

ISO 正在开发与 ISO 22000 相关的附加标准，这些标准将被称为 ISO 22000 系列标准。目前，以下标准将构成 ISO 22000 系列标准：

1）ISO 22000。食品安全管理体系——食品链中任何组织的要求。

2）ISO/TS 22002。食品安全先决条例。

3）ISO 22003。食品安全管理体系认证机构要求。

4）ISO 22005。饲料和食品链中的可追溯性——系统设计和实施的一般原则和基本要求。

对企业而言，推动 ISO 22000 也能产生良好作用，可归纳如下：①强化沟通；②资源利用最优化；③改善文件资源管理；④加强计划性，减少事后检验；⑤更加有效和动态地进行食品安全风险控制；⑥所有的控制措施都将进行风险分析；⑦对必备方案进行系统化管理；⑧由于关注最终结果，该标准适用范围广泛；⑨可以作为决策的有效依据；⑩聚焦于对必要的问题的控制；⑪通过减少冗余的系统审计节约资源。

（二）危害分析和关键控制点（HACCP）

HACCP（Hazard Analysis and Critical Control Point）是目前世界上应用最广泛的解决食品安全问题的管理体系，由食品危害分析和关键控制点两部分组成。HACCP 体系是一种建立在良好操作规范（GMP）和卫生标准操作规程（SSOP）基础之上的控制危害的预防性体系，它主要针对原料、生产工序和影响产品安全的人为因素进行分析，确定加工过程中的关键环节，建立、完善监控程序和监控标准，采取规范的纠正措施。其目的是将可能发生的食品安全危害消除在生产过程中，而不是像以往那样，靠事后检验来确保食品的安全。

HACCP 的概念于 1971 年在美国国家食品保护会议上首次提出，1973 年美国食品药品监督管理局（Food and Drug Administration，FDA）首次将 HACCP 食品加工控制概念应用于罐头食品加工中，以防止腊肠毒菌感染。近年来，随着全世界人们对食品安全卫生的日益关注，食品工业和其消费者已经成为企业申请 HACCP 体系认证的主要推动力。世界范围内食物中毒事件的显著增加激发了经济秩序和食品卫生意识的提高，在美国、欧洲、英国、澳大利亚和加拿大等地，越来越多的法规和消费者要求将 HACCP 体系的要求变为市场的准入要求。

一些组织，如美国国家科学院、国家微生物食品标准顾问委员会及 WHO/FAO 营养法委员会等，一致认为 HACCP 是保障食品安全最有效的管理体系。

HACCP 的操作步骤如下：

第一，进行危害分析（HA）明确预防措施，鉴别有害物质或引起产品腐败的致病菌，掌握产生危害的机理，根据危害特征将食品分类，确定风险程度，制定出在食品生产和批发过程中减少危害的相关措施。危害是相对的，对不同的消费群体和不同的企业来说，其危害标准不同。在 HACCP 控制体系中，必须对危害有明确、统一的识别和规定，才能有效地识别和鉴定危害的来源，否则无法取得一致的危害分析结果。

第二，确定关键控制点（CCP）。根据所控制危害的风险与严重性，分析影响食品质量的关键因素，从而确定质量控制的关键点。

第三，制定每个关键控制点的临界指标。确定了关键控制点后，从被加工产品的内在因素跟外在加工工序等方面，制定生产工序上一个或多个化学、物理、生物属性的安全限定指标。关键点的控制在于确定安全与不安全产品的界限，只要所有控制点在各自研究范围内，产品就是安全的。

第四，确立监测方法并保存文件，建立监测 CCP 的程序，可以测试或观察进行监测。同时还需建立所有程序的资料记录，并保存文件，以记录、追踪。

使用 HACCP 的益处可分为七点：①提高食品的安全性；②增强组织的食品风险意识；③强化食品及原料的可追溯性；④增强顾客信心；⑤使食品符合检验标准；⑥符合法律法规要求；⑦降低成本。

从上述内容可以得知，HACCP 强调事前预防胜于事后检验，因此无须以庞大的产品检验系统来确保质量安全。此外，执行 HACCP 制度需先设计一套标准作业系统，并做适时维持与修正。而完整有效的追踪系统，可自原料供应至产品销售，迅速追踪每一项产品的各点进程状况及源头。加上进程中可记录所有监控信息，因此可建立产品安全支持系统。HACCP 系统可大幅提升产品安全性，降低企业风险。此外，获得 HACCP 认证不但能提升公司的形象及产品质量，而且在制度管理、风险评估及流程改善方面对企业也有极大的助益。此外，推动 HACCP 更可节省成本，并建立重点监控事项，确保产品符合顾客需求，提高销售量，进而达到企业持续经营的目的。HACCP 的管理制度被许多国家应用于有关食物原料与加工产品进出口的规范，因此，HACCP 已成为部分国际食品原料或成品贸易的一种非关税贸易障碍。在我国加入 WTO 之后，面对食品进出口贸易自由化的强大压力，导入 HACCP 系统已成为提升我国食品各产业竞争力、进军国外市场的重要课题。

导入 HACCP 有以下实施要点：

1）设施的整备和卫生管理。生产过程中，设施设备的卫生状态必须良好。为此，设施内外的清扫和检查等是必要的。同时，容易被忽视的照明设备、排气扇和纱窗等，也必须定期进行检查及清洁以确保它们状态良好。

2）操作者的卫生教育。企业推动 HACCP 等相关卫生管理体系时，必须让操作者理解并实践，否则就有可能失败。为了使这卫生管理系统顺利运行，食品生产操作者需要参加卫生教育和训练。此外，一般的卫生知识（食物中毒的知识等）也不能缺少。

3）设施、机器器具的保养检查。机器器具类必须定期检查，保持良好状态。尤其是应保持直接接触食品的机械、容器器具类的卫生。

4）昆虫的驱除。在食品生产前，必须检查是否有昆虫等异物进入到设备里、防虫设备是否有破损等情况。若发现昆虫，必须有效地开展驱除工作。

5）用水的卫生管理。维持水中有适当的游离氯浓度，另外，在使用水井或水槽的场合，必须定期检查，并实施清扫动作。

6）排水及废弃物的卫生管理。在生产过程中要确认是否能顺畅地将水排出，以及排水方向是否正确。废弃物必须要收纳到规定的废弃物容器中。

7）操作者的卫生管理。操作者要经常进行健康管理，即定期进行健康检查及记录每天的健康状态。在工作过程中应穿卫生性的作业服，进入生产工作站时应对手部进行清洁。

8）生产对象的卫生管理。从原料的供应商的卫生管理开始，验收、制造和保管等流程要保持卫生，需检验供应商所提供原料的微生物、化学及物理的危害程度。

9）产品的回收程序。企业应制定不良产品发货后的回收程序。同时，也需要向公布和监督机关申报。

10）产品试验检查设备等的管理。为了保证试验检查的可信赖性，需要每天检查和定期校准等。

（三）良好生产规范（GMP）

GMP 是英文 Good Manufacturing Practice 的缩写，中文含义是良好生产规范、良好作业规范或优良制造标准，是一种特别注重产品质量与卫生安全的自主性管理制度。简要地说，GMP 要求生产企业应具有良好的生产设备、合理的生产过程、完善的质量管理和严格的检测系统，确保最终产品的质量（包括食品安全卫生）符合法规要求。

GMP 是由世界卫生组织于 1975 年 11 月正式公布的，为制造、测试和质量保证提供指导。许多国家已经立法规定食品、药品和医疗器械制造商应遵守 GMP。

GMP 的基本原则如下：

1）制造设施必须保持清洁卫生。

2）控制环境条件，以防止可能导致产品对人类消费不安全的掺杂物的食品或药物产品的交叉污染。

3）制造过程被明确定义和控制。验证所有关键过程，以确保一致性和符合规范。

4）对制造过程进行控制，出现影响药物质量的变化时进行验证。

5）说明和程序以清晰明确的语言编写（良好的文件规范）。

6）操作人员接受培训，以执行和记录程序。防止未标记的主要过敏源的交叉污染。

7）在制造过程中手动或通过仪器来做记录，以表明实际是按规定程序和步骤操作的，食品或药物的数量和质量符合预期，偏差应被调查和记录。

8）能够追溯批次的完整制造（包括分销）历史记录，并以可查询和可访问的形式保存。

9）能做到从销售或供应中回收任何批次的产品。

10）对投诉情况进行检查，对质量缺陷的原因进行调查，对缺陷产品采取适当措施，防止复发。

GMP 不是关于如何制造产品的说明，而是制造过程中必须遵守的一系列原则。当一家公司正在建立其质量计划和制造流程时，可能会有许多方法可以满足 GMP 要求，确定其中最有效和最有效率的质量管理方法是公司的责任，也是最重要的部分。

食品生产企业为了按照 GMP 的规定，保证所加工的食品符合卫生要求，便制定了卫生标准操作规程（Sanitation Standard Operating Procedures，SSOP），来规范、指导食品生产加工过程中清洗、消毒和卫生保持等作业流程。例如，美国联邦法典 9 CFR 416《卫生管理要求》规定，在建立 HACCP 之前，应先完成 SSOP，其流程如下：

1）书面的 SSOP 应包含例行的维持环境卫生作业的程序（为了生产安全及良好质量的产品）。

2）涵盖每日作业前、作业中和作业后的卫生程序。

3）指派专人监督 SSOP 的进行，评估 SSOP 是否有效，以及在需要的时候采取适当的矫正措施。

4）记录 SSOP 中所规定的需记录事项，和任何产品污染及质量破坏的矫正措施，并保持记录至少六个月，以证明 SSOP 的完成。

5）前述资料文件应提供给美国农业部食品安全检验局（FSIS）人员作确认和督导之用。

6）若 FSIS 检查人员发现任何设备、器具、房间或区域未能符合 SSOP 要求或是不卫生的，将会被贴上"不合格（U. S. Rejected）"的标示，而在其重新受检且通过检查前不得被使用。

7）当发现 SSOP 不完整或缺乏记录，FSIS 将采取更多的检查行动以判定是否有发生污染或质量低劣的产品。若有，FSIS 将采取适当的行动以防止这些产品进入市面，必要时，将回收已进入市面的产品。

◇【同步案例 9-2】

广东省农产品冷链物流标准化体系的建立

完善冷链物流体系是为了保证公众的食品安全。近年来，食品安全问题一直被公众和社会所诟病，成为我国社会发展的障碍与顽疾。广东省结合省内实际情况，在 2014 年制定并颁布了《食品冷链物流技术与管理规划》。这一规范完善并补充了广东省的农产品冷链物流指导规则与相关行业标准，如原料基地的生产标准规范、储藏与预冷标准、运输标准、标签合格标准、检验方法标准、环境服务标准和销售标准等；制定相关的 GVP 兽医规范、GMP 生产规范、GAP 农业规范与 HACCP 危害关键控制点分析原则等。上述规范丰富了省内的农产品质量监管机制，使冷链各个环节的运行状况环环相扣，保证整体环节的服务质量。为提高公认标准，广东省还推行农产品专业认证与市场准入制度，这些都为广东省内农产品的冷链物流流通质量建立了坚实的安全后盾。

问题：

1. 农产品冷链发展过程当中，为何相关标准化的建立如此重要？

2. 对于农产品流通而言，标准化提供了何种协助？

二、我国冷链物流标准

近年来，我国不断加强冷链物流标准的制定工作，并参与到国际化标准组织（ISO）的标准制定中。2020 年 5 月，ISO 发布的《间接温控冷藏配送服务：具有中间转移的冷藏包裹陆上运输》（标准号为 ISO 23412：2020），由中国、日本、英国、法国、德国等 20 个国家共同起草。2021 年 1 月，ISO 正式成立国际标准化组织冷链物流技术委员会（ISO/TC 315），负责冷链物流国际标准化的工作。中国物流与采购联合会作为其国内技术对口单位，推动了首个我国主导制定的《无接触式冷链物流服务要求》国际标准的成功立项。随着我国冷链物流国际标准化水平的不断提升，我国在冷链国际标准制定中发挥着越来越重要的作用，在国际上展现了冷链物流领域内的技术能力和标准化水平。

根据中国物流与采购联合会和全国物流标准化技术委员会 2022 年发布的《物流标准目录手册》，与冷链物流服务相关的标准已超过 200 项。以下将对冷链物流基础标准、冷链物流设施设备标准及冷链物流技术、作业与管理标准进行介绍。

（一）冷链物流基础标准

此部分标准规范了冷链物流的相关术语和定义、冷链物流分类和冷链物流的基本要求等，见表 9-3。

表 9-3 冷链物流基础标准

标准编号	标准名称	类别	发布日期	实施日期	规定范围
GB/T 28577—2021	冷链物流分类与基本要求	基础	2021-11-26	2022-06-01	本文件规定了冷链物流的分类，以及设施设备、信息系统、温度控制、物品保护、质量管理、人员要求、安全管理、环境保护等方面的基本要求；适用于冷链物流及相关领域的管理与运作
GB 31605—2020	食品安全国家标准 食品冷链物流卫生规范	基础	2020-09-11	2021-03-11	本标准规定了在食品冷链物流过程中的基本要求、交接、运输配送、储存、人员和管理制度、追溯及召回、文件管理等方面的要求和管理准则；适用于各类食品出厂后到销售前需要温度控制的物流过程
GB/T 36080—2018	条码技术在农产品冷链物流过程中的应用规范	基础	2018-03-15	2018-10-01	本标准规定了条码技术在农产品冷链物流过程中的编码规则、符号表示、检测与质量评价；适用于农产品获取、加工、冷冻贮藏、冷链运输及配送、冷藏销售等关键冷链物流环节条码技术的应用

（续）

标准编号	标准名称	类别	发布日期	实施日期	规定范围
GB/T 31086—2014	物流企业冷链服务要求与能力评估指标	基础	2014-12-22	2015-07-01	本标准规定了物流企业从事农产品、食品冷链服务所应满足的基本要求，以及物流企业冷链服务类型、能力级别划分及评估指标；适用于物流企业的农产品、食品冷链服务及管理
GB/T 18517—2012	制冷术语	基础	2012-11-05	2013-03-01	本标准界定了制冷术语；适用于制冷专业的产品制造、工程设计、施工、维护管理以及科研、教育等领域

（二）冷链物流设施设备标准

此部分标准可分为冷库相关、冷冻冷藏设备相关及包装相关，主要规范了相关技术和相关设施的管理以符合冷链作业流程，见表9-4。

表9-4　冷链物流设施设备标准

类型	标准编号	标准名称	类别	发布日期	实施日期	规定范围
冷库	GB 50072—2021	冷库设计标准	技术	2021-06-28	2021-12-01	本标准适用于采用氨、卤代烃及其混合物、二氧化碳为制冷剂的亚临界蒸汽压缩直接式制冷系统和采用二氧化碳、盐水等为载冷剂的间接式制冷系统的新建、扩建和改建食品冷库
	GB/T 30134—2013	冷库管理规范	管理	2013-12-17	2014-12-01	本标准规定了冷库制冷、电气、给排水系统、库房建筑及相应的设备设施运行管理、维护保养要求和食品储存管理要求；适用于储存肉、禽、蛋、水产品及果蔬类的食品冷库，储存其他货物的冷库可参照执行
	GB/T 28009—2011	冷库安全规程	管理	2011-12-30	2012-12-01	本标准规定了冷库设计、施工、运行管理及制冷系统长时间停机时的安全要求；适用于以氨、卤代烃等为制冷剂的直接制冷系统及间接制冷系统的冷库，其他类型的冷库和制冷系统可参照执行，不适用于作为产品出售的室内装配式冷库
冷冻冷藏设备	GB/T 40363—2021	冷藏集装箱和冷藏保温车用硬质聚氨酯泡沫塑料	技术	2021-08-20	2022-03-01	本标准规定了冷藏集装箱、冷藏车和保温车用硬质聚氨酯泡沫塑料的分类、要求、试验方法、检验规则、标志、包装、运输与储存；适用于以多元醇和多异氰酸酯为主要原料发泡生产，用于冷藏集装箱（标箱）冷藏车和保温车绝热用硬质聚氨酯泡沫塑料，其他冷藏箱、保温箱用聚氨酯泡沫塑料也可参考采用
	GB/T 20154—2014	低温保存箱	技术	2014-12-05	2015-12-01	本标准规定了低温保存箱的术语与定义、分类与命名、要求、试验方法、检验规则、标志、包装、运输、储存；适用于封闭式电动机驱动压缩式低温保存箱

（续）

类型	标准编号	标准名称	类别	发布日期	实施日期	规定范围
冷冻冷藏设备	SN/T 1995—2007	进出口食品冷藏、冷冻集装箱卫生规范	管理	2007-12-24	2008-07-01	本标准规定了进出口食品冷藏、冷冻集装箱卫生规范；适用于进出口食品冷藏、冷冻集装箱检验
包装	GB/T 31122—2014	液体食品包装用纸板	产品	2014-09-03	2015-02-01	本标准规定了液体食品包装用纸板的产品分类、技术要求、试验方法、检验规则及标志、包装、运输、储存；适用于制作液体食品包装用纸板

（三）冷链物流技术、作业与管理标准

此部分则是针对冷链物流流程的相关规范（见表9-5），同时按照产品类型进行相关的分类，例如，对果蔬、水产品、肉类的储存方式和运输方式进行定义。通过法规规范，来确保冷链物流运输的产品不会遭受损害。

表9-5　冷链物流技术、作业与管理标准

标准编号	标准名称	类别	发布日期	实施日期	规定范围
GB/T 40956—2021	食品冷链物流交接规范	作业	2021-11-26	2022-06-01	本文件规定了食品冷链物流交接作业的总体要求和入库、出库、配送交接要求；适用于食品冷链物流过程中的交接管理
GB/T 28842—2021	药品冷链物流运作规范	管理	2021-11-26	2022-06-01	本文件规定了药品冷链物流过程中的总体要求，人员与培训、设施设备与验证管理、温度监测与控制、物流作业、应急管理以及内审与改进等方面的要求；适用于药品冷链物流服务与管理
GB/T 24616—2019	冷藏、冷冻食品物流包装、标志、运输和储存	作业	2019-08-30	2020-03-01	本标准规定了冷藏、冷冻食品在物流过程中的包装、标志、运输、储存和追溯要求；适用于冷藏、冷冻食品的物流作业与管理
GB/T 38375—2019	食品低温配送中心规划设计指南	管理	2019-12-31	2020-07-01	本标准给出了食品低温配送中规划设计的总体原则，并就规划设计、主体建筑、核心功能区、道路及动线、作业设备选用、信息化管理等提出了设计和规划参考的标准和方法；适用于食品低温配送中的新建、改建或扩建
GB/T 20799—2016	食品安全国家标准　肉和肉制品经营卫生规范	管理	2016-12-23	2017-12-23	本标准规定了肉和肉制品采购、运输、验收、储存、销售等经营过程中的食品安全要求；适用于肉和肉制品经营活动
GB/T 31086—2014	物流企业冷链服务要求与能力评估指标	管理	2014-12-22	2015-07-01	本标准规定了物流企业从事农产品、食品冷链服务所应满足的基本要求，以及物流企业冷链服务类型、能力级别划分及评估指标；适用于物流企业的农产品、食品冷链服务及管理
GB/T 26544—2011	水产品航空运输包装通用要求	管理	2011-06-16	2012-01-01	本标准规定了航空运输水产品包装的基本要求、包装材料、包装容器和包装方法；适用于水产品航空运输包装，不适用于有特殊要求的水产品包装

⤷ 知识窗

EDI：全称 Electronic Data Interchange，译名为电子数据交换，是由国际标准化组织（ISO）推出使用的国际标准，是指将商务信息按照一个公认的标准，形成结构化的事务处理或消息报文格式，从计算机到计算机的电子传输方法，也是计算机可识别的商业语言。例如，国际贸易中的采购订单、装箱单和提货单等数据的交换可以通过 EDI 高效实现。

POS：全称 Point of Sale，译名为销售终端，是一种多功能终端，把它安装在信用卡的特约商户和受理网点，并接入计算机网络，就能实现电子资金自动转账。它具有支持消费、预授权、余额查询和转账等功能，使用起来安全、快捷、可靠。

GB/T：推荐性国家标准，"T"在此读"推"。推荐性国家标准是指生产、交换和使用等方面市场主体自愿采用的国家标准。

换气率：单位时间（小时）内进入试验舱的清洁空气量（m^3/h）与试验舱容积（m^3）的比率。

三、我国冷链物流政策法规

国务院自 2008 年下发的中央 1 号文件中提出"开展鲜活农产品冷链物流试点"，2009 年发布的《物流业调整和振兴规划》中多次提到冷链："加强农产品质量标准体系建设，发展农产品冷链物流""完善鲜活农产品储藏、加工、运输和配送等冷链物流设施，提高鲜活农产品冷藏运输比例""鼓励企业采用集装单元、射频识别、货物跟踪、自动分拣、立体仓库、配送中心信息系统、冷链等物流新技术""发展改革委会同有关部门制订煤炭、粮食、农产品冷链、物流园区、应急物流等专项规划"。特别是 2010 年国家发改委发布的《农产品冷链物流发展规划（2010—2015 年）》极大促进了冷链物流的发展。

2016 年 3 月，山东警方破获了一起涉案金额高达 5.7 亿元的非法疫苗案——不法商贩倒卖过期疫苗和未经冷链运输的变质疫苗，医药冷链成为公众关切的议题。医药冷链较生鲜冷链所要求的条件更为严苛，尤其是疫苗的供应链全程都离不开冷链的精准温度控制。当前，我国已经是全球第二大的医药市场，各类疫苗、血液制品、生物药的供应链都需要冷链物流护航。我国境内需要低温运输的药品总金额每年就高达数千亿元，确保医药安全高效安全运输的重担也落在了冷链物流的肩上。2021 年 12 月 12 日，国务院办公厅印发《"十四五"冷链物流发展规划》，为当前和今后一个时期我国冷链物流高质量发展明确了顶层设计和系统指引。近年来，我国发布了系列冷链物流相关政策，见表 9-6。具体政策可参看中国物流与采购联合会官网物流与采购网中政策法规专栏（www.chinawuliu.com.cn/zcfg/）。

表 9-6　2010 年以来重要的冷链物流相关政策（部分）

时间	发布单位	政策名称	内容
2010 年 6 月	国家发改委	《农产品冷链物流发展规划》	到 2015 年，建成一批效率高、规模大、技术新的跨区域冷链物流配送中心，冷链物流核心技术得到广泛推广，形成一批具有较强资源整合能力和国际竞争力的核心冷链物流企业，初步建成布局合理、设施先进、上下游衔接、功能完善、管理规范、标准健全的农产品冷链物流服务体系

（续）

时间	发布单位	政策名称	内容
2014 年 9 月	国务院	《物流发展中长期发展规划（2014—2020 年）》	加快食品冷链、医药、烟草、机械、汽车、干散货、危险化学品等专业物流装备的研发，提升物流装备的专业化水平；加强鲜活农产品冷链物流设施建设，支持"南菜北运"和大宗鲜活农产品产地预冷、初加工、冷藏保鲜、冷链运输等设施设备建设，形成重点品种农产品物流集散中心，提升批发市场等重要节点的冷链设施水平，完善冷链物流网络；重点推进物流技术、信息、服务、运输、货代、仓储、粮食等农产品及加工食品、医药、汽车、家电、电子商务、邮政（含快递）、冷链、应急等物流标准的制定及修订工作
2016 年 2 月	中国铁路总公司	《铁路冷链物流网络布局"十三五"发展规划》	至 2020 年，冷链运量规模达到 2000 万 t 以上，冷库容量规模达到 300 万~500 万 t，冷链物流营业总收入达到 500 亿~700 亿元；冷链主通道基本形成稳定的运输班列；新增新型冷藏车（箱）1000 辆；构建畅通高效的铁路冷链物流网络通道结构，形成布局合理、功能完善的铁路冷链物流网络
2017 年 2 月	中共中央、国务院	《关于深入推进农业供给侧结构性改革加快培育农业农村发展新动能的若干意见》	加强农产品产地预冷等冷链物流基础设施网络建设，完善鲜活农产品直供直销体系；完善农业用地政策，积极支持农产品冷链、初加工、休闲采摘、仓储等设施建设
2017 年 10 月	国务院	《关于加快发展冷链物流保障食品安全促进消费升级的意见》	到 2020 年，初步形成布局合理、覆盖广泛、衔接顺畅的冷链基础设施网络，基本建立"全程温控、标准健全、绿色安全、应用广泛"的冷链物流服务体系；培育一批具有核心竞争力、综合服务能力强的冷链物流企业；冷链物流信息化、标准化水平大幅提升，普遍实现冷链服务全程可视、可追溯；生鲜农产品和易腐食品冷链流通率、冷藏运输率显著提高，腐损率明显降低，食品质量安全得到有效保障
2018 年 9 月	国家市场监管总局	《关于加强冷冻冷藏食品经营监督管理的通知》	切实加强冷藏冷冻食品监督管理工作，进一步预防食品安全风险，保障广大人民群众身体健康，规范冷藏冷冻食品经营秩序，严厉打击违法违规行为，保障冷藏冷冻食品质量安全
2020 年 3 月	国家发改委	《关于开展首批国家骨干冷链物流基地建设工作的通知》	以构建国家层面的骨干冷链物流基础设施网络为目标，以整合存量冷链物流资源为主线，重点在高附加值生鲜农产品（包括果蔬、畜禽、奶制品、水产品、花卉等）优势产区和集散地，依托存量冷链物流基础设施群建设一批国家骨干冷链物流基地，整合集聚冷链物流市场供需、存量设施以及农产品流通、生产加工等上下游产业资源，提高冷链物流规模化、集约化、组织化、网络化水平，支持生鲜农产品产业化发展，促进城乡居民消费升级
2020 年 3 月	国家市场监管总局	《关于加强冷冻冷藏食品质量安全管理的公告》	落实《食品安全法实施条例》有关规定，加强冷藏冷冻食品在储存运输过程中质量安全管理

（续）

时间	发布单位	政策名称	内容
2020 年 4 月	农业农村部	《关于加快农产品仓储保鲜冷链设施建设的实施意见》	以鲜活农产品主产区、特色农产品优势区和贫困地区为重点，到 2020 年年底，在村镇支持一批新型农业经营主体加强仓储保鲜冷链设施建设，推动完善一批由新型农业经营主体运营的田头市场，实现鲜活农产品产地仓储保鲜冷链能力明显提升，产后损失率显著下降；商品化处理能力普遍提升，产品附加值大幅增长；仓储保鲜冷链信息化与品牌化水平全面提升，产销对接更加顺畅；主体服务带动能力明显增强；"互联网+"农产品出村进城能力大幅提升
2020 年 5 月	国家发改委、交通运输部	《关于进一步降低物流成本的实施意见》	对国家及有关部门、省（自治区、直辖市）确定的国家物流枢纽、铁路专用线、冷链物流设施等重大物流基础设施项目，在建设用地指标方面给予重点保障
2020 年 6 月	农业农村部	《关于进一步加强农产品仓储保鲜冷链物流设施建设工作的通知》	贯彻落实《农业农村部关于加快农产品仓储保鲜冷链设施建设的实施意见》（农市发〔2020〕2 号），进一步推进农产品仓储保鲜冷链设施建设工作，规范过程管理，加大政策支持，注重监督管理，优化指导服务，最大限度发挥政策效益
2020 年 10 月	国务院	《冷链食品生产经营新冠病毒防控技术指南》	本指南适用于采用冷冻、冷藏等方式加工，产品从出厂到销售始终处于低温状态的冷链食品在生产、装卸、运输、储存及销售等各环节中新冠病毒污染的防控
2020 年 10 月	国务院	《冷链食品生产经营过程新冠病毒防控消毒技术指南》	本指南适用于采用冷冻、冷藏等方式加工，产品从出厂到销售始终处于低温状态的冷链食品，用于指导新冠疫情防控常态化期间，正常运营的食品生产经营单位和个人，在生产、装卸、运输、储存及销售等过程中对来自国内外新冠疫情高风险区冷链食品的消毒
2020 年 11 月	国务院	《关于印发进口冷链食品预防性全面消毒工作方案的通知》	扎实推进新冠疫情防控工作，在做好进口冷链食品新冠病毒检测工作的基础上，充分发挥消毒对新冠病毒的杀灭作用，有效防范新冠疫情通过进口冷链食品（含食用农产品，下同）输入风险，实现"安全、有效、快速、经济"目标，在确保进口冷链食品安全的同时，提升口岸通关效率，避免货物积压滞港，保障产业链供应链稳定
2020 年 11 月	交通运输部	《公路、水路进口冷链食品物流新冠病毒防控和消毒技术指南》	本指南适用于从事进口冷链食品物流的公路、水路运输企业、港口码头、货运场站等经营单位（以下统称冷链物流企业）对进口冷链食品装卸、运输等环节中新冠病毒污染的防控
2020 年 11 月	国家卫生健康委	《关于进一步做好冷链食品追溯管理工作的通知》	建立和完善由国家级平台、省级平台和企业级平台组成的冷链食品追溯管理系统，以畜禽肉、水产品等为重点，实现重点冷链食品从海关进口查验到储存分销、生产加工、批发零售、餐饮服务全链条信息化追溯，完善人物同查、人物共防措施，建立问题产品的快速精准反应机制，严格管控疫情风险，维护公众身体健康

（续）

时间	发布单位	政策名称	内容
2021 年 1 月	国务院	《中共中央国务院关于全面推进乡村振兴加快农业农村现代化的意见》	加快实施农产品仓储保鲜冷链物流设施建设工程，推进田头小型仓储保鲜冷链设施、产地低温直销配送中心、国家骨干冷链物流基地建设；完善农村生活性服务业支持政策，发展线上线下相结合的服务网点，推动便利化、精细化、品质化发展，满足农村居民消费升级需要，吸引城市居民下乡消费
2021 年 4 月	农业农村部	《关于推动脱贫地区特色产业可持续发展的指导意见》	支持脱贫地区建设田头市场、仓储保鲜冷链物流设施，布局一批区域性冷链物流骨干节点；农产品仓储保鲜冷链物流设施建设工程加大对脱贫地区支持力度；深入发展农村电子商务，加强电商主体培育和电商人才培训，提升特色产业电子商务支撑服务水平；实施"数商兴农"，统筹市场力量参与农村电商基础设施建设，培育发展农产品网络品牌
2021 年 4 月	农业农村部	《非洲猪瘟等重大动物疫病分区防控工作方案（试行）》	加强生猪运输和冷链物流基础设施建设；鼓励引导使用专业化、标准化、集装化的生猪运输工具，强化生猪运输车辆及其生物安全管理；逐步构建产销高效对接的冷链物流基础设施网络，加快建立冷鲜肉品流通和配送体系，为推进"运猪"向"运肉"转变提供保障
2021 年 8 月	商务部等九部委	《商贸物流高质量发展专项行动计划（2021—2025 年）》	加强冷链物流规划，布局建设一批国家骨干冷链物流基地，支持大型农产品批发市场、进出口口岸等建设改造冷冻冷藏仓储设施，推广应用移动冷库、恒温冷藏车、冷藏箱等新型冷链设施设备；改善末端冷链设施装备，提高城乡冷链设施网络覆盖水平；鼓励有条件的企业发展冷链物流智能监控与追溯平台，建立全程冷链配送系统
2021 年 8 月	国务院	《关于加快农村寄递物流体系建设的意见》	引导支持邮政快递企业依托快递物流园区建设冷链仓储设施，增加冷链运输车辆，提升末端冷链配送能力，逐步建立覆盖生产流通各环节的冷链寄递物流体系；支持行业协会制定推广电商快递冷链服务标准规范，提升冷链寄递安全监管水平；邮政快递企业参与冷链物流基地建设，可按规定享受相关支持政策
2021 年 10 月	国务院	《国家标准化发展纲要》	推进服务业标准化、品牌化建设，健全服务业标准，重点加强食品冷链、现代物流、电子商务、物品编码、批发零售、房地产服务等领域标准化
2021 年 12 月	国务院	《"十四五"冷链物流发展规划》	到 2025 年，初步形成衔接产地销地、覆盖城市乡村、联通国内国际的冷链物流网络，基本建成符合我国国情和产业结构特点、适应经济社会发展需要的冷链物流体系，调节农产品跨季节供需、支撑冷链产品跨区域流通的能力和效率显著提高
2021 年 12 月	国务院	《推进多式联运发展优化调整运输结构工作方案（2021—2025 年）》	有序推进专业性货运枢纽机场建设，强化枢纽机场货物转运、保税监管、邮政快递、冷链物流等综合服务功能，鼓励发展与重点枢纽机场联通配套的轨道交通

（续）

时间	发布单位	政策名称	内容
2022 年 1 月	国务院	《"十四五"现代综合交通运输体系发展规划》	优先利用现有物流园区以及货运场站等设施，规划建设多种运输方式高效融合的综合货运枢纽，引导冷链物流、邮政快递、分拨配送等功能设施集中布局。完善货运枢纽的集疏运铁路、公路网络，加快建设多式联运设施，推进口岸换装转运设施扩能改造
2022 年 2 月	中华全国供销合作总社	《全国供销合作社"十四五"公共型农产品冷链物流发展专项规划》	"十四五"期间，全国供销合作社系统将建成 600 个县域产地农产品冷链物流中心、100 个农产品冷链物流枢纽基地、200 个城市销地农产品冷链物流中心；届时，将形成县、乡、村三级冷链物流服务网络，为推动农产品出山，服务乡村产业，带动农民增收致富，推进乡村振兴提供有力支撑
2022 年 4 月	交通运输部等五部门	《关于加快推进冷链物流运输高质量发展的实施意见》	提出将从加快完善基础设施网络、推动技术装备创新升级、创新运输组织服务模式、健全完善运输监管体系、强化政策支持保障等五个方面入手，提出 14 条具体实施举措，推动冷链物流运输的高质量发展
2022 年 5 月	交通运输部	《关于开展冷藏集装箱港航服务提升行动的通知》	到 2023 年年底，基于区块链和物联网的冷藏集装箱港航服务能力明显提升，主要海运企业新增物联网冷藏集装箱 1.8 万标准箱（TEU）以上；沿海主要港口新增冷藏集装箱插头 6000 个以上；基于区块链和物联网技术应用的冷藏集装箱港航单证平均办理时间大幅缩减；建立冷藏集装箱运输电子运单，初步实现道路水路运输系统信息有效衔接和共享开放，联运服务质量明显提升
2022 年 5 月	财政部、商务部	《关于支持加快农产品供应链体系建设　进一步促进冷链物流发展的通知》	按照"强节点、建链条、优网络"工作思路，在已实施农产品供应链体系建设的工作基础上，进一步聚焦补齐冷链设施短板，提高冷链物流质量效率，建立健全畅通高效、贯通城乡、安全规范的农产品现代流通体系；重点抓住销区域农产品批发市场和销地农产品冷链物流网络，加快城市冷链物流设施建设，健全销地冷链分拨配送体系，创新面向消费的冷链物流模式，推动农产品冷链物流高质量发展；通过 2 年时间，推动农产品冷链流通基础设施更加完善，重要集散地和销地农产品批发市场、加工配送中心及零售终端冷链流通能力显著提升，调节农产品跨季节供需、支撑农产品跨区域冷链流通的能力和效率继续增强，为农产品现代流通体系建设提供坚实基础
2022 年 6 月	农业农村部办公厅、财政部办公厅	《关于做好 2022 年农产品产地冷藏保鲜设施建设工作的通知》	按照保供固安全、振兴畅循环的工作定位，聚焦鲜活农产品主产区、特色农产品优势区，重点围绕蔬菜、水果等鲜活农产品，兼顾地方优势特色品种，合理集中建设产地冷藏保鲜设施，提升技术装备水平，完善服务保障机制，强化运营管理能力，推动冷链物流服务网络向农村延伸，畅通鲜活农产品末端冷链微循环，为服务乡村产业、提高农民收入、增强市场稳定性、保障农产品有效供给提供有力支撑

（续）

时间	发布单位	政策名称	内容
2022年6月	国家发改委	《关于推进现代冷链物流体系建设工作的通知》	会同中国农业发展银行共同支持符合条件的基础性、公共性重大冷链物流项目建设，加快冷链物流高质量发展步伐，为现代冷链物流体系建设提供有力支撑。为此，农发行将提供1200亿元综合授信，重点加大对国家骨干冷链物流基地、产销冷链集配中心、冷链设施智能化绿色化改造提升、冷链物流新业态新模式发展、骨干冷链物流企业培育等五个方面的支持力度

第三节 冷链物流认证

一、认证说明与规范

如今，食品安全的概念深入各行各业，不是仅仅针对产品，同时也适用于人员和流程。食品安全体系能帮助确定什么是企业最需要的，并给企业带来有形的利益。我国冷链质量安全认证体系的指导原则可分为四大部分。第一，一致性原则，即与现有的相关质量安全认证和冷链温度控制标准相一致，如与有机食品认证、无公害食品认证和绿色食品认证相一致，针对产品本身质量的认证应采用以上认证的标准。针对冷链过程的保证，目前我国尚未出台冷链过程温度控制国家标准或相关认证，因此冷链质量安全认证需要针对冷链运输、仓储和冷加工等环节做出相关的规定，一旦国家出台了冷链物流温度控制标准，则应与该标准保持一致。第二，国际化原则，即与目前的国际标准相一致，体现国际化特色。国际上对冷链物流的温度控制非常重视，许多国家认为如果温度控制不能实现，那么冷链产品的质量就无法保证。对于不同的产品，不同国家对于冷链的控制标准也不一样。从我国的冷链质量认证角度看，应根据实际情况进行选择和认证，保证冷链产品顺利进入国际市场。第三，客观性原则，即符合我国目前冷链物流产业发展的实际情况。纵观世界主要冷链产品的生产，不同国家和地区有着各自的特色，特别是农产品，由于种植区域不同，导致同种产品的质量也有所不同。例如，美洲地区出产的西红柿与我国出产的西红柿即使品种相同，其抗寒能力和保鲜期等也不尽相同。因此在制定相关的认证标准的时候，要充分考虑到我国产品的客观情况，制定符合我国产品实际情况的认证标准。第四，规范性原则，即认证过程应规范、合理，杜绝灰色地带的出现。对于冷链物流的认证应有一套严格的认证程序，对于冷链产品内在品质和冷链过程的认证可以同时进行，也可以分开进行。例如，农产品在采收后，未进入冷链之前，其产品质量安全应先进行认证，如果经过认证的农产品在进入冷链之后发生了质量安全问题，那么可以肯定是冷链过程出现了问题，这对于恰当地区分责任是很有帮助的。认证的全过程应具体分解为几个不同的环节，并分别由不同的机构和不同的人员负责认证工作，从而杜绝灰色地带的出现，保证认证的规范性。

二、认证架构说明

以主要冷链产品——农产品为例，我国冷链农产品质量安全认证体系如图9-4所示，分为农产品质量安全认证及农产品冷链安全认证两大部分。

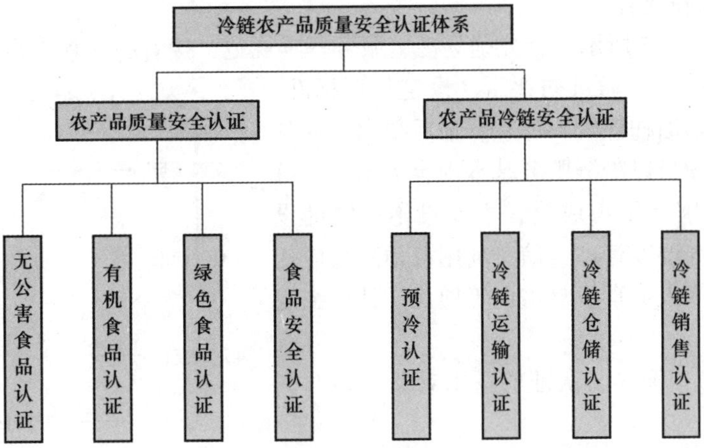

图 9-4　我国冷链农产品质量安全认证体系

　　第一部分是针对农产品内在质量安全的认证，也就是一般性的认证。对于农产品质量安全的认证，目前在我国主要是无公害食品认证、有机食品认证、绿色食品认证和食品安全认证。对于冷链农产品质量安全认证来说，这些标准应该成为其认证标准的一个方面，也就是说，取得"三品"认证是取得冷链农产品质量安全认证的一个条件。现实中，有大量的农产品没有通过无公害、有机食品和绿色食品的认证，但是其品质也是良好的，因此，冷链农产品认证体系中还应包括食品安全认证。只有农产品的内在品质良好，经过恰当的冷链物流过程，才能保持良好的品质。如果农产品本身的品质就存在问题，那么即便冷链过程完美无缺，农产品本身的品质缺陷依旧存在。

　　第二部分是针对农产品冷链物流过程的认证，也就是冷链质量认证。除了对农产品品质本身进行质量安全认证之外，还需要对农产品冷链运输、冷链仓储和冷加工等过程进行过程控制认证。这是为了保证具有良好品质的农产品在整个冷链物流过程中充分保持了其良好品质，并最终进入销售环节。冷链农产品在经过一系列的运转之后到达销售地点并相对静止，等待消费者的挑选。严格来讲，销售地点的冷链控制属于冷链控制过程的一个环节，因此在进行质量安全认证的时候需要按照具体的环节进行分别的控制，也就是要求冷链的不同环节分别提供冷链温度控制报告、冷链环境监测报告等，综合判断后确定针对某一具体商品是否可以进行冷链农产品质量安全认证。这一部分的认证分为四个组成部分，分别为农产品预冷认证、农产品冷链运输认证、农产品冷链仓储认证和农产品冷链销售认证。每一个分认证相对独立，但又缺一不可，任何一个分认证都对最后农产品是否可以取得冷链农产品认证标志起着关键作用。针对农产品冷链物流过程的认证目前还没有相关的国家机构开展，同时也缺乏相关的国家标准对农产品冷链物流过程进行控制，需要参考其他先进国家经验进行相关流程的建构。

三、认证流程的建立

　　基于冷链物流对食品安全的重要性，以及国内物流从业者的需求，政府应与学校、研究机构及物流协会共同制定冷链物流标准，同时建立合适的厂商评鉴机制，让国内物流业具有可依循之规范，并借由认证评鉴的推动使其达成高质量提升的目标。

1. 评估过程和项目

评估过程如图 9-5 所示，首先确立冷链服务基本规范，接着在初评项目中考查厂商说明书，制定初评评分表。通过初评后，设定复评标准，在现场复评时按书面初评资料考查，最后得出复评分数。冷链的评估项目以冷链服务基本内容为基准，可分为九大项，分别为组织成员、主要设施、辅助设备、管理流程、温湿度管理、信息利用、预防与应变规划、顾客服务、人员素质与培训等项目。其详细规范重点如下：

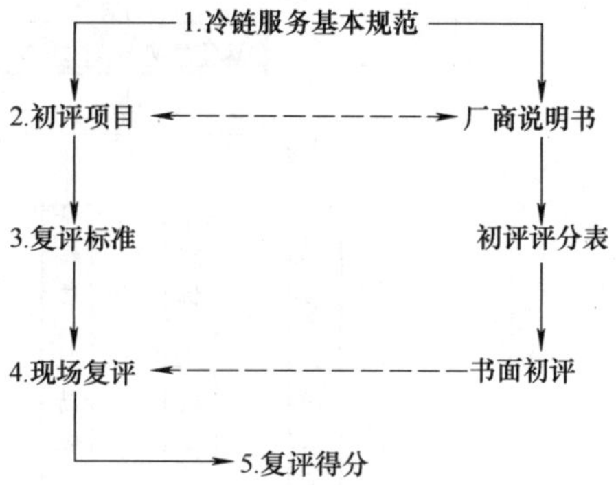

1）组织成员，即参与认证的适用对象（包含其供应链成员）。

2）主要设施，包括冷库构造和设计、冷藏（冻）车厢规格、定期检查与保管。

图 9-5　冷链物流的评估过程

3）辅助设备，包括设备温湿度记录传输设备；储运设备、隔热装置、保温箱、照明、定期检查与保养。

4）管理流程，要求相关文件，如冷链服务作业程序、关键管制点规范与稽查办法、预冷作业、理货与装卸货作业、储存或载运作业、交接温度记录等，应留存。

5）温湿度管理，要求企业设备应能达到适合的温度标准，并能稳定维持，温湿度数据应保存。

6）信息利用，包括仓库管理及运输管理等环节信息化的程度，货品追溯追踪能力，决策支援的实际应用等。

7）预防与应变规划，是指企业遭遇例外状况时，是否有应变设备和应变计划，是否有自动监控与警示，是否有安全管理规定与安全装置等。

8）顾客服务，要求应设立对应负责单位，客户资料应保存。

9）人员素质与培训，要求应做好相关人员卫生安全培训计划与记录，以及人员健康检查等记录。

2. 认证的对象

认证的对象依公司规模和业态，可分为中小型运输企业、大型运输企业、中小型仓储和大型仓储等，每个申请者在申请认证时，应考量自身企业的规模和业态，其必备条件可分为：

（1）运输类认证

运输类认证企业应具备以下条件：

1）申请运输类冷链认证的企业应拥有运输工具与设备。

2）车厢制冷可达到适合货品运输的温度。

3）全部运输设备装有温度感测设备。

4）提供查询货物运输状态等信息的咨询服务。

5）有受过冷链培训的管理人员。

（2）仓储类认证

仓储类认证企业应具备以下条件：

1）申请仓储类冷链认证的企业应拥有仓储设施与设备。

2）可达到适合货品储存的温湿度。

3）配有完善的温度感测设备。

4）提供查询货物储放状态等信息的咨询服务。

5）有受过冷链培训的管理人员。

每个申请者皆需经过资格审查、书面初评和现场复评等评价流程。申请认证时应提供以下书面材料：

1）运营简介：企业概况、冷链产品与服务、客户关系。

2）主要设施：自我管理的车队或仓库规模、制冷系统、保温材料等。

3）辅助设备：预冷与装卸区、气密装置、装运与储存设备。

4）管理流程：标准作业程序、关键控制点、增值服务等。

5）温湿度监控与管理：设备规格与位置、记录与传输频率、记录保存等。

6）咨询应用：车队管理、进出货管理等应用与决策支持。

7）预防与应变：天灾、设备故障、人为疏忽而引起的事故的防范与应变措施、维修记录、检查记录和节能计划等。

8）客服绩效：历年顾客满意度或投诉率等。

9）人员培训：计划与成果、冷链训练与证照、健康检查等。

针对不同类型的物流企业，认证评估项目也会不同。运输企业需评价其车辆是否符合相关规定，由申请者于复评前提供车辆规格列表，大型运输企业应至少抽验五辆，于指定时间备妥车辆与相关文件记录，另外可在现场勘验时就地抽样检查。中小型运输企业应至少抽验三辆，抽验应考量车厢使用年数、载重吨数、多温层应用等因素。具体内容见表9-7。

表 9-7　运输企业认证评估项目及内容

评估项目		评估内容
硬件	车辆规格与保养	使用年数、车辆材质、保温材质、车厢密封、对流与隔热、检修记录、**多温层运用**
	车辆温控设备	制冷机组、监控设计、定期检查校正记录
软件	温湿度记录与管理	温湿度稳定度、温度记录与传输频率、温度数据保存
	信息利用	有效使用运输管理系统，使用软件提升效能或支持决策、信息系统管理人员的资历与培训情况
管理流程	作业流程	冷链流程关键点控制、车厢预冷、装载作业、车厢清洁卫生、卸货与交货、**提供增值服务或优化冷链流程**
	预防与应变	车辆或冷冻系统故障应变方案、制冷系统维护记录、冷媒种类与使用规范，有节能或环保计划与实施记录
	克服绩效（投诉率或客户满意度）	以最近完整三年的绩效平均值为准，记录保存良好
人力资源	人员品质与培训	具有合格的冷链培训人员或冷链专业证照，企业有培训计划及定期培训记录，作业人员均持有健康证明

注：表中粗体为加分项目。

而仓储型企业的抽验方式则是评估冷库规格与平面布置是否恰当，需由申请者于复评前提供冷库规格与平面布置图，现场勘验时抽样选择地点检验。大型仓储企业每项应至少抽验三处或三次，中小型仓储企业每项应至少抽验两处或两次。具体内容见表9-8。

表9-8　仓储企业认证评估项目及内容

评 估 项 目		评 估 内 容
硬件	冷库设计	冷库结构检修、隔热材质、制冷系统、温控的装卸货作业区
	仓储设备	低温专用货架与栈板、进出口的预冷与隔热装置、照明设施、RFID或无线感测设备
	温湿度检测设备	冷库内、外测量的点数与位置，设备有定期检查校正记录，**出入库人员配有测温的移动装备**
软件	温湿度与影像记录	冷库内温度的稳定性，温湿度记录保存，监控影像资料的保存
	信息利用	使用仓库管理系统或资讯软件、运用软件提升效能或决策支援、**操作人员的素质与培训情况**
管理流程	作业流程	冷链流程关键点控制规范、预冷作业、出入库管理、储放管理、清洁卫生、**提供增值服务或优化冷链流程**
	预防与应变	完整的紧急情况处理与通报措施、机电设备定期维护、供电与温度异常的预警系统、防撞与防反锁的安全装置、**环保节能计划与实施记录**
	客户绩效（投诉率或顾客满意度）	以最近完整三年的绩效平均值为准
人力资源	人员素质与培训	具有合格冷链培训人员或冷链专业证照，企业有培训计划及定期培训记录，作业人员均持有健康证明

注：表中粗体为加分项目。

综上所述，冷链农产品质量安全认证事关农产品冷链物流产业的发展，需要各级政府和相关机构的大力支持。在冷链农产品质量安全认证的推行过程中，需要注意以下几个问题：

第一，需要建立冷链农产品质量安全认证机构，该机构作为一个独立的认证机构，有着第三方认证的权威性，同时，该机构负责对认证厂商提交的相关文件进行验证，并最终给予农产品冷链安全认证。为了降低认证成本，该认证机构可以承认"三品"认证的权威性，并不再进行产品质量认证。鉴于冷链农产品质量安全的重要性，应考虑由中央政府牵头成立国家级的认证机构，并在各省市成立相关的认证中心进行认证工作。

第二，应尽量减少企业为冷链农产品质量安全认证所提交的文件数量，增加网上提交数据的渠道，通过建立农产品冷链信息中心，将所有与认证农产品相关的冷链数据随机调取出来，降低农产品的认证成本。

第三，冷链农产品质量安全认证应在商品进入超市销售后进行。原因在于，对冷链的过程控制是不断发生的，只有到了最后的销售环节，通过对销售环境的最后认证后，才能确认冷链农产品的质量安全，因此相关的认证机构应在农产品到达超市仓库后、销售开始前进行认证工作。由农产品的批发商网上提供相关证明文件，认证系统根据相关要求进行确认即可，整个过程不能超过一天，否则将增加额外的成本，影响冷链农产品的销售。

◆ 知识窗

JAS：Japanese Agriculture Standard（JAS），译为日本有机农业标准。JAS是日本农林水

产省对食品农产品最高级别的认证，即农产品有机认证。

➡ 关键术语

物流标准（Logistics Standard）

供应链作业参考模型（Supply Chain Operation Reference Model）

冷链物流绩效指标（Cold Chain Logistics Performance Indicator）

物流法规（Logistics Regulation）

危害分析和关键控制点（Hazard Analysis and Critical Control Points）

良好操作规范（Good Manufacturing Practice）

认证体系（Certification System）

认证评估（Certification Evaluation）

➡ 练习与思考

1. 体现集装化物流的技术指标是（　　）。

A. 物料基础模数　　　　　　　　　B. 包装模数

C. 运输包装系列尺寸　　　　　　　D. 运输设施与设备标准化

2. 实行物流标准不可能克服物流系统存在的（　　）。

A. 环节离散　　　 B. 信息孤立　　　 C. 衔接困难　　　 D. 支持要素缺陷

3. 托盘标准化、集装箱标准化等属于物流（　　）。

A. 设施标准化　　 B. 作业标准化　　 C. 信息标准化　　 D. 管理标准化

4. 包装标准化、装卸搬运标准化、运输标准化和储存标准化等属于物流（　　）。

A. 设施标准化　　 B. 作业标准化　　 C. 信息标准化　　 D. 管理标准化

5. 从世界范围来看，物流体系标准化的重点在于通过制定标准（　　）来实现全物流系统的贯通，取得提高物流效率的初步成果。

A. 规格包装　　 B. 规格尺寸　　 C. 规格设备　　 D. 规格设施

6. 物流标准化涉及的内容不包括（　　）。

A. 运输标准化　　　　　　　　　　B. 储存标准化

C. 工具标准化　　　　　　　　　　D. 物流信息标准化

7. 物流标准化涉及（　　）内容。

A. 物流设施标准化　　　　　　　　B. 物流作业标准化

C. 物流信息标准化　　　　　　　　D. 物流制度标准化

▶▶ 综合案例

《中华人民共和国食品安全法》（以下简称《食品安全法》）于2021年4月29日进行修正。新《食品安全法》中对食品的储藏和运输提出了更高的要求，加强了对食品、食品添加剂、食品相关产品的安全管理。其中对冷链的多方面要求和规定，也许会给未来冷冻和生鲜市场带来十分显著的有利影响，也为冷链运输车的发展带来良好的提升契机。

食品安全关乎公众身体健康和生命安全。这部升级版的法律将对食品生产、销售、餐饮服务等各环节实施更加严格的全过程管理，并建立更加严格的监管处罚制度。

冻品安全关键在冷链不能"断"

冷链物流由多个环节组成，从食品原料的种植和采购、加工、流通和配送，直至零售和消费的全过程，是一项复杂的低温系统工程，确保各环节的质量安全问题是冷链物流的核心。要保证冷冻食品的质量和安全，最关键的是"冷链"不能断裂，也就是说在食物的制造、储藏、运输配送、零售过程中，应始终处于受控的低温状态。而冷藏车的数量不足和运行不标准，正在成为冷链食品的重要安全隐患。由于诸多原因，最近这几年，我国冷藏保温车年产销一直维持在4000~5000辆，远远不能满足冷冻食品市场的实际需求。

精细化管理保证恒温品质

为何很多冷冻食品存在"饺子一下锅就散，鱼一下锅就碎"等质量问题？问题就出在易腐食品在运输环节的温度波动。造成这一现状的原因，除了冷链食品在运输环节的不规范，以及超市和商场存储不当等因素导致冷链食品"掉链子"外，一个最重要的原因就是目前我国冷链物流标准混乱。一方面，目前我国冷链物流标准在国家标准、行业标准和地方标准上相互交叉；另一方面，大部分冷链物流的标准多为推荐性标准，不具有强制性。

新版《食品安全法》的实施将使整个冷链过程从仓储、运输到配送，再到终端消费，都约束在规定的温度范围之内。它涉及人员的配备、装货的效率及时间的配合等。例如，可以精细到每台车都必须配备两个驾驶员，以防止疲劳驾驶，每4h更换一次驾驶员；要放两个温控仪，中间放一个，后面放一个；每辆车上都配备红外检测仪，就是为了装货之前测量温度，因为一个产品的出库温度对于整个冷链运输是非常重要的，首先从起点就把温度控制好，然后中途每4h做一次温度记录。保证食品质量的，不仅仅是低温，更重要的是恒温。恒定的温度需要严格的标准来实现。具有强制性的法规标准在冷链物流行业将形成约束力，并对冷链物流行业行为规范起指导作用。

问题：

1. 对于提升我国食品安全与质量，除了《食品安全法》的实施外，政府还做了哪些措施？

2. 试述为何目前国内冷藏保温车的数量远低于需求，该如何提升相关环节？

3. 冷链物流法规应如何有效执行与推广？

第十章

冷链物流典型案例及分析

学习目标

通过本章的学习，能够灵活运用所学知识，从业务、管理、技术等层面对案例进行分析和思考；具备进行定量、定性分析和解决实际问题的基本技能。

案例一 优中行供应链管理公司冷链物流转型的思考

一、引言

优中行供应链管理公司（以下简称"优中行"或"公司"）再一次调整了战略方向，目的是重点突破预制菜生鲜配送业务。董事长朱总对公司战略志在必得，但是他也深知要实现这一战略，公司还有很长的路要走。第一步就是优化现有的冷链物流系统，这是支撑战略实现的重要基础之一。随后，公司便从区域物流和城市物流两个方面进行了冷链物流系统的整合。

公司首先启动了城市物流项目——优之美食速递站，旨在优化社区的物流配送系统。项目起初的计划是先面向餐饮酒店开展业务，逐步再向零售客户发展。但是经过一段时间的实践后，公司发现社区生鲜零售需求大，餐饮酒店的需求量较小，社区生鲜反而成为美食速递站的主要利润来源。于是，公司内部有人提出应该放弃餐饮酒店的业务，只做零售。但是朱总对餐饮酒店有深刻的感情，始终不愿放弃，内部矛盾由此滋生。

不久后，公司又将目光聚焦到区域物流领域，在和来自各地的第三方物流公司代表会谈后，正式提出了优中行公司的物流规划项目——冷链物流专线班车。作为该项目的主要负责人，优中行的物流总监程总表现得信心十足，他说："一辆冷链车，若靠自己拉订单，集齐一车货物平均需要三天，但如果有足够的需求信息，最多只需一天。而我们上游有数千家供应商，下游有数千家餐厅，货物从口岸到进入餐厅厨房，每个环节都由我们来集中分配，厂家不需要自购大量冷链车，也不需要租用或者兴建很多冷库；餐厅也不用操心货物如何送达。通过物流整合达到集约化经营，不仅能够降低物流成本，还能提高产品的时效性。"随后，冷链物流专线班车便如火如荼地开展起来，在全国范围内推出100条冷链物流定点班车路线。经过数月的运转，该项目的初步成效并不佳，而且未来发展困难重重。

看着两个项目的阶段总结报告，朱总摇了摇头，决定组织会议集中讨论公司的整个冷链物流发展。

二、优中行基本概况介绍

优中行是国内首家专注于提供中国冷冻及冷藏食材供应链服务的专业公司，致力于连锁餐饮酒店食材供应链服务。公司于1986年成立，最初确定的发展方向是以冷冻水产品为主要经营产品。自2002年以来，公司进入快速发展车道，随着第一家优之隆冻品行连锁店的成立，公司确定了以冷冻、冷藏餐料供应为主的大型连锁发展战略模式，对连锁店进行全国性布局，将优中行连锁门店品牌的影响力扩展至全国。2008年，公司进行行业内的创新发展，扩充企业格局，确立了冷链物流发展及高端食材发展战略，成立了武汉优中行冷链物流有限公司及武汉满汉家宴食品有限公司，为企业快速发展聚集更多的资源，确保纵向一体化战略深化发展。2022年，公司形成了以优中行母公司（总部）为核心，七大子公司（湖北、广东、北京、上海、山东、辽宁、河南）为支撑的战略结构，并确定了以优之隆直营店、新之隆加盟店连锁式发展为核心，专注于行业冷链服务的发展，利用供应链管理能力获得行业竞争力。

优中行具有丰富的产品资源，经营的产品覆盖冷冻冷藏水产、肉禽、调料、蔬果四大类10000余款单品，与国内外500余家知名冷冻冷藏食品供应厂商、100余家专业冷链物流商以及20000家餐厅、酒店建立了战略合作联盟。

优中行总公司设立在"九省通衢"的武汉，在湖北、北京、上海、山东、广东、河南、辽宁设立七大分支机构。旗下优之隆冻品行连锁机构已成功在武汉、北京、郑州、天津、沈阳、大连、上海、杭州、南京、苏州、长沙、广州、深圳等地开设了60余家专业门店，为23000家酒店、餐厅提供冷冻冷藏食品及原材料的供应和同城配送服务。新之隆品牌则以会员店的形式完善优之隆的分销渠道。

公司现有业务主要分布在四个部门：供应链管理事业部、优之隆事业部、品牌事业部和优信达，公司整体的组织架构如图10-1所示。四个业务部门所负责的业务介绍如下：

（一）供应链管理事业部

1. 食材买卖网

B2B食材买卖网为该部门主要业务，主要负责食材撮合交易，通过食材买卖网电商平台的建设、推广和运营，以及大型餐企、团膳市场的业务开拓，为冷冻冷藏食品生产厂商、包括优之隆在内的冻品经销商、大型餐饮机构和团膳客户提供商情资讯、咨询、供需交易撮合和电子化的订单管理和执行服务，并通过线下"食材节"大型营销活动，完成平台的现场撮合交易。

2. 供应链大客户部

供应链大客户部主要负责研究上下游供应链需求，为大型餐饮企业和团膳客户提供供应链服务整体解决方案；通过物流部完成干线物流，依托优之隆连锁公司完成城市物流配送。

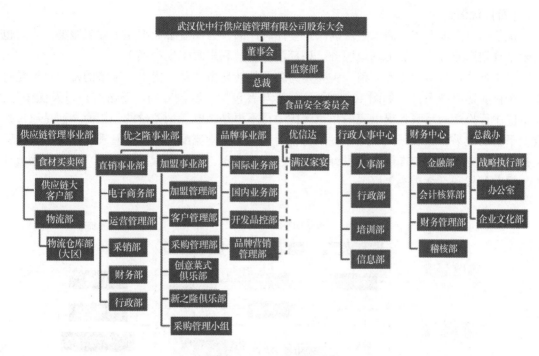

图 10-1　优中行组织架构

3. 物流部

物流部设置六大采购物流中心，同时设置区域总仓，负责各大区采购订单管理和执行、采购物流协调和服务、干线支线配送服务、仓储外包服务。除此以外，物流部还向外提供冷链物流及增值服务，主要负责优中行第四方物流业务规划和实施、冷链物流服务系统整合和建设，为供应链业务上游厂商、下游餐企和团膳、食材经销商提供订单执行、干线和支线冷链物流配送、仓储、品检服务，同时还提供预订单和供应链金融服务产品。

(二) 优之隆事业部

1. 直销事业部

直销事业部主要负责"线上消费，线下体验"模式的网购业务发展，以及旗下美食速递站项目的开拓和运营，重点围绕中小型餐饮酒店、高端个人用户推进网站建设和推广；搭建食材供应城市配送体系，负责美食速递站的建设和服务功能完善。

2. 加盟事业部

加盟事业部主要负责优之隆连锁品牌的加盟服务，包括制订和执行加盟政策，制订和督促执行加盟店标准化工作，提供采购服务、客户管理服务、营销服务和培训服务，协调加盟店关系；推进优之隆直营店、加盟店的开设、运营管理和客户拓展，重点推进门店覆盖率、门店所在市场中大型餐饮酒店现购自运业务、三四线市场行销配送业务；根据各优之隆加盟店需求协调资源、采购产品，负责平台产品供应商开发、管理和日常采购工作。

(三) 品牌事业部

品牌事业部负责自有品牌和定制产品的设计、采购和营销推广；负责国际贸易产品采购；负责通过企业形象识别系统，开展促销活动、营销活动等推广自有产品品牌；为自有品牌产品建立质量标准和溯源体系。

（四）优信达

优信达负责根据用户需求生产满汉家宴品牌产品，为加盟事业部提供加工服务，同时也为未来规划产业园提供加工基地服务。该部门主要盈利来源于生产加工。

优中行公司重组和业务调整，主要是为公司的转型做准备。优中行未来的发展目标是打造一个供应链服务平台（如图 10-2 所示），参与者包括上游供应商、下游客户以及优中行，其中优中行扮演的是服务提供商的角色。优中行不再是赚取经销差价的经销商，而是通过撮合上下游的交易，赚取服务费用。优中行将为上游提供物流配送、仓储管理、融资结算、营销推广等服务，为下游提供产品设计和研发、同城配送、供应商管理库存（VMI）及物流加工、采购招标和食材猎头等服务。

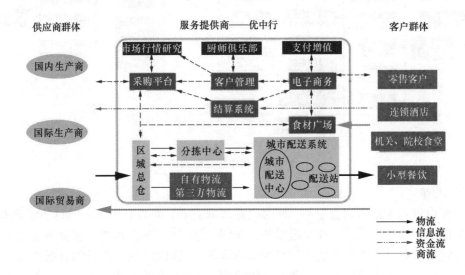

图 10-2　优中行供应链服务平台

三、冷链行业

所谓冷链，是指易腐食品从产地收购或捕捞之后，在产品加工、储藏、运输、分销和零售直到消费者手中，其各个环节始终处于产品所必需的低温环境下，以保证食品质量安全、减少损耗，防止污染的特殊供应链系统。冷链行业具有需求大、发展滞后、竞争激烈等特点。

（一）行业需求大

我国是农牧业生产大国，肉类、果蔬、水产品等的产销量均居世界首位。2021 年，我国农林牧渔业增加值 8.7 万亿元，比上年增长 7.1%，占 GDP 总量的 7.6%。中国食品供应链产业拥有万亿元级别的市场体量，随着城乡居民消费水平和消费能力不断提高，冷链物流的需求持续旺盛。

其中，国内生鲜零售市场总额超过 5.4 万亿元，同比涨幅突破 8%，呈稳步增长态势。这些增加的生鲜零售市场规模必然要依靠冷链物流运输，因此带动了我国冷链物流市场规模的持续增长。根据中物联冷链委给出的数据，2021 年我国冷链物流市场达到 9.2% 的增速，市场规模达到 4184 亿元。

（二）行业发展滞后

与西方发达国家相比，我国冷链行业发展滞后。有关数据显示，我国果蔬产品从采摘到销售过程中，水果损耗为25%，蔬菜损耗为30%，肉类和水产品损耗为12%和15%，腐烂损耗的果蔬足够满足2亿人口的基本需求，损耗量居世界首位，每年由此造成经济损失达上亿元。在冷链技术普及的发达国家，果蔬损失率仅为5%左右。而在美国，由于拥有完善的冷链体系保障，损失率仅为2%。其他国家的食品预冷保鲜率可以达到80%~100%，而我国只有不到30%；其他国家的冷藏运输率能够达到80%~90%，而目前我国只有不到50%。

我国冷链行业发展滞后主要体现在：①农产品冷链物流体系尚不完善；②农产品冷链物流链条断裂；③冷链物流设备设施更新滞后。近年来，越来越多的企业涉足冷链，冷链产业看似前景风光，其实有不少自己的"难言之隐"。一是生产成本高。冷链物流的投入成本几乎是普通物流的五倍，利润却远远没有它所拥有的"身价"那么高，冷链企业大多面临利用率不高、业务难以实现快增长的境况。二是老百姓对冷链的认知程度低。中国食品工业协会食品物流专业委员会副会长兼秘书马晓雄指出："当前在食品消费市场，老百姓对于冷链的认知程度还不是很高，还没有形成购买预冷食品的观念，需求不旺盛。同时，老百姓对于冷冻冷藏食品的接受程度也不是很高，这造成国内冷链市场目前比较狭窄。"三是标准的缺失和监管不到位。当前国内冷链物流标准名目繁多，地方标准、行业标准、国家标准相互交叉，却又不完全统一，对企业的指导作用并不大，标准制定出来能落地的更不多，而且没有有效的监管体系。四是诚信体系建设问题。在农产品冷链物流产业领域中，由于各环节成本信息不透明，往往让执行标准的正规企业得不到相应的价格回报，而一些标榜是冷链物流的物流供应商在实际运营中却不能真正做到。

（三）行业竞争激烈

近年来，在国家政策的引导下，冷链物流发展迎来了春天。北京新发地筹建12万t的大型冷库和25万t蔬菜专业储备保鲜库，以保障极端天气下首都农产品的储备；山东荣庆集团联手全球最大的冷链物流服务商加拿大Pamoja集团，共同打造的冷链物流示范性项目；河南众品食业股份有限公司投资的"昆山众品冷链物流园"项目旨在打造华东地区规模最大、标准最高的冷链物流基地。

根据中国冷链物流行业内企业的营业额、冷库数量、冷藏车数量以及网点分布等一系列情况综合评估，我国冷链物流行业企业竞争层次主要可以分为三类：以顺丰速运、华鼎供应链、新夏晖为代表的头部企业；具有一定实力但与头部企业有明显差距的企业，如鲜林供应链、华夏易通等；以及其他实力相对薄弱的中小企业。

《2022年度中国生鲜电商"十五强榜"》报告中指出，"十五强"生鲜电商具体包括叮咚买菜、美团优选、京东到家、多多买菜、本来生活、盒马、多点Dmall、朴朴超市、谊品生鲜、食行生鲜、奇麟鲜品、天天果园、宋小菜、飞熊领鲜、一亩田。其中，生鲜电商"独角兽"有六家，分别是百果园、美菜网、多点Dmall、谊品生鲜、永辉彩食鲜和本来集团。

四、公司物流现状

（一）物流网络

为满足顾客多样化的需求，优中行采取区域化管理模式，构建了完善的采购网络。全国共设置了六大采购中心，分别位于北京、上海、广州、武汉、郑州、济南，负责执行整个公司的集中采购，各采购中心及其下辖区域如下：

- 华北采购中心（北京）：北京、天津、河北、山西、吉林、辽宁、黑龙江、内蒙古、宁夏。
- 华东采购中心（上海）：上海、浙江、江苏。
- 华南采购中心（广州）：广东、广西、福建、海南、台湾、香港、澳门。
- 华中采购中心（武汉）：湖北、湖南、江西、安徽。
- 华西采购中心（郑州）：河南、陕西、甘肃、青海、西藏、新疆、云南、贵州、四川、重庆。
- 山东采购中心（济南）：山东。

优中行确立了连锁经营的销售战略，在全国主要经济中心和大中城市建立了批发和零售的全渠道，形成了优之隆加盟店和新之隆会员店分销网络，现有分销门店200余家。

优中行的物流网络主要由三个部分组成：供应商采购、区域物流和城市物流。其中，供应商采购是由优中行向供应商提交采购订单后，由供应商自己组织物流运输，将产品送达到优中行的区域总仓。在此阶段，优中行干预少。当产品的需求地与供应地跨省时，这就需要各省级总仓之间的相互配合，即区域物流。一旦产品到达需求地的省级总仓时，就会由优之隆门店组织城市物流，将产品配送给各客户。从供应商到客户的整个供应链上的物流运输如图10-3所示。

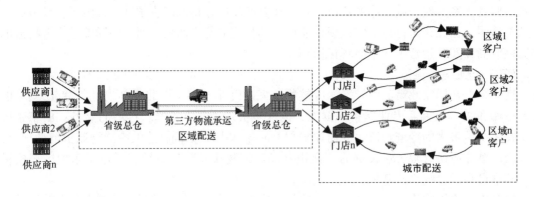

图 10-3 整个供应链上的物流运输

（二）区域物流

优中行的区域物流主要是将公司集中采购的产品经六大采购中心分拨到全国各大主要城市，以突破产品在地域上的限制。区域物流跨区域、跨省，路线较长；运输周期相对较长，一般3~7天；运输产品数量较多，频率较低。公司没有自有车队，区域配送全部以合约形式外包给第三方物流公司负责。

优中行对现有的仓库和区域配送网络资源进行整合优化。优中行冷链物流系统整合的重要工作之一是启动区域冷链物流班车：与第三方物流公司达成冷链物流班车合作方案，通过冷链班车提高运输效率，以压缩销售终端库存、提高库存周转率，带动冷链班车运行进入常规轨道，最终实现在保持既定服务水平下降低库存费用和运输费用总和。

优中行冷链物流班车的运作方案：在省际城市间开设一周两配、一周一配、两周一配班车，为食材冷链提供透明、高效运输与配送服务，年配送量为10万t；通过区域物流标准化运作和监控，实现产品从厂商到终端的快速流动，最大化保障产品质量；通过服务标准化、车辆标准化，设计从工厂生产、存储、运输以及在途运输过程的运作标准，整合社会货物流转路线，实现快速周转（周转速度提高一倍），降低成本（节约50%左右）。

优中行冷链物流班车的运作现状：优中行在全国设有北京、广州、上海、武汉、郑州五大物流中转中心。仅考虑优中行在省际城市之间的区域配送，产品的供给地包括六个城市（五大中转中心均在其内），需求地包括22个城市，从产品的供给城市到需求城市的冷链物流班车的运输路线分为直发和中转两种。优中行冷链物流班车中各城市的仓储费用由三个部分组成：仓库租金、人力成本和仓库管理费用。冷链物流班车配送表、标准运费价格表以及各区域仓储费用表见附件1~3。

考虑到优中行的产品在不同地区的需求情况不同，具有一定的地区性，使得物流网络更为复杂，增大了优化难度。由于冷链运输费用较高，为便于实际运作，优中行将需求量较小的需求地产品集货到附近的中转中心，以获得较低的单位运输成本，却在无形中增加了库存成本，同时降低了时效性。

（三）城市物流

优中行城市物流是指公司总仓按照各门店的需求，使用冷链车在市区内将商品配齐并准时送达指定位置的物流服务。城市物流在城市内部进行，路线较短但沿途停靠点较多，交通环境复杂；运送的产品品种多，数量少，频率高；冷链配送时效性强，制约条件多。优中行的城市物流包括两个部分：①由优中行线下实体品牌"优之隆冻品行"为全国范围内酒店、餐厅提供冷冻冷藏食品及原材料的供应和同城配送服务；②为服务于优中行电子商务平台"优之隆美食速递网"应运而生的优之隆美食速递站提供的城市物流服务，该项目是优中行重点打造项目之一。从公司未来发展的角度来看，优之隆冻品行被定位为优中行的VIP经销商，故在本案例中不做过多考虑。

公司的优之隆美食速递站项目作为优之隆直销部独立的事业部运作，致力于打造冷冻食材线上线下结合的电商销售模式，也是搭建整个供应链冷链物流网络不可缺少的一部分。优之隆美食速递站的客户定位分为业务类和消费类，其中，业务类包括大型连锁餐饮客户、中小型餐饮客户、宾馆酒店、机关团体及其食堂、经销商/批发商；消费类包括社区居民、个人/家庭普通消费者、网络团购类。但是由于针对业务类客户的销售状况不佳，故公司将美食速递站的业务重心瞄准在了消费类客户上。

美食速递站经营现状：优之隆美食速递站点主要开设在城区大型商圈或餐饮客户相对集中的街区内及其周边、大型集贸市场周边、各大中型居民社区内的服务功能区或菜市场周边，站点面积为30~50m²，日均人流量不低于1000人次。每个站点配备2~3人，冷链配送车辆1辆，手推车1~2台。目前，优之隆美食速递站已在武汉市内建立了七家。

优之隆美食速递站是城市物流的重要节点，其涉及的物流包括两部分：从优中行的省级总仓到美食速递站的配送，从美食速递站点到客户的配送。由于美食速递站的物流能力有限，目前只能完成从省级总仓到各个站点的配送，并承诺24h全程冷链送达。而各个站点到客户的配送主要是由客户上门自提或是第三方物流外包完成（除少量客户由站点配送外），其中客户自提平均每天20单，第三方配送平均每天10单。优之隆美食速递站未来的发展目标是在快速发展自由门店的基础上，逐步完成两部分的物流服务，以打造优中行自己的城市物流宅配系统。

从优之隆美食速递站的销售情况来看，当前美食速递网站上的订单基本100%从站点提货，淘宝网上则有70%订单从站点提货。站点承接的美食速递网业务达到了月销15万元的水平，淘宝业务也以快速的增长打败了98%的同行竞争对手。美食速递站从2021年7月至11月的销售情况如表10-1所示。

表10-1　优之隆美食速递站2021年7月至11月的销售情况

	计划销售（万元）	实际销售（万元）	销售额达成率（%）	利润率（%）	毛利率（%）
7月	88.00	73.53	83.56	−38.60	18.56
8月	112.00	106.87	95.42	−34.53	17.69
9月	128.00	106.16	82.94	−21.27	21.46
10月	88.00	58.04	65.95	−38.77	27.93
11月	105.00	68.00	64.76	−28.82	30.00

五、面对的挑战

公司自成立以来，在整个供应链中一直充当的是经销商的角色。而近两年，餐饮业收入锐减，不可避免地影响了优中行的销售情况。面对这样的市场环境，公司董事长朱总早有预感，深知如果公司按照以往的方式运营下去，终将没落。他也急迫地带领公司进行战略转化，欲把公司从一个传统的经销商转化成一个服务提供商。朱总提出公司未来的供应链服务模式为线上交易、线下配送一体化服务（Business Online Distribution Offline with Integrated Service）。利用公司20多年来积累的资源，通过线上平台的构建，为食材供应商、客户提供更多的透明信息，促进上下游交易的达成，然后通过线下平台为上下游提供服务，实现整个供应链的整合。

英雄所见略同，面对同样的环境，朱总能想到当然也有其他人想到。面对冷链这一片蓝海，各大企业争先进入，想从中分得一杯羹。冷链行业的竞争越演越烈，在竞争中如何做到减少中间环节、缩短产品的物流时间，关系到企业的市场竞争力。同时，冷链物流具有高成本特点，如何避免库存的积压、降低库存和运输成本，是至关重要的议题。最后，冷链市场具有需求空间分布广泛的特性，如何让冷链物流服务覆盖到尽可能多的目标市场，也是冷链企业迫切要解决的问题。要做到这三点，需要一个反应快速、经济适用、触角遍布各地的物流网络。谁能率先运用仓储、物流能力，建立完整的冷链物流系统，谁就会成为这轮市场角逐的胜利者。

朱总对公司下一步的冷链物流发展已经有了初步的构想。首先是区域物流，冷链物流专线班车目前主要服务于各省会城市，为了实现公司全国配送的承诺，地县级城市也是公司需要努力的方向。朱总说："即使是地县级城市，我们也必须坚持七天交货，一周一配，不能厚此薄彼。"当然，服务地县级城市就面对运量少、物流成本高的窘境。"我们可以只与几家中小物流公司合作，由我们集中购买车载小冷柜，然后转租/卖给物流商，以解决运量少、成本高的问题。"朱总如此说。然后是城市物流，这可是朱总心中的明星业务，他认为就目前的公司的境况，还不能完全实现由自己完成城市配送，所以朱总对此提出"定线定车"的想法，即在城市里发展物流加盟商，由专门的物流商负责确定线路的配送。

优中行紧迫的转型，确实激励朱总产生了很多新想法。但是想归想，做起来就难多了。就公司目前的运作来看，主要存在以下五个方面的挑战。

1. 资金占用严重

冷链行业是一个高成本的行业，虽然公司每年的销售额达到了10亿元左右，但是毛利率仅为10%~30%。公司以产品的种类多和新为特色，服务于餐饮客户，经营产品种类达到上千种，各地需要的食材也不尽相同。为了达到"满足客户需求、保障客户货源、不断更新新品、提高客户满意度"的客户服务模式，公司按客户的需求货源供货，货物的整体备货量大，其库存达到销售量的1.2~1.5倍，占用公司大量资金。同时，由于产品种类多，单个产品的库存不平衡，容易导致某些产品脱销，而某些产品滞销。而且产品的不断更新，也给公司带来了潜在的销售风险。

资金占用量大，严重影响了公司在其他方面的投资。现正值公司构建冷链物流网络的关键时期，不可避免地受到了资金短缺的影响。公司将区域配送外包给第三方的物流公司，高质量的物流公司成本也高，而成本低的服务质量又得不到保证，两极分化严重。虽然冷链物流班车通过与第三方物流达成长期合作战略，能有效地解决这个问题，但是其运营的初期成效并不好。在城市配送中，优之隆美食速递站承担着重要的节点作用，每个站点的车辆均为自有车辆，考虑到今后优之隆美食速递站在全国范围内的扩展，购车成本也是一笔不小的开支。

2. 仓储管理低效

以武汉总仓为例，总面积为$3440m^2$，利用率为55%，单位存货为0.7~0.8t，每吨产品的单价为3万元。仓库的固定资产按五年折旧为100万元，每月人工成本为4.5万元，管理费用为2万元。目前已采用叉车托盘作业，储位已编号，但是并没有使用条码。虽然仓库存放有1000种品项的产品，但由于缺乏相关的信息系统，产品的进出以及摆放工作仅凭工人的经验。公司的仓储管理存在最严重的两个问题：①经常会出现产品过期而无人知道的现象；②库存周转天数长达66天，这也是让物流总监陈总最为头疼的问题，他还说道："如果将库存周转天数由66天降到25~30天的话，将会为公司省出一大笔钱。"

3. 时效性差

从区域配送来看，虽然目前公司启动了冷链班车，但是并非任意两个城市之间都直达，货物往往需要被中转，其目的是为了集货以提高冷链车的装载率，从而降低单位运输成本。省级城市之间的运输线路本来就长，经中转之后货物的运输时间就更长了。从城市配送来看，美食速递站的配送能力有限，只能承担少量客户的配送，导致客户的需求不能被及时满足。

4. 客户的不信任

公司建立冷链班车，除了为自己提供运输服务外，还想整合外部资源，对外提供物流服务，一方面通过资源的整合提高冷链车的装载率，另一方面为公司转型为服务供应商提供支撑。为了得到客户的认可，公司甚至花钱请下游客户去国外的大型工厂集体订货，但是最终客户却选择不经过优中行而直接向工厂订货，在高服务与低成本的权衡中，客户更倾向于低成本。

5. 外部环境限制

冷链行业的发展还处在初期，行业标准不健全，基础设施不完善。以专业的第三方冷链物流公司为例，服务质量有保障的物流公司通常不对外提供服务，而其他的物流公司规模小，运输过程难以监控，风险大。优中行通常会与第三方物流公司或者冷链车个体户签订运输协议，但是由于公司网络的复杂性，并不能保证在公司的每一条线路上均能找到合适的车辆运输，即使找到了，也不能保证产品在运输过程中全程冷链。

面对如此多的挑战，公司的冷链物流发展的路程还很长。但是，公司转型的迫切需求给公司的员工带来了巨大的压力，尤其是在优之隆美食速递站和冷链物流班车项目启动之后。在了解了优中行的冷链物流的基本运作之后，你认为现有的冷链物流方案是否存在改进的地方，如何改进？朱总对冷链物流的下一步构想是否可行，存在哪些方面的问题？

（案例来源：湖北经济学院物流大赛案例，内容有所改编。）

案例任务要求：

1. 时间要求：45 分钟。

2. 分组要求：4~6 人为一组。

3. 实施步骤：以组为单位对案例进行梳理，结合冷链物流管理的业务流程，深入分析案例内容，针对优中行现有的冷链物流方案提出改进建议，并分析朱总对冷链物流发展的下一步构想的可行性，指出其存在的问题。

附件 1　优中行冷链物流班车配送表

发运地	目的地	发运方式	年度配送量/t	月配送量/t	周配送量/t	周配送频次	固定班车发运时间
北京	成都	郑州中转	72.0	6.0	1.4	1.0	周二发车周五到郑州下周二到成都
	福州	上海中转	52.0	4.0	1.0	1.0	周二发车周五到上海下周二到福州
	广州	直发	586.0	49.0	11.3	2.0	周二、周五发车
	贵阳	广州中转	49.0	4.0	0.9	1.0	周二发车周五到广州下周五到贵阳
	杭州	直发	470.0	39.0	9.0	1.0	周二发车
	合肥	武汉中转	135.0	11.0	2.6	1.0	周二发车周五到武汉下周二到合肥
	济南	直发	100.0	8.0	1.9	2.0	周二、周五发车
	昆明	广州中转	52.0	4.0	1.0	1.0	周二发车周五到广州下周五到昆明
	兰州	郑州中转	52.0	4.0	1.0	1.0	周二发车周五到郑州下周二到兰州
	南昌	武汉中转	140.0	12.0	2.7	1.0	周二发车周五到武汉下周二到南昌
	南京	直发	354.0	29.0	6.8	1.0	周二发车
	南宁	广州中转	52.0	4.0	1.0	1.0	周二发车周五到广州下周五到南宁
	上海	直发	557.0	46.0	10.7	2.0	周二、周五发车
	沈阳	直发	195.0	16.0	3.8	1.0	周二发车
	太原	直发	62.0	5.0	1.2	1.0	周二发车
	无锡	直发	472.0	39.0	9.1	1.0	周二发车
	武汉	直发	922.0	77.0	17.7	2.0	周二、周五发车
	西安	郑州中转	123.0	10.0	2.4	1.0	周二发车周五到郑州下周五到西安
	长沙	武汉中转	273.0	23.0	5.3	1.0	周二发车周五到武汉下周二到长沙
	郑州	直发	100.0	8.0	1.9	2.0	周二、周五发车
	重庆	郑州中转	70.0	6.0	1.3	1.0	周二发车周五到郑州下周二到重庆

（续）

发运地	目的地	发运方式	年度配送量/t	月配送量/t	周配送量/t	周配送频次	固定班车发运时间
广州	北京	直发	1891.0	158.0	36.4	2.0	周二、周五发车
	成都	直发	175.0	15.0	3.4	1.0	周二发车
	福州	直发	125.0	10.0	2.4	2.0	周二、周五发车
	贵阳	直发	118.0	10.0	2.3	2.0	周二、周五发车
	杭州	直发	1142.0	95.0	22.0	2.0	周二、周五发车
	合肥	直发	326.0	27.0	6.3	1.0	周二发车
	济南	北京中转	242.0	20.0	4.7	1.0	周二发车周五到北京下周二到济南
	昆明	直发	125.0	10.0	2.4	2.0	周二、周五发车
	兰州	郑州中转	125.0	10.0	2.4	1.0	周二发车周五到郑州下周五到兰州
	南昌	直发	339.0	28.0	6.5	1.0	周二发车
	南京	直发	859.0	72.0	16.5	1.0	周二发车
	南宁	直发	125.0	10.0	2.4	2.0	周二、周五发车
	上海	直发	1353.0	113.0	26.0	2.0	周二、周五发车
	沈阳	北京中转	474.0	39.0	9.1	1.0	周二发车周五到北京下周五到沈阳
	太原	北京中转	150.0	13.0	2.9	1.0	周二发车周五到北京下周五到太原
	无锡	直发	1145.0	95.0	22.0	2.0	周二、周五发车
	武汉	直发	2238.0	187.0	43.0	2.0	周二、周五发车
	西安	郑州中转	299.0	25.0	5.7	1.0	周二发车周五到郑州下周五到西安
	长沙	直发	664.0	55.0	12.8	1.0	周二发车
	郑州	直发	242.0	20.0	4.7	1.0	周二发车
	重庆	直发	169.0	14.0	3.2	1.0	周二发车
济南	北京	直发	356.0	30.0	6.8	1.0	周二发车
	成都	郑州中转	33.0	3.0	0.6	1.0	周二发车周五到郑州下周五到成都
	福州	广州中转	24.0	2.0	0.5	1.0	周二发车周五到北京下周二到广州再下周二到福州
	广州	直发	268.0	22.0	5.1	1.0	周二发车
	贵阳	广州中转	22.0	2.0	0.4	1.0	周二发车周五到北京下周二到广州再下周二到贵阳
	杭州	直发	215.0	18.0	4.1	1.0	周二发车
	合肥	武汉中转	62.0	5.0	1.2	1.0	周二发车周五到北京下周二到武汉周五到合肥
	昆明	广州中转	24.0	2.0	0.5	1.0	周二发车周五到北京下周二到广州再下周二到昆明
	兰州	郑州中转	24.0	2.0	0.5	1.0	周二发车周五到郑州下周五到兰州
	南昌	武汉中转	64.0	5.0	1.2	1.0	周二发车周五到北京下周二到武汉周五到南昌

（续）

发运地	目的地	发运方式	年度配送量/t	月配送量/t	周配送量/t	周配送频次	固定班车发运时间
济南	南京	直发	162.0	13.0	3.1	1.0	周二发车
	南宁	广州中转	24.0	2.0	0.5	1.0	周二发车周五到北京下周二到广州再下周二到南宁
	上海	直发	255.0	21.0	4.9	1.0	周二发车
	沈阳	北京中转	90.0	7.0	1.7	1.0	周二发车周五到北京下周五到沈阳
	太原	直发	28.0	2.0	0.5	1.0	周二发车
	无锡	直发	216.0	18.0	4.1	1.0	周二发车
	武汉	直发	421.0	35.0	8.1	1.0	周二发车
	西安	郑州中转	56.0	5.0	1.1	1.0	周二发车周五到郑州下周五到西安
	长沙	武汉中转	125.0	10.0	2.4	1.0	周二发车周五到北京下周二到武汉周五到长沙
	郑州	直发	46.0	4.0	0.9	1.0	周二发车
	重庆	郑州中转	32.0	3.0	0.6	1.0	周二发车周五到郑州下周五到重庆
上海	北京	直发	586.0	49.0	11.3	2.0	周二、周五发车
	成都	郑州中转	54.0	5.0	1.0	1.0	周二发车周五到武汉下周二到郑州周五到成都
	福州	直发	39.0	3	0.7	1.0	周二发车
	广州	直发	441.0	37.0	8.5	2.0	周二、周五发车
	贵阳	广州中转	37.0	3.0	0.7	1.0	周二发车周五到广州下周五到贵阳
	杭州	直发	354.0	29.0	6.8	3.0	周二、周四、周六发车
	合肥	直发	101.0	8.0	1.9	1.0	周二发车
	济南	北京中转	75.0	6.0	1.4	1.0	周二发车周五到北京下周二到济南
	昆明	广州中转	39.0	3.0	0.7	1.0	周二发车周五到广州下周五到昆明
	兰州	郑州中转	39.0	3.0	0.7	1.0	周二发车周五到武汉下周二到郑州周五到兰州
	南昌	武汉中转	105.0	9.0	2.0	1.0	周二发车周五到武汉下周二到南昌
	南京	直发	266.0	22.0	5.1	3.0	周二、周四、周六发车
	南宁	广州中转	39.0	3.0	0.7	1.0	周二发车周五到广州下周五到南宁
	沈阳	北京中转	147.0	12.0	2.8	1.0	周二发车周五到北京下周五到沈阳
	太原	北京中转	47.0	4.0	0.9	1.0	周二发车周五到北京下周二到太原
	无锡	直发	355.0	30.0	6.8	3.0	周二、周四、周六发车
	武汉	直发	694.0	58.0	13.3	2.0	周二、周五发车
	西安	郑州中转	93.0	8.0	1.8	1.0	周二发车周五到武汉下周二到郑州周五到西安
	长沙	武汉中转	206.0	17.0	4.0	1.0	周二发车周五到武汉下周二到长沙

（续）

发运地	目的地	发运方式	年度配送量/t	月配送量/t	周配送量/t	周配送频次	固定班车发运时间
上海	郑州	武汉中转	75.0	6.0	1.4	1.0	周二发车周五到武汉下周二到郑州
	重庆	郑州中转	52.0	4.0	1.0	1.0	周二发车周五到武汉下周二到郑州周五到重庆
武汉	北京	直发	1587.0	132.0	30.5	2.0	周二、周五发车
	成都	郑州中转	147.0	12.0	2.8	1.0	周二发车周五到郑州下周五到成都
	福州	广州中转	105.0	9.0	2.0	1.0	周二发车周五到广州下周五到福州
	广州	直发	1193.0	99.0	22.9	2.0	周二、周五发车
	贵阳	广州中转	99.0	8.0	1.9	1.0	周二发车周五到广州下周五到贵阳
	杭州	直发	958.0	80.0	18.4	2.0	周二、周五发车
	合肥	直发	274.0	23.0	5.3	3.0	周二、周四、周六发车
	济南	北京中转	203.0	17.0	3.9	1.0	周二发车周五到北京下周二到济南
	昆明	广州中转	105.0	9.0	2.0	1.0	周二发车周五到广州下周五到昆明
	兰州	郑州中转	105.0	9.0	2.0	1.0	周二发车周五到郑州下周五到兰州
	南昌	直发	284.0	24.0	5.5	3.0	周二、周四、周六发车
	南京	直发	721.0	60.0	13.9	2.0	周二、周五发车
	南宁	广州中转	105.0	9.0	2.0	1.0	周二发车周五到广州下周五到南宁
	上海	直发	1136.0	95.0	21.8	2.0	周二、周五发车
	沈阳	北京中转	397.0	33.0	7.6	1.0	周二发车周五到北京下周五到沈阳
	太原	北京中转	126.0	11.0	2.4	1.0	周二发车周五到北京下周五到太原
	无锡	直发	961.0	80.0	18.5	2.0	周二、周五发车
	西安	郑州中转	251.0	21.0	4.8	1.0	周二发车周五到郑州下周五到西安
	长沙	直发	557.0	46.0	10.7	3.0	周二、周四、周六发车
	郑州	直发	203.0	17.0	3.9	2.0	周二、周五发车
	重庆	郑州中转	142.0	12.0	2.7	1.0	周二发车周五到郑州下周五到重庆
郑州	北京	直发	252.0	21.0	4.8	1.0	周二发车
	成都	直发	24.0	2.0	0.5	3.0	周二发车
	福州	广州中转	17.0	1.0	0.3	1.0	周二发车周五到广州下周五到福州
	广州	直发	190.0	16.0	3.6	1.0	周二发车
	贵阳	广州中转	16.0	1.0	0.3	1.0	周二发车周五到广州下周五到贵阳
	杭州	直发	152.0	13.0	2.9	1.0	周二发车
	合肥	武汉中转	44.0	4.0	0.8	1.0	周二发车周五到武汉下周二到合肥
	济南	直发	33.0	3.0	0.6	1.0	周二发车
	昆明	广州中转	17.0	1.0	0.3	1.0	周二发车周五到广州下周五到昆明
	兰州	直发	17.0	1.0	0.3	2.0	周二发车
	南昌	武汉中转	45.0	4.0	0.9	1.0	周二发车周五到武汉下周二到南昌

（续）

发运地	目的地	发运方式	年度配送量/t	月配送量/t	周配送量/t	周配送频次	固定班车发运时间
郑州	南京	直发	115.0	10.0	2.2	1.0	周二发车
	南宁	广州中转	17.0	1.0	0.3	1.0	周二发车周五到广州下周五到南宁
	上海	直发	181.0	15.0	3.5	1.0	周二发车
	沈阳	北京中转	63.0	5.0	1.2	1.0	周二发车周五到北京下周五到沈阳
	太原	直发	20.0	2.0	0.4	1.0	周二发车
	无锡	直发	153.0	13.0	2.9	1.0	周二发车
	武汉	直发	299.0	25.0	5.7	1.0	周二发车
	西安	直发	40.0	3.0	0.8	3.0	周二发车
	长沙	武汉中转	89.0	7.0	1.7	1.0	周二发车周五到武汉下周二到长沙
	重庆	直发	23.0	2.0	0.4	3.0	周二发车

注：省际各城市发货后3天到货。

附件2　优中行冷链班车标准运费价格表

出发地	目的地	里程	标准价格/［元/（t·km）］				标准价格/（元/t）			
			0<X≤1t	1t<X≤4t	4t<X≤10t	10t<X	0<X≤1t	1t<X≤4t	4t<X≤10t	10t<X
北京	广州	2050	0.80	0.49	0.43	0.41	1640.00	1004.50	881.50	840.50
	济南	453	1.27	0.98	0.92	0.88	575.31	443.94	416.76	398.64
	上海	1350	0.95	0.61	0.55	0.53	1282.50	823.50	742.50	715.50
	武汉	1160	0.95	0.61	0.55	0.53	1102.00	707.60	638.00	614.80
	郑州	764	1.16	0.77	0.68	0.63	886.24	588.28	519.52	481.32
	成都	2001	0.80	0.49	0.43	0.41	1600.80	980.49	860.43	820.41
	福州	2331	0.80	0.49	0.43	0.41	1864.80	1142.19	1002.33	955.71
	贵阳	2343	0.80	0.49	0.43	0.41	1874.40	1148.07	1007.49	960.63
	杭州	1420	0.95	0.61	0.55	0.53	1349.00	866.20	781.00	752.60
	合肥	1126	0.95	0.61	0.55	0.53	1069.70	686.86	619.30	596.78
	昆明	2982	0.80	0.49	0.43	0.41	2385.60	1461.18	1282.26	1222.62
	兰州	1803	0.91	0.59	0.53	0.50	1640.73	1063.77	955.59	901.50
	南昌	1560	0.91	0.59	0.53	0.50	1419.60	920.40	826.80	780.00
	南京	1080	0.95	0.61	0.55	0.53	1026.00	658.80	594.00	572.40
	南宁	2563	0.80	0.49	0.43	0.41	2050.40	1255.87	1102.09	1050.83
	沈阳	800	1.16	0.77	0.68	0.63	928.00	616.00	544.00	504.00
	太原	660	1.16	0.77	0.68	0.63	765.60	508.20	448.80	415.80
	无锡	1200	0.95	0.61	0.55	0.53	1140.00	732.00	660.00	636.00
	西安	1159	0.95	0.61	0.55	0.53	1101.05	706.99	637.45	614.27
	长沙	1505	0.91	0.59	0.53	0.50	1369.55	887.95	797.65	752.50
	重庆	1936	0.91	0.59	0.53	0.50	1761.76	1142.24	1026.08	968.00

（续）

出发地	目的地	里程	标准价格/［元/（t·km）］				标准价格/（元/t）			
			0<X≤1t	1t<X≤4t	4t<X≤10t	10t<X	0<X≤1t	1t<X≤4t	4t<X≤10t	10t<X
广州	北京	2050	0.80	0.49	0.43	0.41	1640.00	1004.50	881.50	840.50
	济南	2005	0.80	0.49	0.43	0.41	1604.00	982.45	862.15	822.05
	上海	1590	0.91	0.59	0.53	0.50	1446.90	938.10	842.70	795.00
	武汉	1080	0.95	0.61	0.55	0.53	1026.00	658.80	594.00	572.40
	郑州	1609	0.91	0.59	0.53	0.50	1464.19	949.31	852.77	804.50
	成都	2233	0.80	0.49	0.43	0.41	1786.40	1094.17	960.19	915.53
	福州	1085	0.95	0.61	0.55	0.53	1030.75	661.85	596.75	575.05
	贵阳	1552	0.91	0.59	0.53	0.50	1412.32	915.68	822.56	776.00
	杭州	1350	0.95	0.61	0.55	0.53	1282.50	823.50	742.50	715.50
	合肥	1370	0.95	0.61	0.55	0.53	1301.50	835.70	753.50	726.10
	昆明	1637	0.91	0.59	0.53	0.50	1489.67	965.83	867.61	818.50
	兰州	2792	0.80	0.49	0.43	0.41	2233.60	1368.08	1200.56	1144.72
	南昌	933	1.16	0.77	0.68	0.63	1082.28	718.41	634.44	587.79
	南京	1450	0.95	0.61	0.55	0.53	1377.50	884.50	797.50	768.50
	南宁	809	1.16	0.77	0.68	0.63	938.44	622.93	550.12	509.67
	沈阳	2900	0.80	0.49	0.43	0.41	2320.00	1421.00	1247.00	1189.00
	太原	2085	0.80	0.49	0.43	0.41	1668.00	1021.65	896.55	854.85
	无锡	1700	0.91	0.59	0.53	0.50	1547.00	1003.00	901.00	850.00
	西安	2176	0.80	0.49	0.43	0.41	1740.80	1066.24	935.68	892.16
	长沙	746	1.16	0.77	0.68	0.63	865.36	574.42	507.28	469.98
	重庆	1907	0.91	0.59	0.53	0.50	1735.37	1125.13	1010.71	953.50
济南	北京	453	1.27	0.98	0.92	0.88	575.31	443.94	416.76	398.64
	广州	2005	0.80	0.49	0.43	0.41	1604.00	982.45	862.15	822.05
	上海	900	1.16	0.77	0.68	0.63	1044.00	693.00	612.00	567.00
	武汉	900	1.16	0.77	0.68	0.63	1044.00	693.00	612.00	567.00
	郑州	463	1.27	0.98	0.92	0.88	588.01	453.74	425.96	407.44
	成都	1610	0.91	0.59	0.53	0.50	1465.10	949.90	853.30	805.00
	福州	1836	0.91	0.59	0.53	0.50	1670.76	1083.24	973.08	918.00
	贵阳	2340	0.80	0.49	0.43	0.41	1872.00	1146.60	1006.20	959.40
	杭州	850	1.16	0.77	0.68	0.63	986.00	654.50	578.00	535.50
	合肥	727	1.16	0.77	0.68	0.63	843.32	559.79	494.36	458.01
	昆明	2978	0.80	0.49	0.43	0.41	2382.40	1459.22	1280.54	1220.98
	兰州	1855	0.91	0.59	0.53	0.50	1688.05	1094.45	983.15	927.50
	南昌	1164	0.95	0.61	0.55	0.53	1105.80	710.04	640.20	616.92
	南京	650	1.16	0.77	0.68	0.63	754.00	500.50	442.00	409.50

(续)

出发地	目的地	里程	标准价格/［元/（t·km）］				标准价格/（元/t）			
			$0<X\leqslant 1t$	$1t<X\leqslant 4t$	$4t<X\leqslant 10t$	$10t<X$	$0<X\leqslant 1t$	$1t<X\leqslant 4t$	$4t<X\leqslant 10t$	$10t<X$
济南	南宁	2525	0.80	0.49	0.43	0.41	2020.00	1237.25	1085.75	1035.25
	沈阳	1060	0.95	0.61	0.55	0.53	1007.00	646.60	583.00	561.80
	太原	600	1.16	0.77	0.68	0.63	696.00	462.00	408.00	378.00
	无锡	770	1.16	0.77	0.68	0.63	893.20	592.90	523.60	485.10
	西安	1179	0.95	0.61	0.55	0.53	1120.05	719.19	648.45	624.87
	长沙	1150	0.95	0.61	0.55	0.53	1092.50	701.50	632.50	609.50
	重庆	1837	0.91	0.59	0.53	0.50	1671.67	1083.83	973.61	918.50
上海	北京	1350	0.95	0.61	0.55	0.53	1282.50	823.50	742.50	715.50
	广州	1590	0.91	0.59	0.53	0.50	1446.90	938.10	842.70	795.00
	济南	900	1.16	0.77	0.68	0.63	1044.00	693.00	612.00	567.00
	武汉	900	1.16	0.77	0.68	0.63	1044.00	693.00	612.00	567.00
	郑州	950	1.16	0.77	0.68	0.63	1102.00	731.50	646.00	598.50
	南昌	873	1.16	0.77	0.68	0.63	1012.68	672.21	593.64	549.99
	成都	2159	0.8	0.49	0.43	0.41	1727.20	1057.91	928.37	885.19
	福州	884	1.16	0.77	0.68	0.63	1025.44	680.68	601.12	556.92
	贵阳	1993	0.91	0.59	0.53	0.50	1813.63	1175.87	1056.29	996.50
	杭州	250	1.27	0.98	0.92	0.88	317.50	245.00	230.00	220.00
	合肥	530	1.16	0.77	0.68	0.63	614.80	408.10	360.40	333.90
	昆明	2656	0.80	0.49	0.43	0.41	2124.80	1301.44	1142.08	1088.96
	兰州	2185	0.80	0.49	0.43	0.41	1748.00	1070.65	939.55	895.85
	南京	360	1.27	0.98	0.92	0.88	457.20	352.80	331.20	316.80
	南宁	2048	0.80	0.49	0.43	0.41	1638.40	1003.52	880.64	839.68
	沈阳	1833	0.91	0.59	0.53	0.50	1668.03	1081.47	971.49	916.50
	太原	1410	0.95	0.61	0.55	0.53	1339.50	860.10	775.50	747.30
	无锡	158	1.48	1.17	1.10	1.05	233.84	184.86	173.80	165.90
	西安	1509	0.91	0.59	0.53	0.50	1373.19	890.31	799.77	754.50
	长沙	1050	0.95	0.61	0.55	0.53	997.50	640.50	577.50	556.50
	重庆	1949	0.91	0.59	0.53	0.50	1773.59	1149.91	1032.97	974.50
武汉	北京	1160	0.95	0.61	0.55	0.53	1102.00	707.60	638.00	614.80
	广州	1080	0.95	0.61	0.55	0.53	1026.00	658.80	594.00	572.40
	济南	900	1.16	0.77	0.68	0.63	1044.00	693.00	612.00	567.00
	上海	900	1.16	0.77	0.68	0.63	1044.00	693.00	612.00	567.00
	郑州	590	1.16	0.77	0.68	0.63	684.40	454.30	401.20	371.70
	南昌	401	1.27	0.98	0.92	0.88	509.27	392.98	368.92	352.88
	成都	1286	0.95	0.61	0.55	0.53	1221.70	784.46	707.30	681.58

（续）

出发地	目的地	里程	标准价格/［元/（t·km）］				标准价格/（元/t）			
			$0<X\leqslant1t$	$1t<X\leqslant4t$	$4t<X\leqslant10t$	$10t<X$	$0<X\leqslant1t$	$1t<X\leqslant4t$	$4t<X\leqslant10t$	$10t<X$
武汉	福州	954	1.16	0.77	0.68	0.63	1106.64	734.58	648.72	601.02
	贵阳	1306	0.95	0.61	0.55	0.53	1240.70	796.66	718.30	692.18
	杭州	820	1.16	0.77	0.68	0.63	951.20	631.40	557.60	516.60
	合肥	484	1.27	0.98	0.92	0.88	614.68	474.32	445.28	425.92
	昆明	2034	0.80	0.49	0.43	0.41	1627.20	996.66	874.62	833.94
	兰州	1701	0.91	0.59	0.53	0.50	1547.91	1003.59	901.53	850.50
	南京	690	1.16	0.77	0.68	0.63	800.40	531.30	469.20	434.70
	南宁	1392	0.95	0.61	0.55	0.53	1322.40	849.12	765.60	737.76
	沈阳	1840	0.91	0.59	0.53	0.50	1674.40	1085.60	975.20	920.00
	太原	1066	0.95	0.61	0.55	0.53	1012.70	650.26	586.30	564.98
	无锡	795	1.16	0.77	0.68	0.63	922.20	612.15	540.60	500.85
	西安	1025	0.95	0.61	0.55	0.53	973.75	625.25	563.75	543.25
	长沙	414	1.27	0.98	0.92	0.88	525.78	405.72	380.88	364.32
	重庆	1159	0.95	0.61	0.55	0.53	1101.05	706.99	637.45	614.27
郑州	北京	764	1.16	0.77	0.68	0.63	886.24	588.28	519.52	481.32
	广州	1609	0.91	0.59	0.53	0.50	1464.19	949.31	852.77	804.50
	济南	463	1.27	0.98	0.92	0.88	588.01	453.74	425.96	407.44
	上海	950	1.16	0.77	0.68	0.63	1102.00	731.50	646.00	598.50
	武汉	590	1.16	0.77	0.68	0.63	684.40	454.30	401.20	371.70
	成都	1522	0.91	0.59	0.53	0.50	1385.02	897.98	806.66	761.00
	福州	1593	0.91	0.59	0.53	0.50	1449.63	939.87	844.29	796.50
	贵阳	1654	0.91	0.59	0.53	0.50	1505.14	975.86	876.62	827
	杭州	930	1.16	0.77	0.68	0.63	1078.80	716.10	632.40	585.90
	合肥	690	1.16	0.77	0.68	0.63	800.40	531.30	469.20	434.70
	昆明	2485	0.80	0.49	0.43	0.41	1988.00	1217.65	1068.55	1018.85
	兰州	1187	0.95	0.61	0.55	0.53	1127.65	724.07	652.85	629.11
	南昌	954	1.16	0.77	0.68	0.63	1106.64	734.58	648.72	601.02
	南京	760	1.16	0.77	0.68	0.63	881.60	585.20	516.80	478.80
	南宁	1877	0.91	0.59	0.53	0.50	1708.07	1107.43	994.81	938.50
	沈阳	1461	0.95	0.61	0.55	0.53	1387.95	891.21	803.55	774.33
	太原	485	1.27	0.98	0.92	0.88	615.95	475.30	446.20	426.80
	无锡	898	1.16	0.77	0.68	0.63	1041.68	691.46	610.64	565.74
	西安	511	1.16	0.77	0.68	0.63	592.76	393.47	347.48	321.93
	长沙	923	1.16	0.77	0.68	0.63	1070.68	710.71	627.64	581.49
	重庆	1403	0.95	0.61	0.55	0.53	1332.85	855.83	771.65	743.59

附件3　各区域仓储费用

区域仓库	产品存放周期	仓租/〔(元/t)/天〕(包库面积按实际合同结算)	入库人力成本/(元/t)	出库人力成本/(元/t)	管理费/(元/t)
北京总仓	1~3个月	3.6	25	25	20
	3~9个月	4.8	25	25	20
	9个月以上	7.2	25	25	20
广州总仓	1~3个月	3.6	25	25	20
	3~9个月	4.8	25	25	20
	9个月以上	7.2	25	25	20
济南总仓	1~3个月	2.6	25	25	20
	3~9个月	3.3	25	25	20
	9个月以上	5	25	25	20
上海总仓	1~3个月	3.6	25	25	20
	3~9个月	4.8	25	25	20
	9个月以上	7.2	25	25	20
武汉总仓	1~3个月	1.81	25	25	20
	3~9个月	2.4	25	25	20
	9个月以上	3.6	25	25	20
郑州总仓	1~3个月	2.6	25	25	20
	3~9个月	3.3	25	25	20
	9个月以上	5	25	25	20

案例二　ZM 现代物流有限公司冷链物流发展的思考

ZM 现代物流有限公司（以下简称 ZM 物流）是一家供应链集成服务商，它由曾经单一的冷链运输商成功转型为将商流、物流、信息流和资金流整合为一体领先的专业供应链解决服务商。ZM 现代物流有限公司主要从事冷链物流、汽配物流、电商物流、商贸物流、供应链金融等领域的服务。

（一）冷链物流业务

ZM 物流提出了"百库计划"，表示将公司的冷库数量从 32 个扩张到 100 个。ZM 物流有丰富的冷链物流运作经验，物流网络覆盖全国 90% 以上主要城市，在多个城市建有冷藏库和冻库，公司提出的"百库计划"表示未来要将冷库数量从 32 个扩张到 100 个。ZM 物流还根据客户需求提供以干线、仓储和市配为主的全程冷链服务及其相关衍生服务，服务客户包括大型食品企业、大型超市、连锁餐饮、各种大型冷库，如麦当劳、肯德基、光明、蒙牛、伊利、雨润、哈根达斯等。ZM 物流拥有一支高素质的、能够适应市场和客户要求的运作团队，负责为客户制定专属的运作流程。公司为客户提供了仓储、运输、配送、信息等全方位的物流支持，所有车辆均实现了 GPS 跟踪。

（二）汽配物流业务

汽配物流业务是 ZM 物流的核心业务之一，由延锋伟世通、上海捷众、上海申雅、

SABS、小糸车灯、芜湖区域、仪征基地七大业务板块构成，秉承"心系所托，物畅其流"的服务理念，以"成为领先的专业供应链解决方案提供商"为宗旨，从最初的单一汽车零部件运输和仓库服务，发展成为一个集运输、仓储、增值加工、系统支持、供应链方案设计为一体的综合性现代物流服务商。为客户提供干线运输、市内短驳运输、厂内短驳运输、仓库管理、仓库增值服务、供应链方案设计等一系列优质的、专业的、一体化物流服务。服务的主要客户有延锋、联晟、申雅、奇瑞、上汽 SABS、江森等。

（三）电商物流业务

电商物流业务以进出口物流与贸易、国内冷链专线、市内配送、生鲜宅配、仓储运输、冷鲜食品及医药化工等贸易代理为主要服务模式，拥有损腐率控制及"最后一公里"解决等技术，目前已与阿里巴巴、东方航空公司、淘宝、天猫、京东商城、顺丰优选、1 号店、天天果园、优安鲜品等多家电商企业合作，形成了一、二线城市完善的电商物流网络。

（四）商贸物流业务

商贸物流业务以快消品仓储和配送为主要服务模式，服务客户主要包括超市、便利店、客户总仓以及分销商等，根据订单计划和客户类型合理进行运作，以通畅的物流网络，自有资源为主的强大的物流资源及物流整合调配能力，仓储、运输、配送、信息等全方位的物流支持，全程 GPS 跟踪的车辆，丰富的快消物流运作经验等优势，保证客户物流链的顺畅，在物流环节为客户战略发展提供有力的保障。服务的典型客户有宝洁、统一、相宜本草、洁云等。

（五）供应链金融业务

为 ZM 物流的所有子公司与分公司的客户和承运商提供：①内部借款，主要是为公司内部事业部之间借款提供金融服务，为各事业部的业务发展壮大提供资金支持；②代收货款，为公司客户代收销售产品的款项，收取一定的服务费后，及时返还给客户；③垫付货款，为公司客户采购的材料款进行先垫付，给予一定的信用期并收取一定的服务费，客户将货款还给 ZM 物流；④融资平台，通过与银行合作，利用 ZM 的信誉度和品牌度为承运商公司提供担保，为承运商提供融资便利的服务。

事件一：冷链市场现状、国内外差异与未来趋势的分析与判断

为分析关于冷链市场现状与未来发展趋势以及国内外冷链市场的差异，ZM 物流举办了专题研讨会，与会人员除了公司黄总和各部门老总外，还邀请了 ZM 现代物流研究所、本地高校以及 ZM 学院的专家、教授一起来探讨。"什么是冷链物流？"ZM 现代物流研究所的所长储教授在会议开始便抛出了一个问题："根据国家市场监督管理总局、国家标准化管理委员的《中华人民共和国国家标准物流术语》所述，冷链是指根据物品特性，从生产到消费的过程中使物品始终处于保持其品质所需温度环境的物流技术与组织系统。"典型的冷链如图 10-4 所示。

"储教授讲的没错，目前我国果蔬冷链流通率仅为 10%，而果蔬腐损率则高达 30%，如果将果蔬腐损率从当前的 30% 降到 5%，那么每年可节约 1000 多亿元啊！"冷链事业部老总按捺不住心中的激动，说出了自己的看法，同时还为大家提供了他准备的资料，对腐损率和冷链流通率做了分析，如图 10-5、图 10-6 所示。

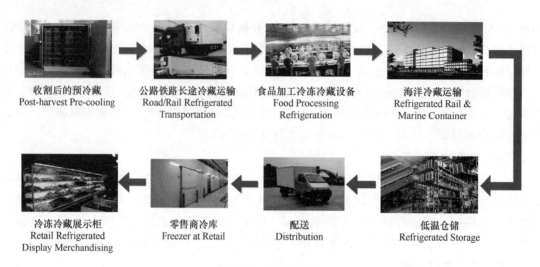

图 10-4　典型的冷链

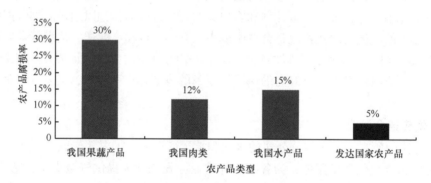

图 10-5　我国与发达国家农产品腐损率比较

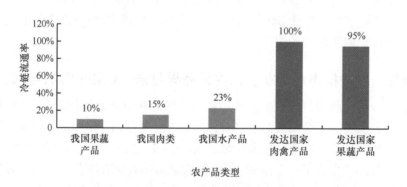

图 10-6　我国与发达国家冷链流通率比较

　　接下来，林教授介绍了我国冷链基础设施现状。中国冷链基础设施和冷链设备匮乏、陈旧，冷库容量低、区域分布不平衡。中国的冷库容量约为美国的一半，印度的60%；人均冷库容量为美国的1/9，日本的1/4。

　　"尽管近两年来中西部地区加强了冷库建设，但是由于一些区域冷库发展基础较差，我国的冷库分布仍处于严重不平衡状态，接近一半的冷库资源集中于东部沿海地区。而我们

ZM 物流，目前拥有仓库运作面积约 35 万 m²，在上海、北京、天津、广州、西安、盐城、成都、贵阳、重庆等地拥有仓储基地达 47 个，所建设的位置也仅限在东部沿海地区，对于中西部的建设还有待提高，尤其是西部地区，像兰州、银川、乌鲁木齐等偏远地区。"仓储事业部老总如是说。

负责车辆调度的小周介绍："ZM 物流已在全国成立分公司 40 家，网络覆盖全国 90% 的重要城市，自有现代化冷链运输车辆 600 余辆，特种集装箱运输车辆 50 余辆，厢式及其他运输车辆 300 余辆，另有可控外协车 3000 余辆，每日货物吞吐量 5000 余吨。""然而就像林教授讲的那样，公司因运输过程中食品腐烂而造成的损失每年可达 30 万~50 万元人民币，其中大部分是由 ZM 物流选用的社会车辆监管不足以及冷链运输设备不完善造成的，和国外一些发达国家比，我们还差很多。"杨总补充说。

"大型物流及电商企业纷纷进入冷链市场，为冷链的发展提供了又一波新的增长动力。那么在未来，冷链物流发展是靠基础设施的提高还是靠商业模式的创新，如借助电商平台？国外先有零售店的巨大繁荣才有电商的发展，而国内电商的发展速度远远超出了实体零售店的发展，这个发展空间我们该如何抓住利用？"黄总做出了总结，"此外，纵观国内第三方冷链物流企业目前还处于小、散、乱的市场环境下，如何把握住冷链物流发展趋势，让 ZM 物流脱颖而出？在冷链物流各个环节（如图 10-7）中，哪个环节最有发展前途？在冷链物流各细分领域中，哪个领域有更强劲的发展空间？如何根据发展趋势，结合我们自身的条件制订发展规划，开拓市场占有率，提高企业盈利能力，提升 ZM 物流的行业引领能力？我想这个问题，大家都应该回去好好考虑下。"黄总的问题让大家都陷入了沉思。

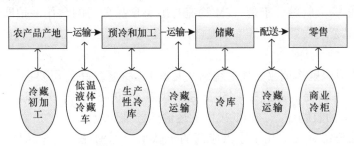

图 10-7　食品冷链物流流程

尽管会议已经过去一个多星期，但是大家讨论的热情丝毫不减。冷链物流作为我国物流行业重要组成部分，其发展仍存在许多需要改善的地方。2014 年中央一号文件《关于全面深化农村改革加快推进农业现代化的若干意见》中明确提出"完善鲜活农产品冷链物流体系"，发展冷链产业，冷链物流作为物流业中的重要力量，在《物流业发展中长期规划（2014—2020 年）》中被多次提到。未来，中国冷链物流产业如何走出一条服务民生、改善人民生活品质、赶超发达国家冷链服务水平的可持续健康发展道路，需要每一位冷链人共同的努力。

事件二：从脆薯项目看领先的专业供应链解决方案提供商建设之路

（一）偶遇豆农，捕获模式创新灵感

八月的上海，天热得发了狂。太阳刚一出来，地上已经像下了火。而比外面天气更热火

朝天的是 ZM 物流的杨总和他带领的脆薯项目组，一年一度的土豆收割季马上又要开始了，他们正在为打好今年这一仗而充分地准备着。还不到上班时间，杨总已提前到办公室，开始编排脆薯项目的工作计划了。一阵清脆的电话铃声打断了他，"杨总早，黄总通知明天上午公司总部 1 号会议室召开公司战略发展大会，请您就脆薯项目进行工作汇报。"总裁办小徐打来电话。

　　放下电话的杨总，不由感慨时间过得好快，转眼间脆薯项目已实施了两年之久。他回想起前年跟着黄总意外发现脆薯商机的精彩之旅。前年 8 月，黄总一行人风尘仆仆地来到绿草如茵、牛羊成群的呼伦贝尔大草原。漫步其中，黄总的目光被不远处田间土豆丰收的景象深深吸引。黄总的脚步不觉加快，快步向土豆田走去，却发现几户豆农坐在田埂上，愁眉不展。黄总一行人有些好奇，便上前与豆农搭话。

　　原来豆农在为这些新鲜土豆需要运到一个叫脆薯的食品公司而发愁。脆薯食品公司坐落于哈尔滨，为全国的麦当劳、肯德基等快餐连锁供应薯条。黄总脚下的这片广袤的土地就是脆薯食品公司选定的土豆供应基地之一，每年 8 月底 9 月初，这里都会有大量的土豆需要运往哈尔滨。距离远、车辆少、运输水平也不专业，而土豆保质期又短，若不能及时运到脆薯食品公司，搁置时间一长就会出现破皮、薯肉变质等情况，一旦被脆薯食品公司拒收，豆农一年的辛苦劳动就白费了，所以，每一年的土豆丰收季反倒成了豆农的焦虑期。作为专业从事冷链物流 20 年的黄总深切体会到豆农此刻的心情，不禁开始思索如何解决土豆的运输问题。脆薯项目由此开始浮出水面。

　　一行人返回上海后便着手与脆薯食品公司联系。令人兴奋的是，"运薯难"问题也是脆薯食品公司关心的一大问题。于是，ZM 物流与脆薯食品公司的合作一拍即合。随后，黄总带队前往脆薯食品公司内蒙古产区、黑龙江产区及脆薯食品公司工厂进行市场调研，获得如下重要信息：

　　1）每年在土豆收购季节（8 月中旬到 9 月底），脆薯食品公司要在一个月之内完成 20 万 t 土豆的收购。每辆货车装运 30~45t 土豆，共需 4500~5500 车次的运输，平均每天要完成 150~200 辆货车的收购任务，短期集中的运输任务难于应付。

　　2）脆薯食品公司寻找了几十家供应商的车队承担运输任务，车队供应商众多，工厂、农场、车队关系复杂，再加上各个农场收割时间不统一，车辆运输缺乏统一调度，造成车辆资源的浪费。

　　3）脆薯食品公司的土豆生产基地分布在内蒙古的多伦、蓝齐和呼伦贝尔等地，距离主产区平均距离在 1000km 以上，而土豆如果温控不合适，太热或太冷都会影响土豆质量，远距离运输中的在途质量控制存在挑战。

　　4）每天 200 辆左右的运薯车集中到达哈尔滨，在厂区门前排起长龙等待入场前的质量检验与入库作业。这造成了道路堵塞，黄牛盛行，夹号、插队现象严重，偷土豆、偷车油、偷轮胎等事件时有发生，秩序难于维持。土豆入厂、质检、入库协调存在困难。

　　5）为维护货源，脆薯食品公司要于年初与豆农提前签订采购合同，并于土豆播种季节（春季）提前预支 30% 货款供豆农完成种植任务。完成交易后，豆农根据交易数量、土豆鉴定等级等单据，于 60 天账期之内拿到交易款项。根据土豆的个头大小、是否破皮、是否变质发芽等情况划分等级，一等品每吨 1300~1500 元，破损严重的每吨 650~780 元。计算下来，每个收购季脆薯食品公司要集中支付 2 亿多元的货款，造成脆薯食品公司短期资金筹集与账目处理的压力。

6）在半成品销售方面，脆薯食品公司的客户基本上都按照自己的采购计划，按期按量采购，半成品积压严重，有的甚至积压了两年之久，库存资金占用巨大。

7）脆薯食品公司对土豆的质量要求很高，土豆淀粉、糖分含量等都需要控制在一定的标准之内，所以，在土豆的成长过程中，脆薯食品公司随时需要调用大量的人力为豆农提供土豆品质质量抽样检验，土豆的质量检验与控制也是牵涉脆薯很大精力的一件事情。

发现这些问题后，黄总陷入了沉思，原来脆薯食品公司的问题远不止运输土豆那么简单。客户的困境就是我们的机遇，既然脆薯食品公司在采购、运输、销售、质量控制、资金链等多个方面都存在问题，那多个环节大有可为。这有可能就是公司打破传统业务模式，寻求转型创新发展的突破口啊！黄总思考着，不由得兴奋起来，立即召集公司副总们和 ZM 现代物流研究院的教授们开起了项目研讨会。

黄总直入主题说："我们应该通过什么样的方式介入脆薯食品公司项目呢？"他随后将脆薯食品公司调研的发现跟大家分享了一下，接着说："请大家集思广益，看如何帮助脆薯食品公司解决经营之困，同时又能开拓咱们的业务，如果有创新的点子能够突破传统服务方式就更好了。"

公司郑副总首先发言："脆薯食品公司的土豆运输紧张，收货现象混乱，等待时间长，很多时候是因为缺乏运输资源整合与计划。作为拥有 20 余年专业冷链物流经验的公司，我们有实力签下这块运输整合业务。"

作为陪同黄总发现脆薯项目的杨总接着说："郑总说的对，我们公司在冷链物流的专业水平和运输能力，应对脆薯食品公司的运输峰值问题应该没有问题。但是，正如黄总所说，脆薯食品公司的困境不止涉及运输问题，其他问题我们能否有所作为呢？土豆的集中入库问题、土豆的质量控制问题、脆薯食品公司短期的资金需求问题等，这里面有没有我们也能做的，一起打包到项目中呢？"

这个时候，设身处地为 ZM 物流动脑筋、出主意的老杨总发言了。他说："我感觉现在是到了 ZM 物流要突破自己的时候了，大家都知道当前我国冷链物流企业绝大部分都停留在提供仓储、运输等最基本的服务层次上，ZM 物流当前的业务也是传统的仓储、运输，随着市场环境的变化和生产要素成本的提升，公司当前的盈利能力面临下降的风险。要有更大的野心，应该有更大的作为与胆识尝试更先进的业务模式。我们不妨在脆薯项目上动动脑筋。不知道研究所的教授们有没有好的主意？"

"老杨总一席话说到了我的心里，业务转型升级是必须要走的路啊！"黄总说。

这时，来自研究所的孙教授提出了攻关方向："我们不妨把土豆从种子到消费者口中的薯条这个过程的链条梳理出来，从这链条中找到不协调、不通畅的环节和涉及的相关利益方，从链条中存在的问题入手，考虑 ZM 物流可以为谁提供什么服务，以使这条链变得更通畅、更高效，同时实现盈利，这就是供应链的思维。我们不妨尝试提供一站式的供应链解决方案。""一站式供应链解决方案？"大家一听，都起了兴致。

研究所的储教授接着孙教授的发言继续解释道："当下，物流业发展已不再仅仅停留在运输、仓储、搬运、装卸等传统活动上，物流与制造业、金融、贸易的融合发展趋势越来越明显。作为制造业物流服务商，从原材料采购到产成品送到客户手中，甚至产品回收的整个供应链条所涉及各个环节，我们都可以找到盈利点。拿脆薯项目来说，ZM 物流经过几轮融资现金流充足，我们可以尝试为脆薯食品公司提供供应链金融服务吗？以我们的专业冷链质控水平，我们可以为脆薯食品公司提供土豆全程质量控制服务吗？总之，我们的思维要转变到为客户提供各类服务并将客户解放到其核心业务上去，成为供应链服务解决方案提供商。"

与会人员都连声赞叹。这次会议之后，ZM 物流对脆薯食品公司薯条供应链的改造方案最终形成。

从前端的土豆种植、采购，到中间的运输、收货，再到末端的销售、配送等环节，ZM 物流都融入了自己的足迹，使得采购、存储、配送等环节紧紧相依。公司还根据脆薯食品公司的需求，增加了贸易代理、垫付、结算、质押、分销执行等金融物流增值活动。图 10-8 是公司介入后的脆薯食品公司薯条供应链。那么，具体到脆薯食品公司薯条供应链的各个环节又是怎么运作的呢？

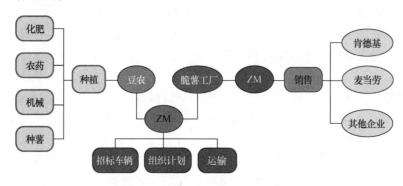

图 10-8　脆薯食品公司薯条供应链

（1）种植环节——资金垫付

为缓解脆薯食品公司资金紧张问题，ZM 物流为脆薯食品公司垫付土豆种植培育期间支付给豆农的 20% 的预付款，并承包下土豆成熟后采购运输环节。在土豆成熟后，ZM 物流的介入为土豆的保鲜运输、仓储等环节提供了重要的质量保障，同时也是实现农产品冷链"最先一公里"商业模式的初步尝试。

（2）采购环节——车辆整合

ZM 物流着手对土豆运输车进行了整合。通过招标运输车辆，形成专业的运输团队，合理安排运输计划与时间，保证了车辆需求的满足，在一定程度上缓解了操作人员的工作强度，使每辆车等待时间由原来的 24h 缩短到 19h 内。

（3）收货环节——供应链金融物流

ZM 物流通过对脆薯食品公司开展动产质押金融物流业务，承揽下为脆薯食品公司支付剩余 80% 款项的重任，而且将支付账期由 60 天缩短到 15 天，给豆农吃了一颗"定心丸"，提高了豆农的积极性，同时为脆薯食品公司解决了资金流困境。

（4）销售环节——贸易执行

在脆薯食品公司将土豆加工成薯条半成品之后，ZM 物流通过贸易执行业务，解决了脆薯食品公司的库存积压问题。通过一次性买下脆薯食品公司所有的薯条半成品库存，再根据麦当劳、肯德基等下游客户的采购计划，进行全权销售，通过物流金融工具实现货物配置控制权，在自身物流网络优势下实现了基础物流业务的整合，再加上半成品的购销差价，有效保证了自己的盈利，同时为脆薯食品公司节省了巨大的库存占用资金和仓库管理费开支。

（二）战略目标，ZM 物流何以通达？

"领先的专业供应链解决方案提供商"这十五个大字是 ZM 物流的战略定位，它时刻都像远方的一盏明灯，印在黄总心中，更是黄总对 ZM 物流的承诺与期许。然而何时又如何才能走到这盏明灯之下？每每想到这里黄总的紧迫感就会油然而生。

还好脆薯项目开了一个好头，相当于万里长征已迈出成功的第一步。今天的战略发展研讨会议要好好地讨论一下，如何将脆薯项目上实现的创新与突破，发扬到公司战略目标的迈进中去。黄总进来坐定后，环视一圈开口说："今天是我们一年一度的战略发展研讨会，今年我们不断在朝向我们的战略目标快步前进。我们的脆薯项目取得可喜的成绩，同时几个复制创新的项目陆续也做起来了。先请杨总谈谈脆薯项目的情况吧。"

杨总打开笔记本，边用 PPT 为大家展示脆薯项目实景图片，边将脆薯项目整个情况娓娓道来。随后他总结说："脆薯项目，从最初的探索，到已成功实施两年，我全程参与，有诸多感想。可以说这个项目在中国冷链物流领域绝对是创新的，在绝大部分冷链物流企业还沉浸在仓储、运输等传统业务的时候，我们已经做通了从农民那里的'最先一公里'到产成品的末端配送'最后一公里'整个业务链条，同时还渗透了供应链金融、物流与贸易的融合等高端物流增值服务业务，成功地做到了行业里的专业领先地位。我们的成功主要体现在以下两点：一是对车源、运输、销售、配送等不同的环节，都有针对性的方案设计，实现了供应链链条式方案设计，做到了双赢；二是成功将质量管理、供应链金融物流、贸易与物流的融合等融入脆薯项目中，走在了行业的前沿。通过一系列的运作，我们为解决脆薯食品公司薯条供应链中存在的问题交出了满意答卷。这实际上也是公司朝领先的专业供应链解决方案提供商迈出的一小步。"

"杨总做得很好，总结得也极好！"黄总说，"我们的战略目标就是让 ZM 物流成为领先的专业供应链解决方案提供商。脆薯项目是我们初步尝试提供'一站式供应链解决方案'，是朝向战略目标迈出的一小步，同时也是公司实现自我转型的伟大一步，我们已经在其他几个相似的项目上复制推广，但距离我们成为领先的专业供应链解决方案提供商还有很长的路要走啊。如何在此基础上向前迈出更大更快的步子，是我们接下来迫切要考虑的问题，大家有什么想法？"

一直沉默的于总插话道："通过脆薯这个项目我们可以发掘的东西有很多。我们要尝试推广脆薯经验，但是又不能停留于复制推广。大家可以想一下，脆薯项目其实是一个产品单一，从原材料到成品配送的链条关系又比较简单的项目。而我们 ZM 物流目前服务的各种类型的物流服务项目达 200 多个，业务涉及冷链物流、汽配物流、快消品物流、医药物流等众多领域，产品结构多样，物流服务需求网络复杂，客户需求个性化、专业化要求突出。我们如何切入这些项目，将我们的业务升级为提供领先的专业供应链解决方案呢？"

坐在右侧的郑总开口说道，"如果我们能够成功地将脆薯项目的优秀经验发扬光大，公司需要做什么改变呢？比如组织框架需要调整吗？这些也是我们在转型过程中需要考虑的。"

黄总会心一笑："两位老总说的内容都非常好，这几点都是至关重要的。供应链解决方案就是我们 ZM 物流期望对外提供的产品。我们应该不断根据市场需求创新我们的商业模式，为市场提供令客户满意的服务型产品。大家去看一看国外有没有类似的传统物流企业成功转型为专业供应链服务企业的标杆，是否有值得我们借鉴的地方？建设领先的专业供应链解决方案提供商不是一朝一夕的事情，要认真规划，一步一个脚印地迈进，革命尚未成功，同志仍需努力呀。"

事件三：谈生鲜电商，看 ZM 物流与京东如何"惊艳全场"

随着人们生活水平的提高以及消费观念的改变，消费者对于生鲜产品的质量要求越来越高，对绿色、有机产品的需求大幅提升，电商平台得益于超越地理空间的优势成为消费者获取中高端生鲜类产品的渠道。

根据《中国电子商务报告（2021）》，2021 年，我国电子商务坚持创新驱动，不断加快数字产业化和产业数字化步伐。全国电子商务交易额达 42.3 万亿元，同比增长 19.6%；网上零售额达 13.1 万亿元，同比增长 14.1%；实物商品网上零售额 10.8 万亿元，占社会消费品零售总额比重达 24.5%；跨境电商进出口额达 1.92 万亿元，五年增长近 10 倍；电子商务相关产业吸纳及带动就业超过 6700 万人；我国已连续九年保持全球最大网络零售市场地位。2011—2021 年我国电子商务交易额如图 10-9 所示。

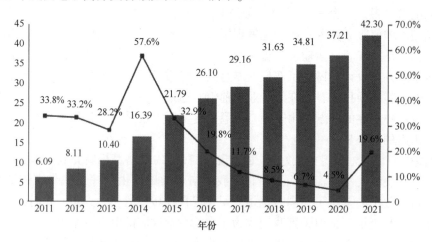

图 10-9 2011—2021 年我国电子商务交易额

■ 中国电子商务交易额（万亿元） ——● 同比增长率（%）

（一）ZM 物流-京东项目

2012 年 8 月 15 日，京东生鲜频道正式上线，经过两年多的发展，从一开始的生鲜商家入驻，产地直供，到现在众多生鲜产品的自营，京东生鲜频道的影响力正在持续增强。ZM 物流作为京东生鲜项目的合作伙伴，为京东生鲜提供服务，涵盖收货、入库、上架、订单接收、配货打包、包件出库等多个环节。ZM 物流-京东项目的操作流程如图 10-10 所示，该项目在北京、上海、武汉、西安等地成功运营，运营期间订单量持续稳定上升，并见证了京东"年货大战"模式，北京生鲜仓的峰值单量高达千单。

ZM 物流与京东针对该项目每周召开运营例会，各地运作人员和项目负责人都会就遇到的运营问题积极探讨解决方案。每次会议的讨论都很激烈，但让大家记忆最深的还是第一次讨论合作问题的会议。在项目开展之前，公司人员就该项目合作问题提出了各自的意见，有

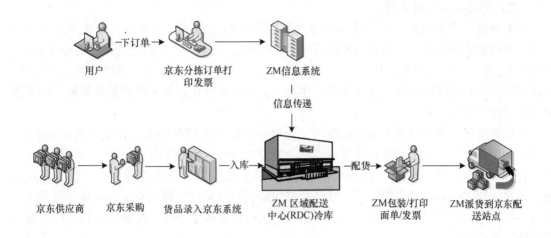

图 10-10 ZM 物流-京东项目操作流程

人说，"现在电商做生鲜拼的就是物流，除了少数资金雄厚的电商自建冷链物流外，其他的电商都是采取与第三方物流合作的方式。"还有人说，"生鲜物流递送难度大、成本高，国内冷链物流企业大多小而散，相关标准的缺失是摆在生鲜电商面前的几道坎。不过，对于整个冷链物流行业来说，尤其对我们公司而言，是蕴藏着巨大的机遇的。""仓库和配送，二者是不分家的，如果我们能够与京东合作，利用他们在全国布局的站点，再加上我们自己的仓库和配送体系，大有可为。"冷链事业部小潘如是说。大家各抒己见，还有人举了顺丰的例子，自从与第三方合作，一向行事低调的顺丰速递突然高调宣布推出"顺丰冷运"品牌，专注为生鲜食品行业的客户提供"一站式供应链解决方案"，包括冷运仓储、冷运干线、冷运宅配、生鲜食品销售、供应链金融等服务。顺丰的案例引起了黄总的深思，同时激起了会议其他人的热烈讨论。

在这样的大环境下，ZM 物流面临着更多机遇，同时也面对更大的挑战，况且 ZM 物流致力成为"领先的专业供应链解决方案提供商"，京东项目对它的吸引力的确很大。最终，ZM 物流决定与京东合作，准备在电商领域大干一番。随着京东项目的正式运行，仅一个月，订单量就稳步上升，这一结果让双方都很满意。尽管如此，还是有很多问题困扰着 ZM 物流，如收货要求标准化、码排标准化及订单打包工艺标准化……在最近一次例会中，大家就目前该项目的一些情况进行了讨论，冷链物流事业部的杨总提出了一些目前存在的问题：①由于 ZM 物流与京东系统不同，订单信息的对接存在问题；②库房环境维护，包括冷冻、冷藏、存放库等维修和包材（冰袋、干冰等）的维护存在问题；③KPI 考核对及时率和准确率的要求较高；④食品安全方面对温度的要求较高；⑤各类电商狂欢节下，短时间内大规模产品出库的高峰处理等。

吴总也发表了一些自己的看法，他说："电商平台每天会出十几万、二十几万单的货物，如果没有体系化、标准化的物流平台，是很难及时有效地运作的，而且现在各种各样的产品都在搞电商，如何存储、发货、打包、运输是很重要的。对于生鲜，我们的配送时效性要求很高，分拣打包的时效性如何保证与配送批次的统一协调是一大难题，亟待解决。"不得不说，这些问题将制约 ZM 物流电商冷链业务的发展。

（二）冷链——生鲜电商

生鲜电商，讲究一个"鲜"字。保证商品能够快速、准时、安全地送到客户手里十分重要，所以生鲜电商需要与具备成熟的冷链仓储与配送条件、专业的冷链第三方企业合作，ZM 物流对于京东就扮演着这样的角色。然而，生鲜电商的库存管理、供应链管理比较难，且供应链管理和配送成本高。有人认为，生鲜业务最难标准化，从采购到配送保鲜都需要很强的供应链管理能力。

冷链物流较于传统物流，无论在时间、质量还是服务上都对物流企业提出更高的要求。在实际操作过程中，运用信息系统管理能够全方位、多层次地对库存、出货、运输等各环节进行有效管理和监督。然而，系统过多、烦琐，系统之间如果不能有效对接，仍会带来问题。另外，我国冷链流通率仍较低，货品新鲜保障受到质疑；生鲜产品受到运输、仓储、配送成本以及配送时间的制约；价格仍不够平民；生鲜产品收货难等，都是冷链与生鲜电商运营中面临的难题。

与京东的合作无疑给 ZM 物流带来了机遇，ZM 物流作为第三方冷链物流服务商，凭借丰富的冷链食品仓储运输经验，将与京东携手，进一步占领生鲜电商市场，最终实现双赢。然而，对 ZM 物流而言，"像顺丰一样，自己也做电商"这个大胆的想法还需要进一步探讨。除此之外，ZM 物流-京东项目还存在许多亟须解决的问题，要想彻底脱离与京东的合作模式，可能还需要一个很漫长的过程。

事件四：大数据时代 ZM 物流的改革与机遇

对于大数据（Big Data），研究机构 Gartner 给出了这样的定义：大数据是需要新处理模式才能具有更强的决策力、洞察发现力和流程优化能力的海量、高增长率和多样化的信息资产。大数据技术的战略意义不在于掌握庞大的数据信息，而在于对这些含有意义的数据进行专业化处理。随着云时代的来临，大数据也吸引了越来越多的关注。大数据虽然孕育于信息通信技术的日渐普遍和成熟，但它对社会经济生活产生的影响绝不限于技术层面，本质上，它为我们看待世界提供了一种全新的方法，即决策行为将基于数据分析做出，而不是凭借经验和直觉做出。事实上，大数据的影响正在"吞噬"和重构很多传统行业。麦当劳、肯德基以及苹果公司等旗舰专卖店的位置都是建立在数据分析基础之上的精准选址。而在零售业中，数据分析的技术与手段更是得到广泛的应用，传统企业如沃尔玛，通过数据挖掘重塑并优化供应链；新崛起的电商如卓越亚马逊、淘宝等，则通过对海量数据的掌握和分析，为用户提供更加专业化和个性化的服务。大数据带来的巨大价值正渐渐被人们认可，它通过技术的创新与发展，以及数据的全面感知、收集、分析、共享，为人们提供了一种全新的看待世界的方法。更多的基于事实与数据做出决策，这样的思维方式，可以预见，将推动一些习惯于靠"差不多"运行的社会发生巨大变革。作为 ZM 物流信息化部门的工程师，小王开始思考大数据能否在 ZM 物流的冷链物流业务走向现代化的过程中发挥作用。ZM 物流以冷链物流为特色，其主营物流业务有：冷链物流、电商物流、商贸物流、供应链金融等，在开展以上业务的过程中，ZM 物流实施了与之对应的信息化服务。

1. 仓储管理系统

ZM 物流仓储库存管理系统具备仓库与库位资料、库位与存位管理、仓储设备管理、库存物资管理、收货入库、入库审核、发货出库、发货审核、退货入库管理、拆装管理、拆装审核、自动纠错、报警、仓库盘点、库存统计、汇总报表、条形码管理、流通加工、货物价值分析、搬运作业考核、库存使用率查询、费用管理等功能。该系统是一套以实物管理为思想，集监管与经营为一体的仓储管理信息系统。其借助成熟的物联网技术，以货物货位、货物流程及操作规程管理为重心，全面推进管理科学化、制度化、规范化，建立严格、完善的物资出入库、库存物资管理的仓储管理规章制度，提高仓储收发存管理水平及监管能力。

2. 运输管理系统

ZM 物流运输配送管理系统具备运力采购管理（可以通过短信方式广播信息）、运输计划、车辆调度与运输线路计划、配送和货物跟踪、车队管理、行车统计、各配送点的业务数据下发与管理、自动拼车、回单管理、报警、运输费用管理、装卸费用管理、各类数据汇总报表管理、全球定位系统管理、出险理赔管理、承运商考核评估等功能。其支持多种调度模式合理安排运输计划，并通过跟踪看板、调度看板等方式，实现物流订单管理。从订单管理、到运输管理、到运力资源管理，基于 GPS/GIS 等技术，实现全业务流程可视化。

3. 交易管理系统

该系统采用"电子商务的业务模式+云计算"的技术架构体系，突破原有基于 Web 技术、面向信息发布与交易撮合的简单电子商务模式，向上与上游产业链延伸与生产系统集成，向下与基于物联网技术的全流程监管系统和终端管理系统集成，使供应链中各个环节的信息在云中汇聚、交互，从而打造"全球最具竞争力的物流供应链"。该系统是电商平台的核心，实现卖家挂单、买家下单、撮合管理、购物车管理、客户管理、系统管理等功能，是一个以 B2B 为主、B2C 为辅的大宗商品交易平台。

4. 客户关系管理系统

ZM 物流客户关系管理系统具备管理物流合同等客户合同、跟踪潜在客户、管理客户资料、提供客户货物跟踪服务、下载客户费用清单、评定客户等级等功能。

5. 业务结算管理系统

ZM 物流业务结算管理系统具备统计自有设备设施产值费用等分类费用统计分析、成本核算、应收应付账管理、总账报表、生成客户对账单等功能。该系统是平台资金流管理的支撑系统，其与银行系统对接，能为交易双方提供线上支付结算服务，即提供线上出入金交互服务、配套财务辅助核算及总账管理服务，不仅为客户提供了良好的支付体验，也为平台资金安全与财务成本的降低提供了有效的管理手段。

走向现代化管理的 ZM 物流，是否可以借助大数据技术进一步提升冷链主业运营水平呢？小王考虑了以下几个应用方向。

1）精细化的企业管理。通过大数据分析，实时掌握企业营运状态，设计一套精细化管理的指标体系，如效率指标体系、成本指标体系等，完成对运营安全的监控和预警、对资源调度与配置的增效等。

2）优质化的客户服务。通过大数据分析，实时掌握客户信息动态，全面实现供应链全程高度可视化，为客户提供更好的服务，增加客户的信赖，培养客户的黏性，实现冷链供应链模式的升级，大大提高客户体验。

3）高水平的决策支持。通过大数据分析，实时掌握业务信息反馈，以公司现有报表系统为基础，设计合理的决策支持系统，为公司未来的发展挖掘更多的商业价值，提供更准确、更及时的运营策略。

事件五：信息技术如何保障冷链物流质量与安全

（一）冷链物流信息技术应用必要性

现有冷链物流问题突出，严重影响着生鲜产品冷链全程运输中的质量安全。冷链物流一般遵循 3T 原则，即产品最终质量取决于在冷链中储藏和流通时间（Time）、温度（Temperature）和产品耐藏性（Tolerance），这就要求良好的时效性和先进的追溯技术。冷链物流信息技术是冷链物流技术中的一个重要组成部分，其包括 GPS/GIS、EDI、RFID、温度湿度监控、车队调度优化等技术。目前我国冷链物流相关企业管理方式仍旧比较传统，能以信息技术为支撑、实施冷链物流供应链集成管理的企业屈指可数，即便过程跟踪管理，很多企业依旧无法做到，诸多需要实时管理的环节仍停留在粗放型的人工管理阶段，致使冷链物流总体管理水平难以提高。信息技术在冷链物流上的良好应用，将给企业带来良好的运营效果，更好地保证顾客产品质量的安全，减少损失，这也是市场需求下冷链物流发展的必然趋势。首先，信息技术在冷链物流中的应用可以更好地保证规定的低温环境，保证冷链物流中食品质量安全，起到预警预防的效果。其次，相较消费者对传统物流系统活动过程和状态的模糊不清楚，现代信息技术的运用可以使冷链物流系统内部的整个活动进一步向消费者和管理者透明化，从而规范物流企业员工的行为规则，进而起到约束作用，从而起到很好的社会监督作用。最后，近年来，人们对冷链食品的消费需求逐年提高，客户对冷链物流的预期越来越高，行业标准也越来越多，导致冷链物流行业运营越来越复杂。这要求优秀的冷链物流解决方案应能为客户提供量身定制的冷链物流信息化服务，可实现客户和合作伙伴间业务的高度协同，增强物流服务的适应性、应变性和监控能力，以便实时应对瞬息万变的需求变化。这不仅可以提高物流效率，降低成本，对物流运作实施统一的调度与监控，还可以通过系统实施实现运输路线最优、库存质量最佳、货物组配最合理、物流成本最低的目标，为客户提供及时准确的冷链物流服务，以保证货品质量安全。

（二）ZM 物流现代物流信息技术的应用现状

ZM 现代物流有限公司深耕于冷链物流领域，从初创至今已走过 20 年的历程，致力于打造"世界一流的冷链品牌"，正朝着"领先的专业供应链解决方案提供商"迈进。其冷链物流业务是以干线、仓储和市配为主的全程冷链服务，并根据客户需求提供全程冷链及相关衍生服务（分拣、包装、加工），服务客户主要包括大型超市、连锁餐饮、各大型冷库等。在信息技术方面，ZM 物流成立了明杉信息公司，其主要研究领域集中在仓储管理、运输管理以及运输可视化等方面，并紧贴国内实际的操作环境，注重仓储系统以及运输系统的自主开发；其在可视化方面，可以提供给客户以货主、订单为轴的信息资料，具有优越性。同时，ZM 物流在冷链物流业务上也已配备 GPS 跟踪技术、温度跟踪仪等信息技术，结合 OTM、WMS 等信息管理系统，在部分车辆和仓库已经实现了仓库和配送的可视化，并且现在正在上线 App 等。在现有信息技术的基础上，近期，ZM 物流为了更好地满足客户需求，实现运作智能化，提高运作效率，制定了公司全面信息化的目标，即努力实现"四化"：①平台化，统一的基础信息以及权限管理，各个功能以模块的概念嵌入系统；②自动化，数据的采集尽量做到自动与即时；③可视化，信息全程全透明，用更直观的方式呈现在用户面前；④移动化，增加了效率，也提高了资料输出输入的即时性。ZM 物流虽然已经具有较为完备的信息管理系统，并为其改善正在做相应努力，但与世界一流的冷链企业相比，仍然有一些差距。ZM 现代物流冷链信息化中依然存在一些问题。为了避免由于信息技术问题带来的直接或间接的经济损失，保证在冷链物流全程中货品的质量安全，改善公司目前信息技术现状，ZM 物流发展部组织了一次调研探讨会议。

（三）信息化保障冷链质量和安全内部研讨会

"此次会议主要是关于我们公司信息化或信息技术应用相关问题探讨，主要包含我们公司信息技术应用上存在的问题以及以后发展的要求，希望你们说说你们的看法……"发展部部长主持会议，率先说明会议主题。"那我先给大家介绍一下我们公司信息化建设的目标。目前，我司在冷链技术以及仓储可视化、运输可视化等技术上还不能实现在所有仓库普及。即企业信息化能力跟不上业务发展的需求，因此，提升技术能力迫在眉睫。在信息化建设方面，尤其是 IT 信息技术的使用上，目前我司还没有完全脱离传统物流。因为仅仅有GPS、WMS 还不能算是拥有了现代物流信息系统，所以在未来信息化建设的道路上我们要做的还有很多。同时，我们还要加快推进仓储可视化与运输可视化这两个系统的建成以推动公司业务的发展，提高公司的整体服务水平。""目标大致如此，这也是我们公司近期提出的。"信息部部长为人爽朗，说话做事向来直奔主题。"另外，我们部门接到这个通知，也对现在存在的问题进行了一些梳理，小刘，给大家讲一讲。""是。我们部门长久以来，一直致力于我们公司信息技术应用研究，对所存在的一些问题也有深入分析。首先，现在面临最普遍的问题就是系统对接及温湿度控制等问题，我从仓库和配送两个方面进行说明。在仓库方面，温湿度控制基本上可以对接到公司内部系统，但是还是有一些仓库不能实现运用技术手段将温度信息反馈到系统中去；在配送方面，我们公司自己的车队基本可以实现系统对接，包括追踪信息、订单交接等，但外部车辆除非运用第三方平台，基本上都不能对接。其次，设施设备及先进技术缺乏。我们公司主要以基础性业务为主，优化和智能化等技术的应用欠缺，比如扫码和 RFID 等终端数据存取设备少。最后，预警系统不健全，可能带来损失。我们公司在预警方面还是有所欠缺，比如说，我们用冷藏车运送一车冷冻水饺，很可能冷藏车中的设备在运输途中坏掉，但因为没有很好的预警系统，配送人员在途很难发现这些问题，等到货物到达目的地，饺子可能已经大部分融化了，降低了客户信任度，给公司带来直接和间接的损失。这些基本上就是我们公司信息技术应用上存在的问题。""嗯，我补充一下，信息技术应用这块儿，对于我们公司来说至关重要，很多产品质量问题的产生都出自这里，我们公司也因此产生了不少损失，我们部门希望公司在总体规划中能多关注信息技术应用，能采用一些先进技术或根据公司经营需求研发一些新的信息技术，优化信息系统，当然这其中会涉及成本等问题，这就有劳贵部多多规划……"

事件六：面向生鲜电商的冷库内部设计

随着近年人们生活品质的大幅提升，人们对生鲜产品的需求越来越旺盛，要求也越来越高，生鲜电商成为一个新的"蓝海"，加之国家"互联网+"战略的助推，大量资本涌入生鲜电商。

然而，生鲜电商行业的发展机遇与挑战并存。例如，困扰生鲜电商的线下冷链物流问题就一直没有一个很好的解决方案，这其中的关键因素之一是适应电商需求的高品质冷库的缺乏。对生鲜电商行业来说，冷库的作用不言而喻，但现有的冷库却远远不能满足其需求。现阶段，我国先进的、智能化的冷库数量较少。大部分冷库的使用期限已超过15年，进入大修期限，并且受当时条件的限制，这些冷库的工程设计标准低、工艺流程不合理且自动化程度低。

ZM现代物流公司作为一家专注冷链物流服务的企业，始终坚持只为品质生活的使命，一直努力打造成为领先的专业供应链提供商。在目前生鲜电商行业发展的格局下，为响应国家战略，抢占生鲜物流市场先机，公司高度重视在全国范围内的库网建设，尤其是冷库建设，并要求提高每个仓库的智能化水平，提升物流节点的运作效率，为此制定了"百库计划"建设目标。为了有效地实现此目标，ZM现代物流公司一直在不懈努力，并倡导从建设示范性冷库做起。

（一）冷库设计引思索

自ZM物流倡导建设示范性冷库以来，仓储部一直都在积极努力，老刘便是努力中的一员。老刘作为ZM物流仓储部老员工，几年来一直未能晋升，频频寻求晋升法门。直到一天，仓储部下达文件通知，征集内部人才做仓储管理全面优化设计，并给出了一些信息如下：

在公司库网建设的战略下，我部拟在盐城某位置建设服务于生鲜电商的示范性冷库。为此，我部决定组织内部人才制作仓储设计方案，主要根据配送频率、市场需求以及仓库吞吐量等指标针对仓库内部进行优化设计，以满足生鲜电商需求，应用先进设施设备，探索未来先进技术方案，实现仓储管理的跨时代进步。

1. 仓库优化设计注意事项

1）冷库容积。主要依据存储生鲜产品的最大量来计算，不仅要考虑产品所占容积，也要考虑过道和间距等。

2）仓库位置。冷库设计时，不仅要考虑进出入口，还要考虑工作间、包装平台、分拣平台等布局以及排水条件等，这些都与仓库位置息息相关。

3）冷库保温材质的选择。既要经济实用，又要有良好的隔热性能，其选择必须因地制宜。

4）冷库制冷系统的选择。应结合各制冷系统的优缺点和仓储产品需求来选择，也包括安装及管理的便利性。在冷库制冷装置中，制冷压缩机设备的容量及数量是根据生产规模的最大负荷，并考虑制冷参数的前提下配置的。

2. 已知的仓库建设条件

1）仓库占地面积1万 m^2，长500m，宽200m，高9m。

2）依托某公路而建，该位置排水等性能良好（如图10-11所示）。

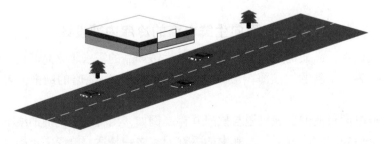

图10-11　仓库交通条件图

老刘自从拿到通知后，一直在暗自思量，这对他来说是一个不错的晋升机会。于是，老刘自荐来制作设计方案。老刘决定制作设计方案后做的第一件事是对整个仓库运作进行梳理，包括仓库先进先出作业流程、条码环节、追溯环节，以及仓库自动化、智能化、仓储一体化情况，仓单期、二次加工、制冷技术、货架、通道等，大到操作流程，小到仓库某一构造都不放过，以此来发现需要解决的问题。老刘借助自己以往总结下来的经验，一点一滴、认真地梳理着他所熟悉的仓库。但经过两天的调研，老刘面对众多资料，竟一时不知所措，思考多时依然没有理出思路，最后只得申请会议调研。

（二）面向未来生鲜电商，内部研讨冷库设计

经老刘申请，仓储部组织了一次调研会议，仓储部部长为主持人，与会人员包括仓储部骨干成员、以及其他一些部门负责人。作为主会人的仓储部部长首先点题说："冒昧把各位请来，还望各位老总海涵，本次会议是应我部门老刘的请求，对冷库建设内部模拟设计方案进行相关问题的讨论调研，为了节约各位时间，我们言归正传。我们这次的方案设计，主要针对生鲜电商类产品，目标是设计出一个超越时代的生鲜产品仓库。"

听到电商，电商事业部部长直接接上话来："我们公司成立20余年来，电商物流体系建设已基本完备。首先，我们电商物流以进出口物流与贸易、国内冷链专线、生鲜宅配、医药化工及仓储运输为主要服务模式，拥有损腐率控制及'最后一公里'解决等技术，目前已与阿里巴巴、东方航空公司、淘宝、天猫、京东商城、顺丰优选、1号店、天天果园、优安鲜品等多家电商企业合作，形成了一、二线城市完善的电商物流网络。公司在电商物流方面的主要产品包括冷鲜食品、医药化工的贸易代理，仓储运输、金融等供应链式服务，同时，ZM还提供进出口物流与贸易及国内冷链专线，市内配送、生鲜专递、仓储等服务。其次，目前市场对生鲜电商的服务需求以及国家对这个领域的要求与支持也大大提升。另外，我这有一张电商运作的流程图可供你们参考（见图10-12）。"

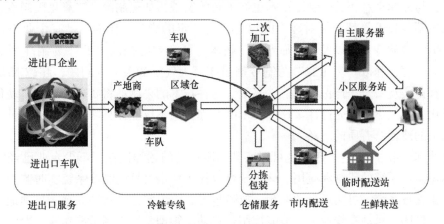

图10-12　电商物流运作流程

经过电商事业部部长一番畅谈之后，信息部部长对冷库的设计方面也说出了自己的一些看法，他认为未来智能冷库应该是高科技、智能化的。如今，仓库已经开始尝试使用谷歌眼镜、自动行驶机器人等智能设备，以提高接到用户订单后的拣货速度，而提高拣货速度是提高发货速度的关键。智能可穿戴设备和机器人参与到电商库房的工作流程中，最大的好处就是能提高订单的拣货速度，同时降低员工的劳动度。仓库智能设备如图10-13所示。电商库

房拣货员手拉的货车装满货后重量一般在 70kg 左右。一名拣货员在库房内不断拣货，一天要走 10km 左右，劳动强度比较大。现在用上这些智能设备后，拣货员只需要停在货架旁边就可以了，所有重体力的事情由自动行驶机器人来做，而且机器人的行驶速度是每秒 2m，比人快 1.5 倍，一次装满货后能拉 50kg 重的货物。在这样的库房内，买家每张订单的拣货速度在 3min 左右。亚马逊在全美 10 家存货仓库配备了 1.5 万台机器人，此举不仅能节约 20% 的运营成本，而且可以更加高效地完成配货。

图 10-13　仓库智能设备图

同时，与冷库息息相关的制冷技术也有了新的突破，如氨制冷、二氧化碳制冷、半导体制冷以及磁制冷技术等都可能对冷库的设计产生一定的影响。比如，已有企业正在实施的 $R404A/CO_2$ 复叠制冷系统以及 CO_2 临界制冷技术，可有效解决以"氨"为制冷剂泄露对人身和食品的危害，和以"氟-R22"为制冷剂泄露对大气层的破坏等问题，超越 $NH3/CO_2$ 复叠制冷，真正实现安全、环保、节能、高效。这种技术的采用，将实现冷库的自动化、智能化、低碳化、节能化以及先进性。这些技术的合理应用不仅能提高冷库设计的质量，而且也使设计出来的冷库具有质的飞跃。

信息部部长继续说道："现在也可以实现制冷设备的远程监控，不少企业已经实现了冷库实时远程监控系统的研制和应用。该系统可以提供稳定可靠的制冷系统实时监控、集中控制、自动化管理系统，可实现自动巡测、故障报警、故障定位、自动寻呼、自动记录、历史数据导出\打印、自动在线检测、节能控制、自动化管理、远程调试等功能。冷库视频监控及远程综合管理平台系统实现了集中管理，确保不仅"看得见"，还能"看得清"，提高了系统的智能化、管理的科学化，提升风险管控能力和应对突发事件的处理能力。整个监控平台可采用总部设置总控中心，各地区冷库设分控中心的两级控制模式，总控中心与分控中心之间通过平台级联的方式进行系统管理及授权认证等，视频监控系统采用总部从总控中心流媒体取流、各地区从各地区分控中心流媒体取流的方式。我们可以从物流中心的实际需求出发，通过严谨的设计和施工，建立起高效、全方位、全天候、立体化的安全防范网络，使各地区冷库处在严密监控之中。安全管理人员通过高科技手段，能实时掌握物流中心区域内的人流、物流的动态变化，随时记录、调用有关信息并进行有针对性的管理，同时还可通过系统掌握的信息与其他智能化相关系统联动，起到确保整个物流中心安全和正常运转的作用。"

仓储部部长听到这些，不断点头，并对老刘说："老刘，你现在把我们公司当下仓库方面的情况给大家讲一讲，让各位听一听，提提意见。""是，我们公司现有仓库数十个，包括冷库、常温库和三温库等，以冷库、三温库为主要仓库，分别分布在上海、北京、重庆、广州、成都等国内一、二线城市，一般库内面积 5000m² 左右，库内货架托盘数 4500 个左右。现 ZM 物流提出'百库计划'战略，意在贯穿东南西北，打通全国各地，为建设世界一流的服务网络做准备。生鲜产品主要包括水果、蔬菜、鱼肉类、海产类、豆制品等熟食类、奶类、冰淇淋产品等，他们的存储的方式和对温度的要求都极为苛刻。对于生鲜产品电商物流所用仓库，一般采用三温库。三温库库内包含常温区、冷藏区、冷冻区三个温带区，货物存储时可依据货物对温度的要求进行分类、分区域存储。每个区域内都有自己可控温度：常温库温度一般为 12~18℃；冷藏库温度一般为 0~5℃；冷冻库温度一般低于-18℃。大致情况就是这样。"老刘一口气讲完这些，悄悄地呼出一口气，然后接着介绍了他归纳的生鲜电商物流仓库内的运作流程（如图 10-14 所示）。

生鲜电商物流仓库内的运作流程主要分为以下几个环节：

1）货物验收。ZM 物流接到订单后，接运货物，准备入库。此过程质检员检验产品的数量、质量、规格等，对照货物清单进行审核，查看是或否相符，同时，统计人员打印条码，并贴在货物上，标签须与账、物相符。

2）分类存储。货物验收后，仓管员依据货物的品类、属性以及对温度的要求进行分类，并存储到不同的库区，存储期间，仓管员应有计划地对存储货物进行检查盘点，保证质量安全，了解库存情况。

3）分拣。接到配货通知后，按照客户订单需求，分拣货物，送往打包区。

4）包装。打包员对从分拣区运送过来的货物依据其对包装的要求，选择合适的打包箱，依次打包，等待配送。

5）配送出库。按批次对打包好的货物进行配送。

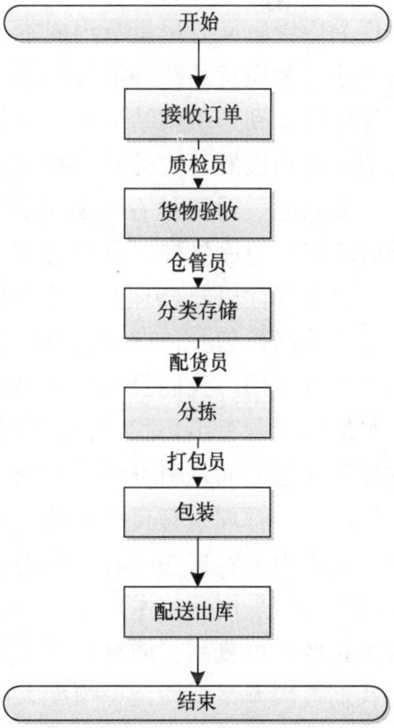

老刘接着说道："流程方面就是这样，希望各位

图 10-14　生鲜电商物流仓库内的运作流程

能多多提意见，谢谢。"说完这句话，老刘赶紧放好笔墨纸张，准备记录问题。"对于你们这个情况，我认为仅从商品本身属性来看，生鲜产品很容易交叉污染，由于生鲜产品属性各异，容易互串，比如肉类产品和冰激凌放在一个库区中，冰激凌将受到气味污染，影响其原有价值，将造成严重损失。"环境规划部部长首先说出了自己的心声。"你们这个情况，我之前也了解过一些，我觉得应该着重考虑一下条码管理方面的问题，我在这里提出两个问

题：一是条码技术问题，现如今全球各地条码技术日新月异，比如说那个扫描眼镜就是个很好的例子，只需要戴在眼睛上，想扫哪里扫那里，方便快捷。二是扫描模式，这个主要有两个点：一是集中拣货，然后配货，主要是指将多个订单合并，同时进行拣货作业，然后对分拣出的货物再按单分类包装；二是一单一拣，主要是指一个订单拣一次货，然后一次性包装配货。这两种模式各有优劣，我们应该考虑如何选择的问题。"信息部部长再次发言道。另有一位在仓储部干了十几年的老骨干也一口气提出了三个问题：

首先，温控问题。产品种类不同对温度的要求也不同，最主要的是同类产品因其制作工艺的不同对温度要求也不同，当温度不能满足产品要求时，将导致产品变质，带来直接损失。例如，某进口冰淇淋，为了迎合消费者需求，制作时一部分产品加入的水分较多，另一部分产品加入奶类较多，这样就造成两部分同类产品对温度的要求不相同，稍有不慎，就可能毁坏产品质量，这也为分类存储带来了一定难度。

其次，仓库内布局问题。生鲜商品的存储仓库大多采用三温库，在建设时要依据本公司的经营模式、运作模式等合理布局库区，使货物各作业环节能够方便进行，这其中包括不同温区、通道、货架等的位置摆放，也包括拣货区、待发区、打包区、存储位等的安全、高效、合理设计。

最后，包装设计问题。生鲜产品对于运输包装箱的要求一般较高，既要在配送的过程中保证产品质量，又要尽量节约成本，同时还要在进行搬运等操作时方便易行。这里涉及打包箱的大小、对应货品的种类等问题。

提问环节到这里就结束了。于是仓储部部长接过话来说："各位说的都很好，我在这里先感谢大家积极发言。另外，我在这里也补充一点。首先，在冷链仓储中，冷库技术一直是一个主要问题。对于储存生鲜品的冷库来说，不同的技术（包括制冷技术、追踪技术等）影响着不同的仓库格局，我们可以考虑能否通过对现有的冷库布局进行优化，来增加其低成本性、高效率性以及合理性。比如制冷技术方面，以前都是用排管制冷技术，技术比较成熟，温度控制均匀，长期运用也很节约，但前期投入大，危险性高，要求严格，所以很多公司都不愿意使用。我们公司现在用的是风冷技术，调温快，但氟利昂和噪声污染、温度不均匀、易结霜问题突出，我们自己内部设施，我也不再赘述。以后，国外可能采用液氮技术，国内以后在这方面是引进还是创新？另外，像国际上比较先进的技术，比如远程控制技术可实现库房安全管理，有自我诊断、追踪等功能，这些我们是不是能很好地应用和规划进入新的仓库建设中去？这些问题也值得我们考虑。其次，我们这个方案设计，主要是为了迎合公司战略布局，采用新技术、新手段等设计出一个示范性三温库，我们的目标是设计出的冷库不仅可扩展、可复制，而且可以延续十几年一直领先于同行业。当然，通过这次调研，不难看出我们这次方案设计是一项庞大的工程，具有高技术含量、大工作量以及切合实际三种性质：①高技术含量，这个方案设计不仅涉及仓库本身具有的制冷、温控、条码等先进的冷链技术，在以后的解决过程中，还可能应用到各种软件技术，比如仿真技术等；②大工作量，在方案设计时，要定量与定性相结合，在解决的过程中，处理情况也不单一，若要能够很好地解决，必经过大量的分析处理；③切合实际，以上所提及的所有问题，基本都与现实操作相结合。若能应用学术的手段解决诸如此类问题，将改善我们公司的运作过程，简化操作、节约成本。"

人逢喜事精神爽，峰回路转干劲足。自从讨论会议结束之后，老刘所面临的很多问题都迎刃而解。经过几天的整理工作，活力四射、情绪亢奋的老刘，再次陷入沉默，也许是在蓄力待发，也许是在探索前行。

事件七：冷链物流末端配送网络建设——面向 B2B 的城市配送网

当前，我国的物流业正处于产业地位的提升期、现代物流服务体系的形成期和物流强国的建设期。对于第三方物流企业来说，这既是挑战也是机遇。而在冷链物流行业，相对于干线物流而言，末端物流配送具有环节多、服务面广、配送线路复杂等诸多特性，且对存储条件和运输温度等都有较为苛刻的要求，这使得我国区域配送中心城市末端物流配送能力不足，严重制约着整个物流系统的高效运作。

ZM 物流在全国各地设有仓储基地和冷库中心，正逐渐形成辐射全国、走向海外的冷链物流网络。在强大设备资源的基础上，ZM 物流为客户提供集物流方案设计、干线运输、城市配送、仓库管理、包装分拣、信息反馈等全方位的现代冷链物流服务。目前，公司将以业务发展为区域布点的主要基础，以上海市场为基础，以华东市场为龙头，面向全国物流市场，确立覆盖全国的物流网络战略方向。ZM 物流将全国划分为华东、华北、东北、西北、西南、华南、华中七大区域；在省级以上城市（直辖市）设立分公司、子公司；在经济发达地区和西部地区、长三角地区、珠三角地区、环渤海湾经济区等二、三级城市设立分公司、办事处，预计一年达到国内布点 80 个以上。

冰牛项目是 ZM 物流重要的城市末端配送项目，主要配送的产品是冰激凌。冰激凌产品在销售时具有很强的季节性，生产中也有相对应的特色。在一年中，每年年初工厂开始生产冰激凌并运往仓库，同时有少量销售发生；5 月份，厂商生产冰激凌以应对市场变化，补充市场需求，调整品种，这个时间段仓库进多出少；5 月份以后，销售高峰期，这个时期仓库处在进少出多的状态，厂商生产冰激凌以应对市场不足，补充市场需求；9 月份以后仓库基本上只出不进。在这个过程中配送的方向和频率也不言而喻。

ZM 物流冰牛项目的运作模式主要涉及以下三个方面。

第一，运营模式。对于这个项目，运营中的分工很明确，ZM 公司作为第三方物流企业，主要负责仓储管理与配送作业，然后进行贸易执行，即向冰牛工厂下达采购订单等；而所有的营销计划都是由冰牛来做，冰牛企业主要负责营销，洽谈业务等，不涉及配送操作环节。

第二，配送模式。ZM 公司都是按单配送，只要客户下了订单，隔天就会配送。在对产品的需求上，由于终端客户（零售商）需求批量小，而经销商指定运输到库的产品批量大，这就形成了配送过程中大小车配送模式，且一个工厂的生产量覆盖 500km 之内的销售区域。冰牛项目末端配送流程如图 10-15 所示。

图 10-15　冰牛项目末端配送流程

不难看出，从工厂到仓库的配送采用的是大车运输，而从仓库到终端客户（零售商）的配送采用的是小车配送，这种模式在冰牛项目的运作中占主流形式。在这种运作模式下，仓库的作用主要有：①平衡市场销售量，使市场供需达到平衡；②作为配送中心（DC），将产品加速配送给零售商或二级经销商；③作为销售辅助，帮助小的经销商或零售商做好销售服务；④作为冰牛的区域分销商开展贸易代理业务。

第三，资金运作模式。以经销商为例，我国很多下游的经销商或零售商规模比较小，资金储备不足，难以进行大规模采购。ZM物流在冰牛项目中，相当于区域分销商，在前期为下游经销商或零售商垫付资金购买冰牛的产品进行储备；到了销售高峰期，下游经销商或零售商再向ZM订货并支付货款。冰牛项目的资金运作模式如图10-16所示。

图10-16　冰牛项目的资金运作模式

ZM物流末端配送网络主要是B2B形式，对于B2C形式主要是配送到配送站模式，目前很少配送到个人客户手中。在末端配送中，合作的企业一般有五大类（如图10-17所示），分别为：

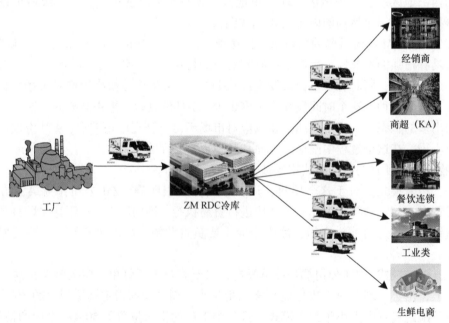

图10-17　ZM末端配送流程

1）经销商，配送周期一般为2~3天/次。

2）商超（KA），配送频繁，超市一般每周送2~5次，大型超市几乎天天都要配送。

3）餐饮连锁，配送周期和商超相同。

4）工业类，主要配送少量辅料，这些企业的订单一般没有规律可循，平均配送周期一般为1~2次/周。

5）生鲜电商类，配送区域分散，订单存在不确定性。

在上述五种配送合作商中，ZM公司配送量较大的主要为前面三类，但因商超和经销商的配送形式几乎完全相同，所以配送模式也就相当于两大类。公司与工业类和电商类企业合作配送的量比较少。

（案例来源：湖北经济学院物流大赛案例，内容有所改编。）

案例任务要求：

1. 时间要求：60分钟。

2. 分组要求：4~6人为一组。

3. 实施步骤：以组为单位对案例进行梳理，结合冷链物流管理的业务流程，有针对性地选择案例中某一事件作为切入点，深入分析ZM物流在其发展过程中遇到的问题并对其未来的发展战略给出建议。

附 录

专业类标准: 农副产品、
食品冷链物流标准

参 考 文 献

［1］李娜，何雨桐．云南省药品批发企业冷链药品管理现状及监管思路［J］.中国药业，2016，25（10）：8-10.

［2］陈富强，陈善斌，葛克山，等．我国发酵乳制品的冷链现状调研［J］.中国奶牛，2014（2）：39-42.

［3］侯艳芳，谢东．农产品冷链物流的研究与应用［J］.科技和产业，2015，15（6）：16-19，24.

［4］杨伶俐，丁蒙依．浅析连锁超市食品冷链物流系统协同配送模型研究——以联华华商超市生鲜配送为例［J］.物流工程与管理，2014，36（11）：50-52，37.

［5］黄成菊．基于电子商务环境下果蔬品冷链物流运作模式构建研究——以湖南湘西柑橘为例［J］.现代商业，2015（27）：9-10.

［6］中国物流与采购联合会．中国冷链物流发展报告（2014）［M］.北京：中国财富出版社，2014.

［7］中国物流与采购联合会．中国冷链物流发展报告（2015）［M］.北京：中国财富出版社，2015.

［8］中国物流与采购联合会．中国冷链物流发展报告（2016）［M］.北京：中国财富出版社，2016.

［9］中国物流与采购联合会．中国冷链物流发展报告（2017）［M］.北京：中国财富出版社，2017.

［10］李学工，李靖，李金峰．冷链物流管理［M］.北京：清华大学出版社，2017.

［11］林恒如．中小企业导入ISO 22000食品安全管理系统之个案研究——以S公司为例［D］.台中：逢甲大学，2012.

［12］邓延伟，邬文兵，许金立，等．水产品冷链物流绩效评价指标体系研究［J］.企业管理，2013（5）：85-87.

［13］郑静芬．整合ISO 22000与稽核机制应用于食品安全控管［D］.宜兰：宜兰大学，2014.

［14］郭孟杰．欧盟食品安全法规对台湾食品卫生管理法之启示——以水产养殖业为例［D］.嘉义：南华大学，2012.

［15］黄颖，李德奎，王梦如．我国农产品冷链物流标准化管理模式研究［J］.企业导报，2013（24）：7-9.

［16］黄友兰，张锐，杨烨凡．我国农产品冷链物流发展分析及对策研究［J］.发展研究，2014（4）：77-83.

［17］冯健．我国冷链物流政策演变与展望［J］.物流工程与管理，2015（11）：9-11.

［18］曾艳英．广东省农产品冷链物流优化的政策分析［J］.南方农业，2015，9（18）：130-134.

［19］吴文治，赵述评．细化温度分区作业冷链宅配规范将出台［N］.北京商报，2018-02-21（2）.

［20］中国食品网．两用式臭氧发生器用于北京冷库杀菌消毒环节［EB/OL］.（2018-03-20）［2018-11-12］.http://www.nclep.com.cn/view-387-1.html.

［21］中鼎集成技术有限公司．安井食品无锡冷库的自动化改造［J］.物流技术与应用，2017，22（6）：110-112.

［22］孙忠宇，程有凯．冷库现状及冷库节能途径［J］.节能，2007（7）：53-54，3.

［23］康三江．浅议国内外冷库行业发展现状与趋势［J］.保鲜与加工，2006（3）：1-3.

［24］冯华，王振红．生鲜食品物流存在的问题及解决方案——冷链物流［J］.物流技术，2009，28（6）：43-45.

［25］张建一．美国和加拿大冷库设计的节能技术研究［J］.制冷学报，2000（3）：41-46.

［26］庄友明．食品冷库除霜方法及其能耗分析［J］.集美大学学报（自然科学版），2006（1）：62-65.

［27］宋金平．冷库制冷设备维修问题解析［J］.技术与市场，2018，25（3）：92-93.

［28］吕五有，沈红梅．土建冷库墙体保温的能耗分析［J］.冷藏技术，2018，41（1）：32-37.

［29］辛修瑞，牛继开，白鑫源，等．冷库发展现状以及节能与环保［J］.家电科技，2018（3）：22-23.

［30］关志强．食品冷藏与制冷技术［M］.郑州：郑州大学出版社，2011.

[31] 郑永华 . 食品贮藏保鲜 ［M］. 北京：中国计量出版社，2006.

[32] 冯志哲 . 食品冷藏学 ［M］. 北京：中国轻工业出版社，2010.

[33] 谢晶 . 食品冷藏链技术与装置 ［M］. 北京：机械工业出版社，2010.

[34] 关志强 . 食品冷冻冷藏原理与技术 ［M］. 北京：化学工业出版社，2010.

[35] 华泽钊 . 食品冷冻冷藏原理与设备 ［M］. 北京：机械工业出版社，2007.

[36] 陈锦权 . 食品物流学 ［M］. 北京：中国轻工业出版社，2013.

[37] 谢如鹤 . 冷链运输原理与方法 ［M］. 北京：中国财富出版社，2013.

[38] 应月，李保国，董梅，等 . 冰温技术在食品贮藏中的研究进展 ［J］. 制冷技术，2009（2）：12-15.

[39] 王琦 . 冰温保鲜技术的发展与研究 ［J］. 食品研究与开发，2013，34（12）：131-132.

[40] 刘倍毓，邓利玲，胡小芳，等 . 冰温技术在果蔬贮藏保鲜中的应用研究进展 ［J］. 食品与发酵工业，2011，37（12）：109-112.

[41] 高志立，谢晶 . 水产品低温保鲜技术的研究进展 ［J］. 广东农业科学，2012，39（14）：98-101.

[42] 张钟，江潮 . 食品冷冻技术的研究进展 ［J］. 包装与食品机械，2014，32（1）：65-68.

[43] 张琳 . 食品包装 ［M］. 北京：印刷工业出版社，2010.

[44] 陈丙成 . 基于供应链的视角探讨航空冷链运输模式 ［J］. 空运商务，2012（315）：4-11.

[45] 陈静，张明齐 . 我国航运企业发展冷链运输策略 ［J］. 水运管理，2012，34（10）：18-20.

[46] 孙金平，纪若婷，宫薇薇 . 北美铁路冷链运输发展研究 ［J］. 铁道货运，2015（8）：54-5.

[47] 吴俊涛 . 我国航空冷链物流发展存在的问题及对策 ［J］. 港口经济，2015（6）：46-48.

[48] 李志恒 . 冷链运输 让蔬菜一鲜到底 ［J］. 印刷技术，2016（16）：20-22.

[49] 纪若婷，刘启钢，丁小东，等 . 我国铁路冷链物流发展策略研究 ［J］. 铁道货运，2016，34（9）：1-5，29.

[50] 翁心刚，安久意，胡会琴 . 冷链物流 ［M］. 北京：中国财富出版社，2016.

[51] 谢如鹤，刘广海 . 冷链物流 ［M］. 武汉：华中科技大学出版社，2017.

[52] 崔剑 . 冷链物流体系建设研究 ［M］. 武汉：武汉大学出版社，2016.

[53] 陈然，兰洪杰，等 . 发展冷链物流共同配送的探讨 ［J］. 物流工程与管理，2009，31（4）：62-64.

[54] 宋伟刚，张宏霞，等 . 有时间窗约束非满载车辆调度问题的遗传算法 ［J］. 系统仿真学报，2005，17（11）：2593-2597.

[55] 李军，郭耀煌 . 物流配送车辆优化调度理论与方法 ［M］. 北京：中国物资出版社，2001.

[56] 刘诚，陈治亚 . 带软时间窗物流配送车辆路径问题的并行遗传算法 ［J］. 系统工程，2005，23（10）：7-11.

[57] 吴能 . 基于周期进化遗传算法的城市冷链物流配送优化研究 ［D］. 杭州：浙江工业大学，2011.

[58] 张钦，李辉 . 带有时间窗约束的车辆路径问题的一种改进遗传算法 ［J］. 系统管理学报，2010，19（5）：589-600.

[59] 汝宜红，宋伯慧 . 配送管理 ［M］. 北京：机械工业出版社，2004.

[60] 朱辉 . 食品冷链物流配送管理研究 ［D］. 上海：上海交通大学，2008.

[61] 迟增彬 . 食品冷链物流配送时间和质量控制研究 ［D］. 重庆：重庆大学，2011.

[62] 鄂丽媛 . 乳制品冷链物流配送中心选址研究 ［D］. 大庆：东北石油大学，2011.

[63] 中国物流与采购网 . 快行线TOC，看得见温度的"二段式冷链宅配" ［EB/OL］. （2013-11-14）［2018-11-12］. http：//www. chinawuliu. com. cn/xsyj/201311/14/264675. shtml.

[64] 王溇 . 冷链宅配服务现状与发展趋势分析 ［J］. 中国市场，2014（2）：16-18.

[65] Allen，赵钢，商立军 . 冷链宅配路有多远 ［EB/OL］. （2012-11-2）［2018-11-12］. http：//www. lenglian. org. cn/rwzf/16658_ 1. shtml.

[66] 陈通，李思聪 . 中外农产品冷链物流体系比较 ［J］. 北京农学院学报，2013，28（2）：73-75.

［67］陈妍，齐晗．降低农产品冷链物流成本的途径［J］．安庆师范学院学报（社会科学版），2011，30（12）：52-54.

［68］郭慧馨．农产品冷链物流成本控制问题研究［J］．商业时代，2012（32）：36-37.

［69］郝海．低碳经济时代物流业发展的战略思考［J］．铁道运输与经济，2011，33（9）：66-69.

［70］洪华南．冷链物流中的共同配送策略研究［J］．铁道运输与经济，2009，31（9）：65-68.

［71］胡晓兰，谢美娥．冷链物流企业的成本控制思路探析［J］．物流工程与管理，2009，31（184）：28-30.

［72］贾振军，沙威．降低食品冷链中的物流成本分析［J］．重庆交通大学学报，2008，4（4）：40-42.

［73］荆林波，王雪峰．关于我国物流业节能减排问题的探讨［J］．商业时代，2009（27）：16-17.

［74］兰洪杰．食品冷链物流系统协同对象与过程研究［J］．中国流通经济，2009，25（2）：21-23.

［75］李杨，韦恒．我国农产品低碳物流的问题与对策［J］．哈尔滨商业大学学报（社会科学版），2011（6）：19-23.

［76］任倩倩，吴艳芳．低碳时代的低碳物流措施［J］．物流工程与管理，2011，33（6）：11-14.

［77］王岭松，王东爱，杨贵娜，等．论冷链物流及其鲜活产品的绿色包装［J］．包装学报，2009，1（1）：31-33.

［78］王文铭，刘晓亮．我国冷链物流能耗现状及对策研究［J］．中国流通经济，2011，25（10）：29-33.

［79］魏力．实现我国物流节能减排的五大战略构想［J］．商业经济，2010（21）：3-4.

［80］毋庆刚．我国冷链物流发展现状与对策研究［J］．中国流通经济，2011，25（2）：24-28.

［81］许三树．积极倡导绿色物流 节能减排低碳运输［J］．物流工程与管理，2011（7）：40-41.

［82］叶蕾，麦强，王晓宁，等．国外物流节能减排措施综述［J］．城市交通，2009，7（5）：27-31.

［83］张国庆，叶民强，刘龙青．企业物流成本核算研究综述［J］．物流科技，2007，30（3）：1-6.

［84］张歆祺，何静．食品冷链联合库存管理模式的探析［J］．江苏农业科学，2011，39（4）：545-546.

［85］赵玉国．搭建信息平台 推进冷链物流诚信发展［J］．经济研究导刊，2009（22）：142-143.

［86］郑海浪．冷冻冷藏业如何优化冷链物流［J］．商品储运与养护，2004，2（4）：8-10.

［87］祝捷．冷链物流作业成本核算方法初探［J］．淮海工学院学报（社会科学版），2011，9（3）：18-20.

［88］冯耕中．物流成本管理［M］．2版．北京：中国人民大学出版社，2014.

［89］燕鹏飞．智能物流 链接"互联网+"时代亿万商业梦想［M］．北京：人民邮电出版社，2017.

［90］中国物流与采购联合会．中国冷链物流发展报告（2021）［M］．北京：中国财富出版社，2021.

［91］金晓平，景传峰，何远新，等．铁路冷链运输装备发展研究与思考［J］．铁道车辆，2020，58（8）：9-12.

［92］刘芳卫，杨立颖，徐晓晴．生鲜农产品冷链包装的研究思考［J］．绿色包装，2021（9）：34-38.